Christian Frieling

Priester aus dem Bistum Münster im KZ

38 Biographien

Aschendorff Münster

2. Auflage

© 1993 Aschendorffsche Verlagsbuchhandlung GmbH & Co., Münster

Das Werk ist urheberrechtlich geschützt. Die dadurch begründeten Rechte, insbesondere die der Übersetzung, des Nachdrucks, der Entnahme von Abbildungen, der Funksendung, der Wiedergabe auf fotomechanischem oder ähnlichem Wege und der Speicherung in Datenverarbeitungsanlagen bleiben, auch bei nur auszugsweiser Verwertung, vorbehalten. Die Vergütungsansprüche des § 54, Abs. 2, UrhG, werden durch die Verwertungsgesellschaft Wort wahrgenommen.

Gesamtherstellung: Druckhaus Aschendorff, Münster, 1993

ISBN 3-402-05427-2

Inhaltsverzeichnis

Geleitwort V
Vorwort VI
Abkürzungsverzeichnis VII
Glossar VIII

1. Einleitung, Quellen und Literatur 1
2. Das NS-Regime, die Katholiken und ihre Priester im Bistum Münster 1930–1945 5
3. Das Konzentrationslager Dachau – Entstehung, Organisation, Häftlingsalltag 12
3.1 Die Gründung des Lagers 12
3.2 Theodor Eicke und das ‚Dachauer Modell' 1933/34 13
3.3 Der Ausbau der Organisation 1934–1938 16
3.4 Häftlingskategorien und Lageralltag 21
4. Priester in Dachau: Haftbedingungen und innere Entwicklung des Konzentrationslagers 1940–1945 25
4.1 Zusammenführung und Sonderstatus (Dezember 1940 bis April 1942) 25
4.2 Vernichtung durch Arbeit (April 1942 bis November 1942) . 29
4.3 Exkurs: Krankenrevier, medizinische Versuche, Invalidentransporte . 34
4.4 Typhusepidemie, Kriegswende und Wandel des Lagerlebens (Dezember 1942 bis 1943) 37
4.5 Überfüllung, Fleckfieber, Zusammenbruch (1944 bis 1945) . 42
4.6 Die Befreiung 44
5. Schlußbetrachtung 46
6. Biographien der Priester und Ordensgeistlichen aus dem Bistum Münster 48
    Scheipers, Hermann 49
    Sonnenschein, Johannes 59
    Averberg, Theodor 72
    Averesch, Josef 74
    Barkholt, Werner 80
    Dabeck, Franz 83
    Engels, Gottfried 85
    Fresenborg, Heinrich 88
    Friedrichs, Reinhold 90
    Gassmann, Hubert 94
    Helmus, Josef 97
    Hennen, Heinrich 103
    Hessing, Augustin 105
    Klumpe, Johannes 109
    Kötter, Heinrich 113

Krähenheide, Anton	115
Leisner, Karl	118
Lodde, Josef	127
Maring, Albert	130
Markötter, Josef	134
Mersmann, Alfons	138
Mertens, Matthias	141
Meyer, Josef	144
Meyer, Wilhelm	146
Oenning, Heinrich	150
Poether, Bernhard	152
Rehling, Engelbert	157
Remy, Fritz	160
Reukes, Josef	162
Schmedding, Laurenz	166
Schumann, Emil	168
Schwake, Gregor	179
Stammschröer, Hermann	186
Storm, Gerhard	191
Weber, Wilhelm	195
Wessing, August	198
Die Verhaftungen am Gymnasium Canisianum in Lüdinghausen	201
Bornefeld, Anton	207
Hürfeld, Bernhard	211
7. Quellen- und Literaturverzeichnis	213
7.1 Quellenverzeichnis	213
7.2 Literaturverzeichnis	214
7.3 Verzeichnis der benutzten Zeitungen und Periodika	227

Geleitwort

In die Erforschung der Geschichte der Katholiken des Bistums Münster in den Jahren des Dritten Reiches ist in den letzten Jahren Bewegung gekommen. Daß sich das Interesse zunächst und vor allem dem Bischof zugewandt hat, liegt angesichts der Persönlichkeit von Clemens August Graf von Galen auf der Hand. Aber je weiter die Beschäftigung mit der NS-Zeit fortschreitet, um so deutlicher erkennen wir, daß das Wirken des Bischofs nur als Teil einer Volksopposition verstanden werden kann, die sich gegen den Herrschaftsanspruch der Diktatur zur Wehr setzte. Eine zentrale Vermittlungsfunktion nahm dabei auch der Klerus des Bistums ein, dessen Rolle in diesem Konflikt inzwischen zum Gegenstand verschiedener Untersuchungen geworden ist. Es ist sehr zu begrüßen, daß jetzt erste Ergebnisse einem größeren Kreis vorgestellt werden können. Die hier dokumentierten Biographien beschreiben Menschen, die zu Opfern geworden sind – die Besonderheit liegt nicht zuletzt darin, daß die Täter alles daran gesetzt haben, diese Tatsache zu unterdrücken, was noch lange fortgewirkt haben mag. Auch in dieser Hinsicht war das Buch überfällig.

Prof. Dr. A. Angenendt
Vorsitzender der Kommission
für kirchliche Zeitgeschichte
im Bistum Münster

Vorwort

Die hier vorliegende Arbeit verdankt ihre Entstehung einem Auftrag der Kommission für kirchliche Zeitgeschichte im Bistum Münster. Die Anregungen und Unterstützung durch die Kommission haben die Auseinandersetzung mit dem Forschungsgegenstand erst möglich gemacht.

Dem Bistumsarchiv in Münster gebührt Dank dafür, dem Verfasser während seiner Tätigkeit Gastrecht gewährt und seine Forschung in jeder Weise unterstützt zu haben. Alle Mitarbeiter des Hauses sowie der Leiter, Herr Dr. Joachim Dikow, und insbesondere Herr Dr. Peter Löffler, der dem Verfasser in vielen Dingen beratend zur Seite stand, haben das Unternehmen gefördert. Herr Franke hat die Bildbearbeitung übernommen. Allen anderen Archiven danke ich für die freundliche Unterstützung.

Mein besonderer Dank gilt den Zeitzeugen Hermann Scheipers, Johannes Sonnenschein und Dr. Ludwig Klockenbusch, deren Auskünfte wesentlich zur Erhellung der Thematik beitrugen. Darüber hinaus haben die Angehörigen der betroffenen Geistlichen, die ihr Wissen sowie zahlreiche Archivalien zur Verfügung gestellt haben, großen Anteil an der Entstehung der Biographien.

Mein Dank gilt Herrn Dr. Wilhelm Damberg von der Kommission für kirchliche Zeitgeschichte, der diese Arbeit begleitet hat.

Münster, im März 1992   Christian Frieling

Abkürzungsverzeichnis

AGD	Archiv der Gedenkstätte Dachau
BAAP	Bundesarchiv, Außenstelle Potsdam
BAK	Bundesarchiv Koblenz
BAM	Bistumsarchiv Münster
BDC	Berlin Document Center
BDM	Bund deutscher Mädel
CSSR	Congregatio Sanctissimi Redemptoris (Redemptoristen)
DJK	Deutsche Jugend-Kraft
Gestapa	Geheimes Staatspolizeiamt
Gestapo	Geheime Staatspolizei
HJ	Hitlerjugend
HStAD	Hauptstaatsarchiv Düsseldorf
IKLK	Internationaler Karl Leisner Kreis
IRK	Internationales Rotes Kreuz
KKV	Katholischer Kaufmännischer Verein
KL	Konzentrationslager
KPD	Kommunistische Partei Deutschlands
KZ	Konzentrationslager
MSC	Missionarii Sacratissimi Cordis Jesu (Hiltruper Missionare)
NSDAP	Nationalsozialistische Deutsche Arbeiterpartei
NSV	Nationalsozialistische Volkswohlfahrt
OFM	Ordo Fratrum Minorum (Franziskaner)
OKW	Oberkommando der Wehrmacht
OMI	Congregatio Oblatorum Missionariorum (Oblaten der makellosen Jungfrau Maria)
OSB	Ordo Sancti Benedicti (Benediktiner)
RAD	Reichsarbeitsdienst
RGBl	Reichsgesetzblatt
RSHA	Reichssicherheitshauptamt
SA	Sturm-Abteilung
SJ	Societas Jesu (Jesuiten)
SM	Societas Mariae (Maristenbrüder)
SPD	Sozialdemokratische Partei Deutschlands
SS	Schutzstaffel
STAM	Staatsarchiv Münster
StGb	Strafgesetzbuch
StvD	Stimmen von Dachau
SVD	Societas Verbi Divini (Steyler Missionare)
WVHA	Wirtschaftsverwaltungshauptamt

Glossar häufig auftretender Sachbegriffe

Ausländerseelsorge

Der Umgang mit ausländischen Zwangsarbeitern und Kriegsgefangenen wurde durch eine Reihe einschränkender und sich verschärfender Ordnungen reglementiert. Ziel war es, nach Möglichkeit jeden nichtdienstlichen Kontakt zwischen Deutschen und Fremdarbeitern auszuschließen. Auch die Seelsorge wurde eingeschränkt. Deutsche und nichtdeutsche Gottesdienstbesucher sollten strikt getrennt bleiben. Gottesdienste in polnischer Sprache wurden 1942 verboten, ebenso die Abnahme der Ohrenbeichte.

Heimtückegesetz

Das ‚Gesetz gegen heimtückische Angriffe auf Staat und Partei und zum Schutz der Parteiuniform' vom 20. Dezember 1934 stellte mit allgemeinen Formulierungen jede Art von Kritik am NS-Regime unter Strafandrohung. Jede Schädigung des Ansehens von Staat und Partei sowie ihrer Vertreter konnte juristisch verfolgt werden. Anschließend an die ‚Verordnung des Reichspräsidenten zur Abwehr heimtückischer Angriffe gegen die Regierung der nationalen Erhebung' vom 21. März 1933 schuf das Heimtückegesetz ein Rechtsinstrument zur Ausschaltung abweichender Meinungsäußerungen. Unter Strafe gestellt wurden sowohl öffentliche als auch private Äußerungen.

Kanzelparagraph

Der Paragraph 130 a StGb wurde am 10. Dezember 1871 eingeführt und am 26. Februar 1876 ergänzt. Er bedrohte Geistliche, die in Ausübung ihres Amtes ‚in einer den öffentlichen Frieden gefährdenden Weise' Angelegenheiten des Staates behandelten, mit bis zu zwei Jahren Gefängnis oder Festungshaft. Sowohl während des Kulturkampfes als auch in der Zeit des Nationalsozialismus diente der Vorwurf des ‚Kanzelmißbrauchs' der Reglementierung politisch mißliebiger bzw. regimekritischer Geistlicher.

Klostersturm

Mit einem Geheimerlaß des Reichsleiters Bormann vom 13. Januar 1941 begann ein großangelegter Raubzug gegen kirchliches Eigentum. Die Bewohner der betroffenen Klöster und kirchlichen Anstalten wurden vertrieben, die Gebäude enteignet und den zuständigen Parteidienststellen übergeben. Hitler untersagte am 30. Juli 1941 weitere Beschlagnahmungen, da die Aktion in der kirchlich gebundenen Bevölkerung große Unruhe ausgelöst hatte.

Mölders-Brief

Ein angeblicher Brief des am 22. November 1941 tödlich verunglückten, bis dahin erfolgreichsten deutschen Jagdfliegers und Inspekteurs der Jagdflieger, Oberst Werner Mölders, in dem er sich als gläubiger Katholik bekannte. Der Brief war eine Fälschung des Britischen Geheimdienstes und wurde in vervielfältigter Form über Deutschland abgeworfen. Allerdings lag der Fälschung ein echter Brief des Jagdfliegers vom 6. Oktober 1940 an den Direktor des Katholischen Jugendamtes in Berlin zugrunde.

1. Einleitung, Quellen und Literatur

Die Geschichte des Nationalsozialismus und des Kirchenkampfes im Bistum Münster wird heute oft gleichgesetzt mit der Biographie des Bischofs und späteren Kardinals, Clemens August Graf von Galen. Zahlreiche populäre und wissenschaftliche Werke haben das Leben des ‚Löwen von Münster' beschrieben, der insbesondere durch seine Predigten des Jahres 1941 weit über die Grenzen des Bistums hinaus Bekanntheit erlangte.

Aufgrund seiner zweifellos herausragenden Persönlichkeit ist die Erinnerung daran zurückgetreten, daß er nicht als einzelner in Konflikt mit der nationalsozialistischen Herrschaft geriet, sondern an der Spitze einer weite Teile der Bevölkerung in Westfalen, am Niederrhein oder in Oldenburg umfassenden Volksopposition stand, die sich dem alle Lebensbereiche umfassenden Herrschaftsanspruch der totalitären Diktatur widersetzte. Diesen Rückhalt fürchteten die nationalsozialistischen Funktionäre; er ließ sie auch davor zurückschrecken, ihn unmittelbar zur Rechenschaft zu ziehen – es sei zu befürchten, so äußerte sich Propaganda-Minister Goebbels bekanntlich, daß man die Bevölkerung Münsters und Westfalens während des Krieges ‚abschreiben' könne, wenn etwas gegen den Bischof unternommen werde.

Dem Bischof selbst ist dieser Zusammenhang immer bewußt gewesen. Bei seiner Rückkehr von der Kardinalserhebung in Rom nach Münster hat er in einer Ansprache hervorgehoben, daß die Bevölkerung hinter ihm gestanden habe und „die damaligen Machthaber wußten, daß Volk und Bischof in der Diözese Münster eine unzertrennliche Einheit waren und daß, wenn sie den Bischof schlugen, das ganze Volk sich geschlagen gefühlt hätte. Das ist es, was mich äußerlich geschützt hat, was mich aber auch innerlich bestärkt hat und mir die Zuversicht gegeben hat."[1]

Gemessen an dieser Einsicht des Kardinals ist für die Geschichtsschreibung des Kirchenkampfes im Bistum Münster noch manches nachzuholen. Wie haben die Katholiken in ihren Pfarrgemeinden und anderen Gemeinschaften die Auseinandersetzung mit dem Nationalsozialismus erfahren und aufgenommen? Vor allem wird nach denjenigen zu fragen sein, die in besonderer Weise zu Opfern dieses Konfliktes wurden, aber dennoch oft vergessen worden sind.

Dazu will dieses Buch einen Beitrag leisten. Es beschreibt die Biographien einer Personengruppe, der zunächst zwei Dinge gemeinsam sind: Es handelt sich um Priester aus dem Bistum Münster, die im Laufe der NS-Zeit im Konzentrationslager inhaftiert wurden.

Die Beschränkung auf diese Personengruppe sieht sich allerdings der Gefahr gegenüber, ein doppeltes Mißverständnis auszulösen. Zunächst könnte die Konzeption dieses Buches dahingehend verstanden werden, daß nun der Klerus in den Mittelpunkt des Konfliktes zwischen Kirche und Nationalsozialismus gerückt werden soll, die Laien jedoch unberücksichtigt bleiben. Eine solche Deutung würde

---

[1] Ansprache vom 16. März 1946, in: Löffler, Peter (Hg.): Bischof Clemens August Graf von Galen. Akten, Briefe und Predigten 1933–1946, Bd. II, Mainz 1988, S. 1325.

den Fehler wiederholen, den eine einseitig auf Bischof von Galen bezogene Darstellung in sich birgt. Auch die Priester in den Pfarrgemeinden waren die Exponenten der lokalen katholischen Bevölkerung, die sich der nationalsozialistischen Herrschaft zu verweigern suchte. Eine zukünftige Geschichte des Bistums Münster von 1933–1945 wird die Vielfalt der Formen und die Breite dieser gesellschaftlichen Verweigerung sichtbar machen müssen. Zweitens ist das Schicksal dieser Gruppe von 38 Priestern nicht repräsentativ für alle etwa 1830 damals im Bistum Münster tätigen Welt- und Ordensgeistlichen. Ohne Zweifel war der Klerus besonders intensiver Überwachung durch die Partei und die Gestapo ausgesetzt, auch kam es zu zahlreichen Strafverfahren und Verwarnungen, die jedoch aus Gründen, von denen noch die Rede sein wird, nur selten mit der Inhaftierung im Konzentrationslager endeten. Es wird daher in Zukunft notwendig sein, auch das Konfliktverhalten aller Priester des Bistums Münster und den gesamten Komplex der entsprechenden Verfolgungsmaßnahmen aufzuarbeiten.

Zu Beginn der Arbeiten stellten sich zwei grundsätzliche Fragen: Wie war die Gruppe der betroffenen Priester abzugrenzen? Wodurch definiert sich ein Priester des Bistums Münster? Auf der Hand liegt es, daß die Priester, die in der Diözese Münster tätig waren, in erster Linie zu dieser Gruppe zählten. Auf der anderen Seite gab es aber auch Priester, die aus dem Bistum Münster stammten, aber ihren Dienst in anderen Diözesen versahen. Auch sie hatten das Gefühl, dem Bistum anzugehören. Diese subjektive Einschätzung schlug sich auch in den realen Strukturen des Konzentrationslagers nieder, da sich die Welt- und Ordensgeistlichen – soweit dazu die Möglichkeit bestand – nach dem Zugehörigkeitsgefühl nach Bistümern organisierten. Diesem Zusammengehörigkeitsgefühl trägt diese Arbeit Rechnung.

Das zweite Problem betraf die sehr disparate Quellenlage. Die Grundlage dieser Untersuchung bildete die im Bistumsarchiv Münster befindliche ‚Sammlung NS-Verfolgte', ergänzt durch eine kirchenamtliche Umfrage zum Dritten Reich von 1946. Zu einzelnen Geistlichen lag bereits umfängliches Material vor, zu anderen fehlten jedoch auch nur grundlegende Angaben. Unter diesen Umständen war eine Suche nach weiteren Quellen unumgänglich. Zu diesem Zweck wurden staatliche Akten herangezogen, lieferten sie doch – soweit vorhanden – die Ermittlungsakten gegen die Geistlichen. Daher wurden die Bestände des Staatsarchivs in Münster, des Hauptstaatsarchivs in Düsseldorf sowie des Bundesarchivs in Koblenz herangezogen, um die Verfolgung einzelner Geistlicher auf dem Instanzenweg nachzuvollziehen. Des weiteren wurden Akten des Document Center in Berlin einbezogen und aufgearbeitet.

Die politischen Umwälzungen in der ehemaligen DDR gestatteten es, die Akten des Reichsjustizministeriums und des Reichskirchenministeriums, die in Potsdam lagern, auszuwerten; außerdem wurde das Archiv der Gedenkstätte Dachau bei der Untersuchung berücksichtigt. Der biographische Ansatz der Arbeit machte es außerdem nötig, mit den noch lebenden Angehörigen der Konzentrationslager-Priester Kontakt aufzunehmen. So konnten aus Nachlässen zahlreiche Briefe aus Dachau, Gedächtnisprotokolle über die Haftzeit und andere Materialien gesammelt werden. Wichtige Anstöße gingen von dem Tagebuch des Laienhäftlings Edgar

Kupfer-Koberwitz[2] aus, der in den letzten Jahren des Lagers die dortigen Ereignisse präzise datiert.

Trotz der so erreichten Verbreiterung der Quellenlage blieb das Ziel, über alle Betroffenen in gleichem Umfang Material zu gewinnen, unerreicht. So sind Unterschiede in der Darstellung der einzelnen Biographien nicht zu vermeiden gewesen. Die Bandbreite reicht von Biographien, die das Leben von der Kindheit bis zum Tode dokumentieren, bis zu Darstellungen einzelner, deren Leben nur skizzenhaft beleuchtet werden konnte.

Um die Einzelbiographien in einen objektiven Zusammenhang zu stellen, wurde die Literatur zur Geschichte des Konzentrationslagers Dachau herangezogen. Als eine der bedeutendsten Arbeiten ist hier das Werk von Eugen Weiler[3] zu nennen, das neben zahlreichen Berichten von Priestern über ihre Erlebnisse im Konzentrationslager eine Sammlung der wichtigsten Daten dieser Geistlichen liefert. Den gleichen Ansatz verfolgt Ulrich von Hehl in seiner Studie ‚Priester unter Hitlers Terror'[4], der sich nicht auf die Priester im Konzentrationslager beschränkt, sondern alle ermittelbaren Maßnahmen gegen reichsdeutsche Geistliche auflistet. Hinzu treten zahlreiche autobiographische Schriften von Überlebenden aus Dachau. Hier seien beispielhaft der süddeutsche Priester Maurus Münch[5] genannt sowie Reimund Schnabel[6], der als einziger Laie ein Buch über die Priester in Dachau verfaßt hat. Erwähnt werden muß darüber hinaus das bisher nicht in deutscher Sprache erschienene Buch des tschechischen Priesters Friedrich Hoffmann[7], der einzelne Vorgänge minutiös schildert.

Insgesamt ist das Lager Dachau nur marginal behandelt worden, wenn man von dem großen Aufsatz von Günther Kimmel[8] im Rahmen des Projektes ‚Bayern in der NS-Zeit' absieht. Es erschien deshalb sinnvoll, den Biographien ein Kapitel voranzustellen, das die Entwicklung des Konzentrationslagers Dachau in den Jahren 1933 bis 1939 und die besondere Situation von Priestern im Gefüge dieses Konzentrationslagers nach ihrer Zusammenlegung im Winter 1940/41 darstellt,

---

[2] Kupfer-Koberwitz, Edgar: Die Mächtigen und die Hilflosen. Als Häftling in Dachau, Bd. I und II, Stuttgart 1957 und 1960.

[3] Weiler, Eugen: Die Geistlichen in Dachau sowie in anderen Konzentrationslagern und in Gefängnissen. Nachlaß von Pfarrer Emil Thoma. Bd. 1: Mödling b. Wien 1971, Bd. 2: Lahr 1982.

[4] Hehl, Ulrich von: Priester unter Hitlers Terror. Eine biographische und statistische Erhebung im Auftrag der deutschen Bischofskonferenz unter Mitwirkung der Diözesanarchive. Mainz 1984.

[5] Münch, Maurus: Unter 2479 Priestern in Dachau. Zum Gedenken an den 25. Jahrestag der Befreiung in der Osterzeit 1945. 2. erw. Aufl., Trier 1972.

[6] Schnabel, Reimund: Die Frommen in der Hölle. Geistliche in Dachau. Frankfurt/M. 1966.

[7] Hoffmann, Friedrich: Und wer euch tötet... Leben und Leiden der Priester in den Konzentrationslagern. Prerau 1946. Aus dem Tschechischen übersetzt von Anton Bornefeld. Maschinenschr. Manuskript.

[8] Kimmel, Günther: Das Konzentrationslager Dachau. Eine Studie zu den nationalsozialistischen Gewaltverbrechen, in: Broszat, Martin u.a. (Hg.): Bayern in der NS-Zeit, Bd. II, München/Wien 1979, S. 349–413.

wobei auf die autobiographischen Arbeiten von Priestern und Laien zurückgegriffen wurde.

Ergänzt wird dieser einleitende Aufsatz durch einen kurzen Überblick über den Verlauf der Auseinandersetzungen zwischen nationalsozialistischem Regime, den Katholiken und der Kirche im Bistum Münster, der besonders nach der Rolle und der Verfolgung der Priester in diesem Konflikt fragt.

2. Das NS-Regime, die Katholiken und ihre Priester im Bistum Münster 1930–1945[1]

Die im KZ Dachau inhaftierten Priester waren Opfer der Auseinandersetzungen zwischen Nationalsozialismus, Katholiken und Kirche, die um 1930 begannen und 1945 mit dem Zusammenbruch des ‚Tausendjährigen Reiches' endeten. Dieser Konflikt verlief nicht gleichförmig, sondern in sehr unterschiedlichen Phasen, wobei die äußeren Bedingungen, Formen und Inhalte wechselten. Wird diese Entwicklung nicht beachtet, fällt der Zugang zu den Ereignissen oft schwer. Auch zum Verständnis der individuellen Biographien ist es hilfreich, sich in einem kurzen Abriß den Verlauf dieser folgenschweren Jahre zu vergegenwärtigen.

Als der Aufstieg des Nationalsozialismus in der von einer schweren Wirtschaftskrise erschütterten Weimarer Republik begann und die NSDAP seit 1930 bei den Wahlen erdrutschartige Stimmengewinne verzeichnen konnte, blieben ihre Ergebnisse in den überwiegend von Katholiken bewohnten Regionen des Deutschen Reiches deutlich hinter dem Durchschnitt zurück. Dies galt auch für die dem Bistum Münster zugehörigen Kreise, besonders in den ländlichen Gebieten, wo die Katholiken ganz unter sich waren oder doch die deutlich überwiegende Bevölkerungsmehrheit stellten. Hier war das ganze öffentliche und private Leben wie selbstverständlich auf das Bekenntnis zum katholischen Glauben und zur katholischen Kirche ausgerichtet. In dieser festgefügten Welt hatten es die nationalsozialistischen Wahlkämpfer schwer, nachdem die Bischöfe das Programm der NSDAP verurteilt hatten – es kam regelmäßig vor, daß ihnen niemand ein Versammlungslokal zur Verfügung stellen wollte. Selbst bei den Wahlen vom März 1933, die schon unter Ausnahmezustand und Terror durch die SA stattfanden, erhielt die NSDAP im Regierungsbezirk Münster (entsprechend dem westfälischen Bistumsteil) nur 28,7 % der Stimmen, während es im Reichsdurchschnitt 43,9 % waren. Das Zentrum als die politische Partei der Katholiken erreichte im Regierungsbezirk Münster 39 %, im Oldenburger Münsterland nahezu 70 %!

Dennoch verfügten die Nationalsozialisten nach den Wahlen zusammen mit der Deutschnationalen Volkspartei über eine Mehrheit und stellten die Reichsregierung. Die Katholiken, die bis zu diesem Zeitpunkt in grundsätzlicher Opposition zur NSDAP verharrt hatten, kamen nun in eine schwierige Situation. Die NS-Führung wirkte mit einer Mischung von Drohungen und Angeboten zur Verständigung auf sie ein, vor allem betonte sie jetzt das eigene christliche Bekenntnis: Demonstrativ nahmen Parteiführer und Abordnungen der SA an kirchlichen Festen oder Prozessionen teil. Auch ging der Rausch des ‚nationalen Aufbruchs' nicht spurlos an den Katholiken vorbei, viele schenkten den neuen Machthabern nun Vertrauen, zumal Hitler durch den Abschluß eines Konkordates mit dem Papst ein Mindest-

---

[1] Dieses Kapitel beruht auf den Arbeiten von W. Damberg und T. Schulte-Umberg. Siehe dazu Damberg, Wilhelm: Der Kampf um die Schulen in Westfalen 1933–1945. Mainz 1986, und Schulte-Umberg, Thomas: Klerus und totaler Staat. Eine Annäherung an die kollektive Biographie des Klerus am Beispiel des Bistums Münster. Diplomarbeit, Münster 1991.

maß an Freiheit der Kirche zu garantieren schien. Damit machte sich seit dem Sommer 1933 allgemein die Zuversicht breit, es sei nun ein gangbarer Weg der Zusammenarbeit von Kirche und Nationalsozialismus gefunden, der den Katholiken schwere Konflikte ersparen konnte.

Diese Hoffnung wurde jedoch spätestens im Frühjahr 1934 enttäuscht. Die Nationalsozialisten begnügten sich keineswegs damit, daß das Zentrum sich selbst aufgelöst hatte und die Presse immer schärfer kontrolliert wurde; vielmehr begannen sie nun den zahlreichen katholischen Vereinen und Organisationen immer neue Schwierigkeiten zu bereiten, um ihre Aktivitäten möglichst ganz zu unterbinden. Gleichzeitig trat die 1933 betonte christliche Selbstdarstellung der Partei wieder zurück und wich einer deutlich völkisch-rassistischen Propaganda. Dies rief den gerade erst am 28. 10. 1933 eingeführten neuen Bischof von Münster, Clemens August Graf von Galen, auf den Plan, der in seinem Osterhirtenbrief des Jahres 1934 eine klare Trennungslinie zwischen dem katholischen Glauben und der völkischen Blut-und-Boden-Ideologie zog. Diese Entwicklung blieb auf die Katholiken nicht ohne Wirkung, und als am 19. 8. 1934 über die Zusammenlegung der Ämter des Reichspräsidenten und des Reichskanzlers abgestimmt wurde, gab es an einzelnen Orten bis zu 30 % Nein-Stimmen, was von den dortigen politischen Leitern als Katastrophe empfunden wurde. Die Ursache war gleich ausgemacht: Die Ablehnung des Nationalsozialismus durch den ‚politischen Katholizismus'.

Bedeutsam ist, daß die Geheime Staatspolizei nun verstärkt auf die Tätigkeit der Pfarrer und Kapläne aufmerksam wird und ihnen ‚heimliche Wühlarbeit' gegen Partei und Staat vorwirft. Zu öffentlichen Auseinandersetzungen kam es gleichwohl nicht, weil man sich auf katholischer Seite auf die Bekämpfung der völkisch-rassistischen Ideologie, des ‚Neuheidentums' konzentrierte, aber noch meinte, es handele sich bei ihren Verfechtern um eine radikale Minderheit innerhalb der NSDAP. Umgekehrt war der Staatsführung daran gelegen, vor der Abstimmung des (katholischen) Saarlands über den Anschluß an das Reich im Januar 1935 und der Wiedereinführung der allgemeinen Wehrpflicht im März 1935 keine Schwierigkeiten mit der Kirche zu haben. Unter diesen Umständen nimmt es nicht Wunder, daß bis zu diesem Zeitpunkt die Verfolgungsorgane nur selten gegen Geistliche aktiv wurden.

Nach dem Fortfall der taktischen Motive für diese Zurückhaltung schlug die NS-Führung im Laufe des Jahres 1935 einen deutlich härteren Kurs ein, es begann damit eine neue Phase der Auseinandersetzungen. Sie sind dadurch gekennzeichnet, daß einerseits Partei und Staat eine Propagandakampagne gegen die Kirche einleiteten, in der eine ‚Entkonfessionalisierung des öffentlichen Lebens', d. h. die Verdrängung der Kirchen und der verbliebenen katholischen Organisationen aus der Öffentlichkeit gefordert wurde, andererseits die Katholiken zunehmend erkannten, daß das ‚Neuheidentum' keine Angelegenheit von wenigen Sektierern war, sondern offensichtlich einer Staatsideologie sehr nahe kam. Der Kampf gegen das Neuheidentum wurde nun zu einer Opposition gegen Partei und Staatsführung.

Besonders intensiv wird jetzt dem Klerus die Aufmerksamkeit des Staatsapparats zuteil. Die eigentliche Wende markiert hier der Runderlaß des preußischen

Ministerpräsidenten Göring betreffend den politischen Katholizismus vom 16. 7. 1935: Es gebe Geistliche, die sich mit der ‚Totalität des Nationalsozialismus' nicht mehr abfinden wollten; es sei soweit gekommen, „daß gläubige Katholiken als einzigen Eindruck aus dem Besuch des Gotteshauses mitnehmen, daß die katholische Kirche alle möglichen Einrichtungen des nationalsozialistischen Staates ablehnt, weil in den Predigten fortgesetzt auf politische Tagesereignisse in polemischer Weise angespielt wird."[2] Bisher sei die Staatsführung nachsichtig gewesen, nun aber müßten diese Geistlichen „erfahren, daß sie nicht länger ungestraft sich ihrer hetzerischen Tätigkeit hingeben können. Ich erwarte von den Gerichten und den Strafverfolgungsbehörden, daß sie jetzt die ganze Härte der bestehenden gesetzlichen Strafvorschriften in Anwendung bringen."[3]

Daß diese Anweisung Görings der Logik der nationalsozialistischen Herrschaftstechnik entsprach, ist kaum zu übersehen: 1933 war die politische Vertretung der Katholiken untergegangen, parallel wurde ihre Presse geknebelt und ‚gleichgeschaltet', es folgte die allmähliche Einschnürung des Vereinswesens, so daß um 1935 öffentliche Aktivitäten von Laien praktisch ausgeschaltet waren. Entsprechend konzentrierte sich das Leben der Katholiken immer stärker auf die Pfarrei. Der Pfarrer wurde – er mochte wollen oder nicht – zum alleinigen Repräsentanten und Sprecher der Katholiken in der Öffentlichkeit. Vor allem die Predigt war den Nationalsozialisten ein Dorn im Auge, wie auch der Göring-Erlaß klar erkennen läßt, denn hier blieb dem Meinungsbildungsmonopol der Diktatur, die alle Medien kontrollierte, eine mindestens halb-öffentliche Konkurrenz erhalten, deren Attraktivität gerade wegen der Gleichschaltung jeder anderen Form öffentlicher Kommunikation noch wuchs. Diese relative Redefreiheit des Klerus sollte nun durch den Verfolgungsapparat, d. h. Gestapo, Polizei und Justiz, bekämpft werden, indem man zwischen (erlaubten) ‚rein religiösen' und (verbotenen) ‚politischen' Themen unterschied – eine Trennung, die oft genug unmöglich war und stark vom persönlichen Ermessen abhing.

In der Tat begannen Partei, Justiz und Gestapo, nachdem sie freie Hand erhalten hatten, seit dem Sommer 1935 verstärkt Material gegen Geistliche zu sammeln und eine Vielzahl von Strafverfahren einzuleiten – und doch kam es bis zum Kriegsausbruch im Jahre 1939 zwar zu zahlreichen Verhören, Haussuchungen, Verwarnungen und Verboten, Religionsunterricht zu erteilen, aber nur zu einer deutlich niedrigeren Anzahl von Verurteilungen vor Gericht, meist mit geringeren (Geld)strafen. Auch in den vorliegenden Biographien wird erkennbar, daß oft schon Jahre vor den Verhaftungen regelmäßig Verfahren eingeleitet, dann aber wieder eingestellt wurden (z. B. J. Helmus). Dieser Befund ist um so überraschender, weil die Jahre zwischen 1935 und 1939 in Westfalen als Hauptzeit des ‚Kirchenkampfes' gelten können, die Zeit, in der der NS-Staat eine offene Propagandakampagne gegen die katholische Kirche entfesselte, die formal noch bestehenden Vereine verbot, die konfessionellen Bekenntnisschulen aufhob und für den Kirchenaustritt

---

[2] Michaelis, Herbert, Ernst Schraepler (Hg.): Ursachen und Folgen. Vom deutschen Zusammenbruch 1918 und 1945 bis zur staatlichen Neuordnung Deutschlands in der Gegenwart. Bd. XI: Das Dritte Reich. Berlin o.J., Nr. 2520.

[3] Ebda.

warb. Die Katholiken reagierten im Rahmen der verbliebenen Möglichkeiten mit sog. ‚Glaubensfeiern', Wallfahrten, aber auch dem Boykott von Parteiveranstaltungen oder Eingaben und Petitionen. Sei es Protest oder Verweigerung – überall stand der Klerus im Mittelpunkt der Aufmerksamkeit.

Für die Tatsache, daß es dennoch bis 1939 – gemessen an der Zahl der eingeleiteten Verfahren – nur wenige Verurteilungen gab, sind zwei Gründe ausschlaggebend: Erstens hatte schon der Göring-Erlaß betont, es müsse zwar hart vorgegangen, aber gleichzeitig durch sorgfältige Vorbereitung vermieden werden, Märtyrer zu schaffen. Genau das war aber in der Praxis für die Justizbehörden ein schwieriges Problem, weil an dem Rückhalt, den die Priester in ihren Gemeinden hatten, nicht zu zweifeln war; auch einige im Rheinland seit 1936 eingeleitete Prozesse gegen Ordensangehörige und Priester wegen homosexueller Vergehen, die in der gesamten Presse breit ausgewalzt wurden, vermochten daran nichts zu ändern. Unter Umständen bestand für die Staatsanwaltschaft das Risiko, daß ein ordentliches Gericht einen Pfarrer oder Kaplan freisprechen konnte, wenn etwa die Anklage im Zuge des Verfahrens aufgrund von zahlreichen entlastenden Aussagen aus der Pfarrgemeinde erschüttert wurde. Und was war zu tun, wenn das Gericht feststellen sollte, daß der Angeklagte zu Recht Anschuldigungen gegen Partei- oder Staatsorgane erhoben hatte?

Zweitens blieb die Zahl der Verurteilungen relativ gering, weil das Justizministerium am 13. 7. 1936 aus innen- und außenpolitischen Gründen (Olympiade) anordnete, Strafverfahren mit ‚religionspolitischem' Hintergrund oder gegen Geistliche einzustellen. Diese Anordnung wurde am 7. 4. 1937 wieder aufgehoben – als Reaktion auf die Enzyklika ‚Mit brennender Sorge' Papst Pius. XI., die eine massive Verurteilung des Nationalsozialismus enthalten hatte –, aber schon im Juli 1937 wieder erneuert. Hitler bereitete sich von nun an auf das Ausgreifen nach Osteuropa und damit auf einen militärischen Konflikt vor – innenpolitisch war deshalb Ruhe geboten, einer offenen Konfrontation mit den Katholiken und der Kirche ging man möglichst aus dem Wege. Das Problem sollte in Zukunft geräuscharm gelöst werden.

Mit der Entfesselung des Zweiten Weltkrieges am 1. 9. 1939 begann eine neue Phase des Konflikts zwischen nationalsozialistischer Herrschaft, Kirche und Katholiken. Faktisch war das 1935 verkündete Programm der ‚Entkonfessionalisierung des öffentlichen Lebens' mittlerweile weitgehend abgeschlossen – was den Katholiken blieb, war ein Sakristei-Christentum und die Liturgie. Von Kriegsbegeisterung konnte bei den Katholiken nicht die Rede sein – aus unserer Sicht erscheint ihre Einstellung vielmehr eigentümlich gespalten: Einerseits wurde an der grundsätzlichen Pflicht zum Gehorsam gegenüber der Obrigkeit auch in diesem Krieg nicht gezweifelt, so daß die Bischöfe die Katholiken zu treuer Pflichterfüllung aufriefen. Andererseits wird in ihren Hirtenbriefen und in vielen Predigten das Bestreben erkennbar, sich nicht zu propagandistischen Zwecken mißbrauchen zu lassen – zum Mißfallen der NSDAP, die eine stärkere Unterstützung erwartete. So faßt die Gauleitung in Münster in einem Lagebericht im November 1939 zusammen: „Statt einer klaren und eindeutigen Einstellung für den Endsieg Deutschlands beschränkt man sich in den Kirchen darauf, für einen gerechten Frieden zu beten."[4] In den meisten Predigten komme eine negative Haltung zum Ausdruck. Diese ‚negative Haltung' sollte in der Folgezeit einigen Priestern zum Verhängnis werden, weil der nationalsozialistische Sicherheitsapparat seit Kriegsbeginn immer härter auf jede Art von Kritik reagierte.

Wichtig ist in diesem Zusammenhang, daß die Gestapo jetzt bei ihrer Bekämpfung der ‚Gegner' mehr und mehr unabhängig von den Gerichten zu operieren begann. War es in den 30er Jahren üblich, daß die Gestapo die aufgespürten Personen den Gerichten, speziell den zur Bekämpfung staatsfeindlicher Umtriebe eingerichteten ‚Sondergerichten' (jeweils ein Sondergericht für einen Oberlandesgerichtsbezirk) zur Verurteilung übergab, setzte sich seit Kriegsbeginn die Praxis durch, daß die Gestapo ihre Opfer ohne Gerichtsverfahren durch Schutzhaftbefehl direkt in ein Konzentrationslager überführte. Dasselbe konnte denjenigen geschehen, die von einem Gericht zu kurzen Haftstrafen verurteilt oder ganz freigesprochen wurden: Hier korrigierte die Gestapo das Urteil dadurch, daß der Betroffene unmittelbar nach seiner Freilassung erneut verhaftet und nun ohne Urteil ins KZ deportiert wurde (z. B. J. Markötter). Speziell bei den Geistlichen hatte dieses Verfahren vor allem den Vorteil, daß die Risiken einer Gerichtsverhandlung (Beweisführung, das ‚Märtyrer'-Problem) ausgeschaltet wurden und die betreffenden lautlos aus dem Umfeld ihrer Pfarrgemeinden bzw. des Bistums verschwanden.

Die Abfolge der Einlieferung der münsterischen Priester ins KZ entspricht in etwa der Intensität des ‚Kirchenkampfes' während des Krieges. Wenige Monate vor Ausbruch des Krieges war am 3. 5. 1939 das seit Juli 1937 bestehende Verbot aufgehoben worden, Verfahren gegen Geistliche und Ordensangehörige durchzuführen – freilich auch weiterhin unter Berücksichtigung des Grundsatzes, eine Beunruhigung der Bevölkerung zu vermeiden. Damit war klargestellt, daß die Sicherheitsorgane wieder verstärkt gegen Priester durchgreifen konnten. Wurden nun 1940 erst vier münsterische Priester im KZ inhaftiert, so schnellte die Zahl 1941 auf fünfzehn hoch, 1942 kamen nochmals zwölf hinzu, 1943 zwei, 1944/45 folgten noch fünf.[5] Tatsächlich hielt sich die NS-Führung 1939/40 mit Maßnahmen gegen die Katholiken und ihre Kirche zurück, im Jahre 1941 aber, auf dem Höhepunkt der äußeren Machtentfaltung des Dritten Reiches, verschärfte sich der Druck erneut, als überall Klöster beschlagnahmt wurden.

Parallel erreichte das Verhältnis von Katholiken und NS-Regime einen absoluten Tiefpunkt, als Clemens August v. Galen mit seinem Protest gegen die Euthanasie an die Öffentlichkeit ging. Bekanntlich wurde die Abrechnung mit dem münsterischen Bischof von der nationalsozialistischen Führung auf die Zeit nach dem Kriege verschoben. In welchem Umfang die hohe Zahl der KZ-Deportationen des Jahres 1941 eine Reaktion auf seine Predigten war, ist nur schwer abzuschätzen. Sie nahmen im ganzen Reich zu, und die Verfolgung im Bistum Münster wurde bereits in der ersten Jahreshälfte intensiviert, um nach den Predigten ihren Höhe-

---

[4] Lagebericht der Gauleitung für den Monat November 1939. STAM Gauleitung Westfalen-Nord, Hauptleitung 32.
[5] Diese Entwicklung entspricht der Kurve für alle Priester im Deutschen Reich, die bei von Hehl, a.a.O., Einleitung, S. L, dargestellt ist.

punkt zu erreichen. In vier Fällen ist ein direkter Zusammenhang nachweisbar (Fresenborg, Krähenheide, Mertens, Stammschröer). Die intensive Verfolgung zieht sich noch bis in das Jahr 1942 hinein, aber spätestens nach der Kriegswende von Stalingrad treten alle kirchenpolitischen Angelegenheiten im Interesse der NS-Führung immer stärker zurück – in erster Linie darf die sog. ‚Heimatfront' nicht gefährdet werden. Zwar vermag die Gestapo auch weiterhin zuzuschlagen und bleibt als unberechenbare Drohung präsent (das Beispiel Lüdinghausen: Hürfeld, Bornefeld, Goebels, Brockhoff, Kleinsorge), aber insgesamt nimmt die Zahl der Inhaftierungen gegen Kriegsende doch deutlich ab.

Überblickt man also die Entwicklung des Konflikts zwischen NS-Staat, Katholiken und Kirche, so gehört die Inhaftierung von Priestern im KZ zur letzten Phase dieses Kirchenkampfes, die mit der Kriegszeit zusammenfällt. Es stellt sich dann abschließend eine wichtige, aber alles andere als leicht zu beantwortende Frage: Weshalb kamen diese – und nicht etwa andere – Pfarrer und Kapläne nach Dachau? Die Vorstellung, daß diejenigen, die dem Regime am kompromißlosesten widersprochen haben, diesem als erste zum Opfer fielen, trifft nämlich offensichtlich nur einen Teil der Wirklichkeit. Schon das Beispiel v. Galens verweist darauf, wie vielschichtig das Problem ist: Die Staatsführung scheute trotz der unerhörten Provokation der Predigten des Jahres 1941 eine Verhaftung wegen seines Rückhalts in der Bevölkerung und der damit verbundenen Risiken – ein Problem, vor dem im kleinen Maßstab jeder Ortsgruppenleiter der NSDAP stand, der ‚seinen' Pfarrer aus dem Wege schaffen wollte. Gleiches galt für die Staatsanwaltschaft oder die Gestapo, die ausdrücklich angewiesen war, jede ‚Beunruhigung' der Bevölkerung zu vermeiden. So gab es Pfarrer, die über viele Jahre in ihren Gemeinden kein Blatt vor den Mund nahmen und doch unbehelligt blieben. Bei anderen waren es vergleichsweise Nichtigkeiten, die zur Inhaftierung und Deportation führten. Allerdings ist doch erkennbar, daß dies zumeist nur dann geschah, wenn der Betreffende bereits (mehrfach) auffällig geworden war; man hat dann den Eindruck, daß hier nur noch ein Anlaß gesucht wurde, um eingreifen zu können (z. B. J. Helmus).

Begleitumstände und Inhalt der jeweiligen ‚Vergehen', die das entscheidende Eingreifen der Gestapo auslösen, wechseln entsprechend der vielfältigen Tätigkeit der Priester. Gelegentlich sind es kritische Äußerungen während eines Hausbesuchs oder im privaten Gespräch (Barkholt, Kötter, Rehling, Reukes), oft aber auch eine Predigt (W. Meyer, Averberg, Gaßmann, Hennen, Markötter, Storm); die Wiedergabe der v. Galenschen Predigten aber nur dann, wenn ihr Inhalt entweder frei wiedergegeben oder erläutert wurde (Fresenborg, Mertens, Stammschröer). Auch Denunziationen nach Beichtgesprächen konnten vorkommen, gegen die sich die Betroffenen aufgrund des Beichtgeheimnisses nicht zur Wehr setzen konnten (Averesch, Schumann).

Zwei nach ihren ‚Vergehen' gebildete Gruppen von KZ-Priestern lassen jedoch erkennen, daß die Intervention der Gestapo auch nicht völlig wahllos erfolgte. Auch wenn Äußerungen zum Verlauf des Krieges nicht automatisch mit Konzentrationslagerhaft bestraft wurden, wurde eine Gruppe dieser Priester aufgrund solch kritischer Äußerungen inhaftiert – also nicht unmittelbar im Zusammenhang mit ihrer priesterlichen Funktion (Barkholt, Oenning, Reukes). Auch die Äußerung des Diakons K. Leisner zum Attentat auf Hitler wäre hier einzuordnen. Der Gestapo mußten derartige Denunziationen sehr willkommen sein, denn bei einem so eindeutig ‚politischen' Delikt entfiel die Rücksichtnahme auf den Vorwurf, man unterdrücke die Kirche und Katholiken.

Die zweite Gruppe wurde inhaftiert, weil sie sich in irgendeiner Weise um das Schicksal der ‚Fremdvölkischen' bemüht oder sich dazu geäußert hatte. Das betraf in erster Linie die polnischen oder russischen (ukrainischen) Kriegsgefangenen oder Zwangsarbeiter. Für nicht weniger als fünf der 38 in Dachau inhaftierten Priester aus dem Bistum Münster war dies der unmittelbare Anlaß des Schutzhaftbefehls (Scheipers, Meyer, Poether, Remy, Wessing), drei weitere waren ebenfalls in der Polenseelsorge tätig, wurden aber mit einer anderen Begründung verhaftet (Bornefeld, Helmus, Schmedding). Insgesamt wurden von den 35 Seelsorgern des Bistums, die offiziell für die Betreuung der in Deutschland lebenden Polen zuständig waren, fünf nach Dachau deportiert.

Wenn man die zwei Priester, die wegen ihrer Äußerungen zu den Juden angezeigt wurden (Klumpe, Markötter), zu der Gruppe zählt, die sich für ‚fremdrassige' Kriegsgefangene und Zwangsarbeiter eingesetzt hatte, ist festzustellen, daß etwa ein Viertel aller münsterischen KZ-Priester wegen ihres Engagements für diese Opfer der rassistischen Ideologie und Herrschaftspraxis in Dachau inhaftiert wurde. Da insbesondere die praktische Betreuung dieser Menschen rein vom Umfang her aber eher am Rande der ‚ordentlichen' Seelsorge angesiedelt war, ist offensichtlich, daß hier das Konfliktfeld lag, auf dem der nationalsozialistische Sicherheitsapparat am härtesten reagierte und sich das Risiko für den einzelnen Seelsorger entsprechend erhöhte.

Auch diese Beobachtungen können jedoch den Gesamteindruck nicht entkräften, daß die in Dachau inhaftierten Priester weniger aufgrund konkreter Tatbestände, sondern vielmehr scheinbar planlos als Mitglieder eines Standes zu Opfern des NS-Terrors wurden. Gerade die Unberechenbarkeit dieses Terrors dürfte in erster Linie darauf gerichtet gewesen sein, den gesamten Klerus zu disziplinieren, der aber dennoch nicht davon abließ, die ideologischen Grundlagen und das Meinungsmonopol der Diktatur öffentlich herauszufordern, bis der nationalsozialistische Staat zusammenbrach.

3. Das Konzentrationslager Dachau – Entstehung, Organisation, Häftlingsalltag

3.1. Die Gründung des Lagers

Am 21. März 1933 erschien in den Münchener Neuesten Nachrichten folgender Bericht:
„Ein Konzentrationslager für politische Gefangene.
In der Nähe von Dachau.
In einer Pressebesprechung teilte der kommissarische Polizeipräsident von München Himmler mit: ‚Am Mittwoch wird in der Nähe von Dachau das erste Konzentrationslager eröffnet. Es hat ein Fassungsvermögen von 5000 Menschen. Hier werden die gesamten kommunistischen und – soweit notwendig – Reichsbanner- und marxistischen Funktionäre, die die Sicherheit des Staates gefährden, zusammengezogen, da es auf die Dauer nicht möglich ist, wenn der Staatsapparat nicht so sehr belastet werden soll, die einzelnen kommunistischen Funktionäre in den Gerichtsgefängnissen zu lassen, während es andererseits auch nicht angängig ist, diese Funktionäre wieder in die Freiheit zu lassen. Bei einzelnen Versuchen, die wir gemacht haben, war der Erfolg der, daß sie weiter hetzen und zu organisieren versuchen. Wir haben diese Maßnahme ohne jede Rücksicht auf kleinliche Bedenken getroffen in der Ueberzeugung, damit zur Beruhigung der nationalen Bevölkerung und in ihrem Sinn zu handeln.' Weiter versicherte Polizeipräsident Himmler, daß die Schutzhaft in den einzelnen Fällen nicht länger aufrechterhalten werde, als notwendig sei. Es sei aber selbstverständlich, daß das Material, das in ungeahnter Menge beschlagnahmt wurde, zur Sichtung längere Zeit benötigt. Die Polizei werde dabei nur aufgehalten, wenn dauernd angefragt werde, wann dieser oder jener Schutzhäftling freigelassen werde. Wie unrichtig die vielfach verbreiteten Gerüchte über die Behandlung von Schutzhäftlingen seien, gehe daraus hervor, daß einigen Schutzhäftlingen, die es wünschten, wie z. B. Dr. Gerlich und Frhr. v. Aretin, priesterlicher Zuspruch anstandslos genehmigt worden sei."[1]
Unmittelbar nach der Verhängung des Ausnahmezustands, im Zuge der Machtergreifung, begannen die Nationalsozialisten mit der Verhaftung tausender politischer Gegner. Da die Gefängnisse nicht ausreichten, um die große Zahl der Gefangenen aufzunehmen, mußte an andere Unterbringungsmöglichkeiten gedacht werden. Nahe der Stadt Dachau wurde das erste Konzentrationslager – im Dienstgebrauch KL genannt – auf deutschem Boden errichtet. Das Gelände war während des Ersten Weltkrieges von einer Pulver- und Munitionsfabrik genutzt worden, die man jedoch später, bedingt durch die Auflagen des Versailler Vertrages, stillgelegt hatte.
Am 2. April unterstellte Heinrich Himmler das Konzentrationslager Dachau seinem persönlichen Kommando. Die bisher von der Polizei gestellten Wachmannschaften wurden von der politischen Hilfspolizei abgelöst, damit übernahm de

---

[1] Münchener Neueste Nachrichten vom 21. 3. 1933.

facto die SS das Lager. Zwar blieb die offizielle Führung des Lagers in Händen der Polizei, die auch für die Schulung der SS-Mannschaften zuständig war, doch die tatsächlichen Umstrukturierungen hatten für die Häftlinge beträchtliche Folgen: Das Kommando über das Häftlingslager lag in den Händen der SS. Lagerkommandant wurde der SS-Sturmhauptführer Hilmar Wäckerle. Der ehemalige Diplom-Landwirt begann mit der Errichtung des Dachauer Terrorregimes.

Das Lager selbst blieb zunächst weiterhin ein Provisorium. Durch die Einführung einer militärischen Ordnung versuchte man, das lagerinterne Leben zu organisieren. So waren die Häftlinge in Korporalschaften gegliedert. Auch die Lagerarbeit wurde geregelt: Die Gefangenen wurden zu Handwerks-, Ausbau- und Erdarbeitskolonnen zusammengefaßt, denen einzelne Häftlinge vorstanden. Diese ‚Capos'[2], wie sie von den Häftlingen genannt wurden, waren das Bindeglied zwischen den Häftlingen und der Lagerverwaltung. Eine solche Stellung konnte – wie später noch aufzuzeigen sein wird – zu einer großen Machtfülle führen.

Unter Wäckerles Führung begann die SS mit der systematischen Schikanierung und brutalen Unterdrückung der Häftlinge. So galt in Dachau nun das Standrecht. Neu eintreffende Häftlinge wurden bei ihrer Ankunft geprügelt und zusammengeschlagen. Im Lager selbst verhängte man willkürlich Strafen.

Bereits am 12. April kam es zu den ersten Morden in Dachau. Vier jüdische Gefangene wurden von SS-Männern aus dem Lager geholt und ‚auf der Flucht' niedergeschossen. Drei Opfer fanden den Tod, das vierte wurde schwer verletzt. In der chirurgischen Klinik in München berichtete der Mann von den Vorgängen, bevor er seinen schweren Verletzungen erlag. Daraufhin nahm die Staatsanwaltschaft Ermittlungen auf, das Morden im Lager ging jedoch weiter. Auf Dauer ließ sich Wäckerle allerdings nicht mehr halten und wurde abgelöst.

Offenbar als Reaktion auf die bekannt gewordenen Todesfälle erschien im Juli 1933 eine Beilage zur Münchner Illustrierten Presse, die das Leben im KZ beschönigend darstellte. Gegenüber dem wirklichen Lagerleben wirkte diese wie Hohn. Sogar ein angeblich selbstgebautes Schwimmbassin sollte von „unbekümmerter, natürlicher Freude" der Insassen zeugen. Bei Gesellschaftsspielen würden „Kindheitserinnerungen wach und lösen ... Gefühle der Sorglosigkeit aus"[3]. – Dies in einer Situation, in der das Leben der Häftlinge von der Sorge um das nackte Überleben geprägt war.

3.2. Theodor Eicke und das ‚Dachauer Modell' 1933/34

Wäckerles Nachfolger wurde Ende Juni 1933 Theodor Eicke. Der glänzende Organisator baute die SS in der Rheinpfalz auf und wurde im Oktober 1932 zum SS-Oberführer ernannt. Im Juli 1932 wurde Eicke wegen der Vorbereitung von mehreren Bombenattentaten zu zwei Jahren Zuchthaus verurteilt. Er konnte sich

---

[2] Der Ursprung der Bezeichnung ist unklar.
[3] Münchner Illustrierte Presse, Beilage vom 28. Juli 1933.

jedoch der Haft entziehen und floh nach Italien. Im Februar 1933 kehrte er nach Deutschland zurück.

Seine Karriere drohte zu enden, als er sich mit dem mächtigen pfälzischen Gauleiter Bürckel überwarf. Als Eicke versuchte, mit diesem gewaltsam abzurechnen, wurde er selbst in Schutzhaft genommen und in der psychiatrischen Klinik der Universität Würzburg auf seinen Geisteszustand hin untersucht. Von hier aus schrieb er lange Briefe an den Reichsführer SS Himmler mit der Bitte um Wiederaufnahme in die SS. So bot gerade er sich für Himmler an, als ein Nachfolger für Wäckerle gesucht wurde.

Theodor Eicke war es, der das ‚Dachauer Modell' entwickelte. Unter seiner Ägide wurde der Um- und Ausbau des Lagers intensiv weitergetrieben. Schon am 1. 10. 1933 erließ er eine Disziplinar- und Strafordnung für das Konzentrationslager Dachau. In der Einleitung heißt es: „Toleranz bedeutet Schwäche. Aus dieser Erkenntnis heraus wird dort rücksichtslos zugegriffen werden, wo es im Interesse des Vaterlandes notwendig erscheint. Der anständige, verhetzte Volksgenosse wird mit diesen Strafbestimmungen nicht in Berührung kommen. Den politisierenden Hetzern und intellektuellen Wühlern – gleichwelcher Richtung – aber sei gesagt, hütet euch, daß man euch nicht erwischt, man wird euch sonst nach den Hälsen greifen und nach eurem eignen Rezept zum Schweigen bringen."[4]

Der skrupellose und zynische Eicke, ein „fanatischer Nationalsozialist"[5], war zu äußerster Härte entschlossen, wie die einzelnen Bestimmungen der Disziplinarordnung, besonders der sogenannten Nebenstrafen, erkennen lassen, z. B. das Strafexerzieren Einzelner oder ganzer Gruppen über Stunden und Tage. Hinzu traten Postsperre, Verweise und Verwarnungen. Der lapidar angeführte ‚Kostentzug' bedeutete für die Häftlinge in manchen Fällen den Tod, da bei dem geringen Verpflegungssatz ein zeitweiser Nahrungsentzug lebensbedrohlich war. Theodor Eicke führte auch die Prügelstrafe im Lager ein. Wurde unter seinem Vorgänger noch willkürlich auf die Gefangenen eingeschlagen, so geschah dies von nun an geregelt. Dabei wurde die Zahl der Schläge auf das Gesäß auf 25 begrenzt. Die SS-Wachmannschaften umgingen jedoch diese Limitierung, indem sie Doppelschläge mit dem Ochsenziemer austeilten oder austeilen ließen. Pervertiert wurde diese Regelung noch dadurch, daß der auf den ‚Bock' geschnallte Häftling die Schläge laut mitzählen mußte. Verzählte er sich in seinem Schmerz, begann die Bestrafung von neuem.

Als weitere sadistische Strafe wurde das Pfahlbinden eingeführt – von den Häftlingen ‚Baum' genannt –, das die Häftlinge häufig mehr fürchteten als die Prügelstrafe. Der oder die betroffenen Häftlinge wurden mit hinter dem Rücken zusammengebundenen Händen so hoch an einem Pfahl aufgehängt, daß die Beine den Boden nicht mehr berührten und somit das ganze Körpergewicht an den Armen hing. Diese Strafe war auf die Dauer von zwei Stunden beschränkt. In der Folge konnten die Häftlinge oft über mehrere Wochen weder Arme noch Hände gebrauchen, ja mußten sogar häufig von Mithäftlingen gefüttert werden.

[4] Archiv der Gedenkstätte Dachau (AGD), Nr. 3469, S. 1.
[5] Vgl. Kimmel, a.a.O., S. 360.

Darüber hinaus wurden Arreststrafen verhängt. Diese konnten für bis zu 42 Tage angeordnet werden oder auch zu dauernder Verwahrung in Einzelhaft führen. Letztgenannte Strafe war mit einem Todesurteil gleichzusetzen. Zusätzlich zum Arrest konnten je 25 Hiebe am Beginn und am Ende treten. Der „Arrest wird in einer Zelle, bei hartem Lager, bei Wasser und Brot vollstreckt. Jeden 4. Tag erhält der Häftling warmes Essen."[6]

In späteren Jahren wird dieser Arrest auf perfide Weise effektiviert. Es werden sogenannte Stehbunker gebaut. Deren Grundriß machte es den Häftlingen unmöglich, eine andere Position als die des Stehens einzunehmen. Damit ist innerhalb kürzester Zeit der Widerstand eines jeden Häftlings gebrochen.

Besonders getroffen wurden die Häftlinge durch eine andere Maßnahme: Arrest und Strafarbeit verlängerten die Schutzhaft um mindestens 8 Wochen, hieß es in § 19. Somit führte die – in vielen Fällen unbegründete – Hoffnung auf ein Ende der Haftzeit zu weiterer Selbstdisziplinierung.

Eicke war besonders bemüht, Nachrichten aus dem Konzentrationslager nach außen zu verhindern. So wurde jeder Häftling, der in Briefen „Vorgänge im Konzentrationslager mitteilt"[7], mit 14 Tagen Arrest und 25 Stockhieben zu Beginn und am Ende des Arrests bestraft. Mit dem Tode bestraft wurde ein Häftling u. a., wenn er „wahre oder unwahre Nachrichten zum Zwecke der gegnerischen Greuelpropaganda über das Konzentrationslager oder dessen Einrichtungen sammelt, empfängt, vergräbt, weiter erzählt, an fremde Besucher oder an andere weitergibt, mittels Kassiber oder auf andere Weise aus dem Lager hinausschmuggelt, Entlassenen oder Überstellten schriftlich oder mündlich mitgibt, in Kleidungsstücken oder anderen Gegenständen versteckt, mittels Steine usw. über die Lagermauer wirft, oder Geheimschriften anfertigt..."[8] Hieran wird deutlich, daß Eicke sehr wohl aus den Schwierigkeiten seines Vorgängers mit der Justiz gelernt hatte.

Auch die Wachmannschaften erhielten eine neue Dienstordnung. Man drillte die SS-Truppen zu einem derartigen Haß auf die Gefangenen, daß diese die Häftlinge nicht mehr als Menschen, sondern nur noch als lebensunwürdige Staatsfeinde ansahen. So schrieb Rudolf Höß, der spätere Kommandant von Auschwitz, der selbst durch diese ‚Dachauer Schule' ging: „Eickes Absicht war, ... seine SS-Männer durch seine dauernden Belehrungen und entsprechenden Befehle über die verbrecherische Gefährlichkeit der Häftlinge von Grund auf gegen die Häftlinge einzustellen, sie auf die Häftlinge ‚scharf zu machen', jegliche Mitleidsregung von vornherein zu unterdrücken. Er erzeugte damit, durch seine Dauereinwirkung in dieser Richtung, gerade bei den primitiveren Naturen, einen Haß, eine Antipathie gegen die Häftlinge, die für Außenstehende unvorstellbar ist. Diese Einstellung hat sich in alle KL auf alle dort diensttuenden SS-Männer und -Führer weiterverbreitet, weitervererbt..."[9] Die erste Bedingung, die alle Männer zu erfüllen hatten, die unter Eicke dienten, war Härte. Der SS-Oberführer duldete weder Schwäche noch

---

[6] AGD, Nr. 3469, S. 6.
[7] Ebda., S. 3.
[8] Ebda., S. 4.
[9] Höß, Rudolf: Kommandant in Auschwitz. Autobiographische Aufzeichnungen, hg. von Martin Broszat. 4. Aufl., Stuttgart 1978, S. 65.

Mitleid. „Jede Spur von Mitleid ... zeige den ‚Staatsfeinden' eine Blöße, die sie sich sofort zu Nutze machen würden. Jegliches Mitleid mit ‚Staatsfeinden' sei aber eines SS-Mannes unwürdig. Weichlinge hätten in seinen Reihen keinen Platz und würden gut tun, sich so schnell wie möglich in ein Kloster zu verziehen. Er könne nur harte, entschlossene Männer gebrauchen, die jedem Befehl rücksichtslos gehorchten. Nicht umsonst trügen sie den Totenkopf und die stets scharf geladene Waffe! Sie stünden als einzige Soldaten auch in Friedenszeiten Tag und Nacht am Feind, am Feind hinter dem Draht!"[10]

Neben der ständigen Schulung sorgte Eicke auch durch Strafandrohung für die Wachmannschaften für Disziplin. So wurde ein Wächter, dem ein Häftling entfloh, selbst inhaftiert. SS-Leute, die bei einem Angriff eines Gefangenen nicht rücksichtslos von der Schußwaffe Gebrauch machten, wurden ebenfalls festgesetzt. Es verwundert nicht, daß die SS anschließend in derart brutaler Weise gegen die wehrlosen Opfer vorging.

Es muß auch darauf verwiesen werden, daß es auch innerhalb der Häftlingsgruppe ein Strafsystem gab. So war der Diebstahl von Brot eines Mitgefangenen das schwerste Verbrechen. Auch Häftlinge, die sich von der SS als Spitzel anwerben ließen oder andere denunzierten, wurden bestraft; in der Regel wurden sie ermordet.

Theodor Eicke wurde 1934 zum Inspekteur der Konzentrationslager ernannt. Damit war er zu einem wichtigen Funktionsträger im Himmler'schen Terrorapparat geworden. Das von ihm entwickelte ‚Dachauer Modell' übertrug Eicke auch auf alle anderen Konzentrationslager, die neuen Lager Buchenwald und Sachsenhausen wurden nach dem Dachauer Vorbild gebaut. Dachau war also die „Keimzelle des Systems"[11] der Konzentrationslager, Eicke der geistige Vater des umgesetzten Terrors. In seiner neuen Funktion legte Eicke die Leitung der anderen Konzentrationslager in die Hände der durch seine Ausbildung geprägten Wachmannschaften des Dachauer Lagers. Auf diese Weise konnte er sicherstellen, daß das ‚Dachauer Modell' auch in die anderen Lager übertragen wurde.

3.3. Der Ausbau der Organisation 1934–1938

Nachfolger Eickes wurde Heinrich Deubel, der dem Lager seine endgültige Struktur gab. Zunächst wurde die Verwaltungsstruktur aufgebaut. Sie gliederte sich nun in die Bereiche:
 I. Kommandantur (Lagerkommandant)
 II. Politische Abteilung
 III. Schutzhaftlager
 IV. Verwaltung
 V. Lagerarzt

---

[10] Ebda., S. 56.
[11] Kimmel, a.a.O., S. 349.

Dabei war, aus der Sicht der Häftlinge, der Schutzhaftlagerführer der entscheidende Mann. Ihm unterstellt waren die Rapportführer, diesen wiederum die einzelnen Blockführer, die den Wohnbaracken der Häftlinge vorstanden. Die Arbeitsorganisation unterstand dem Arbeitsdienstführer, ihm wiederum zahlreiche Kommandoführer, die den einzelnen Arbeitsbereichen vorstanden. Ein Arzt leitete das Krankenrevier, er war Herr über Leben und Tod der erkrankten Häftlinge. Die politische Abteilung war für die Einlieferung, die erkennungsdienstliche Erfassung sowie die Entlassung von Häftlingen zuständig. Sie war die Vertretung der Gestapo im Lager.

Diese Organisation wurde ergänzt durch die Häftlingsselbstverwaltung – dem effizientesten Mittel zur Kontrolle der Schutzhäftlinge. Ohne deren Einsatz wäre es wohl nicht möglich gewesen, Tausende von Gefangenen mit einer geringen Anzahl an Bewachern unter derart schlechten Bedingungen festzusetzen.

Dem gesamten Häftlingstrakt stand der Lagerälteste vor, der vom Schutzhaftlagerführer bestimmt wurde. Er hatte die Aufgabe, zwischen den Interessen der Häftlinge und denen der SS zu vermitteln – eine Position, die sehr viel Fingerspitzengefühl und Einfühlungsvermögen verlangte. Ihm zur Seite standen die Blockältesten, deren verlängerter Arm die Stubenältesten waren. Hinzu kamen weitere Funktionshäftlinge wie Blockschreiber, Blockfriseur u. ä.

In den Arbeitskommandos wurden die SS-Leiter ergänzt durch die sogenannten ‚Capos'. Diese Häftlinge standen den einzelnen Arbeitskommandos vor und waren für die Leistung ihrer Gruppe verantwortlich. Sie zogen sich wiederum Hilfscapos heran, die jeweils für einzelne Abteilungen des Kommandos verantwortlich waren. Die gleiche Struktur wiederholte sich im Revierbereich. Dem Krankenbereich stand der Reviercapo vor. Ihm assistierten Blockpfleger und Stubenpfleger, die den einzelnen Abteilungen vorgestellt waren.

Die Capos übten die reale Macht innerhalb des Lagers aus, sie entschieden über Wohl und Wehe der Gefangenen. Im Gegensatz zu anderen Konzentrationslagern wurden diese Funktionen in Dachau im wesentlichen von politischen, seltener von kriminellen Häftlingen ausgeübt. Unter ihnen befanden sich aber auch gewalttätig und sadistisch Veranlagte wie derjenige Capo, dem ein Lagerführer versprochen hatte, ihm für fünf oder sechs erschlagene Juden die Freiheit zu schenken – er bemühte sich redlich, diese Zahl zu erreichen! Manche sahen sich als wichtige Handlanger der SS. Auf der anderen Seite engagierten sich viele dieser Häftlingsfunktionäre für ihre Kameraden. So ging ein Capo gegen SS-Leute an, die Schubkarren auf die in der Kiesgrube arbeitenden jüdischen Gefangenen warfen. Dabei mußte er, da das Leben der Häftlinge nichts zählte, damit argumentieren, daß die Schubkarren zu Bruch gehen könnten und dies ein ungeheurer Materialverlust sei.

Für jeden Häftling war sein persönliches Verhältnis zu ‚seinem' Capo von existentieller Bedeutung. War er ein guter Arbeiter und trug zur Planerfüllung bei, so konnte er sich eines gewissen Schutzes durch den Überwacher sicher sein. Arbeitete er schlecht, drohten ihm Meldungen und damit Strafen oder die Entfernung aus dem Kommando.

Die Verwaltung des Lagers lag in der Verantwortung der Schreibstube. Diese, stets von Häftlingen geführt, organisierte die Lagerkartei, die Verpflegung, Verle-

KONZENTRATIONSLAGER DACHAU
Gesamtlager

1 - Außenmauer
2 - Schutzhaftlager
3 - Krematorium
4 - Politische Abteilung (Gestapo)
5 - WB (Wirtschaftsbetriebe)
6 - Kommandantur
7 - Besoldungsstelle der Waffen-SS
8 - SS-Lazarett
9 - Porzellanmanufaktur
10 - Präzifix
11 - Truppenlager
12 - SS-Führervillen an der Straße der SS

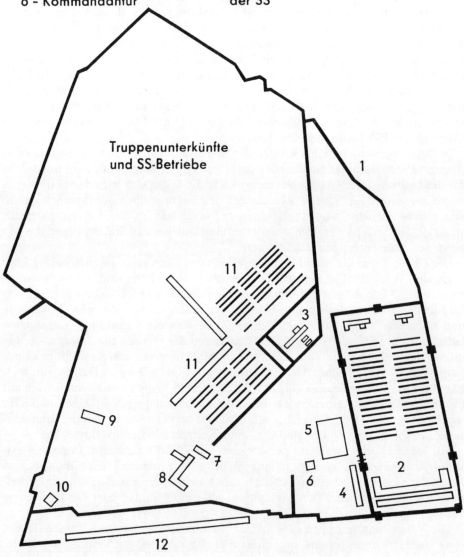

SCHUTZHAFTLAGER

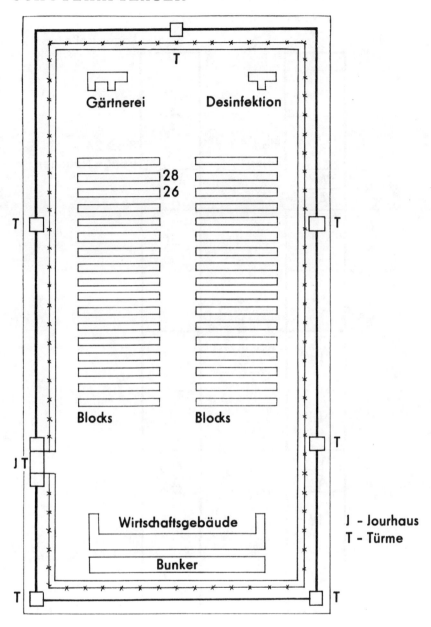

WOHNBARACKEN, GENANNT BLOCKS
Die Pfarrerblocks 26 und 28

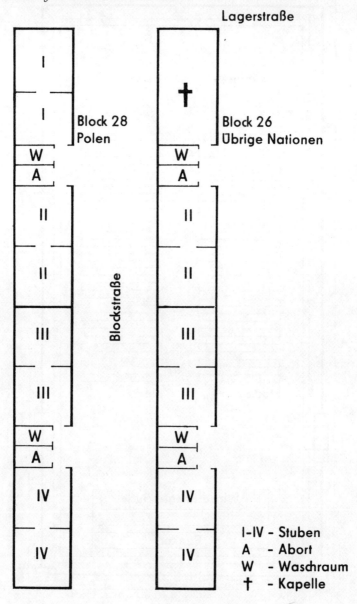

I-IV - Stuben
A - Abort
W - Waschraum
† - Kapelle

Bilder aus: Schnabel, Die Frommen in der Hölle, a.a.O.

gungen und mehr. Die hier tätigen Häftlinge hatten erhebliche Einflußmöglichkeiten. So waren sie in der Lage, manche Gefangenen vor der Verlegung in andere Lager zu schützen, indem sie die Namen in den Listen austauschten. Ebenso konnten sie Häftlinge, die durch die SS besonders bedroht waren, per Karteikarte sterben und unter anderem Namen wieder aufleben lassen. Gerade diese Abteilung war für viele Gefangene lebensrettend tätig.

In den Jahren 1937 und 1938 bekam das KZ Dachau unter dem Kommandanten Hans Loritz seine endgültige äußere Form. Durch die große Anzahl neuer Häftlinge war eine Ausdehnung des Lagerkomplexes notwendig, auch wegen der Angliederung zahlreicher handwerklicher Betriebe wie Schreinerei, Schlosserei u. ä., die für die SS arbeiteten. Das Schutzhaftlager erstreckte sich nun auf eine Länge von ca. 600 Metern und eine Breite von 250 Metern. Das Lager war von einem wasserführenden Graben, von hohen Mauern und elektrisch geladenem Stacheldraht umgeben. Sieben ständig besetzte Türme erlaubten den mit Maschinengewehren bewaffneten Posten eine lückenlose Kontrolle des Schutzhaftlagers. Der einzige Weg ins Lager führte durch das sogenannte Jourhaus (s. Karten). Ein weiteres großes Gebäude war das Wirtschaftsgebäude, in dem sich die Wäscherei, die Küche, das Bad sowie die Kleider- und Effektenkammer befanden. Hinter diesem Haus war der Kommandanturarrest zu finden, in dem sich Zellen und die Strafbunker befanden. Vor dem Wirtschaftsgebäude befand sich der Appellplatz. Von dort führte die Lagerstraße zu den 30 Wohnbaracken für die Gefangenen, je 15 auf jeder Seite. Von den weiteren Baracken dienten zwei als Revier sowie je eine als Arbeitsstelle und Kantine.

Alle 30 Gefangenenbaracken oder ‚Blocks' hatten die gleiche Einrichtung. Sie umfaßten auf einer Fläche von 100 x 10 Metern vier Stuben, die sich jeweils in einen Schlaf- und einen Tagesraum aufteilten. Für jeweils zwei Stuben stand eine Wasch- und Toilettenanlage zur Verfügung. Jede Stube bot Platz für 52 Häftlinge. Somit diente die Ausstattung insgesamt für 6240 Gefangene, doch wurde diese Zahl schon in Friedenszeiten häufig überschritten. So wurden allein nach dem Pogrom im November 1938 10 000 Juden in das bereits volle Lager eingeliefert. Das hatte zur Folge, daß sich mehrere Häftlinge ein Bett teilen mußten.

3.4 Häftlingskategorien und Lageralltag

Schon früh führte die SS ein in allen Konzentrationslagern geltendes Schema der Kennzeichnung von Häftlingen ein. Diese waren gezwungen, an der linken Brustseite und am rechten Hosenbein eine Kennzeichnung anzubringen, die den Häftling als einer bestimmten Gruppe zugehörig definierte. Einen roten Winkel trugen die politischen Häftlinge, die in Dachau in großer Zahl vertreten waren und den größten Teil der Funktionshäftlinge (Blockälteste, Stubenälteste, Capos etc.) stellten. Zu ihnen zählten die Angehörigen der zerschlagenen Parteien, insbesondere Angehörige der KPD. Aber auch nahezu alle Priester wurden als politische Häftlinge geführt; allerdings durften sie bis Ende 1944 – von wenigen Ausnahmen abgesehen – keine leitenden Funktionen innerhalb der Häftlingshierarchie innehaben.

Mit dem grünen Winkel wurden die kriminellen Häftlinge gekennzeichnet. Diese Gruppe war ausgesprochen inhomogen. Sie umfaßte sowohl Berufskriminelle wie auch Zuhälter und kleine Diebe. Ebenso zählten Alkoholiker dazu und solche Personen, die ihre Alimentenzahlungen nicht geleistet hatten oder die von ihren Betriebsführern als arbeitsscheu gemeldet worden waren.

Homosexuelle wurden durch den rosa Winkel gekennzeichnet. Sie wurden durch die SS besonders schikaniert, waren aber auch dem Spott der Mitgefangenen ausgesetzt. Manche von ihnen hatten jedoch ein angenehmeres Leben, wenn sie Beziehungen zu Häftlings-Funktionären anknüpfen konnten.

Der violette Winkel identifizierte den Gefangenen als ernsten Bibelforscher. Diese Zeugen Jehovas fielen spätestens bei der Einberufung zum Militär in die Hände der Gestapo: Sie weigerten sich konsequent, den Fahneneid zu leisten. Trotz aller Angebote der SS, sich zur Wehrmacht zu melden und so aus dem Konzentrationslager freizukommen, ist diese Gruppe, soweit bekannt, in ihrer ablehnenden Haltung fest geblieben. Die SS quälte diese Gefangenen in besonderer Weise.

Schwarz war der Winkel der Asozialen, Roma und Sinti mußten zeitweise einen braunen Winkel tragen.

Die jüdischen Häftlinge mußten zusätzlich zu einer der o. g. Kennzeichnungen einen gelben Winkel tragen, der so angebracht war, daß beide Winkel zusammen den Davidstern bildeten. Jüdische Gefangene wurden bei ihrer Einlieferung automatisch der Strafkompanie zugeteilt, in der alle Aufgaben stets im Laufschritt zu erledigen waren. Die Arbeit in diesem Kommando führte in vielen Fällen schon nach wenigen Wochen zum Tod.

Ausländische Häftlinge trugen neben ihrer Zuordnung zu einer Gefangenenkategorie noch einen Buchstaben, der ihre Nationalität verriet. So stand zum Beispiel ‚F' für die französischen Gefangenen, ‚T' für die tschechischen.

In der Frühzeit des Lagers waren Entlassungen sehr häufig, später kamen sie nur noch vereinzelt vor. Alle Häftlinge mußten sich verpflichten, nach der Entlassung zu niemandem über die Erlebnisse im Lager zu sprechen. Sollten sie dies dennoch tun oder erneut auffällig werden, erfolgte die sofortige Wiederverhaftung. Rückfällige Häftlinge trugen zur Kenntlichmachung einen Querbalken über dem Dreieck. Sie konnten frühestens nach drei Jahren mit ihrer Entlassung rechnen. Diese Praxis erklärt, warum sich genaue Kenntnisse über die Vorgänge in den Konzentrationslagern nur zögernd in der Bevölkerung verbreiteten.

Der Morgen begann mit dem Wecken, das im Sommer um 4.00 Uhr, im Winter um 5.00 Uhr erfolgte. Unmittelbar darauf drängten sich zu viele Häftlinge um zu wenige Waschbecken, um die morgendliche Reinigung vorzunehmen. Das Frühstück bestand aus einem Becher Flüssigkeit, der Kaffee genannt wurde. Hinzu kam ein Stück Brot, das der Häftling sich von der Ration des Vortages abgespart hatte. Nach dem Frühstück erfolgte der Bau der Betten. Diese Aufgabe gehörte zu den härtesten im Lager: Obwohl nur Strohsäcke zur Verfügung standen, erwartete die SS von den Gefangenen ein tadellos gemachtes Bett. Der Strohsack sollte glatt sein wie ein Brett (was nahezu unmöglich war), das ebenfalls mit Stroh gefüllte Kopfkissen mußte dazu einen bestimmten Winkel bilden. Ebenso aufwendig verlief das

Säubern des Aluminiumgeschirrs, hier mußte mit ungeheurer Gründlichkeit vorgegangen werden. War z. B. der Becher nicht vollständig trocken, so verfärbte sich das Metall. Wurde dies bei der Spindkontrolle durch den SS-Blockführer entdeckt, führte das zu Prügeln, im ungünstigsten Fall zu einer Meldung und weitergehenden Lagerstrafen (vgl. bei Josef Lodde). Mancher Häftling verzichtete zeitweise auf das knappe Frühstück, um durch tadelloses Bettenbauen und ungebrauchtes, einwandfrei sauberes Geschirr solchen Strafen zu entgehen. Dieses Verfahren schützte zwar vor akuten Schikanen, beschleunigte jedoch den körperlichen Verfall des Häftlings.

Pünktlich um 5.15 Uhr mußten die Gefangenen im Sommer zum Morgenappell antreten, der bis zu einer Stunde andauern konnte. Verzählten sich die zuständigen SS-Leute oder traten sonstige Unstimmigkeiten auf, konnte sich diese Maßnahme noch länger hinziehen.

Nach der Zählung suchten die Häftlinge ihre Arbeitskommandos auf und wurden – unter Absingen von Liedern – zu ihrer Arbeitsstelle gebracht. In den Jahren vor Kriegsbeginn lag ihre Aufgabe im Auf- und Ausbau des Lagers. So gab es zahlreiche Baukolonnen, die mit Bau- und Holzarbeiten beauftragt waren. Dazu kamen Aufgaben wie die Kleiderverwaltung, das Führen der Häftlingskartei und andere Verwaltungsaufgaben.

Zu den härtesten Arbeitskommandos zählte die Kiesgrube; der hier geförderte Kies wurde zeitweise für Bauarbeiten benötigt, zeitweise aber auch nur an anderer Stelle aufgeschüttet, ohne Verwendung zu finden. In diesem Kommando fanden viele Häftlinge, die nicht genug Kraft für die schwere Arbeit hatten, den Tod. Sie starben an Entkräftung, an den Folgen von Prügeln oder wurden von den Capos oder SS-Wachen umgebracht. Ebenso gefürchtet war der ‚Moorexpress'. Dabei handelte es sich um gummibereifte Wagen, die von 10 bis 16 Häftlingen gezogen wurden und zum Transport von Waren aller Art dienten. Da die SS-Wache, der Capo und die zum Kommando gehörenden Häftlinge nie getrennt werden durften, wurden mit dem schweren Gerät sowohl Kartons mit 100 Schrauben (die auch ein Einzelner hätte tragen können) wie auch tonnenschwere Lasten transportiert. War der Moorexpress nicht ausgelastet, so luden die Häftlinge an einem Punkt Steine auf und transportierten sie an eine andere Stelle. Hier entluden sie den Wagen, um auf Befehl alles wieder einzuladen und zurückzutransportieren.

Hinzu kamen andere Arbeitskommandos aller Arten. Im Lager entstanden Handwerksbetriebe, selbst eine Porzellanmanufaktur wurde eingerichtet. Die handwerklich ausgebildeten Gefangenen waren im Vorteil, da sie gute Arbeitskommandos besetzten. Zeitweise reichte es aber aus, sich als Maurer auszugeben, wenn solche Handwerker gerade gebraucht wurden, auch wenn man keine Kenntnisse auf diesem Gebiet besaß.

Der Arbeitstag wurde unterbrochen durch eine Mittagspause von einer halben bis einer Stunde, je nachdem, ob das Kommando innerhalb oder außerhalb des Lagers tätig war.

Schließlich kehrten die Arbeitskommandos gegen 18.30 Uhr in das Lager zurück. Hier folgte zunächst erneut ein Zählappell, der wiederum lange dauern konnte. Fehlte ein Gefangener – sei er nun entflohen oder irgendwo eingeschlafen –, war

Häftlinge beim Strafstehen.

dies gleichbedeutend mit Strafstehen. So mußten etwa im Jahr 1939 die Häftlinge bei einem Strafappell von abends 18.30 Uhr bis zum nächsten Nachmittag um 15.30 Uhr auf dem Appellplatz stehenbleiben, da ein Häftling entflohen war. Ging der Appell zügig vorbei, wurde das Abendessen ausgegeben. Es gab eine dünne Suppe und die Brotration, die bis zum nächsten Tag reichen mußte. Viele Häftlinge haben diese gleich verzehrt, da sie ausgehungert waren und Angst vor nächtlichen Brotdieben hatten. Dennoch wirkte es sich für den Gesundheitszustand des Häftlings günstiger aus, das Brot einzuteilen.

Um 21 Uhr wurde zur Nachtruhe geschellt, oder, wie es im Gefangenenjargon hieß, ‚brummte der Bär'.

Am Samstagnachmittag und Sonntag waren die Gefangenen in der Regel vom Dienst befreit. Alle 14 Tage durften die Häftlinge einen zensierten Brief an eine immer gleiche Adresse schicken und einen Brief von dort erhalten. Im Kriege, als viele ausländische Gefangene in Dachau waren, durften Deutsche, Tschechen, Polen, Niederländer, Belgier und Franzosen 14täglich schreiben, alle anderen nur einmal im Monat. Feldpostbriefe durften Deutsche ohne Begrenzung erhalten.

4. Priester in Dachau: Haftbedingungen und innere Entwicklung des Konzentrationslagers 1940–1945

4.1 Zusammenführung und Sonderstatus (Dezember 1940 bis April 1942)

Ab 1940 gewann das Konzentrationslager Dachau eine einzigartige Stellung dadurch, daß hier sämtliche Geistlichen zusammengeführt wurden, die im nationalsozialistischen Machtbereich, also dem Deutschen Reich und den besetzten Gebieten, in Schutzhaft genommen worden waren. Damit wurde Dachau zum ‚Priester-KZ', auch wenn sie insgesamt nur einen kleinen Teil der Gesamtzahl der Häftlinge stellten. So waren ca. 2700 Priester unter durchschnittlich 20 000 bis 30 000 Häftlingen zu verzeichnen. Vor 1940 waren inhaftierte Geistliche auf verschiedene Konzentrationslager verteilt worden. In Dachau wurde nach einigen in der Gründungszeit verhafteten, aber rasch wieder entlassenen Geistlichen Wilhelm Braun aus Frankfurt/Oder als erster Priester-Häftling verzeichnet. Er wurde am 11. 12. 1935 zum ersten Mal mit der Nummer 15332 registriert und am 16. 8. 1940 zum zweiten Mal inhaftiert. Er ging 1941 auf Transport nach Buchenwald, sein Schicksal ist unbekannt. Als zweiter Geistlicher kam Karl Maierhofer aus Wien am 26. 8. 1939 nach Dachau und erhielt die Nummer 34950. Auch er kam auf Transport nach Buchenwald, über sein weiteres Schicksal ist ebenfalls nichts bekannt. Der dritte war Kaplan Erich Selzle aus Gmünd, in Dachau eingeliefert am 27. 9. 1939, der dann nach Mauthausen überstellt wurde und nach seiner Rückkehr 1940 die Nr. 21997 bis zur Befreiung des Lagers trug.

Bis 1940 wurden die Priester auf normalen Blocks untergebracht und gemeinsam mit den anderen Häftlingen in Arbeitskommandos eingesetzt; dies sollte sich jedoch ändern, als es im Herbst dieses Jahres zu Verhandlungen zwischen der Reichsregierung und dem päpstlichen Nuntius Orsenigo über die Lage der katholischen Priester in den Konzentrationslagern kam. Den Anlaß dafür dürften die zahlreichen polnischen Priester gegeben haben, die nach dem Polenfeldzug in deutschen Konzentrationslagern inhaftiert worden waren. Als Ergebnis teilte Ernst Freiherr von Weizsäcker, Staatssekretär im Auswärtigen Amt, als Vertreter der Reichsregierung dem Nuntius am 23. November 1940 folgendes mit:

„Das Auswärtige Amt beehrt sich der Apostolischen Nuntiatur die mündlich gemachte Mitteilung zu bestätigen, daß nach einer Entscheidung des Reichsführers SS und Chefs der Deutschen Polizei im Reichsministerium des Innern die in verschiedenen Konzentrationslagern einsitzenden Geistlichen nunmehr sämtlich im Konzentrationslager Dachau untergebracht werden. Sie werden dort nur mit leichten Arbeiten beschäftigt. Auch wird dort wie schon in letzter Zeit im Konzentrationslager Sachsenhausen Gelegenheit gegeben, täglich die Messe zu lesen. Die erforderlichen Meßgeräte nebst Zubehör stehen ihnen zur Verfügung.

Häftlinge bei der Arbeit im Krematorium.

Von der Einäscherung der Leichen der im Konzentrationslager verstorbenen Geistlichen kann wie bei allen anderen Häftlingen aus grundsätzlichen Erwägungen nicht abgesehen werden."[12]

Als der Nuntius sich am 11. 12. 1940 über den Stand der Übersiedlung nach Dachau informieren wollte, konnte von Weizsäcker keine Auskunft geben, doch die Übersiedlungen aus anderen Konzentrationslagern waren bereits im Gange. In anderen Lagern einsitzende Priester wurden nun nach Dachau überstellt. So brachte man etwa den Geistlichen Reinhold Friedrichs und den Diakon Karl Leisner, beide aus dem Bistum Münster, in unterschiedlichen Transporten von Sachsenhausen nach Dachau. Am 14. 12. 1940 und am 30. 10. 1941 kamen zwei Gruppen von polnischen Priestern in Dachau an.

Wie erging es den Priestern bei der Ankunft im Lager? Sie wurden unter Prügeln und Schlägen von SS-Leuten in das ‚Reich der SS' geführt. Oft noch an der Soutane als Geistliche zu erkennen, wurden sie als ‚Pfaffen' oder ‚Himmelskomiker' beschimpft und besonders schikaniert. „Besonders lüstern waren sie auf die Geistlichen. ‚Wo sind die Pfaffen?' Wir mußten die Arme hochheben. ‚Ihr Saupfaffen, ihr dreckigen, euch werden wir kommen.' Jeder einzelne mußte sein ‚Delikt' angeben.

---

[12] Albrecht, Dieter: Der Notenwechsel zwischen dem Heiligen Stuhl und der deutschen Reichsregierung. Bd. 3: Der Notenwechsel und die Demarchen des Nuntius Orsenigo 1933–1945. Mainz 1981, S. 488.

Dabei flogen von neuem die Ohrfeigen und Schimpfnamen ohne Zahl und was für Dreckbrocken."[13]

Nach der ‚Begrüßung' wurden die Häftlinge völlig rasiert. Kurzes Haar galt als „Zeichen des Häftlings wie ehedem als Zeichen des Sklaven"[14]. Die nächste Station war das Bad. Jeder Häftling erhielt ein Stück Kernseife und mußte duschen. Die SS machte sich oft den Spaß, die Duschen entweder ganz heiß oder ganz kalt einzustellen. Danach wurden die Personalien aufgenommen und die Häftlinge für die Kartei photographiert. Als besonderen ‚Spaß' hatte der zuständige SS-Mann in den Stuhl, auf dem die Häftlinge zum Photographieren saßen, einen Dorn eingebaut, der auf Knopfdruck hochschnellte und die Neuankömmlinge zum Aufstehen zwang. Den letzten Schritt bildete die Einkleidung. Jeder Schutzhäftling erhielt blaue Unterwäsche und gestreifte Drillichkleidung. Dann wurden sie dem Zugangsblock zugeteilt.

Als erstes mußten die Gefangenen die Winkel und Häftlingsnummern auf ihre Kleidung aufnähen. Viele Priester, die ungeübt in praktischen Dingen waren, kamen bereits hier in Schwierigkeiten. Waren die Abzeichen nicht korrekt angebracht, wurden die Häftlinge bestraft.

Auf dem Zugangsblock lernten die Häftlinge zunächst den militärischen Drill kennen. Sie sollten genauso exakt marschieren wie die SS-Truppen. Allerdings trugen die Häftlinge dabei offene Holzpantinen, so daß sich viele bei diesen Übungen Verletzungen an den Füßen zuzogen. Außerdem wurden Marschlieder wie ‚Schwarzbraun ist die Haselnuß' geübt, die bei den Aufmärschen zum Appell und zur Arbeit gesungen werden mußten. Ebenso wichtig war das Erlernen der Dienstränge der SS, da die Häftlinge bei der Begegnung mit einem SS-Mann drei Schritte vorher die Mütze abnehmen, dann militärisch grüßen und drei Schritte weiter die Mütze wieder aufsetzen mußten.

In der Regel wurden die Häftlinge nach etwa zwei Wochen auf die normalen Blocks verteilt. Hatte man die Priester vor Dezember 1940 – wie bereits erwähnt – wahllos auf die Blocks verteilt, kam es als Folge der Verhandlungen des Nuntius mit der Reichsregierung zu einer neuen Regelung. Die Geistlichen aller Nationalitäten wurden auf die Blocks 26, 28 und 30 verteilt. Diese waren mit Stacheldraht umzäunt, um die Priester von den anderen Gefangenen zu trennen und den letztgenannten den Zugang zur Kapelle, die zwischen dem 13. und dem 20. 1. 1941 in Stube 1 des Blocks 26 eingebaut wurde, zu verwehren. Zu diesem Zweck stellte man am Eingang zu den Priesterblocks eine Wache auf. Am 28. Januar 1941 konnten die Priester ihre erste Messe feiern.

Die Möglichkeit, in dieser Kapelle Gottesdienst feiern zu können, hat nach Aussagen vieler Priester entscheidend zur Bewältigung der Haftzeit beigetragen. Von der SS war bestimmt worden, daß nur der sog. ‚Lagerdekan' die Messe zelebrieren durfte, anfangs Paul Prabucki aus Polen, später Franz Ohnmacht aus Raab, dann Georg Schelling aus Buch. Die anderen Geistlichen durften nur als Meßbesucher teilnehmen. Die SS-Mannschaften störten die Meßfeiern regelmäßig. Lachend und

---

[13] Hess, Sales, O.S.B.: Dachau – eine Welt ohne Gott. Nürnberg 1946, S. 62.
[14] Ebda., S. 65.

tobend betraten sie die Kapelle und benahmen sich unflätig – für die machtlosen Priester nur sehr schwer zu ertragen.

Erleichtert wurde das Leben der Priester aus vielen Nationalitäten durch den gemeinsamen Ritus und den Gebrauch der lateinischen Sprache. Dies hatte in doppeltem Sinne Vorteile, denn zum einen war eine supra-nationale Kommunikation möglich, ohne daß bestimmte Nationalitäten einen Verzicht auf ihre Muttersprache hätten üben müssen, zum anderen bot die gemeinsame Beherrschung der ‚una vox' Schutz vor der SS und vor Spitzeln, da diese in der Regel die lateinische Sprache gar nicht oder nur rudimentär beherrschten.

Ab dem 10. März 1941 erhielten die Geistlichen besseres Essen als die übrigen Gefangenen. Ihre Kübel, die die ‚Sonderverpflegung' enthielten, wurden besonders gekennzeichnet. Schließlich wurden alle Priester ab dem 25. März von Arbeitskommandos freigestellt.

Die Vergünstigungen wurden sogar noch erheblich erweitert: Neben der besseren Verpflegung bekamen die Priester Kakao und Wein. Doch die Art der Verabreichung stellte wiederum eine Schikane dar. Je drei Häftlinge mußten sich eine Flasche Wein teilen. Aus ihren Blechnäpfen mußten sie den Wein auf Befehl in einem Zug austrinken, dann die Becher umdrehen, damit nicht heimlich etwas aufgespart werden konnte. Manchmal fiel der von der SS ‚Weinspende' genannte Ausschank mehrere Tage aus. Dann mußten die Priester stets in einem Zuge eine ganze Flasche leeren, worauf sich die SS über die betrunkenen Geistlichen lustig machte. So waren viele Priester der Auffassung, daß ihnen „der Papst etwas schönes eingebrockt" habe und wünschten, daß diese Tortur „nur recht bald ein Ende nehmen möge"[15] – was auch nach kurzer Zeit geschah.

Als weitere Vergünstigung wurden den Geistlichen Breviere ausgehändigt – eine Spende des Kardinals Bertram aus Breslau. Zudem konnten in dieser Zeit noch Heimatzeitungen zugestellt werden, die zwar zensiert waren, aber dennoch wesentliche Informationen aus der Heimat enthielten. Auch durften sich die Priester tagsüber auf den Blocks aufhalten, ein Vorrecht, das allen anderen Häftlingen bei Strafe untersagt war. Letztere mußten auch bei Schnee und Regen im Freien bleiben. Die Geistlichen hatten nicht nur das Recht, sondern sogar die Pflicht zur Mittagsruhe: zwischen 13.00 und 15.00 Uhr sollten sie in ihren Betten ruhen. Das bedeutete, daß sie sich einmal mehr am Tag dem mühsamen Bettenbau unterziehen mußten.

Zwar waren die Geistlichen vom Arbeitsdienst befreit, doch wurden einige von ihnen zum Essentragen eingeteilt, da dies stets von Häftlingen zu leisten war, die nicht zur Arbeit eingeteilt waren. Niemand hielt dies für regelrechte Arbeit. Diese Aufgabe war jedoch nicht einfach. Die Beteiligten mußten die tägliche Suppe oder den Eintopf in Kübeln zu den Blocks und Stuben tragen. Die aus Blei bestehenden Kübel wogen leer ca. 50 kg, gefüllt also etwa zwei Zentner. Je zwei Geistliche trugen diese Kübel aus der Lagerküche heraus. An den heißen Tragegriffen zogen sie sich Verbrennungen zu. Die SS trieb die Häftlinge mit Prügeln an. Da die Priester in der Regel nur die bereits erwähnten Holzpantinen trugen, fiel ihnen die Aufgabe

---

[15] Bernard, Jean: Pfarrerblock 25 487. Ein Bericht. München 1962, S. 41.

nicht leicht. Es kam vor, daß einer der Träger ausrutschte und sich das kochendheiße Essen über seinen Körper ergoß. Nicht nur Verbrennungen, sondern auch Prügel durch die Wachmannschaften wurden ihm zuteil, und die Stube des Unglücklichen mußte an diesem Tag auf ihre warme Mahlzeit verzichten, da sie den vergossenen Kübel durch ihren eigenen zu ersetzen hatte. Daß diese Aufgabe eine reine Schikane war, läßt sich daran ersehen, daß in späteren Lagerzeiten das Essen mit dem Moorexpress ausgefahren wurde.

Die zweite Aufgabe, die den von Häftlingen und SS ‚Pfaffenblocks' genannten Priesterbaracken zukam, war das Schneeschaufeln. Die Witterung im Dachauer Moor war recht hart; bis in das Frühjahr hinein schneite es heftig und ergiebig. Die Geistlichen wurden herangezogen, das Lager vom Schnee zu befreien, da sie nicht aus anderen Kommandos freigestellt werden mußten. Mit Schaufeln und Schubkarren sollten sie die Schneemassen in die das Lager begrenzende Würm befördern. Bei heftigem Schneefall wurden auch die Tischplatten der Baracken 26 bis 30 als Tragegeräte verwendet, da nicht ausreichend Karren vorhanden waren.

Am 15. September 1941 kam es zu einer einschneidenden Veränderung: Die polnischen Geistlichen wurden auf Block 28 und 30, die nicht-polnischen auf Block 26 zusammengefaßt. Nur der Block 26 blieb eingezäunt, die Isolierung der anderen wurde aufgehoben. Fünf Tage später verloren die Polen alle Privilegien. Sie erhielten nun die gleiche Nahrung wie die anderen Gefangenen und wurden zum Arbeitsblock erklärt, doch standen noch keine Arbeitsplätze zur Verfügung; erst am 23. 10. 1941 wurden ca. 100 polnische Geistliche zur Arbeit herangezogen. Sie wurden den Kommandos ‚Aufräumung V' und ‚Aufräumung VI' zugeteilt und mußten die Wagen ziehen. Allein den Blocks 28 und 30 fiel nun die Aufgabe des Essentragens zu, Block 26 war ab sofort davon befreit.

Den polnischen Priestern wurde auch das Feiern der Messe verboten, die SS ließ die Fenster der Kapelle, die zur Seite der polnischen Blocks lagen, weiß streichen, um ihnen jeglichen Einblick in die Kapelle zu verwehren. Diese Änderungen drangen auch nach außen, wie ein Gespräch von Weizsäckers mit Orsenigo am 10. 3. 1942 zeigt. Unter den nicht-polnischen Geistlichen wurde die Frage heftig diskutiert, ob man die polnischen Mitbrüder vom Besuch der Kapelle ausschließen dürfe, wie sich Hermann Scheipers erinnert. Ein Teil der Priester war der Meinung, es sei nicht denkbar, Geistliche zu einer vorhandenen Kapelle nicht zuzulassen. Andere stellten sich auf den Standpunkt, daß man den Besitz der Kapelle nicht gefährden dürfe, indem man polnische Priester und Gläubige weiterhin mitfeiern ließe. Wenn SS-Leute bei einer Kontrolle Häftlinge von anderen Blocks vorfänden, könne sie die Schließung der Kapelle verfügen. Die letztgenannte Gruppe setzte sich schließlich durch. So wurden am Tor ältere Priester als Wachen aufgestellt, die den Zugang blockfremder Personen unterbanden.

4.2. Vernichtung durch Arbeit – April 1942 bis November 1942

Im Frühjahr 1942 veränderten sich die Strukturen des Lagers durchgreifend. Auf Befehl des Reichsführers SS Heinrich Himmler wurde die Leitung der Konzentrationslager am 3.3.1942 aus dem SS-Reichssicherheitshauptamt herausgenommen und dem SS-Wirtschafts-Verwaltungs-Hauptamt als Amtsgruppe D unterstellt.

Welche Absichten verband man mit dieser neuen Regelung? Nach dem Überfall auf die Sowjetunion am 22. Juni 1941 wurde im darauffolgenden Winter klar, daß dieser Krieg nicht schnell zu gewinnen war und sehr große Truppenteile auf lange Zeit im Osten gebunden sein würden. Damit fehlten wichtige Arbeitskräfte für die Kriegsproduktion im Reich. Da gleichzeitig die Zahl der Gefangenen in den Konzentrationslagern ungeheuer angewachsen war, bot es sich an, dieses Arbeitskräftepotential zu nutzen, wie in einem Schreiben des Chefs des SS WVHA, SS-Obergruppenführer und General der Waffen-SS Pohl, an Himmler vom 30. April 1942 erkennbar wird. Dort heißt es in Abschnitt II:

„1. Der Krieg hat eine sichtbare Strukturänderung der Konzentrationslager gebracht und ihre Aufgaben hinsichtlich des Häftlingseinsatzes grundlegend geändert.

Die Verwahrung von Häftlingen nur aus Sicherheitsgründen, aus erzieherischen oder vorbeugenden Gründen allein, steht nicht mehr im Vordergrund. Das Schwergewicht hat sich nach der wirtschaftlichen Seite hin verlagert. Die Mobilisierung aller Häftlingskräfte zunächst für Kriegsaufgaben (Rüstungssteigerung) und später für Friedensaufgaben schiebt sich immer mehr in den Vordergrund.

2. Aus dieser Erkenntnis ergeben sich die notwendigen Maßnahmen, welche eine allmähliche Überführung der Konzentrationslager aus ihrer früheren einseitigen politischen Form in eine den wirtschaftlichen Aufgaben entsprechende Organisation erfordern."[16]

Zu diesem Zeitpunkt waren die von Pohl erwähnten Maßnahmen bereits in vollem Gange: „Ende April polterte eines Nachmittags der Hauptscharführer vom Arbeitseinsatz mit großen Listen zur Stube herein. ‚Alle Pfaffen raus! Vor der Baracke antreten!' schrie er. Wir wurden zum Arbeitseinsatz gemustert. Alle tauglich! Nur die Kollegen, die über sechzig Jahre zählten, wurden nicht in die Listen eingetragen. Der SS-Mann erklärte uns die Bestimmungen über das Verhalten bei der Arbeit. ‚Alle Pfaffen kommen auf die Plantage. So ist es von Berlin befohlen!'"[17]

Obwohl der erwähnte Befehl die Arbeit in der Plantage als Vergünstigung dargestellt hatte, kann dies nur als reiner Zynismus gesehen werden, denn die Plantage galt neben der Kiesgrube als das härteste aller Kommandos. Auf diesem Gelände, das erst 1938 von jüdischen Gefangenen dem Dachauer Moor abgewonnen und trockengelegt worden war, waren noch immer umfangreiche Erdarbeiten zu leisten. Straßen mußten gebaut, Entwässerungsgräben gezogen, Tümpel mußten angelegt und Humus aufgefüllt werden – viele Arbeiten nur mit dem Spaten auszuführen. Über 1000 Priester wurden nun in der Plantage eingesetzt. Als die Priester mit ihrer Arbeit begannen, herrschte frühlingshaftes Wetter. Daher mußten sie die winterliche Unterwäsche und Kleidung abgeben und erhielten dünne Sommerklei-

---

[16] Zitiert nach Schnabel, Reimund: Die Frommen in der Hölle. Geistliche in Dachau. Frankfurt/M. 1966, S. 35.
[17] Hess, a.a.O., S. 147.

dung. In den nächsten Monaten regnete es jedoch ständig. Schon nach kurzer Zeit auf der Plantage waren die Häftlinge immer völlig durchnäßt. Abends mußten sie zum Appell antreten und dort erneut über eine Stunde im Regen stehen. „Wir sollen ja verrecken, langsam verrecken. Mit jeder Stunde Appellstehen bröckelt ein Stückchen von unserer Gesundheit ab. Das ist kein Mord, oh nein, nur ein langsames Auslöschen"[18], formuliert es ein Häftling. Da die Häftlinge keine Wäsche zum Wechseln besaßen, mußten sie die nasse Kleidung weiter tragen, bis sie sich schlafen legten. Da in dieser Zeit aber nur ein leicht geheizter Ofen in jeder Stube stand, reichte der Platz nicht aus, um alle Kleider zu trocknen. So mußten die meisten am nächsten Tag wieder in feuchten Häftlingsanzügen in den Regen hinaus.

Unter diesen Umständen konnten sich die Häftlinge glücklich schätzen, die in den Versuchsbaracken eingesetzt waren. Hier waren sie trocken und warm untergebracht. Der Aufenthalt dort war also erträglich, ebenso die Arbeit, bei der es sich um die Pflege von Pflanzen oder Aufzeichnungen über Pflanzenversuche handelte. Die Versuchsstation war ein Lieblingsprojekt Heinrich Himmlers, deren Vorläufer an der Universität Heidelberg eingerichtet worden war. Im Rahmen der ‚Neuen Deutschen Heilkunde' sollten hier heimische Pflanzen erforscht und gezüchtet werden, die als Heilkräuter dienen konnten. Darüber hinaus wurde der ‚Deutsche Pfeffer' entwickelt, ein Ersatzprodukt, das später bei der SS Verwendung fand. Voraussetzung für die Rentabilität einer solchen Anlage waren billige Arbeitskräfte – diese standen in Dachau in großen Mengen von Arbeitssklaven zur Verfügung.

Die Mehrzahl der Häftlinge wurde jedoch im Freiland eingesetzt. Dazu gehörte auch der Liebhof. Auf diesem SS-eigenen landwirtschaftlichen Gut wurden Nahrungsmittel für die SS-Verpflegung und für die Häftlingsküche gezogen. Auch diese Arbeiten waren schwer, da die Häftlinge das landwirtschaftliche Gerät wie etwa den Pflug selbst ziehen mußten. Auf den Einsatz von Maschinen oder Zugpferden wurde verzichtet.

Bei diesen Arbeitsbedingungen kam einer ausreichenden Ernährung entscheidende Bedeutung zu. Tatsächlich verschlechterte sich genau zu dieser Zeit die Versorgung. So gingen im Februar 1942 die Kartoffeln aus, die zur täglichen Suppe gehörten. Daher bestand die Ernährung der Häftlinge neben dem morgendlich ausgeschenkten ‚Kaffee' und ¼ Brot (ca. 250 g) pro Häftling im wesentlichen aus Steckrübensuppe. Diese war weder schmackhaft noch bot sie die für den Körper notwendigen Nährstoffe.

Damit war die notwendige Mindestverpflegung der Häftlinge nicht mehr gewährleistet. Grundsätzlich erhielten die Häftlinge, die sich in Arbeit befanden, zusätzlich die sogenannte ‚Brotzeit'. Sie wurde zwischen Frühstück und Mittagessen auf der Arbeitsstelle ausgeteilt und bestand aus ca. 130 g Brot und 30 g Wurst oder Margarine. Diese geringe Zusatzverpflegung garantierte das Überleben. Den Priestern wurde diese Hilfe jedoch verweigert. Damit war der Hungertod vieler unabwendbar. Zwar gab es in diesem Jahr noch die Möglichkeit, von den 30 RM, die jeder Häftling pro Monat erhalten durfte, in der Kantine außer Zigaretten auch Lebensmittel zu kaufen, doch nur gelegentlich wurde etwas angeboten. Wie Her-

---

[18] Kupfer-Koberwitz, a.a.O., Bd. 1, S. 108.

mann Scheipers sich erinnert, gab es 1942 einmal eingelegte rote Rüben und ein anderes Mal „ekelhafte Muscheln"[19] zu kaufen. Solche ungewohnten Speisen konnten auch zum Tod eines Häftlings beitragen, wie das Beispiel von Bernhard Poether zeigt (vgl. dort).

Im Juni und Juli dieses Jahres begann das große Sterben. Die Priester hatten täglich mehrere Tote zu beklagen. Sie verloren ihr Leben durch verschleppte Erkältungen, die zu Lungenentzündungen geführt hatten, oder sie verhungerten. In dieser Zeit starben fünf von insgesamt acht Münsteraner Priestern, die in Dachau den Tod fanden. Für jeden Verstorbenen wurde eine Messe gefeiert. Der Hunger war so schlimm, daß die Priester nicht mehr in der Kapelle stehen konnten, sondern kraftlos hineinkrochen und vor dem Altar lagen. Vielen ging es wie dem Ahlener Kaplan Sonnenschein, bei dem Gedächtnisverluste auftraten. Er vergaß die Namen seiner Geschwister und nahezu alle Gebete (vgl. dort). Alle redeten fast nur noch vom Essen. Auf der Plantage wurde alles Grüne wie Löwenzahn u. ä. verzehrt, um das Hungergefühl zu verdrängen. Aus den Küchenabfällen holten sich manche die abgekochten Knochen, um wenigstens das Gefühl zu haben, mit den Zähnen auf etwas Ähnlichem wie Nahrung zu beißen. Der tschechische Priester Friedrich Hoffmann beschreibt diese Zeit sehr plastisch:

„‚Wir sind Priester', so sagte man oft. ‚Wir müssen auch im Hunger die Selbstbeherrschung ein wenig beobachten'. So konnte nur einer reden, der den richtigen Hunger noch nicht gespürt hatte. Wer aber namentlich nachts die Schmerzen in den Eingeweiden, das Bauchgrimmen mitgemacht hatte, der konnte sich nicht beherrschen, der wollte einfach alles essen, was ihm in die Hände fiel, selbst wenn man ihn dafür totschlagen würde. In den Kübeln bei den SS-Kasernen konnte man hier und da Speisereste ergattern. Zum größten Teile waren es verschimmelte Brotrinden. In einem unbewachten Augenblick zogen die Häftlinge sie aus den Abfallkübeln heraus, beim Aufräumen in den SS-Bauten auch aus dem Ofen und aus den Körben. Die Rinde wurde nur etwas abgewischt, und schon war sie genießbar.

Wenn das Geistlichenkommando verschiedene Abfälle, Mauerreste, Müll und dergl. auf den Müllhaufen fahren mußte, der hinter dem KZ sich in einer tiefen Grube befand, dann konnte kein SS-Mann, der bei diesem Kommando Dienst hatte, kein Kapo die Geistlichen hiervon fernhalten. Der SS-Mann entsetzte sich nur, der Kapo schimpfte. Schalen von Orangen und Zitronen, Knochen, an denen man mit guten Zähnen oder mit einem Messer Stückchen von Fleisch und Sehnen entfernen konnte, mochte es auch schon unerträglich riechen, weggeworfene Konservenbüchsen mit verdorbenem Fleisch, das alles bedeutete für die ausgehungerten Geistlichen Leckerbissen. Wenn man doch dorthin öfter fahren könnte, wenn da doch mehr wäre! Der Kapo wollte gegen einige Geistliche eine Meldung machen, wollte sie aus dem Kommando werfen, aber am Ende ließ er sie doch einfach gewähren.

Beim Abfahren von Mist aus dem Kaninchenstall oder aus dem Pferdestall fanden die Geistlichen im Mist Stückchen von Rübenkohl. Auch diese kratzten sie

---

[19] Weiler, a.a.O., Bd. 2, S. 27f.

etwas ab. Da der Rübenkohl hinreichend hart war, war er noch nicht so feucht geworden von dem ‚Aroma'. So war es möglich, ihn zu essen.

Ein SS-Mann ließ mal für seinen Hund, mit dem er das Geistlichenkommando bewachte, aus der SS-Küche Reste vom Mittagessen holen. Mit Entsetzen hörte er die Bitte eines polnischen Geistlichen an, der vor ihm mit der Mütze in der Hand in Habachtstellung stand. Um was hatte dieser gebeten? Ob er sich von diesem Hundefutter etwas nehmen dürfe. Der Hund schlürfte aus der Schüssel sein Fressen. Der SS-Mann, ein jüngerer Mann, schaute verlegen mal auf den Hund, mal auf den Häftling. Er gab die Erlaubnis. Er zog den Hund zurück. Der Geistliche nahm sich eine ganze Handvoll Essen aus der Schüssel, aus welcher gerade der Hund gefressen hatte. O wie das schmeckte! Es waren gute Möhren mit Kartoffeln. Seinem Beispiel folgten schnell, ganz schnell die Genossen. Auch sie baten den SS-Mann um die Erlaubnis, sich etwas nehmen zu dürfen. So war die Schüssel im Nu leer. Nur der Hund sah überrascht auf die leere Schüssel, welche er nur noch mit der Zunge auslecken konnte. Er konnte ganz gewiß mit seinem Hundeverstand nicht begreifen, wie das doch möglich ist, daß Menschen mit ihm aus einer Schüssel essen. Der SS-Mann sagte nach einer Weile zum Kapo: ‚Ich weiß, was Hunger ist. Ich stand mit meiner Abteilung bei Moskau. Dort habe ich vor Hunger das Essen aus Abfällen gefischt.'"[20]

Nachdem die Hungersnot auf das ganze Lager übergegriffen hatte und eine ständig wachsende Zahl von Todesfällen zu verzeichnen war, wurde den Häftlingen ab Oktober 1942 erlaubt, ein Paket im Monat zu erhalten. Ab Dezember gab es keine Begrenzung. Etwa ¼ der Gefangenen konnte von dieser Maßnahme profitieren. Dies bedeutete das Ende des Hungers. Der Grund lag zweifellos darin, daß auf Dauer die wirtschaftliche Ausbeutung der Arbeitskraft der Häftlinge nicht mehr möglich gewesen wäre. Ein Befehl Himmlers drohte jedem SS-Mann, der sich an einem Paket vergriff, den Tod an.

Ein Teil der Häftlinge – Hoffmann schätzt etwa ein Viertel – erhielt in unregelmäßigen Abständen kleinere, meist Lebensmittelpakete, deren Inhalt, durch die schlechte Versorgungslage auch der Angehörigen bedingt, nicht sehr reichhaltig war. Dagegen verbesserte sich die Versorgung der Priester in großem Umfang. Hier waren es nicht nur Familienangehörige, die das, was sie entbehren konnten, schickten; hier sammelten ganze Kirchengemeinden, wobei besonders Pakete aus ländlichen Gebieten reichhaltig ausfielen. Es blieb in das Ermessen jedes einzelnen Priesters gestellt, wie er den Inhalt verwendete.

Eine Vielzahl von Priestern verteilte den Inhalt ihrer Pakete unter die Häftlinge. Insbesondere das Krankenrevier wurde mit Lebensmitteln aus dem Priesterblock versorgt. In jeder Stube stand ein Karton, in den die Geistlichen das, was sie spenden wollten, hineinlegen konnten. Oft bedachten sie Gefangene der eigenen Nationalität, die zu Hunderten am Stacheldraht um den ‚Pfaffenblock' standen und bettelten.

Es darf auch nicht verschwiegen werden, daß einzelne Priester die ihnen zugesandten Lebensmittel horteten und diese eher verderben ließen, als sie zur Linde-

---

[20] Hoffmann, a.a.O., S. 128.

rung der allgemeinen Not zur Verfügung zu stellen. Ein Pfarrer nahm bei seiner Entlassung alles, was er aus Paketen gehortet hatte, und das letzte Brot auf seinen Weg in die Freiheit mit!

4.3 Exkurs: Krankenrevier, medizinische Versuche, Invalidentransporte

Daß die lebensbedrohlich geschwächten Häftlinge auch unter extremen Bedingungen buchstäblich bis zum Umfallen zu arbeiten gezwungen waren, lag auch darin begründet, daß man nur unter erheblichen Schwierigkeiten in das Krankenrevier gelangen konnte, und dieses auch noch aus verschiedenen Gründen ein sehr gefährlicher Ort war.

Schon auf dem Wege dorthin konnte man von SS-Funktionsträgern als ‚Drückeberger' mit Fußtritten und Schlägen zurück auf den Block getrieben werden. Gelangte ein Häftling bis zur Musterung durch die Häftlingscapos ins Revier, konnte ihm das gleiche geschehen. Dort waren einige Häftlinge tätig, denen die Gesundheit der Mithäftlinge gleichgültig war. Zudem war die Frage lebensentscheidend, von welchem Arzt man schließlich behandelt wurde. Hier waren Mörder neben fachlich qualifizierten und interessierten Ärzten tätig. Da somit ein relativ großes Risiko bestand, mieden viele Häftlinge diesen Ort selbst bei schwersten Erkrankungen.

Bei der SS war es zeitweilig üblich, einen Totenkopf auf den Schreibtisch zu stellen. Dieser sollte sich insbesondere durch ein makelloses Gebiß auszeichnen. Ins Revier eingelieferte Häftlinge, die ein derartiges Merkmal hatten, starben häufig sehr schnell. Bei Goldzähnen versprach der Tod des Patienten rein materiellen Gewinn. Häftlinge, die aufgrund großer Schmerzen jammerten oder den Weisungen der Capos nicht Folge leisteten, waren extrem gefährdet. Mit einer Injektion wurden sie von ihren Leiden ‚befreit'. In der Regel verwendeten die nicht medizinisch ausgebildeten Capos mit Benzin gefüllte Spritzen; hier zeichnete sich besonders der Capo Heiden aus. Ein Häftling tötete so seinen Mithäftling. Patienten, die an Durchfall oder Ruhr litten und ihr Bett verunreinigten, wurden häufig unter eine kalte Dusche gestellt, so daß sie sich eine Lungenentzündung zuzogen. Auch ihr Schicksal war damit meist besiegelt.

Andererseits waren viele Häftlinge unermüdlich für ihre Kameraden im Einsatz, z. B. der Revierpfleger Heini Stöhr. Dieser Arbeiter, ein Kommunist aus Nürnberg, eignete sich so viel medizinisches Wissen an, daß er vielen Häftlingen das Leben retten konnte.

In Zusammenarbeit mit dem Krankenrevier wurden in Dachau verschiedene medizinische Versuche durchgeführt. Der SS-Arzt Dr. Rascher, eine der „abenteuerlichsten Gestalten der SS"[21], nutzte seine privaten Verbindungen zu Himmler und versuchte hier, durch seine Forschungen Karrriere zu machen. In Dachau be-

---

[21] Kater, Michael H.: Das Ahnenerbe. Die Forschungs- und Lehrgemeinschaft in der SS. Diss. Heidelberg 1966, S. 226.

gann er zunächst mit Unterdruckversuchen, um das Problem des Ausstiegs von Piloten aus großer Höhe zu klären. Später führte er diese als Unterkühlungsversuche (Problem: Absturz von Flugzeugen ins Meer) weiter. Dabei erwies sich Rascher als perverser Mörder. Während er gemeinsam mit Häftlingsgehilfen Tests ohne schwere gesundheitliche Folgen für die Opfer durchführte, wurden von ihm allein mindestens 80 Gefangene in sogenannten terminalen Versuchen getötet.

Besonderer Wert wurde auf die Erwärmung der überlebenden Versuchspersonen gelegt. Dazu wurden sie teilweise in siedend heißes Wasser gelegt. Himmler selbst lag ein anderer Versuch besonders am Herzen: Aus dem Konzentrationslager Ravensbrück wurden weibliche Häftlinge nach Dachau verlegt. Sie wurden nachts zu den fast Erfrorenen gelegt, um diese zu wärmen. Rascher selbst begutachtete diese Erwärmungsversuche mit perverser Freude und beschrieb sie in langen Berichten.

Priester wurden zu diesen Versuchen nicht als Testpersonen verpflichtet. Als einziger Priester wurde Kaplan Hermann Scheipers – wohl aus Versehen – in diese Versuchsstation aufgenommen. Doch bevor er zu Tests herangezogen werden konnte, verwies ihn ein Luftwaffenoffizier des Kommandos, nachdem er davon Kenntnis erhalten hatte, daß es sich bei dem Probanden um einen Priester handelte.

Bei anderen Versuchen aber waren sehr wohl Priester unter den Opfern. So wurden ab Ende 1941 von dem SS-Arzt Dr. Schilling Malariaversuche angestellt. Natürlich gab es diese Krankheit in Dachau nicht, daher wurden Malaria-übertragende Fliegen dorthin gebracht. Zunächst suchte Schilling die Opfer unter den nicht zur Arbeit eingeteilten Häftlingen aus, von September bis Dezember wurden auch Geistliche herangezogen. Die Musterung nahmen Revierpfleger vor, die abends auf die Stuben kamen und nach bestimmten Altersgruppen fragten. Manche meldeten sich freiwillig, weil sie auf ein gutes Kommando hofften, die meisten jedoch machten vorsichtshalber falsche Angaben. Die Pfleger suchten sich diejenigen aus, die sie für geeignet hielten, und notierten deren Nummern. Nach einiger Zeit wurden die Häftlinge dann in das Revier gebracht und dort mit Malariaerregern infiziert, um Gegenmittel zu erproben. Heilen konnte Schilling die Krankheit jedoch nicht. An den Spätfolgen dieser Versuche starb 1949 Pater Josef Averesch (siehe dort). Insgesamt wurden ca. 1000 Häftlinge zu diesen Versuchen herangezogen.

Erwähnung finden müssen darüber hinaus die Phlegmone-Versuche des SS-Arztes und Sturmbannführers Dr. Hintermayer. Bei der Phlegmone handelt es sich um eine durch Mangelerscheinungen hervorgerufene eitrige Entzündung der Haut. Die Krankheit war ein ständiger Begleiter der Dachauer Häftlinge, und der Arzt hätte somit zahlreiche Patienten für eine Behandlung zur Verfügung gehabt. Dr. Hintermayer jedoch wählte nur solche Gefangenen für seine Versuche aus, die noch nicht erkrankt waren, und infizierte sie. Zu diesem Zweck griff er in der Regel auf polnische Priester zurück, von denen er zwanzig auswählte, um ein neues biochemisches Heilmittel zu testen. Sales Hess berichtet: „Ich hatte letzthin Gelegenheit, die Originalaufnahmen dieses Versuchs zu sehen. Eitrige Wunden, so groß wie meine Handfläche, an Füßen, Beinen und Armen! Von den zwanzig Geistlichen starben zwölf bei diesem Versuch. Nur acht kamen nach großen Schmerzen mit dem Leben davon. Einigen von ihnen mußten Arme und Beine amputiert werden."[22]

Der auf den 1. September 1939 zurückdatierte Geheimbefehl Adolf Hitlers, der die ‚Euthanasie'-Maßnahmen regelte, wurde auch innerhalb der Konzentrationslager angewandt. Seit dem Winter 1941 reisten Delegationen von SS-Ärzten durch die Konzentrationslager und selektierten Geisteskranke, jüdische und arbeitsunfähige Häftlinge aus. In der Regel führte der Transport nach Hartheim bei Linz, wo die Häftlinge vergast wurden; der erste Transport ging im Januar 1942 aus Dachau ab. Insgesamt wurden 36 Invalidentransporte in Dachau durchgeführt.

Die Invalidentransporte aus dem KL Dachau 1942

Datum	Abtransport. Häftlinge	Datum	Abtransport. Häftlinge
15. 1. 1942	98	6. 5. 1942	119
16. 1. 1942	100	18. 5. 1942	116
19. 1. 1942	100	20. 5. 1942	60
20. 1. 1942	99	28. 5. 1942	119
22. 1. 1942	100	11. 6. 1942	29
26. 1. 1942	100	10. 8. 1942	98
27. 1. 1942	100	12. 8. 1942	83
16. 2. 1942	60	7. 10. 1942	90
17. 2. 1942	100	12. 10. 1942	120
19. 2. 1942	99	14. 10. 1942	120
23. 2. 1942	100	27. 11. 1942	10
24. 2. 1942	100	28. 11. 1942	12
26. 2. 1942	99	1. 12. 1942	12
2. 3. 1042	100	4. 12. 1942	12
3. 3. 1942	97	7. 12. 1942	11
4. 5. 1942	118	8. 12. 1942	12

Insgesamt 2593

Um die Aktion ‚14 f 13' ohne Schwierigkeiten durchführen zu können, verbreitete die SS im Lager, daß die schwachen Häftlinge in ein besonderes Lager überbracht würden, wo sie gesund gepflegt werden sollten. Man sprach sogar davon, daß sie in einem Kloster untergebracht würden. Auf diesem Hintergrund meldeten sich auch ältere Geistliche freiwillig in der Hoffnung auf ein besseres Schicksal. Der Block 20 wurde im Juni zum Invalidenblock erklärt und später mit Stacheldraht umgeben; im Juli nahm man dafür den Block 27.

Bereits wenige Tage nach Abgang des ersten Transports traf die Kleidung der betroffenen Häftlinge wieder in Dachau ein. Da die Kleiderkammer von Häftlingen verwaltet wurde, sprach sich sofort herum, daß die Gefangenen mit größter

[22] Hess, a.a.O., S. 178.

Wahrscheinlichkeit umgebracht worden waren. Zudem erfuhren die Häftlinge durch Briefe ihrer Angehörigen, daß Bekannte oder Verwandte, die ebenfalls im Lager eingesessen hatten, verstorben seien. Es handelte sich um Gefangene, die mit auf Transport gegangen waren. Da diese Gefangenen offiziell vom Lager Dachau als verstorben gemeldet werden mußten, hätte das Standesamt in Dachau die Totenscheine ausstellen müssen. Um die Verbreitung der Sterberaten des Lagers zu verhindern, wurde im Lager selbst ein Standesamt eingerichtet, das von der SS verwaltet wurde.

Die Angst der Kranken und Alten wuchs, als Invaliden gemustert zu werden. Vor jedem Transport erschien eine Ärztekommission im Lager und wählte die Betroffenen willkürlich aus. Für die Block- und Stubenältesten ergab sich die Möglichkeit, unbequeme Mithäftlinge durch Eintragung auf die Transportliste liquidieren zu lassen. Auch im Revier wurde wahllos auf Invalidität entschieden, um Häftlinge loszuwerden. Wer einmal auf der Liste stand, konnte, auch wenn er gesund wurde, nicht mehr gestrichen werden. Die einzige Möglichkeit war die Bestechung der Führer der Lagerkartei, die dann einen anderen Häftling auf die Liste setzten. Da stets genügend Häftlinge vorhanden waren, deren Psyche gebrochen war, konnte man einen von diesen, die im Häftlingsjargon ‚Kretiner' oder ‚Muselmanen' genannt wurden, für den Gestrichenen auf die Liste setzen. Der Preis für eine solche Aktion war hoch: er betrug 1½ Brote. Doch wer besaß schon solche Reichtümer? Der Verzicht auf die kleine Brotration konnte schon den eigenen Tod bedeuten. Vom RSHA traf am 13. August 1942 – nahezu unerklärlich – der Befehl ein, daß reichsdeutsche Priester nicht mehr vergast werden durften. Kurze Zeit darauf wurde von Berlin verfügt, daß auch Priester anderer Nationen nicht mehr auf Invalidentransport geschickt werden durften. Bis zu diesem Zeitpunkt waren allein im Jahre 1942 bereits 336 Geistliche zur Vergasung abtransportiert worden.

Am 27. 4. 1943 wurde die Aktion 14 f 13 auf Veranlassung von Himmler von Berlin aus teilweise eingestellt. Von nun an durften nur noch Geisteskranke, keine Invaliden mehr vergast werden.

4.4 Typhusepidemie, Kriegswende und Wandel des Lagerlebens (Dezember 1942 bis 1943)

Nachdem sich die Versorgungslage durch die Paketsendungen gebessert hatte, entstand im Dezember 1942 eine neue Bedrohung: im Lager brach Typhus aus. Wie in anderen Lagern war das Ausbrechen der Seuche auf die schlechten hygienischen Verhältnisse zurückzuführen. So waren seit Monaten die Kloaken nicht geleert worden und liefen bereits über. Von seiten der SS versuchte man zunächst, möglichst viele Kommandos, die noch nicht von der Epidemie erfaßt waren, auszulagern. Zu diesen gehörte u. a. das Kommando Besoldungsstelle, das außerhalb des Schutzhaftlagers in einem Pferdestall untergebracht wurde.

Am 14. 1. 1943 wurde Block 30 mit den polnischen Priestern von der Epidemie betroffen, am 25. 1. auch alle anderen. Zu Jahresbeginn wurde über die Blocks

Quarantäne verhängt. Alle Kontakte zwischen den einzelnen Blocks waren untersagt. Nach jedem Gebrauch wurden Toiletten und Türgriffe desinfiziert, um die Seuche so schnell wie möglich einzudämmen – die Häftlinge wurden als Arbeitskräfte gebraucht!

Es mag paradox erscheinen, aber trotz der schnellen Ausbreitung der Seuche genossen die Schutzhäftlinge diese Zeit: Sie konnten nun bis 8.00 Uhr morgens schlafen, die endlosen Zählappelle am Morgen und Abend entfielen. Die SS zog sich nahezu komplett aus dem Lager zurück, um sich nicht selbst zu infizieren. „Wie angenehm für uns"[23], schrieb der Salesianerpater Hess 1946 in der Erinnerung an diese Zeit. Als die SS jetzt selbst den Moorexpress mit den Paketen bis an das Lagertor schob, war dieser Anblick für viele gepeinigte Häftlinge eine große Befriedigung.

Auf Veranlassung des neuen Lagerkommandanten Weiss wurden einige Priester zu Pflegern für das Revier ausgebildet, eine bis dahin nicht vorstellbare Entscheidung, da Geistliche solche Häftlingsfunktionen nicht ausüben durften. Das ermöglichte den Priestern, Kranken und Sterbenden die Sakramente zu spenden, obwohl dies verboten war. Bis zum Ende des Jahres 1943 blieben diese Geistlichen im Revier tätig, dann wurden sie aus dem Kommando verwiesen.

Am 15. 3. 1943 wurde die allgemeine Quarantäne aufgehoben, obwohl die Seuche, die ca. 1400 Häftlinge das Leben kostete, noch nicht ganz abgeklungen war. Die Arbeitskräfte wurden zu sehr benötigt.

In der Zeit der Epidemie trat ein folgenreicher Wandel im Lagerleben ein. Am 27. Januar 1943 wurden die ersten SS-Wachmannschaften an die Front verlegt, so daß die Zahl der Peiniger sank. Für die Häftlinge, die mittlerweile über geheime Radios verfügten und vor allem ausländische Sender verfolgten, kam dies aufgrund der aktuellen Kriegslage, insbesondere bei Stalingrad, nicht überraschend. Der Abzug der SS-Mannschaften setzte sich später fort, bis nur noch die leitenden Positionen in den Händen von SS-Offizieren blieben. Schließlich wurden am 6. 3. 1944 ältere Luftwaffensoldaten, die man in SS-Uniformen steckte, zur Bewachung herangezogen. Von den meisten dieser Leute hatten die Häftlinge nichts mehr zu befürchten. „Es ist zu schön, um wahr zu sein,"[24] hielt ein Häftling in seinem geheimen Tagebuch fest. Pfarrer Scheipers erinnert sich heute: „Die hatten zuletzt mehr Angst vor uns als wir vor ihnen."[25]

Die veränderte Lage wurde auch daran erkennbar, daß ab dem 4. 2. 1943 die Lagerstrafen Baum und Fünfundzwanzig nicht mehr gegen Reichsdeutsche verhängt werden durften. Die Ware Arbeitssklave war im Reich so wertvoll geworden, daß selbst die SS damit haushalten mußte.

Nach Aufhebung der Quarantäne war immer noch ein großer Teil der Priester in der Plantage eingesetzt, aber man gewährte ihnen nun auch die Brotzeit. Außerdem war es Priestern möglich, in anderen Kommandos Arbeit zu finden.

---

[23] Ebda., S. 213.
[24] Kupfer-Koberwitz, a.a.O., S. 182.
[25] Interview mit Pfarrer Hermann Scheipers, Ochtrup, vom 22. Februar 1990.

Bereits im Oktober 1942 wurden 100 Priesterhäftlinge von der Arbeit in der Plantage befreit und in der Besoldungsstelle der Waffen-SS und der Deutschen Polizei, die außerhalb des Schutzhaftlagers angesiedelt war, eingesetzt. Die vorher in diesem Kommando eingesetzten Häftlinge hatten nicht zufriedenstellend gearbeitet und die SS wollte nun diese Aufgabe Intellektuellen übertragen. In der Besoldungsstelle wurden sämtliche Gehaltsabrechnungen und Personalakten aller SS-Leute und Polizisten im Reich geführt. Diese Arbeit war körperlich wenig anstrengend und fand in beheizten Räumen statt. Priester waren mit SS-Männern auf einem Zimmer und erledigten den Schriftverkehr sowie die Berechnungen. Diese wurden vom SS-Sachbearbeiter nur noch abgezeichnet.

Da die Leiter der Besoldungsstelle, Haiber und Munz, bei SS-Leuten wie bei Häftlingen gleich unbeliebt waren, bildete sich eine Art Solidargemeinschaft zwischen den beiden Gruppen. So deckten die SS-Leute manche Fehler, die gemacht wurden, und standen selbst für diese gerade, da sie bei einem Häftlingswechsel möglicherweise einen Spitzel von der Kommandoleitung zugeteilt bekamen. Auf der anderen Seite fragten die Leiter die Häftlinge gern über ihre zuständigen Referenten aus. Dann hatten diese ihren SS-Mann zu decken. Als Gegenleistung ging der Referent mit dem Gefangenen human um. Dieses bizarre Geflecht nutzte also beiden und führte in einzelnen Fällen zu einem beinahe kameradschaftlichen Umgang.

Auch in anderen Betrieben des Lagers wurden Priester nun tätig. Sie arbeiteten in der Dachauer Porzellanmanufaktur ebenso wie als Maurer, Tischler und in anderen handwerklichen Berufen. Sie arbeiteten im Kommando Messerschmitt, das spezielle Elektroteile für den Flugzeugbau herstellte, und bei Präzifix, einer Schraubenfabrik außerhalb des Kernlagers. Priester waren nun praktisch in jedem Arbeitskommando zu finden, das in Dachau existierte. Nur die Arbeitsstellen in der Lagerküche, die gute Ernährung garantierten, wurden von einer besonderen Gruppe besetzt, in der kein Priester nachzuweisen ist.

Alte und kranke Priester wurden mit Arbeiten beauftragt, die im Sitzen ausgeführt werden konnten. Dies waren im wesentlichen die Kommandos Strohsackstopfen und Strumpfstopfen. Die älteren Herren wurden bewußt geschont – eine Maßnahme, die vorher undenkbar gewesen wäre.

Die Häftlinge bemühten sich zunächst, ihre Aufgaben möglichst gut und ordentlich zu verrichten, denn dann waren sie bei ihren Capos, die jetzt an Leistung und nicht an Vernichtung interessiert waren, gut angesehen und brauchten nicht um ihr Kommando zu fürchten.

Andererseits versuchten die Priester wie alle anderen Häftlinge, schon aus Rücksicht auf ihre körperliche Verfassung, möglichst kräfteschonend, also wenig zu arbeiten. Kaplan Sonnenschein berichtet, er habe im Kommando ‚Messerschmitt' möglichst versucht, ‚Augenarbeit' zu leisten. Dies bedeutete, daß man weitgehend untätig war: Zwei sich während der Arbeit gegenüberstehende Häftlinge konnten gemeinsam ihre Umgebung mit den Augen kontrollieren (‚Dachauer Blick'), so daß eine Unterhaltung ohne körperliche Anstrengung möglich war, ohne daß eine Überraschung durch SS-Leute drohte. Näherte sich eine Gefahr, sagte derjenige, der sie wahrnahm, ein Signalwort und warnte so die anderen.

Im Lager wurden später Prämienscheine im Wert von bis zu 5 RM für besonders gute Arbeitsleistungen ausgegeben, um die geringe Produktionseffektivität der Häftlinge zu steigern. Da die Kantine aber keine Waren mehr anbot, die eine Einlösung der Gutscheine ermöglichten, kam man von seiten der SS auf die Idee, in Dachau ein Bordell einzurichten. Dazu holte man gefangene Frauen aus dem Konzentrationslager Ravensbrück heran, denen die baldige Freilassung versprochen wurde. Für einen oder mehrere Gutscheine im Gesamtwert von 5 RM sollte der Häftling das Recht auf einen Bordellbesuch erhalten. Er sollte dabei von einem Bewacher bis zu dem Zimmer geleitet und, um beide Gefangenen zu kontrollieren, durch ein Guckloch beobachtet werden. Diese Bordell-Pläne der SS stießen bei Priestern, aber auch bei den politischen Häftlingen auf einhellige Ablehnung. Nur die rohesten Gestalten nahmen das Angebot wahr. Der evangelische Probst Grüber erinnert sich später daran, daß diese von den übrigen Häftlingen verprügelt wurden.

Der Wandel im Lageralltag seit Anfang 1943 machte sich auch dadurch bemerkbar, daß die übertrieben peinliche Kontrolle von Ordnung und Sauberkeit auf den Stuben, die sich besonders am Bau der Betten und der Fußbodenreinigung ausgerichtet hatte, nun zu Ende war. Mit dem Rückzug während der Typhusepidemie hatte die SS ihre ständige Kontrolle der Blocks für einige Zeit aufgegeben. Später wurde die alte Ordnung nicht wiederhergestellt.

Außerdem reichte die Häftlingskleidung für die Gefangenen nicht mehr aus, so daß vermehrt Zivilkleidung ausgegeben werden mußte, die mit Farbe markiert wurde. Da diese Kleidung meist von besserer Qualität war als die Lagerkleidung, war die Gefahr von Erkältungen oder Lungenentzündung nicht mehr so groß.

Unter dem neuen Kommandanten Weiss (ab 1. 9. 1942) wurden ein paar Mal Möglichkeiten der Freizeitgestaltung für die Häftlinge angeboten. Größter Beliebtheit erfreute sich das Fußballspiel. Jeder Block und jedes größere Kommando stellten eigene Mannschaften auf, die gegeneinander antraten. Darüber hinaus wurden Leichtathletik und Geräteturnen angeboten, auch Tischtennis fand viel Zuspruch.

Kulturelle Angebote kamen hinzu. So wurden ab 1943 Kinofilme gezeigt. Zunächst diente der Baderaum als Vorführort, danach die Stube 1 auf Block 30, die leerstand, und schließlich wurde eine Kinobaracke vor dem Baderaum errichtet. Der Besuch des Kinos, in dem 14täglich die Filme wechselten, erfolgte blockweise. Von Häftlingen veranstaltete Bach- und Mozartkonzerte sowie Theateraufführungen rundeten das kulturelle Angebot ab. Des weiteren existierte unter Lagerführer Zill in Dachau eine Häftlingsmusikkapelle, die er jedoch bei seiner Versetzung in ein anderes Konzentrationslager komplett mitnahm.

Den Häftlingen blieb bis zum Ende des Lagers die Bibliothek. Sie enthielt Bücher mit Unterhaltungswert, Sachbücher, auch wissenschaftliche Werke. Im Jahre 1944 bot sie Literatur in allen Sprachen, die mit den Paketsendungen nach Dachau gelangt war, und stand allen Häftlingen zur Benutzung offen.

Insgesamt war unverkennbar, daß die Disziplin innerhalb des Lagers seit der Kriegswende nachließ. Es geschahen bis dahin unvorstellbare Dinge. So ließ ein SS-Mann im Juni 1943 einen vorgeladenen Häftling während des Gesprächs auf einem Stuhl sitzen! Ein Blockältester, der bei den ‚Fünfundzwanzig' besonders hart zugeschlagen hatte, wurde von Häftlingen nachts so sehr verprügelt, daß er in das Revier eingeliefert werden mußte. Die Häftlinge standen zum Abmarsch nicht mehr in gerader Linie; man ging zum Appellplatz mit den Händen in den Hosentaschen. Kam ein Wachmann vorbei, grüßte gerade noch ein Drittel der Häftlinge, obwohl dies normalerweise streng geahndet wurde. In der Endphase des Lagers benutzten die Priester auf Block 26 Hitlers ‚Mein Kampf' als Toilettenpapier!

Die polnischen Priester konnten ab 1943 heimlich wieder auf Block 26 die Messe feiern. Entgegen der Vorschrift der SS, nach der nur der Lagerdekan Georg Schelling allein die Hl. Messe lesen durfte, verständigten sich die Priester darauf, daß jeder von ihnen eine Messe im Jahr feiern sollte. Auch Laien konnten die Gottesdienste von nun an besuchen.

Die verbesserten Bedingungen verringerten die Sterblichkeit der Häftlinge erheblich. Im August/September 1943 gab es 17 Tage hintereinander keinen einzigen Toten. So führte Pohl, Chef des WVHA, in einem Brief an Himmler an, daß die Sterblichkeit in den in Deutschland befindlichen Konzentrationslagern im Dezember 1942 rund 10 % der Häftlinge betrug; in Dachau sank sie bis zum August 1943 auf 0,23 % ab.

Dennoch schlug sich der physisch bessere Zustand der Häftlinge nicht immer auf die psychische Konstitution nieder. Pater Gregor Schwake, erst seit Januar 1944 im Lager, konstatierte:

„So kam es, daß mir bei den Gängen durch das Lager, bei den Begegnungen mit den Häftlingen aus den verschiedenen Blocks, bei dem Stehen auf dem Appellplatz von Tag zu Tag mehr das viele Ungesunde seelischer Art auffiel, das durch die Lageratmosphäre verschuldet worden war und immer weiter verschuldet wurde, vor allem die oft kindischen Angstzustände nervöser Art, dann die in Zornausbrüchen und lärmendem Geschimpf explodierende Reizbarkeit, das leichtgläubige Fürwahrhalten der tollsten Lagerparolen, eine stumpfsinnige Gemütsrohheit, eine Sucht, den kommandierenden, kritisierenden, schimpfenden Herrenmenschen zu markieren, eine mit der Großmannssucht verbundene affige Eitelkeit in der äußeren Ausstaffierung, eine ohne Scham zur Schau getragene rücksichtslose, gespreizte Selbstsucht, eine mit krankhafter Absichtlichkeit gewollte Beiseitestellung der primitivsten Anstandsregeln. Ich merkte, daß diese psychopathischen Zustände für viele Kameraden ein sehr bitteres, schwer zu schilderndes Leid bedeuteten, daß sie von diesem unentrinnbaren tagtäglichen menschlichen Lagerelend viel mehr bedrückt wurden als von den Ohrfeigen und anderen Mißhandlungen, die sie in früherer Zeit erlitten hatten. Immer mehr glaubte ich zu hören: ‚Meine Nerven sind kaputt.'"[26]

In den Erinnerungen wird immer wieder als schwerwiegende Belastung hervorgehoben, daß ein Häftling niemals alleine war. Im Arbeitskommando, auf dem Block, in der Nacht, ja selbst auf der Latrine wurde er beobachtet.

---

[26] Schwake, Theodor Gregor: Meine Dachauer Chronik. Unveröffentl. Manuskript, S. 31, in: Archiv der Abtei Gerleve, Akte Gregor Schwake.

4.5 Überfüllung, Fleckfieber, Zusammenbruch (1944 bis 1945)

War 1943 für die Häftlinge das relativ beste Jahr, verschlechterte sich die Lage im Laufe des Jahres 1944. Zunächst verloren die Priester am 16. März 1944 ihre Stellungen im Kommando Besoldungsstelle, nachdem ein schwarzer, also nicht zensierter Brief von Caritasdirektor Hans Carls nach draußen abgefangen worden war. „Der Hauptamtschef SS-Obergruppenführer und General der Waffen-SS Pohl hat grundsätzlich verboten, daß Geistliche zu irgendwelchen Schreibarbeiten herangezogen werden. Einsatz von Geistlichen als Schreibkraft im Schutzhaftlager, bei der Kommandantur oder auf irgendeiner anderen SS-Dienststelle (SS-Betriebe, Besoldungsstelle, Lagerverwaltung, Politische Abteilung, Poststelle, Standesamt, Krankenbau, Krematorium usw.) darf keinesfalls erfolgen. Geistliche, die bisher mit Arbeiten wie vorstehend beschrieben beschäftigt waren, sind sofort abzulösen. Vollzug ist mir bis 1. 4. 44 zu melden."[27], lautete der Befehl Pohls aus Oranienburg. Insgesamt verschlechterte sich die Situation im Lager aber durch die nun immer stärker zunehmende Überfüllung. Aus den Lagern im Westen wurden ständig mehr Häftlinge eingeliefert, damit diese nicht in die Hände der Alliierten fallen und über die NS-Greuel berichten konnten. Am 6. Juli 1944 kam ein mit ca. 1100 Franzosen besetzter Güterzug in Dachau an, dessen Lüftungsklappen mangelhaft waren. Die Wachmannschaften sollen dem Deutschen Roten Kreuz verboten haben, die Gefangenen zu versorgen. So blieben die Opfer sechs Tage lang ohne Nahrung und Wasser. Von den 1100 waren 487 tot. Man sagte, daß es auf dem Transport auch zu Kanibalismus gekommen sei.

Allein in der zweiten Juliwoche erreichten 5000 Neuzugänge Dachau. Die polnischen Priester waren mittlerweile auf Block 28 zusammengefaßt. Durch immer neue Zugänge auch aus den östlichen Lagern kam es zu ständig wachsenden Problemen. So schliefen jetzt drei Häftlinge in einem Bett. In den Priesterbaracken richteten die Häftlinge ein Schichtsystem ein, so daß diejenigen, die in Arbeit waren, zu anderen Zeiten schliefen als die Nichteingeteilten. Die Zahl der Gefangenen verdoppelte sich schnell. Statt zwei teilten sich nun vier Häftlinge einen Spind. Hatten die Priester sich bisher stets auf den Sonntag und die Messe gefreut, so freuten sie sich jetzt auf die Werktage, da nur dann das Zweischichtensystem funktionierte.

Am 11. Dezember 1944 rief die SS die Gefangenen auf, auch die Priester, sich zur SS zu melden. Die Häftlinge sollten also die Uniform derjenigen tragen, von denen sie jahrelang schikaniert, gequält und ermordet worden waren! Von der Gesamtheit der Priester machte nur einer von diesem Angebot Gebrauch. Dieser erschien später regelmäßig zu den Treffen der ehemaligen Dachauer Häftlinge – seine Mithäftlinge brachten durchaus Verständnis für seine damalige, unter extremen Bedingungen getroffene Entscheidung auf. Parallel durften die Priester ab Dezember 1944 plötzlich Häftlingsfunktionen ausüben, z. B. als Hilfscapos oder Kantiniers, was ihnen bisher stets verweigert worden war. Der Münsteraner Priester Reinhold Friedrichs wurde sogar Blockältester des Blocks 26.

---

[27] AGD Nr. 1583 sowie BK, NS 3, Nr. 427, Bl. 26

Am 11. November 1944 trat eine neue Seuche im Lager auf: Fleckfieber. Diese von Läusen übertragene Seuche war wohl von Häftlingen aus den Lagern im Osten eingeschleppt worden. Die Blocks 17, 21, 23, 25 und 30 wurden isoliert. Bald zählte man mehr als 100 Tote täglich. In dieser Situation zeigten die Priester Heldenmut. Von Block 26 und Block 28 meldeten sich je zehn Geistliche ohne Rücksicht auf das gesundheitliche Risiko zur Pflege der Kranken.

Die übrigen Geistlichen spendeten alles, was sie irgend entbehren konnten, für die Kranken, sei es Brot oder den Inhalt ihrer Pakete. Dies wurde von vielen Mithäftlingen nicht gern gesehen, wie Kupfer-Koberwitz berichtet: „Sie haben wirklich eine Menge Gutes getan, aber sie selbst hängen es nicht an die große Glocke, und die anderen verschweigen es meist. Es paßt vielen nicht in den Kram, daß Pfarrer sich gut benehmen."[28]

Die Seuche hielt bis über die Befreiung des Lagers hinaus an und konnte erst dann von den Ärzten der Alliierten durch Medikamente eingedämmt werden. Die Sterblichkeit im Lager nahm 1944/45 in dramatischem Umfang zu. 1944 starben etwa 10 000 Häftlinge, bis zur Befreiung des Lagers 1945 13 135 Gefangene. Da zu wenig Brennmaterial im Lager vorhanden war, wurden die Leichen im Winter und Frühjahr zum in der Nähe gelegenen Leitenberg gebracht und dort in Massengräbern verscharrt.

Am 27. März 1945 begannen plötzlich Entlassungen von Priestern, die bis zum 11. 4. andauerten. Wie aber kam es dazu? Pfarrer Sonnenschein erinnert sich an eine spätere Unterhaltung mit Bischof Wienken, dem Vertreter der Bischofskonferenz bei der Reichsregierung. Dieser, der bis dahin für die Priester im Konzentrationslager nicht viel erreicht hatte, berichtete, er sei einige Monate vor Beginn der Entlassungen im RSHA gewesen, um dort wegen der KZ-Priester vorstellig zu werden. Dort sei er auf den SS-Offizier Müller, genannt ‚Gestapo-Müller', getroffen. Nachdem er diesem sein Anliegen vorgetragen habe, habe der SS-Mann ihm gesagt, er solle zunächst belegen, wer überhaupt als Geistlicher im Konzentrationslager sei. Er wünsche in zwei Stunden eine Namensliste. Wienken sei daraufhin in sein Büro gegangen und habe seiner Sekretärin alle Namen diktiert, die ihm eingefallen seien. Danach habe er die Liste mit ca. 140 Namen übergeben. Die Liste habe viele Priester des Bistums Münster enthalten, da er selbst aus dieser Diözese stammte und viele persönlich gekannt habe. Es wurden ca. 140 Geistliche entlassen, der Anteil der Münsteraner war hoch.

4.6. Die Befreiung

Anfang April 1945 durchsuchten die Wachmannschaften alle Häftlingsbaracken, weil ein bewaffneter Aufstand befürchtet wurde. In der Nacht zum 8. April wurden zahlreiche Unterlagen verbrannt. Die Stimmung der Gefangenen war geteilt. Die allgemeine Freude über den Zusammenbruch des Dritten Reiches war groß, gleichzeitig glaubten viele nicht, daß die SS es wagen würde, sie als Zeugen dieses un-

[28] Kupfer-Koberwitz, a.a.O., S. 238.

menschlichen Systems am Leben zu lassen. Die wildesten Gerüchte wurden verbreitet. Einerseits erzählte man, das ganze Lager sei von unten vermint und würde gesprengt. Andere verbreiteten, daß Angriffe deutscher Flugzeuge bevorstünden, um das Lager dem Erdboden gleichzumachen. Die Stimmung war von Nervosität auf allen Seiten bestimmt. Am 23. 4. wurden die prominenten Häftlinge mit Autobussen weggebracht, angeblich in die Alpenfestung. Sie wurden kurze Zeit später freigelassen. Am 26. 4. wurden alle Reichsdeutschen sowie Russen, teilweise auch Angehörige anderer Nationen zu einem Evakuierungsmarsch zusammengestellt, der um 21.00 Uhr das Lager verließ. Viele Reichsdeutsche, darunter Priester, hielten es für besser, im Lager zu bleiben, da die Front in der Nähe war. Sie versteckten sich während des Abmarsches, was in dem allgemeinen Chaos nicht auffiel.

Am nächsten Tag hatte offensichtlich der größte Teil der SS-Führung das Lager verlassen. In der Nacht zum 29. 4. 1945 wurde die weiße Fahne gehißt, nur einige Luftwaffensoldaten waren zur Übergabe geblieben. Früh am nächsten Morgen waren die Amerikaner im Lager. Einige besonders grausame Capos und vermeintliche Spitzel der SS wurden von Häftlingen erschlagen, aber zu Exzessen in größerem Ausmaß kam es letztlich nicht. Viele der Häftlinge sahen diesen Tag als ihren zweiten Geburtstag.

Den 1. Mai feierten die Häftlinge mit Transparenten und Fahnen. Nach Nationen geordnet marschierten sie auf. Auch die Deutschen marschierten, ihre Fahne wurde geehrt wie die Fahnen aller Nationen.

Die Gefangenen wurden im Lager zunächst ärztlich versorgt und durch ordentliche Nahrung wieder aufgebaut. In den nächsten Wochen wurden sie dann nach und nach entlassen. Viele Priester blieben wegen ihrer schwachen Konstitution noch einige Zeit in Bayern, wo sie sich als Pfarrvertreter erholen und abwarten konnten, bis sich die Möglichkeiten zur Rückkehr in die Heimat gebessert hatten.

Unklarheit herrschte nach der Befreiung über das Schicksal der ca. 6000 in Marsch gesetzten Häftlinge, die am 26. 4. abends Dachau verlassen hatten und zur sogenannten Alpenfestung in den Ötztaler Alpen aufgebrochen waren. Der Weg von Dachau führte durch verschiedene Ortschaften über Starnberg nach Bad Tölz bis zum Tegernsee.

Jeder Häftling hatte eine wollene Decke und Marschverpflegung für zwei Tage erhalten. Die Gruppe war natürlich nicht in der Lage, eine stramme Marschformation zu bilden. Wer von den Häftlingen zurückblieb und nicht mehr weitermarschieren konnte, wurde erschossen. Dennoch zog sich der Zug immer mehr auseinander.

Der Pfarrer von Dachau hatte von dem bevorstehenden Marsch Kenntnis erhalten. Der Jesuitenpater Otto Pies, bereits im März entlassen, folgte dem Transport, dessen Weg er anhand der Leichen und der weggeworfenen Gepäckstücke leicht ausfindig machen konnte, und informierte das Berchmans-Kolleg der Jesuiten in Pullach. Ein anderer Jesuit, Franz Kreis, kundschaftete in Oberleutnantsuniform den nächtlichen Lagerort des Transportes aus. In München besorgten sie für die Häftlinge 1000 Brote und 300 Dosen Büchsenfleisch sowie Schnaps und Zigaretten für die Begleitmannschaften. In der Nacht vom 28. auf den 29. 4. kamen sie zweimal mit einem Wehrmachtslastwagen zu dem Lager, verteilten diese Vorräte und

Häftlinge auf dem Evakuierungsmarsch.

befreiten dabei 54 Priester aus dem Transport. Auch den meisten anderen Priestern gelang die Flucht. Am 2. Mai löste sich schließlich der Zug der Elenden auf.

5. Schlußbetrachtung

Seit dem Winter 1940/41, in dem die Zusammenlegung der Geistlichen in Dachau begann, wurden insgesamt mehr als 2 700 Geistliche aus 21 Nationen dort inhaftiert. Den weitaus größten Teil stellten die Polen, die nach der Entfesselung des Zweiten Weltkriegs in ihrer von deutschen Truppen besetzten Heimat gezielt als intellektuelle Oberschicht verhaftet wurden; sie hatten die höchste Mortalität zu beklagen. 441 reichsdeutsche Geistliche wurden in Dachau inhaftiert, davon waren 411 katholische Priester; aus den einzelnen Diözesen bildeten die 38 Münsteraner Priester die größte Gruppe.

Was unterschied die Geistlichen nun von den anderen Konzentrationslagerhäftlingen? Die Antwort scheint zunächst einfach: Die Kleriker wurden als Stand gefangengehalten, während alle anderen zufällig auf die Blocks verteilt wurden. Die SS isolierte die Geistlichen innerhalb des Lagers und separierte diese von den anderen Häftlingen, um einen Keil in die allgemein in Dachau vorherrschende Häftlingssolidarität zu treiben. Dieses Ziel wurde durch die Isolation erreicht, denn der Sonderstatus einer Gruppe mußte das Mißtrauen der anderen Gefangenen wecken und verhinderte eine religiöse Beeinflussung.

Durch die zunächst geltende Befreiung von Arbeit, durch bessere Ernährung und Wein für die Kleriker breiteten sich Gerüchte über die Priesterblocks aus, die den Neid und die Mißgunst der anderen Häftlinge förderten. Die politische Agitation der Kommunisten im Lager verstärkte diese Abneigung noch. So waren letztlich SS und zahlreiche Gefangene in ihrem Ziel vereint: Die Geistlichen sollten „fertig gemacht"[1] werden. Diese „undefinierbare Aggression gegen Geistliche"[2] konnte sich erst Luft machen, als die Kleriker zur Arbeit auf die Plantage kommandiert wurden und damit in direkten Kontakt mit den anderen Häftlingen kamen.

Nachdem die hohe Mortalität – auch unter Geistlichen – zu der Paketerlaubnis geführt hatte, relativierte sich diese Einstellung. Viele Geistliche erhielten Unterstützung aus ihren Gemeinden und ließen an diesen Lebensmitteln andere teilhaben. So war der Priesterblock 26 zu dieser Zeit ständig umlagert von Häftlingen, die auf Brot hofften. Wenn auch einzelne Geistliche weiterhin im Mittelpunkt der Kritik standen, weil sie Lebensmittel horteten, so stieg doch das Ansehen der Kleriker stark an. Die caritativen Leistungen der Geistlichen wurden von einem großen Teil der Gefangenen geschätzt.

Nicht verkannt werden darf, daß es nicht nur Spannungen zwischen Priestern und anderen Häftlingen gab, sondern auch innerhalb der Gruppe der Priester die Solidarität des Standes auf eine harte Probe gestellt wurde, als zum Beispiel den polnischen Priestern alle Privilegien wie etwa der Besuch der Kapelle genommen wurden. Die Besonderheit der Priesterhäftlinge im Vergleich zu den anderen Gefangenen bestand nicht zuletzt darin, daß es sich um einen Stand handelte, der an sich selbst hohe Anforderungen hinsichtlich der Lebensführung stellte und – sowohl von Außenstehenden wie von Mitbrüdern – auch daran gemessen wurde.

[1] Kupfer-Koberwitz, a.a.O., S. 243.
[2] Schnabel, a.a.O., S. 110.

Diese Anforderungen wurden durch die Haftumstände aufs äußerste in Frage gestellt, verschärft dadurch, daß jede Privatsphäre durch die ständige Beobachtung seitens der Mitbrüder, anderer Häftlinge und schließlich der SS aufgehoben war. Unter diesen Bedingungen konnte man beobachten, daß bei einzelnen Geistlichen Selbstanspruch und Möglichkeiten auseinanderfielen. Es ist jedoch festzustellen, daß die Gruppe der Priester in solchen Fällen diese nicht auszugrenzen versuchte, sondern ihnen mit Verständnis begegnete.

Die Priesterhäftlinge im KZ Dachau waren Opfer einer Diktatur, die das Christentum bekämpfte und zu verdrängen suchte, aber dennoch – anders als in der Sowjetunion – einem offenen Bruch mit den Kirchen möglichst auswich: Es wurden keine Kirchen geschlossen, wohl aber wurde versucht, die Glaubwürdigkeit der Institution zu erschüttern, ihre Wirkungsmöglichkeiten einzuschränken und vor allem die Solidarität der Christen mit ihren Geistlichen aufzubrechen. Erst recht sollte es keine Märtyrer geben, deren Glaubenszeugnis Vorbildcharakter gewinnen konnte.

Auch in Dachau begegnet diese Strategie: Inmitten einer Welt des Terrors konnte Gottesdienst gefeiert werden, aber die Lagerleitung suchte durch die isolierte Unterbringung der Priester jedes gemeinsame Wirken unter und mit den übrigen Häftlingen unmöglich zu machen, anfangs begleitet von der Praxis, einerseits die sogenannten Privilegien der Gruppe herauszustellen, andererseits die Priester in ihrer Person einer ständigen Verhöhnung und Entwürdigung zu unterziehen, bis der allgemeine Arbeitseinsatz dem ein Ende setzte.

Wenn die KZ-Priester nach dem Kriege nicht nur Anerkennung, sondern gelegentlich auch eine eher reservierte Aufnahme fanden und ihr Schicksal vielfach bis heute verdrängt wurde, so mag dies mit darauf zurückzuführen sein, daß die Strategie der Gestapo und SS nicht ganz folgenlos blieb und über den Zusammenbruch des Dritten Reiches hinauswirkte.

6. Biographien der Priester und Ordensgeistlichen aus dem Bistum Münster

Die in diesem Teil der Arbeit vorgelegten Biographien unterscheiden sich erheblich in der Länge der Darstellung, da die Überlieferung und die Quellen von Fall zu Fall differieren.

Abgesehen von den Biographien der heute noch lebenden Pfarrer Hermann Scheipers und Johannes Sonnenschein setzen die Lebensläufe jeweils nach der Priesterweihe ein. Nur in Einzelfällen, in denen die Quellen und die Überlieferung einen besseren Zugang ermöglichen, finden auch die Jugendjahre Berücksichtigung.

Die Biographien gliedern sich in drei Kategorien:

1. Die Biographien Hermann Scheipers und Johannes Sonnenschein stehen am Anfang, da es sich hier um noch lebende Zeitzeugen handelt. Aus Interviews mit den beiden Genannten konnten zahlreiche Informationen gewonnen werden. Diese beiden Biographien wurden vom Verfasser auf der Basis der Interviews erstellt und nachträglich von den Gesprächspartnern imprimiert.

2. Die darauf folgenden Biographien, alphabetisch angelegt, befassen sich sowohl mit den Geistlichen, die während der Lagerhaftzeit verstarben, als auch denjenigen, die das Konzentrationslager überlebten.

3. 1943 kam es zu einer Verhaftungsaktion in Lüdinghausen, der zwei Geistliche, ein Laienbruder und zwei Lehrer zum Opfer fielen. Dieser Vorgang wird im Zusammenhang unter Anfügung der betreffenden Biographien dargestellt.

Alle autobiographischen Aufzeichnungen, Berichte usw. werden einschließlich ihrer sprachlichen Besonderheiten unverändert zitiert.

Hermann Scheipers

Nummer 24255

Hermann Scheipers wird als eines von fünf Kindern eines Beamten am 24. Juli 1913 in Ochtrup in Westfalen geboren. Nach dem Besuch des Gymnasiums Dionysianum in Rheine nimmt er das Studium der Theologie an der Universität in Münster auf. Nach Abschluß seiner Studien geht er in die Diaspora, wird am 1. 8. 1937 in Bautzen, dem damaligen Sitz des Bistums Dresden-Meißen, geweiht und findet seine erste Anstellung am 15. 8. 1937 als Kaplan in Hubertusburg bei Leipzig, das zur Pfarrei Oschatz gehört. Hier wird er verhaftet. Nach dem Kriege ist er zunächst in Gronau tätig. Danach kehrt er in das Gebiet der damaligen DDR zurück, wo er zunächst als Kaplan, ab 1957 als Pfarrer eingesetzt wird. Nachdem er 1973 zum Ehrendomkapitular des Kathedralkapitels St. Petri in Bautzen ernannt worden ist, siedelt er 1983 nach Westfalen um und lebt seit Februar 1990 in seiner Heimatstadt Ochtrup. Er berichtet über die Erlebnisse in dieser Zeit[1]:

Konflikte

Ich muß vorausschicken, daß ich nach meiner eigenen Meinung die herrschenden Nationalsozialisten nicht in besonderer Weise herausgefordert habe. Sicherlich war ich kein Held, und viele haben sich deutlicher gegen den NS-Staat gestellt als ich.

Dennoch wurde ich schon früh verhaltensauffällig. Mein Pfarrer hatte die Quickborner, eine katholische, der Jugendbewegung verbundene Organisation, zu einem Treffen in Hubertusburg eingeladen, vergaß jedoch den Termin und befand sich auf Reisen. So sah ich mich plötzlich zahlreichen jugendlichen Besuchern gegenüber. Ich brachte sie dann im Pfarrhaus und an anderen Stellen unter und betreute ihr Treffen. Als der Verein kurz danach verboten wurde, ermittelte sofort die Gestapo. So wurde ich zum ersten Male aktenkundig.

Danach stand ich unter ständiger Beobachtung. Man hatte einen 15jährigen HJ-Jungen auf mich angesetzt. Dieser meldete sich bei mir und gab an, er wolle katho-

---

[1] Der Text basiert im wesentlichen auf einem Interview mit Pfarrer Hermann Scheipers, Ochtrup, vom 22. und 23. Februar 1990, zu dem sich Pfarrer Scheipers dankenswerterweise zur Verfügung gestellt hat, sowie der Auswertung seiner Flugschrift: Meine Erlebnisse im KZ Dachau, o.O., o.J., in: BAM, Sammlung NS-Verfolgte (im weiteren: BAM, Slg. NS-Verf.), Akte Hermann Scheipers sowie Interview mit Pfarrer Hermann Scheipers in: BAM, Tonbandaufzeichnung.

lisch werden. Auf meine Frage, warum er diesen Wunsch hege, konnte er mir in keiner Weise eine Antwort geben. Da mir dies sehr verdächtig erschien, machte ich ihn darauf aufmerksam, daß dieser Beitritt nicht so einfach sei. Er müsse die katholische Kirche zuerst richtig kennenlernen und am Leben der Gemeinde teilnehmen. Zusätzlich habe ich ihn zu dem wöchentlich stattfindenden Jugendabend eingeladen, obwohl mir dies ein wenig gefährlich erschien, da an diesen Abenden auch Themen besprochen wurden, die dem nationalsozialistischen System nicht genehm sein konnten.

Der arme Junge mußte daraufhin jeden Sonntag an der Messe teilnehmen. Er nutzte diese Gelegenheit, um Teile meiner Predigten zu notieren. Das einzige, das mir nach meiner Verhaftung aus diesen Mitschriften vorgehalten wurde, war eine Äußerung vom Christkönigtag. Damals hatte ich gepredigt: Die Reiche dieser Welt werden eines Tages untergehen, nur das Reich Christi wird ewig währen. Dieser Predigttext zeige, daß ich ein fanatischer Anhänger des Christentums sei, wurde mir bei der Vernehmung vorgehalten.

Zu Beginn des Krieges wurde mein Wagen von der Kreispolizeibehörde beschlagnahmt. Als ich gegen diese Maßnahme Beschwerde einlegte, da ich zahlreiche kleine und kleinste Gemeinden in meiner Diaspora-Pfarrei Hubertusburg zu betreuen hatte, wurde dieser Einspruch mit einer Begründung abgelehnt, die klar erkennen ließ, worum es in Wirklichkeit ging: „Der Beschwerdeführer nutzt das Fahrzeug, um eine dem Nationalsozialismus widersprechende Weltanschauung zu verbreiten." Man wollte auf diese Weise die seelsorgerische Arbeit so gut es ging behindern.

Zu diesem Zeitpunkt war mir längst klar geworden, daß irgend jemand mich aus dem Wege schaffen wollte. Dabei schien es so, daß ich entweder jemandem aus der Kreisverwaltung aufgefallen war, oder der Ortsgruppenleiter von Hubertusburg, meiner Einschätzung zufolge ein aus der Kirche ausgetretener ehemaliger Katholik aus Westfalen, mich zu beseitigen versuchte.

Den Anlaß für meine Verhaftung lieferte der Besuch eines Lagers für polnische Zwangsarbeiter in einem Nachbardorf. Im Kreis Oschatz – wie im gesamten Reich – waren nach Kriegsbeginn zahlreiche polnische Arbeiter in Lagern zusammengefaßt, die einige Zeit mit Deutschen gemeinsam die Messe feiern konnten. Im Jahre 1940 wurde per Erlaß verboten, daß Polen zu Messen mit Deutschen zugelassen wurden. Ich habe einige Zeit darüber nachgedacht, und fand heraus, daß kein Verbot existierte, für polnische Arbeiter allein die Meßfeier abzuhalten. So habe ich dort den Gottesdienst gefeiert und mir dabei, da ich des Polnischen nicht mächtig war, von einem polnischen Gefangenen das Evangelium übersetzen lassen.

Während des Besuches erschien ein Hilfspolizist, der das Lager kontrollierte, und überprüfte meine Papiere. Der Polizist hat daraufhin sofort den Ortsgruppenleiter informiert. So erschien wenige Tage später die Gestapo im Pfarrhaus von Hubertusburg, nahm mich in Haft und durchsuchte mein Zimmer. Nur einige persönliche Briefe fielen der Beschlagnahme anheim, weitere Materialien fand man nicht. Ohne Angabe von Gründen wurde ich nach Leipzig ins Polizeigefängnis gebracht. Wäsche mußte ich sofort mitnehmen, da ich nicht am selben Tag zurückkehren könne.

Im Polizeigefängnis

Bei meiner Einlieferung nannte mir ein Beamter den Haftgrund: „Besuch bei den Polen." Auf meinen Einwand hin, daß dies nicht verboten sei, sagte er nur, daß dies die Vernehmungen ergeben würden.

Nach meiner Auffassung war es nicht beabsichtigt, mich in ein Konzentrationslager einzuliefern, denn üblicherweise wurden die Häftlinge nach ca. 3 Wochen dorthin überstellt; ich aber verbrachte mehr als 6 Monate im Polizeigefängnis.

Zwei Umstände brachten mich dann doch in das KZ. Der Gestapo war es trotz entsprechender Versuche und Einschüchterungen nicht gelungen, mich in der Haft umzuerziehen. Dies wurde deutlich, als ich zum dritten Mal vernommen wurde und getestet werden sollte, ob ich bereit sei, meinen Priesterberuf aufzugeben. Dabei sagte der Gestapobeamte: „Ihr Beruf hat in unserer Zeit keine Zukunft mehr. Sie könnten besser als Offizier oder Ingenieur tätig sein. Und dann dieses Zölibat! So etwas kann ich nicht verstehen, oder können Sie mir das etwa erklären?" Ich antwortete ihm darauf: „Gerade Sie als SS-Mann müßten das verstehen! Wenn man sich einer Aufgabe ganz hingeben will, muß man frei sein von allen anderen Bindungen. Schauen Sie sich den Führer an, er gibt sich ganz dem Volk hin und ist auch nicht verheiratet!" Nach dieser Aussage brach der Gestapobeamte das Verhör ohne ein weiteres Wort ab.

Der zweite Umstand lag in der Haltung des Bürgermeisters und Ortsgruppenleiters. Diesen hatte man um eine Beurteilung gebeten, und er hatte erklärt, er könne es in keiner Weise verantworten, daß ich freigelassen und wieder in die Volksgemeinschaft aufgenommen würde.

Mein Schutzhaftbefehl wurde mir zynischerweise am Heiligen Abend überreicht. Er lautete: Scheipers gefährdet den Bestand und die Sicherheit des Deutschen Volkes, indem er in freundschaftlicher Weise mit Angehörigen feindlichen Volkstums verkehrt. Weitere Vergehen, die an den Haaren herbeigezogen oder einfach erfunden waren, kamen hinzu, so das Abhören feindlicher Sender, obwohl ich gar kein Radio besaß. Des weiteren sollte ich staatsabträgliche Äußerungen gemacht haben.

Ende März 1941 ging mein Transport nach Dachau ab. Es war schon ein merkwürdiges Gefühl, von Polizei und Hunden bewacht, mit Stahlfesseln aneinandergekettet, unter den Blicken der Reisenden über den Bahnsteig zu dem vergitterten Eisenbahnwaggon geführt zu werden. Der Transport ging zuerst nach Waldheim, um aus dem dortigen Zuchthaus Kriminelle aufzunehmen, dann nach Plauen. Hier machten uns wohlgesinnte Beamte das Angebot, uns eine Woche dort zu halten. Wir hatten aber das Gefühl, diese Reise hinter uns bringen zu müssen, und lehnten das Angebot ab. Die weiteren Stationen des Transportes waren Hof, Nürnberg und der Bahnhof Dachau, auf dem ich am 28. März 1941 eintraf.

Die Aufnahme in Dachau

Am Bahnhof Dachau wurden wir Gefangenen auf Lastwagen getrieben, dann zum Eingangsbereich des Lagers gefahren. Dort mußten wir unter Schlägen und Fußtritten aussteigen.

Der Lagerkommandant hielt eine Ansprache, in der er betonte, wir Gefangenen seien vom deutschen Volke ausgestoßen und damit ehrlos, wehrlos und rechtlos. Im weiteren Verlauf seiner Rede gab er noch einige Hinweise zum Lagerleben und klärte uns über das Strafsystem auf.

Daraufhin wurden wir einigen einfachen SS-Leuten überlassen und wiederum unter Schlägen und Fußtritten verspottet und ausgefragt. Neben mir stand ein polnischer Pfarrer aus Posen, der ziemlich beleibt war. So hieß es gleich: „Schaut euch den vollgefressenen Pfaffen an!" Darauf bekam er sofort einen Tritt in den Bauch. Ich bemerkte schnell, daß die Frage, warum man im Lager sei, zackig beantwortet werden mußte, sonst wurden sofort Ohrfeigen verteilt. Daher mußte ich zusammenfassen, da in meinem Schutzhaftbefehl fast ein halber Roman stand. Ich kürzte daher folgendermaßen ab: „Freundschaftlicher Umgang mit Polen". Der SS-Mann fragte hämisch: „Wie alt war denn das Mädchen?" Mir war natürlich nicht zum Lachen, und ich sagte, daß es keine Mädchen waren, sondern Männer. Er wollte sofort wissen, wie alt die Männer gewesen seien. Er wußte nichts mit mir anzufangen, denn ich hatte meine Priesterkleidung hochgeschlagen und mit dem Lodenmantel, den ich trug, zugedeckt. Zudem wurde er gleich von einem zweiten SS-Mann abgelenkt, der ihn auf einen anderen Häftling hinwies. Somit geriet ich glücklich ohne Fußtritte und Ohrfeigen ins Konzentrationslager.

Als Priester in Dachau

Neben dieser Eingangszeremonie existierten im Lager noch zahlreiche andere Schikanen. Ich habe aber schon damals das Gefühl gehabt, daß ich behütet und beschützt sei. So habe ich außer einigen Fußtritten keine körperlichen Strafen zu erleiden gehabt.

Zudem kam mir meine Jugend zugute, die die Strapazen erträglicher machte. Durch die Fahrten, die mich als Mitglied der Jugendbewegung mit dem Fahrrad und dem Zelt durch ganz Europa bei Wind und Wetter geführt hatten, war ich abgehärteter als viele andere, die besonders unter dem Dachauer Klima zu leiden hatten. Vor allen Dingen in den Morgenstunden herrschte im Dachauer Moor eine feuchte und kalte Witterung.

Alle Juden – weil sie Juden waren – und alle Priester – weil sie Priester waren – wurden zunächst der Strafkompanie zugeteilt, einem gesonderten, besonders gefürchteten Kommando, in dem stets die schwersten Arbeiten, und diese nur im Laufschritt, verrichtet werden mußten. Viele Häftlinge haben diese Arbeit nicht überlebt. Ich wurde also einem Haufen von ca. 20 Häftlingen zugeteilt, die etwas abseits standen. Dort versuchte ein Jesuitenpater, sich uns trotz Verbots zu nähern. Er fragte mich: „Bist Du Priester?" – „Ja." „Willst Du beichten?" Ich sah keine Notwendigkeit zur Beichte und fragte ihn daher, warum dies gerade jetzt sinnvoll sein solle. Er antwortete, daß ich in die Strafkompanie käme und daher mit meinem Tod zu rechnen habe.

Glücklicherweise erschien kurz darauf ein Kurier mit der Meldung, daß die ‚Pfaffen' diese Gruppe verlassen müßten. So kam ich auf einen Block mit polnischen Priestern, auf dem sich erst vier Deutsche befanden.

Ich fühlte mich zunächst wie befreit, als ich die ersten Tage im Lager war. In meiner Zelle in Leipzig, in der ich über ein halbes Jahr gesessen hatte, hatte ich durch das vergitterte Fenster nur ein kleines Stück vom Himmel sehen können. Hier in Dachau konnte ich mich ein wenig bewegen, alles grünte, ich hörte die Vögel singen und konnte mit meinen Mitbrüdern sprechen.

Hinzu kam, daß es der katholischen Kirche zur selben Zeit gelungen war, Vergünstigungen für alle Priester durchzusetzen. So wurden wir in Dachau zusammengefaßt und bekamen eigene, abgetrennte Blocks. In einem dieser Blocks wurde eine Kapelle eingerichtet, so daß wir täglich die Heilige Messe feiern konnten. Zudem konnten wir uns auch geistig beschäftigen, nachdem uns Breviere zur Verfügung gestellt wurden. Die damit einhergehende Freistellung von den üblichen Arbeitskommandos hat die Gesundheit und das Leben vieler Priester gerettet. Dadurch fiel zwar die Ernährung knapper aus, ausgeglichen wurde dieses Manko aber durch Kakao und Wein, die wir täglich bekamen. Die Art der Zuteilung entsprach ganz dem schikanösen Charakter der SS: Der Wein mußte auf Befehl und in einem Zuge getrunken werden.

So lebten für nur kurze Zeit die Angehörigen aller Priesternationen gemeinsam in relativer Sicherheit, doch schon bald begannen die Schikanen gegen die polnischen Priester. Als erstes bekamen sie eigene Baracken zugewiesen und durften die Kapelle nicht mehr besuchen. In einem nächsten Schritt wurde für sie die Arbeitsbefreiung aufgehoben. Sie wurden ausschließlich zu den härtesten und gefährlichsten Aufgaben herangezogen.

So kam ich auf Block 26, da Block 28 jetzt den polnischen Priestern reserviert war. In meiner neuen Stube waren außer deutschen Priestern noch Tschechen, Luxemburger und Franzosen isoliert. Auch für uns wurde die Arbeitsbefreiung schon früh durchbrochen. Offiziell wurden wir nicht zu Arbeitskommandos eingesetzt, doch es blieb innerhalb des Lagers genug für uns zu tun. Dazu gehörten das Schneeschaufeln und diverse Reinigungsarbeiten, aber vor allen Dingen das tägliche Essentragen. Von der Küche mußte die tägliche Suppe in bleiernen, ca. 50 Liter fassenden Kübeln zu den einzelnen Blocks getragen werden. Hierzu waren die ‚Pfaffen' gut genug. Wir mußten diese heißen Behälter im Laufschritt, unter Schikanen und Prügeln, transportieren. Fiel dabei ein Kessel um, wurden die Träger mit Essensentzug bestraft. Ich selber habe aufgrund meiner Jugend diese Arbeit gut überstanden, aber viele meiner Mitbrüder sind beim Essentragen zusammengebrochen.

Ab dem Winter 41/42 wurden nach und nach alle Priester in Arbeitskommandos eingesetzt. Ca. 90 % von ihnen fanden eine Aufgabe in der Heilkräuter-Plantage. Diese – ein Lieblingsprojekt Himmlers – sollte die reichsdeutsche Autarkie auf dem Gebiete der Gewürzversorgung sicherstellen. Diese Tätigkeit – als leichte Gartenarbeit eingestuft – war allgemein gefürchtet, da im Sommer die Arbeitszeit vom Morgengrauen bis zum Einbruch der Dunkelheit dauerte und die Gefangenen schutzlos der rauhen Witterung ausgeliefert waren. Zudem gab es in diesem Arbeitskommando keine Brotzeit, ein auf der Arbeitsstelle verabreichtes zusätzliches Essen, das den nährreichsten Teil der Häftlingsernährung ausmachte. Erschwerend kam hinzu, daß die Nahrungsmittelversorgung in Dachau im Jahre 1942 fast zusammenbrach. Die Folge war eine Hungerkatastrophe, der allein 730 Priester zum Opfer fielen.

Im Invalidenblock

Nachdem ich zunächst relativ wenig gesundheitliche Probleme hatte, gingen die Folgen der Hungersnot auch an mir nicht spurlos vorüber. So war es nicht verwunderlich, daß ich im Juli 42 bei einem Zählappell aufgrund eines Schwächeanfalls zusammenbrach. Ich wurde in das Krankenrevier getragen, die Diagnose lautete: allgemeine Körperschwäche. Das war mein Verderben. Schon am nächsten Morgen stand ich auf der Invalidenliste, da ich angeblich nicht mehr arbeitsfähig sei. In Wirklichkeit fühlte ich mich körperlich schon wieder sehr gut.

Ich kam auf den Invalidenblock, auf dem die Gefangenen zusammengefaßt wurden, die demnächst nach Hartheim bei Linz zur Vergasung geschickt werden sollten. Auf diesem Block blieben die Häftlinge im Durchschnitt etwa 4 Wochen, ich habe dort 6 Wochen zugebracht. Dies war die schwerste Zeit meiner gesamten Haft.

Vor dem Vergasungstod bin ich gerettet worden. Um dieses Phänomen erklären zu können, muß ich zunächst vom Besuch meines Bruders in Dachau berichten.

Im Mai desselben Jahres war dieser – als Soldat von der Front kommend – in Dachau vorstellig geworden, um eine Gesprächserlaubnis zu erhalten. Diese wurde ihm nicht erteilt. Aus meinen durch die Zensurstelle gehenden Briefen wußte er, daß ich im Freien arbeitete. So hatte ich z. B. geschrieben, daß ich mich viel an der Sonne aufhalte. Daher hatte er auf dem Rückweg die Plantage, die nur durch Maschendraht eingezäunt war, inspiziert. Von einer für die Posten schlecht einsehbaren Stelle aus hatte er dann einen Häftling in Zebrakleidung angesprochen. Die Wahrscheinlichkeit, einen deutschsprachigen Häftling, der mich auch noch kannte, zu treffen, war relativ gering. Doch derjenige, den er ansprach, war mit mir befreundet. Dieser suchte mich und ich ging dann, mit Schubkarre und Schaufel bewaffnet und damit Arbeit vortäuschend, dorthin.

Als ich meinen Bruder in Luftwaffenuniform vor mir stehen sah, konnte ich zunächst vor Angst und Aufregung nicht sprechen. Wir haben uns dann für den nächsten Morgen um 10 Uhr an der gleichen, durch ein Gebüsch geschützten Stelle verabredet. Am Abend schrieb ich einen Brief, den habe ich am Morgen um einen Stein gewickelt und zu meinem Bruder über den Zaun geworfen. Darin habe ich zunächst meine Situation geschildert mit der Bemerkung, daß zur Zeit keine akute Lebensbedrohung für mich gegeben sei. Sollte sich dies ändern, was jederzeit möglich sei, würde ich folgenden Satz nach Hause schreiben: „Hat meine Schwester Hedwig schon ihre Hochzeit gefeiert?"

Wenn ein solcher Brief ankäme, solle meine Zwillingsschwester mit einem Fahrrad, ziviler Kleidung, irgendwelchen Papieren und einer Kneifzange zu dieser Stelle kommen. Ich hatte vor, in einer solchen Notsituation zivile Kleidung anzuziehen und zu fliehen. Ob mir dies gelungen wäre, wird immer die Frage bleiben.

Als ich nun zum Invalidenblock zählte, war der Moment höchster Not gekommen. Daher schrieb ich den kodierten Satz, der der Zensur nicht auffallen konnte, nach Hause.

Meine Schwester kam sofort mit den notwendigen Utensilien und nahm über zwei befreundete Kapläne, die auf der Plantage arbeiteten, Kontakt zu mir auf. Doch jetzt fehlten die wichtigsten Voraussetzungen für den Fluchtplan: Ich konnte als Invalide nicht mehr zur Arbeit ausrücken. Zwar hätte es noch Möglichkeiten gegeben, illegal auf die Plantage zu gelangen, doch schon am nächsten Tag zeigte sich, daß eine Flucht unmöglich war. Genau gegenüber der Stelle, die ich ausgewählt hatte, wurde eine Flakstellung gebaut. Ich ließ meiner Schwester noch Grüße ausrichten und habe mich in mein Schicksal ergeben.

Meine Schwester ist jedoch nicht, wie ich erwartete, nach Hause zurückgefahren, sondern ist zunächst bei der Gestapo in Leipzig vorstellig geworden. Hier berief man sich darauf, überhaupt keine Akten mehr zu besitzen. Daher fuhr sie nach Berlin, um mit Bischof Wienken, dem Beauftragten der deutschen Bischöfe beim Reichssicherheitshauptamt, zu sprechen. Doch auch dieser sah keine Möglichkeit, ihr Hilfe leisten zu können.

So ließ sie in ihrer Verzweiflung meinen Vater nach Berlin kommen und wurde in seiner Begleitung direkt bei den kompetenten Stellen im Reichssicherheitshauptamt vorstellig. Dort stritt man zunächst alles ab, war aber peinlich berührt, als meine Schwester Namen von bereits vergasten Priestern nennen konnte. Schließlich sagte man ihr zu, daß mir nichts zustoßen werde. Als sie noch Garantien verlangte, wurde ihr erklärt, daß ich innerhalb der nächsten Tage einen Brief von meiner alten Lageradresse schreiben würde.[2]

Am 13. August 1942 riß ein Kurier der politischen Abteilung die Tür zur Invalidenbaracke auf und rief: „Die reichsdeutschen Pfaffen müssen hier raus!"[3] Mit Jubel wurden wir auf dem Priesterblock empfangen. Schon lange hatte keiner mehr gewagt, sich krank zu melden; selbst mit hohem Fieber ging man lieber zur Arbeit, aus Furcht, auf dem Invalidenblock zu landen. Noch am selben Tage mußte ich einen Sonderbrief nach Hause schreiben.

Kurze Zeit später durften auch die Priester der anderen Nationen den Invalidenblock verlassen. Zwar sind noch zahlreiche Vergasungstransporte von Dachau abgegangen, Priester waren jedoch nicht mehr darunter. Dies ist zum großen Teil der Verdienst meiner Schwester, sie hat wahrscheinlich hunderten von Priestern das Leben gerettet.

Wieder im Lager

So befand ich mich erneut im Priesterblock 26. Ich hatte es nicht eilig, einem neuen Arbeitskommando zugeteilt zu werden, da ich hoffte, mit der Zeit selber eine bessere Arbeitsstelle finden zu können. Damit gehörte ich zu den sogenannten

---

[2] Für diesen Einsatz wurde sie vom Bischof von Münster später mit dem Orden ‚Pro ecclesia et pontifice' ausgezeichnet.
[3] Lenz, Johann Maria: Christus in Dachau oder Christus der Sieger. Wien 1960, S. 151.

Uneingeteilten, die zu allerlei kleineren Arbeiten im Lager herangezogen wurden. Die Risiken einer solchen Einteilung hatte ich aber unterschätzt!

Mit einigen anderen wurde ich eines Tages ins Krankenrevier geholt und kam auf die Versuchsstation für Luftwaffenversuche. Diese Station – die mir bis zu diesem Tag völlig unbekannt war – bildete eine spezielle Abteilung innerhalb des Krankenbaus. Wir Häftlinge bekamen zunächst eine richtige Mahlzeit mit Milch, Eiern, Butter und vielen anderen Dingen, die wir seit Jahren nicht gesehen hatten. Auf die Frage, warum wir so gemästet würden, sagte der Capo nur, daß wir zu Versuchszwecken in dieser Abteilung seien. Wir sollten augenscheinlich wieder eine normale Figur bekommen, da unsere ausgemergelten Körper nicht belastbar waren.

Als die Liste der vorgesehenen Gefangenen zusammengestellt wurde, bemerkte der Capo, daß ich Priester war. Er meldete dies am nächsten Morgen einem Offizier der Luftwaffe, der von außerhalb kam und die Versuchsstation kontrollierte. Dieser ließ mich zu sich kommen und unterzog mich einem kurzen Verhör, wobei er mir nicht in die Augen sehen konnte. Abschließend befahl er dem Capo: „Ab! Kommt nicht in Frage!"

Als ich ging, flüsterte mir der Capo noch zu: „Trauern Sie nicht den Zulagen nach, Sie können froh sein, daß Sie hier raus kommen." So war mein Leben erneut gerettet.

Im Frühjahr 1943 erkrankte ich, bedingt durch die katastrophalen hygienischen Verhältnisse, wie viele meiner Mitgefangenen an Typhus. Ich bin überzeugt, die SS hätte uns sterben lassen, wenn nicht die Gefahr bestanden hätte, daß die Seuche auf die SS übergriff. So mußte unsere Ernährung umgestellt werden. Es gab jetzt Reisbrei und Haferschleim. Das erschien uns zunächst wie ein Festessen, doch auch daran gewöhnt man sich allzu rasch. Ich habe die Krankheit gut überstanden, während viele meiner Kameraden daran gestorben sind.

Kurze Zeit später hatte ich ein sehr schönes Erlebnis. Ich pflegte den Inhalt meiner Pakete mit Häftlingen zu teilen, die keine Post empfangen durften. Zu diesen zählte ein 15jähriger russischer Junge, der mir eines Abends ein paar neue, gestohlene SS-Lederstiefel schenkte, um seine Dankbarkeit zu zeigen. Ich trug Holzpantinen, da nur Capos das Tragen von Schuhen erlaubt war. So mußte ich die Stiefel in eines meiner Pakete schmuggeln, um dann einen Schuhausweis zu erlangen, der mir das Schuhetragen gestattete. Diese Stiefel besitze ich noch heute.

Danach hatte ich das Glück, mit etwa 100 anderen Priestern in das Kommando SS-Besoldungsstelle berufen zu werden. Hier wurden die gesamten finanziellen Belange aller SS-Angehörigen abgewickelt. Meiner Schwester teilte ich verschlüsselt mit, wo ich nun eingesetzt sei, und es gelang ihr, mich dort aufzusuchen. Möglich wurde dies aber nur durch die Unterstützung eines aus dem katholischen Milieu stammenden SS-Mannes.

1944 verloren alle Priester ihre Stellung in der Besoldungsstelle. Ich fand erneut ein Arbeitskommando in der Plantage. Da die Ernte in diesem Jahr besonders reichlich ausgefallen war, reichten die Kapazitäten zum Trocknen der Kräuter nicht aus. So wurde der Firma Durach in München der Auftrag erteilt, die Trocknung zu übernehmen. Im Gegenzug verpflichtete sich die SS, Arbeitskräfte zu stellen. Zu diesen 12 Leuten, die jeden Tag nach München gefahren wurden, gehörte auch ich. Diese Firma stellte Sauerkraut und Trockengemüse für Wehrmachtszwecke her, eine Tatsache, die uns Häftlingen nach langer Zeit wieder einmal einen vollen Bauch garantierte.

Schon in den ersten Tagen versuchte ich, meiner Familie einen Brief zukommen zu lassen, was mir durch die Mithilfe eines holländischen Zwangsarbeiters auch gelang. Meine Aufgabe war es, mit einem anderen Häftling zusammen im Keller Kohlen zu schaufeln. Geleitet wurde diese Abteilung von einem älteren Heizer, dessen Frau, die stets ein Kopftuch trug, ihm jeden Morgen das Frühstück brachte. Sie versorgte auch uns mit belegten Broten und mit gesüßtem Kaffee aus Porzellantassen. So habe ich zum ersten Mal seit vier Jahren nicht aus einer Blechtasse getrunken.

Einige Tage später brachte erneut eine Frau mit Kopftuch das Frühstück, doch verbarg sich darunter meine Schwester. Dieser Augenblick ist mir immer ein unvergeßliches Erlebnis geblieben. Wir haben uns noch einige Male sehen können, bevor das Kommando beendet war.

Eine Fleckfieberepidemie erfaßte im Frühjahr 1945 das Lager Dachau. Auch ich mußte für kurze Zeit in einen der Isolierblocks, doch wurde ich schnell wieder in das normale Lagerleben überstellt. Diese abgetrennten Blocks waren das Scheußlichste, das man sich vorstellen konnte. In jedem Bett lagen aus Platzgründen mehrere Häftlinge, und überall wimmelte es von Läusen. Da die Pfleger aus den Krankenrevieren sich weigerten, hier zu arbeiten, meldeten sich zahlreiche Priester, um sich der Kranken anzunehmen. Von diesen sind noch viele kurz vor der Befreiung selbst infiziert worden und an den Folgen des Fleckfiebers gestorben.

Im Februar und März des Jahres wurden ohne Angabe von Gründen über 100 Priester aus dem KZ Dachau entlassen, ich gehörte jedoch nicht zu den Glücklichen.

Die Flucht

Da diesen Entlassungen kein System zugrunde zu liegen schien, dachte ich in dieser Zeit erneut an Flucht. Dabei wirkte es sich vorteilhaft aus, daß es seit Mitte 44 keine gestreifte Häftlingskleidung mehr gab. Die Gefangenen erhielten Zivilkleidung, die an einigen Stellen zerschnitten war; auf diese Schnittstellen mußten farbige Kennzeichen genäht werden. Gegen Brot und Zigaretten gelang es mir, einen unzerschnittenen Anzug aus der Kleiderkammer zu besorgen, auf den ich die Kennzeichnung nähte.

In diesem Anzug kam ich auf den Evakuierungsmarsch. Am 26. 4. 1945 mußten wir morgens um 10 Uhr antreten und dann bis 22 Uhr auf dem Appellplatz stehen. Nachts marschierten wir aus, wohl um der Bevölkerung so wenig wie möglich Kenntnis von dem Marsch zu geben. Mein Plan fußte auf der Absicht, mich im Schutze der Dunkelheit seitwärts ins Gebüsch zu schlagen. Dies habe ich aber nicht gewagt. Jede Hundertschaft Häftlinge wurde von SS-Männern mit Maschinenpistolen bewacht, dazu kam jeweils ein Wachhund, vor diesem hatte ich panische Angst.

Als es am nächsten Morgen hell wurde, lagerten wir in einem kleinen Waldstück nahe der Würm. Wir konnten uns auf den Waldboden legen und schlafen. Ich ruhte zunächst ein wenig und wartete den Nachmittag ab, da ich annahm, daß die SS-Leute genau so müde sein müßten wie wir. Als ein Offizier die Postenkette kontrollierte, stellte ich fest, daß nur wenige Männer den Lagerplatz bewachten. In meiner Nähe schlief dann noch ein Posten ein, so bin ich zwischen zwei Wächtern hindurchgeschlüpft.[4] Ruhe fand ich in einer Bodensenke, wo ich als erstes die Lagerkennzeichnung entfernte, um als Zivilist zu gelten. Danach versuchte ich einen nahegelegenen Tannenwald zu erreichen. Kurz bevor ich dort ankam, wurde ich entdeckt. Dennoch lief ich weiter. Da der Tannenwald zu dicht war, folgte ich einem Waldweg, der von der Straße wegführte. In einer Biegung hätte ich fast einen spazierengehenden SS-Mann überholt. So versteckte ich mich in einem Gebüsch und hatte große Angst, daß die SS mit Hunden nach mir suchen würde. Man hätte mich mit Sicherheit sofort erschossen.

Mehrere Mitpriester haben mir später erzählt, was im weiteren Verlauf passierte. Der SS-Mann, der mich entdeckt hatte, ließ sofort den Hundeführer ausrufen. Als man diesen weckte, zitierte er nur den Götz von Berlichingen, und schlief weiter!

Ich wartete noch eine Weile, bin dann über ein Wehr auf die andere Seite der Würm gelangt und marschierte dann auf der Straße von München nach Starnberg – als Zivilist.

Als ich dort gegen Abend ankam, wimmelte die Stadt von Flüchtlingen, so daß ich in der Menge kaum auffallen konnte. Da ich hungrig und durstig war, sprach ich einen jungen Mann an, der aussah wie ein Theologiestudent, und fragte ihn nach dem Weg zum Pfarrhaus. Nach einigen Minuten des Gesprächs hatte ich so viel Vertrauen gefaßt, daß ich ihm erzählte, woher ich kam. Er riet mir dann vom Pfarrhaus ab, denn der Pfarrer sei 75 Jahre alt, und man wisse nicht, was er tun werde. Er brachte mich zu einem aus München stammenden Priester, der mich drei Tage bei sich versteckte. Dann marschierten die Amerikaner ein.

Ich mußte noch vier Wochen warten, bis sich die ersten Transportmöglichkeiten ergaben. Auf Kohlenzügen und mit einem geliehenen Fahrrad bin ich dann in meine westfälische Heimat zurückgekehrt.

---

[4] Dies wird bestätigt in: Stimmen von Dachau, Nr. 8, Frühjahr/Sommer 1967, S. 30, oder auch ebda., Rundbrief Nr. 9, Winter 1967/68, S. 52.

Johannes Sonnenschein

Nr. 30224

Johannes Sonnenschein[1] wird am 30. Mai 1912 als Sohn eines Konrektorehepaares in Bocholt in Westfalen geboren. Nach seiner Schulzeit studiert er an der Universität in Münster Theologie und wird am 19. Dezember 1936 zum Priester geweiht. Seine erste Aufgabe findet er als Kaplan in Brochterbeck, wo er sich sehr in der Jugendarbeit engagiert. Von dort wird er 1940 durch seinen Bischof an die St.-Josephs-Kirche in Ahlen versetzt. Nach seiner Entlassung aus dem Konzentrationslager kehrt Kaplan Sonnenschein nach Ahlen zurück. Bis zum Februar 1958 ist er als Kaplan in Emsdetten, Kalkar und in Münster tätig, bevor er zum Pfarrer der Kirche St. Nikomedes in Borghorst bestellt wird. Diese Stelle füllt er bis zum November 1970 aus, danach läßt er sich nach Dülmen-Merfeld in eine kleinere Gemeinde versetzen, wo er bis zu seiner Pensionierung Ende Oktober 1991 tätig ist. Heute lebt Johannes Sonnenschein in Ahaus.

Pfarrer Sonnenschein berichtet über sein Schicksal im nationalsozialistischen Deutschen Reich:

Konflikte

Meine Konflikte mit dem NS-Regime basierten meist auf der von mir geleisteten Jugendarbeit, die von der Partei als staatsgefährdend eingestuft wurde. Welche Rolle in diesen Auseinandersetzungen der Ortsgruppenleiter spielte bzw. ob dieser in die Vorgänge involviert war, läßt sich wegen der fehlenden Akten nicht mehr feststellen. Dieser wohnte jedenfalls in Brochterbeck, in dem Ort, in dem ich meine erste Stelle innehatte und aktenkundig wurde. Das erste Verfahren gegen mich wurde im Juni 1937 eingeleitet. Als Begründung der Anklage wurde ein Verstoß gegen die Verordnung vom 23. Juli 1935 angegeben, die besagte, daß sich die katholischen Jugendverbände nur noch religiös betätigen dürften und sich jeglichen öffentlichen Auftretens zu enthalten hätten. Hinzu kam der Vorwurf des Verstoßes gegen die Verordnung zum Schutz von Volk und Staat, der sogenannten Reichstagsbrandverordnung. Dieses Verfahren wurde jedoch vom ermittelnden Oberstaatsanwalt in Münster eingestellt.

---

[1] Grundlage dieses Textes ist ein Interview mit Pfarrer Johannes Sonnenschein, Dülmen-Merfeld, vom 5. und 7. Oktober 1989, zu dem sich Pfarrer Sonnenschein dankenswerterweise zur Verfügung gestellt hat. In: BAM, Tonbandaufzeichnung.

Mit gleicher Begründung wurde im Januar 1939 erneut gegen mich ermittelt. Mir wurde zur Last gelegt, nach der religiösen Unterweisung der Meßdiener mit diesen Gesellschaftsspiele durchgeführt zu haben. Im September 1939 wurde auch dieses Verfahren eingestellt. Dabei wurde auf den Gnadenerlaß des Führers vom 9. September 1939 verwiesen.

Die Verhaftung

Anfang Februar 1940 bekam ich an einem Tag zwei Briefe. Der eine enthielt den Einberufungsbefehl, der andere die Versetzung nach Ahlen. Ich bin sofort nach Münster gefahren, um mit Bischof von Galen und Generalvikar Meis zu besprechen, wie ich mich verhalten solle. Der Generalvikar erklärte, ich solle nach Ahlen gehen, da dort ein Kaplan für die Jugendarbeit fehle. Ich habe im Gespräch darauf hingewiesen, daß ich bereits zwei Verfahren wegen meiner Jugendarbeit hinter mir hatte, aber der Bischof meinte, einer müsse die Jugendarbeit leisten. Ich habe ihm dann gesagt, daß ich nach Ahlen gehen würde, wenn er es wünsche. Der Bischof hat dann über seine Verbindungen erreicht, daß meine Einberufung rückgängig gemacht wurde.

Mir war klar, daß ich aufgrund der Jugendarbeit auf der schwarzen Liste der Gestapo stand, und mir meine Akte nach Ahlen folgen würde. Dennoch ging für längere Zeit alles gut. Ich tat also meine Pflicht. Was die HJ in der Jugendarbeit verdrehte, wurde von mir am nächsten Abend richtiggestellt.

Den Anlaß für meine Verhaftung bot schließlich der gefälschte ‚Mölders-Brief', von dem ich zu dieser Zeit nicht wußte, daß er gefälscht war. Mein Pfarrer hatte diesen aus Münster mitgebracht, und wir beschlossen, daß er ihn den Mädchen, ich ihn den Jungen vorlesen sollte. Einer meiner Jungen hat – in guter Absicht – mehrere Abschriften des Briefes angefertigt und diese mit in die Berufsschule genommen. Das hat ein Lehrer gesehen und mich als Urheber bei der Gestapo angezeigt. Ich bin aber der Meinung, daß dies nur das auslösende Moment für meine Verhaftung war.

Nach der Messe am Sonntag, dem 9. März 1942, hatten mich einige Jungmänner, die beim Arbeitsdienst oder beim Militär waren, darauf angesprochen, daß sie noch bis zum nächsten Morgen frei hätten und daher gern abends mit mir Karten spielen würden. Selbstverständlich war ich für sie da. Als wir abends zusammensaßen, kam die Haushälterin und teilte mir mit, daß mich zwei Herren zu sprechen wünschten. Als ich hinausging, zeigten mir die beiden sofort ihre Gestapomarke. Dann durchsuchten sie meinen Schreibtisch, fanden aber nichts. Sie erklärten mir, ich sei verhaftet. Als ich dies den Jungen und meiner Haushälterin mitteilen wollte, schnitten sie mir das Wort ab. Mit dem Wagen brachten sie mich in das Polizeigefängnis in Ahlen.

Haft in Ahlen

Als wir im Gefängnis ankamen, wurden zunächst meine Personalien aufgenommen. Man nahm mir meine Uhr, meine Hosenträger und die Geldbörse ab, bevor ich in eine Art Garage, die normalerweise als Ausnüchterungszelle diente, gesperrt wurde.

So saß ich also im Gefängnis und dachte, daß dies eigentlich nicht schlecht sei, da ich in aller Ruhe Einkehrtage für die Jungen vorbereiten konnte. Ich habe dies wirklich so gesehen, da ich mit ernsten Konsequenzen nicht rechnete.

Am nächsten Morgen kamen die regulären Ahlener Polizeibeamten zum Dienst, die nun für mich zuständig waren. Sie waren mir ausgesprochen wohlgesonnen, denn zum Teil hatte ich ihre eigenen Söhne in meiner katholischen Jugend. Ich bat zunächst um Rasierzeug, das mir einer der Beamten brachte. Ein Junge aus meiner Jugend, dessen Familie schon sehr gelitten hatte, da der Vater Halbjude war, brachte mir jeden Morgen um 6.30 Uhr belegte Brote und eine Thermoskanne Kaffee. Anschließend besuchte er stellvertretend für mich die Heilige Messe. Mittags kam dann der Küster und brachte mir eine warme Mahlzeit. Ich war also in dieser Haftzeit ausgesprochen gut versorgt.

Wie ich nach dem Krieg erfuhr, haben die Mitglieder der Jugendgruppen jeden Montag für mich die Hl. Messe besucht und jeden Freitag den Kreuzweg gebetet. Daran kann man sehen, wie treu diese Jugend im Nationalsozialismus zur Kirche und zu ihrem Kaplan stand.

Im Gefängnis in Münster

Am Josefstag, dem 19. März, wurde ich von der Gestapo in Ahlen abgeholt und in das Polizeigefängnis hinter dem Rathaus in Münster gebracht. Der Leiter dieser Anstalt hat viel Gutes für die Gefangenen, insbesondere die Priester geleistet. Ich wurde mit anderen Gefangenen in eine Zelle im Keller gesperrt, in der ich u. a. den Kaplan Ammermann traf, der dort schon längere Zeit einsaß.

Am nächsten Morgen stellten wir fest, daß in der dreckigen Zelle über Nacht bei vielen Gefangenen Gesichtsrose ausgebrochen war. Daher wurde dieser Raum des Polizeigefängnisses geräumt. Die Erkrankten wurden in die Raphaelsklinik eingeliefert. Ich wurde in einen gesonderten Flügel des Gerichtsgefängnisses gebracht. Diesen Flügel leitete der Polizeibeamte Schwarz, der mir gegenüber sehr wohlwollend eingestellt war. Auch der Gerichtsinspekteur Wiesner muß hier aufgrund seiner positiven Einstellung und seiner Hilfen genannt werden. Er kam bereits am Tage meiner Überstellung schimpfend in meine Zelle, wiederholte dies mehrere Tage hintereinander, und sagte dann: „Mach Dir nichts draus! Ich muß mich so verhalten, um selbst nicht aufzufallen!" – und reichte mir eine zusätzliche Mahlzeit.

In der Gefängnisbücherei verschaffte er mir eine gute Stelle. Zunächst wurde er laut und schrie, ich hätte kein Recht, nur herumzulungern und nichts zu tun. Dann beauftragte er mich, die Bücher in den Zellen der Gefangenen zu kontrollieren, damit ich, wie er sagte, Gefangenenseelsorge betreiben könne. Nur wenn die Gestapo erscheine, müsse ich die Bücherkontrolle vortäuschen. So hatte ich eigentlich eine segensreiche Zeit als Seelsorger im Gerichtsgefängnis. Auf der anderen Seite hatte er mir die Aufgabe zugeteilt, schwierige Fälle in meine Zelle aufzunehmen, um diese Menschen vor Überreaktionen zu bewahren. Ich erinnere mich noch gut an einen Bauern, der schwarz Vieh verkauft hatte. Der wäre fast durchgedreht, da er den Verlust der Freiheit und die Trennung von der Familie nicht ertragen konnte. Da er aber tiefgläubiger Katholik war, konnte ich ihm über die schwierige Zeit hinweghelfen.

Zu Pfingsten wurde ich zurück in das Polizeigefängnis verlegt, nachdem man mir meinen Schutzhaftbefehl gezeigt hatte. Der Inhalt lautete: Er versucht mit allen Mitteln, die katholische Jugend dem nationalsozialistischen Staat fernzuhalten, und gefährdet damit die Sicherheit und den Bestand des Deutschen Reiches. Ich bin in der gesamten Haftzeit nicht vor Gericht gestellt worden, man hat mich nicht einmal verhört, erst recht nicht verurteilt.

Auf dem Transport

Inzwischen waren auch ein Gerlever Benediktinerpater und der Vikar Joseph Meyer aus Südlohn eingeliefert worden, der dann am nächsten Tag direkt mit nach Dachau gebracht wurde. In der Nacht brachte uns ein Polizeibeamter aus seinem Privatbesitz Lebensmittel für die Reise und konsekrierte Hl. Hostien, um die er den geistlichen Studienrat Uelentrup, Münster, gebeten hatte. So haben wir uns nachts gegenseitig die Heilige Kommunion gespendet. In der Kraft dieser Speise bin ich dann gefaßt auf den Transport gegangen. Mit einem Polizeiwagen wurden wir in der Frühe zum Münsterschen Bahnhof gebracht und in die Gefangenenwaggons gesperrt. Wir kamen in ein Abteil, in dem schon drei Gefangene saßen. Bei diesen handelte es sich nicht um politische Häftlinge. Es waren Straffällige, die zum Teil schon fünf bis sechs Jahre in Zuchthäusern abgesessen hatten. Sie fanden ziemlich schnell heraus, welchen Beruf ich ausübte.

Ich verbrachte die Zeit von Montag bis Freitag mit den Männern im gleichen Abteil. Dabei habe ich mit einem dieser Leute ein viertägiges Beichtgespräch geführt. Eine solch lange Unterredung habe ich zum Glück in meinem ganzen Leben nie wieder führen müssen. Nach Abschluß des Gesprächs sagte der Betreffende zu mir: „Wenn ich in 21 Jahren entlassen werde, bekommt die Caritas das erste Geld, das ich verdiene, als Dank für dieses Gespräch".

Auf dem Transport, der über Kassel, Frankfurt und Nürnberg ging, wurden wir abends in Übernachtungsstationen gebracht. Dabei wurden wir bei Ankunft des Zuges aneinandergekettet und mußten unter schwerer Bewachung die Nachtasyle aufsuchen. In Frankfurt wurden wir in einer beschlagnahmten Synagoge untergebracht, in der man Gitterboxen aufgestellt hatte, die wie Zookäfige aussahen. In Nürnberg verbrachten wir die Nacht in einer Turnhalle – später fanden darin die Nürnberger Kriegsverbrecherprozesse statt –, in der bei unserer Ankunft schon etwa 700 Gefangene eingepfercht waren. Die sanitären Einrichtungen bestanden aus einigen wenigen Eimern in der Nähe des Eingangs.

Auf dem Zugangsblock

Nach meiner Einlieferung in Dachau am 29. 5., die von den üblichen Schikanen begleitet war, wurde ich für 14 Tage auf den Zugangsblock überstellt. In dieser Zeit sollten die Gefangenen in das Lagerleben eingeführt werden. Dazu mußten zunächst die Dienstgrade der SS auswendig gelernt werden, danach wurde das Grüßen geübt. Jeder Gefangene mußte in einer Entfernung von drei Metern vor einem Aufseher die Mütze abnehmen, ihn danach mit dem Dienstgrad anreden, und wenn er drei Meter an ihm vorbeigegangen war, die Mütze wieder aufsetzen. Als nächstes wurden Marschlieder geübt, was besonders für ausländische Gefangene, wenn sie der deutschen Sprache nicht mächtig waren, Schwierigkeiten brachte. Dazu gehörten ‚Die blauen Dragoner' oder ‚Der Mensch lebt nur einmal und dann nicht mehr' (ein Lied, das für viele in Dachau zur bitteren Erfahrung wurde). Als wir die Lieder beherrschten, mußten wir stundenlang marschieren und singen.

Hinzu kamen weitere Schikanen wie Liegestützübungen ohne Ende. Die Gefangenen, die völlig erschöpft nicht mehr weiterkonnten, bekamen von den SS-Männern Tritte mit den Stiefeln versetzt. Da ich relativ jung war, habe ich dabei ganz gut mithalten können, während viele, die doppelt so alt waren wie ich, von den Wachmannschaften fertiggemacht wurden. Schmunzeln bereitete mir in diesen 14 Tagen nur der Blockälteste. Zwar schikanierte er die Gefangenen, doch sagte er auf der anderen Seite mit jedem fünften Satz: „Könnt Ihr mir noch geistlich folgen?"

Im Priesterblock

Nachdem ich diese Prozedur ganz gut überstanden hatte, wurde ich dem Priesterblock 26 zugewiesen. Ein großes Glück! Dort war eine Kapelle. Dort war Jesus Christus im Tabernakel immer zugegen. Dort war täglich Feier des Heiligen Meßopfers und der Heiligen Kommunion. Während die Blocks 28 und 30 die polnischen Priester beherbergten, nahm der Block 26 nur reichsdeutsche und 14 Tage später auch nichtpolnische Priester auf. Aufgrund unserer aller lateinischer Sprachkenntnisse konnten Unberufene unsere Gespräche nicht mithören und wir uns bei Gefahr schnell warnen, ohne aufzufallen. Diese ‚una vox' glich die ständig bestehende Nationalitätenproblematik glücklicherweise ein wenig aus.

Von seiten der SS wurde stets versucht, solche Blockälteste zu installieren, die als Kommunisten die Kirche verabscheuen. So war es auch zu dieser Zeit. Später leitete jedoch der idealistisch gesinnte Karl Frey den Priesterblock, der gut und gerecht war. Die Stube 4, der ich zugewiesen wurde, hatte einen lärmenden, aber gutmütigen Mann als ‚Ältesten', so daß es sich dort leben ließ. Auf diese Stube kam ich als 23. oder 24. Schutzhäftling, da sie zu dieser Zeit noch aufgefüllt wurde.

Bis zum Ende des Jahres 1942 mußte die Stube wie ein Heiligtum gepflegt werden. Der Boden durfte nur barfuß betreten werden, mit den Holzpantinen hatte man keinen Zutritt. Dennoch mußte dieser jeden Morgen mindestens eine Stunde gebohnert werden. Da kein Bohnerwachs zugeteilt wurde, mußte er erschachert werden. Man tauschte ihn gegen Teile des Essens, die man demjenigen gab, der das begehrte Mittel irgendwo organisiert hatte. Auch der Spind mußte jeden Tag mit Schmirgelpapier geputzt werden. Wir hatten in dieser Zeit Aluminiumschüsseln und -becher für die Mahlzeiten. Da dieses Metall leicht schwarz anläuft, stand fest, daß es täglich unter Beobachtung gesäubert werden mußte. Nach Abschluß dieser

Arbeiten kam ein SS-Mann zur Kontrolle. Es kam häufiger vor, daß sich z. B. am Griff des Bechers noch ein Tröpfchen Wasser befand. Fiel dies auf, wurde der Betroffene getreten und zusammengeschlagen. Die gleichen Folgen hatte es, wenn der SS-Mann meinte (egal, ob es stimmte!), der Spind sei nicht sauber.

Die zweite Schikane betraf den Bettenbau. Zunächst hatten wir noch weiße Laken und blauweiße Bezüge. Jeden Morgen mußten die mit Stroh gefüllten Bezüge geschüttelt werden. Hinterher aber sollten sie glatt sein wie ein Tisch. Die Kante des Bettuchs mußte dann mit dem Kopfkissen einen bestimmten Winkel bilden. Wenn alles etwas schräger war oder eine Falte entdeckt wurde, hatte der Gefangene mit Strafen zu rechnen. Darüber hinaus mußten die Bezüge und Kopfkissen aller auf einer Ebene befindlichen Betten eine Linie bilden. Hinzu kam, daß unter den Betten kein Stäubchen zu finden sein durfte. Dieses ganze System war meiner Ansicht nach schikanös und idiotisch.

Das Hungerjahr 1942

Schuld an der Hungerkatastrophe des Jahres 1942 und dem daraus resultierenden Massensterben waren einerseits der lange Winter 1941/42, durch den ein Teil der Steckrübenernte erfror, andererseits die von der Verwaltung nicht erwartete Menge an neuen Gefangenen, für die Vorräte fehlten. Die SS war wohl in der Lage, die Inhaftierten mit Zigaretten zu versorgen, eine Kriegsbeute, die von ihnen gekauft werden mußte. Als weitere Sonderlieferung wurden mal eingelegte rote Rüben und Muscheln verkauft. Ansonsten lag die Versorgung unter dem Existenzminimum.

Da dem Körper fast alle Grundstoffe fehlten, konnten wir zeitweise nicht mehr richtig denken. Ich erinnere mich, daß ich einmal mit zwei weiteren Priestern einen Rosenkranz beten wollte – wir hatten den Text vergessen! Auch die Namen meiner Geschwister waren mir zwischenzeitlich entfallen. Das einzige, was ich in dieser Zeit noch häufiger gebetet habe, war: „Lieber Gott, laß mich bald sterben."

In diesem Jahr war der Tod unser ständiger Begleiter. Wenn wir morgens aufwachten, fanden wir Tote in der Stube, und wenn wir abends von der Arbeit zurückkamen, brachten wir Tote mit. Alle Gefangenen waren ständig vom Tod bedroht. Ich konnte dies nur mit Gottes Hilfe ertragen. Ich konnte jeden Morgen kommunizieren, und nur so habe ich dieses Elend ertragen können. Ich hatte das Gefühl, daß Gott immer bei mir ist, auch in der Gefangenschaft. Dafür mußte ich jedoch zuerst lernen, mich Gott ganz auszuliefern. Das ist mir in Dachau gelungen. Nur eine Bitte hatte ich, da ich leicht melancholisch zu werden drohe: Lieber Gott, mache mit mir, was Du willst, aber laß mich nie mutlos oder trostlos werden. Dies wurde mir wundervoll erfüllt, so daß ich auch vielen anderen Freude am Leben geben konnte. Ich fühle mich noch heute als Gottes Werkzeug und bin der Ansicht, daß die Inhaftierung vieler Geistlicher ein Teil der göttlichen Vorsehung für das gesamte Lager gewesen ist. Dennoch sind auch in Dachau Geistliche an der Lagersituation zerbrochen. Sie sind halt auch nur Menschen.

Pakete

Den Gefangenen war es erlaubt, alle 14 Tage einen Brief nach Hause zu schreiben und einen Brief von dort zu empfangen. Es war aber verboten, etwas über das Lager bzw. über die eigene Situation zu schreiben. Daher wurde die Post zensiert. Um diese Zensur zu umgehen, habe ich von vornherein verschlüsselt geschrieben. So bezeichnete ich mit ‚Tante Sissi' die SS, mit ‚Josef' meinen Chef und mit ‚Jö' meinen Bruder. Wenn ich also von ‚Jö's älterem Bruder an der Front' schrieb, meinte ich mich selbst in Dachau.

Da ich in diesem Hungerjahr daran dachte, daß meine Familie zuhause wenigstens wissen sollte, woran ich sterbe, schrieb ich in einem Brief nach Hause: ‚Viele Grüße an alle, insbesondere Familie Fames, der ich innigst verbunden bin.' Mein Pfarrer wußte sofort, daß ‚Fames' das lateinische Wort für Hunger ist. Daraufhin hat meine Mutter mir ein Päckchen von einem halben Pfund Gewicht geschickt, obwohl es verboten war.

Als ich eines Tages von der Arbeit zur Mittagspause kam, hieß es: ‚30–2–2–4 zur Vernehmung'. Dies bedeutete in der Regel eine Strafe, z. B. 25 Schläge mit dem Ochsenziemer. Ich war also auf alles gefaßt. Ich stellte mich in die Schlange, die sich später in Straf- und Postvernehmung teilte. Ich kam glücklicherweise als ca. Zwanzigster in die Baracke der Postvernehmung.

Vor mir ging es etwa so zu: ‚Nummer XY, Telegramm, Bottrop, Hochstraße 24, Bombentreffer, Haus abgebrannt, alle tot. Wegtreten!' oder ‚Nr. XY, Vater in Rußland gefallen. Wegtreten!' Ich machte mir ebenfalls Sorgen, denn ich hatte drei Brüder an der Front. Dann war ich an der Reihe: ‚Was hast Du mit Bocholt zu tun?' – ‚Dort wohnt meine Mutter!' – ‚Wie kommt sie dazu, Dir Pakete zu schicken?' – ‚Ich weiß es nicht!' – ‚Schreib ihr umgehend einen Brief, daß es verboten ist, Schutzhäftlingen Pakete zu schicken!' Den Paketinhalt bekam ich. Darin befand sich ein kleines Stück Schinken, zehn Stück Würfelzucker und ein bißchen Knäckebrot. Nicht einmal an Weihnachten habe ich mich jemals so gefreut wie in diesem Augenblick. Als ich zurück in die Baracke kam, war die Mittagspause längst vorbei. So aß ich allein ein kleines Stückchen Schinken. Ich habe dann den Brief an meine Mutter geschrieben: ‚Ich habe alles bekommen, bedanke mich für das Paket. Du weißt doch, daß es verboten ist, den Häftlingen Pakete zu schicken. Sende demnächst diese Sachen an Jö's älteren Bruder, der es dringend braucht. Er muß ständig Hunger leiden.' Der Brief wurde abgeschickt, 14 Tage später war das nächste Paket da. Ich bekam erneut den Paketinhalt ausgehändigt und mußte wieder einen Brief schreiben.

Im Oktober 1942 endete dieses Jahr des Hungersterbens, da eine allgemeine Erlaubnis zum Empfang von Paketen erteilt wurde. Es dauerte aber noch etwa bis Weihnachten, bis diese Tatsache sich so durchgesetzt hatte, daß viele Priester Pakete mit Nahrungsmitteln erhielten. Dabei haben die Münsteraner Priester besonders viele und inhaltsreiche Pakete erhalten; ein Faktum, das im wesentlichen darauf zurückzuführen ist, daß wir fast alle in rein katholischen Gemeinden tätig waren. Wir haben viel vom Paketinhalt an Mitgefangene verteilt. Ein Großteil unseres Brotes ging in das Krankenrevier, um dort die Versorgung zu verbessern. Auch die

Brief von Johannes Sonnenschein aus Dachau, in dem er auf den Hunger im Lager hinweist.

polnischen Geistlichen wurden von uns unterstützt, da sie keine Erlaubnis zum Paketempfang hatten. Hinzu kamen die vielen Hungrigen, die an der Umzäunung unserer Baracke auf Hilfe warteten.

Doch nicht nur durch Lebensmittel konnten wir den Mitgefangenen helfen. Der Pfarrer von Dachau hatte die Erlaubnis, uns mit Hostien zu versorgen. So konnten wir vielen katholischen Laien die Hl. Kommunion austeilen, obwohl dies streng bestraft wurde. Daher mußten wir sehr vorsichtig sein, da es unter den Gefangenen viele Spitzel der SS gab. Diese gaben sich besonders gläubig und verrieten hinterher die Priester. Auch in der Seelsorge konnten wir viel tun. So sind auf der großen Lagerstraße von Dachau Tausende von Beichten gehört worden. Ich habe diese gern die ‚Straße der Versöhnung' genannt, weil meiner Meinung nach auf keiner anderen Straße der Welt so viele Menschen mit Christus versöhnt worden sind. Durch diesen neuen ‚Reichtum' besserte sich natürlich auch unser soziales Ansehen innerhalb der Häftlingshierarchie, so daß wir nun Zugang zu besseren Arbeitskommandos bekamen.

Einschränkend muß ich sagen, daß nicht alle Priester sich vom Inhalt ihrer Pakete trennten. Es hat auch Geistliche gegeben, die nicht bereit waren, zu teilen.

Im Krankenrevier

Im Jahr 1943 nahm die Zahl der Inhaftierten erneut drastisch zu, und die Enge in den Stuben wurde immer erdrückender. Im November des Jahres bin ich aus dem obersten der dreistöckigen Betten gefallen. Pfarrer Josef Helmus, damaliger Assistent des Stubenältesten, hat mich aufgehoben und mich im Wohnraum provisorisch versorgt. Frühmorgens hat er mich in das Krankenrevier gebracht. Das verringerte die Gefahr für mich, da um diese Zeit noch kein SS-Mann Dienst hatte. Dort behandelte mich ein polnischer Arzt und gipste meinen gebrochenen Arm ein, so daß ich bereits in einem Bett lag, bevor die SS-Ärzte kamen. Dort habe ich dann vom Fest der heiligen Elisabeth, dem 19. 11. 1943, bis zum 20. März 1944 gelegen. Wir lagen zu acht auf einem Zimmer, ich war der einzige Deutsche und der einzige Priester. Die anderen Patienten waren Polen, Russen, Bulgaren und Franzosen. Auch in dieser Zeit konnte ich täglich kommunizieren, da mir ein Mitbruder einmal in der Woche konsekrierte Hostien brachte.

Im Revier habe ich sehr viele Pakete erhalten, deren Inhalt ich mit den Zimmergenossen teilte. Einige Sachen habe ich aber in einem Rot-Kreuz-Paket gehortet. In der Adventszeit habe ich dann versucht, möglichst viele weihnachtliche Vokabeln aus den einzelnen Sprachen zu lernen. Aus gestohlenem Verbandsmaterial hat einer der russischen Patienten Weihnachtsteller gebastelt, die ich am Heiligen Abend mit Plätzchen und ähnlichen Dingen füllte. So gut es ging, erzählte ich in jeder Sprache das Weihnachtsevangelium, und verteilte dann an jeden einen Teller. Später haben wir Weihnachtslieder in allen Sprachen gesungen. Dies war eines meiner schönsten Weihnachtsfeste.

Arbeitskommandos

Die erste Arbeitsstelle bekam ich nach der Überstellung auf den Priesterblock zugeteilt. Ich sollte in unserer Stube die Fenster putzen. Ich habe mich dort so verhalten wie die meisten Gefangenen. Man mußte ständig Arbeit vortäuschen, durfte aber auf keinen Fall produktiv sein. Dies gewährleistete vor allen Dingen der sogenannte ‚Dachauer Blick'. Wichtig war es, die Augen ständig in Bewegung zu halten, damit man immer sah, wann von seiten der SS Gefahr drohte. Das hieß letztlich, je mehr man die Augen arbeiten ließ, desto weniger mußte der Körper leisten, und desto mehr Kräfte wurden gespart. Dementsprechend habe ich an jedem Tag eine Scheibe geputzt und war so für eine Woche ausgelastet.

Bald darauf bekam ich ein Arbeitskommando auf dem Bau, wo ich den ganzen Tag über Speisvögel die Leiter hochtragen mußte. Dieser Aufgabe war ich körperlich nicht gewachsen, so daß ich eines Abends beim Appell zusammenbrach. Im Revier hat man mich jedoch schnell wieder ‚gesundgepflegt'.

Durch die Verteilung von Lebensmitteln aus den Paketen gelang es mir, ein leichtes Kommando in der Plantage zugeteilt zu bekommen. Ich mußte im Gemüsekommando Unkraut jäten. Als im Herbst 1942 eine große Zahl russischer Gefangener, die auf dem Transport fast verhungert waren, in Dachau eintrafen, wurden

67

sie gleich in der Plantage eingesetzt. Sie entdeckten ein großes Feld mit Kohlköpfen. Bereits nach zwei Stunden war das Feld leer – sie hatten sich den ganzen Kohl einverleibt.

Später wurde ich dann zusammen mit einem Pallotinerpater Straßenfeger. Das war die schönste Arbeit, die ich in meiner ganzen Haftzeit zugeteilt bekam. Wir wurden jeden Morgen um 7 Uhr abkommandiert und bekamen eine Schubkarre, einen Besen und eine Harke. Im hinteren Teil des Lagers befanden sich eine Pappel und der Hundezwinger eines SS-Mannes. Dessen Hund durfte zweimal am Tag frei herumlaufen. Wir mußten dafür Sorge tragen, daß weder Hundekot noch Pappelblätter auf dem Boden lagen. Damit waren wir voll ausgelastet! Sobald sich ein SS-Mann näherte, waren wir emsig an der Arbeit. Sobald er vorbei war, warfen wir das aufgelesene Pappelblatt zurück auf den Boden und machten Pause bis zur nächsten Gefahr.

Einige Zeit später wurde das Kommando Besoldungsstelle der SS eingerichtet. Diese außerhalb des Schutzhaftlagers gelegene Abteilung wickelte die Beförderungs- und Gehaltsabrechnungen aller SS-Männer im Reich ab. Daher wurden hier auch alle Familienstandsänderungen und Geburten gemeldet, da sie sich auf das Gehalt auswirkten. Hier herrschte ein solch großes Durcheinander, daß die SS auf die Idee kam, jedem Sachbearbeiter einen einigermaßen gebildeten Häftling zur Seite zu stellen. Dafür waren die ‚Pfaffen' gerade recht, ca. 100 von uns wurden dort beschäftigt.

Von dort beorderte man mich in die Korrespondenzabteilung, in der alle eingehenden Briefe bearbeitet wurden. Diese Arbeit habe ich besonders gern ausgeübt, weil ich Zugang zu allen Personalakten der SS hatte. Zwar hatte ich zuerst einen Aufseher, der mir das Leben schwer machte, doch wurde dieser schnell durch einen anderen SS-Mann ersetzt, der ein Herz für die Gefangenen hatte. Er versorgte uns verbotenerweise mit Getränken und warnte uns, wenn Kontrollen durch die SS anstanden. Manche haben diese Stelle genutzt, um eigene private Post aus dem Lager zu schmuggeln. Als die Typhusepidemie im Lager ausbrach, war die bestehende Ordnung nicht mehr aufrecht zu erhalten. Die gesamte SS-Wachmannschaft zog sich aus dem Lager zurück, und auch wir nicht infizierten Priester wurden außerhalb untergebracht, damit wir weiter unsere Arbeit erledigen konnten. Man brachte uns in einem Pferdestall unter, der mit Betten und Tischen ausgestattet wurde. Abends um 5 Uhr wurden wir eingeschlossen. Dies gab uns ein richtig befreites Gefühl. Wir sahen keine Baracken, hatten keine Kontrollen mehr zu befürchten, waren unter uns und damit sicher vor jeder Bespitzelung durch die SS. Mit dem Inhalt unserer Pakete haben wir dort richtige Feste gefeiert. Nach dem Ende der Epidemie blieben wir in unseren Kommandos, bis eines Tages ein geschmuggelter Brief in der Post auffiel, der von einem Priester stammte. Sofort flogen alle Priester aus dieser Arbeitsstelle heraus. Genau vier Wochen später fielen die ersten und einzigen Bomben auf Dachau und trafen unsere alte Arbeitsstätte. Über 100 Häftlinge sind bei dem Angriff getötet worden.

Aus diesem Arbeitskommando wechselte ich auf Anregung von Reinhold Friedrichs in die neu eingerichtete Abteilung Messerschmitt. Dort wurden in zwei eigens geräumten Baracken technische Einzelteile für ein bestimmtes Flugzeug hergestellt.

Prämienschein, der zum Einkauf in der Kantine berechtigte.

Diese Arbeit fiel mir deshalb schwer, weil dort in Tag- und Nachtschicht gearbeitet wurde und man über Tag keine Ruhe fand. Ich war als Lagerist tätig und mußte dazu noch die hergestellten Teile auf ihre Funktionstüchtigkeit überprüfen. Bei vielen Mitgefangenen habe ich die Beichte gehört, wenn sie mir fertige Teile brachten. Wir standen uns dabei gegenüber, so daß wir vor überraschendem SS-Besuch geschützt waren. Auf ebensolche Weise wurde die Hl. Kommunion ausgeteilt. Wenn ein SS-Mann kam, nannte man nur ein Wort mit einer ‚Acht' darin, um den anderen zu warnen. Wenn also jemand ‚achtundvierzig Schrauben' sagte, hieß das ‚Achtung'. Wegen ihres hohen Wertes waren die Rohmaterialien im Keller der SS-Gaststätte außerhalb des Lagers untergebracht, so daß alle zwei Tage ein Lkw Nachschub von dort brachte. Von einer Kellnerin des Lokals haben wir manchmal Nahrungsmittel bekommen, die sie unter den Einzelteilen versteckt hatte.

Der SS-Leiter des Kommandos brachte mir eines Tages einen tschechischen Gefangenen. Als Radiomechaniker sollte er die Geräte der SS-Wachmannschaften warten und reparieren. Man meinte wohl, weil ich Priester sei, sei ich verläßlich, so daß er keine Feindsender hören könne. Wir beide waren von da an mit die bestinformierten Leute im Reich, da ich Französisch sprach und mein Mitgefangener Tschechisch und Polnisch. Auch die anderen osteuropäischen Sprachen verstand er teilweise. Über Nacht wurde dieses Kommando plötzlich aufgelöst, da die Alliierten Kenntnis davon erhalten hatten. Die Waffenproduktion in Gefangenenlagern war nach der Genfer Konvention verboten, daher hatten sie gedroht, Gegenmaßnahmen zu ergreifen.

Weil sich in dieser Zeit herausstellte, daß die bisherigen Kantiniers zuviel betrogen und geschoben hatten und daher ihre Stelle verloren, wurde mir ein solcher Aufgabenbereich übertragen. Wir mußten an die Gefangenen eines Blocks die möglichen Verkäufe tätigen. Jeder Häftling konnte ein Konto führen lassen, auf das im Monat 30 Reichsmark eingezahlt werden durften. Seine Einkäufe wurden dann von diesem Konto abgebucht. Als ich diese Stelle übernahm, gab es außer Schuhcreme und anderen Pflegemitteln schon nichts mehr zu kaufen, so daß ich weitgehend ohne Arbeit war. Danach war die Lage so wirr, daß ich kein Arbeitskommando mehr übernahm.

Das Ende von Dachau

Die Veränderungen, die das Ende des Schreckens ankündigten, setzten schon im Herbst 1944 ein. Viele SS-Wachmannschaften wurden an die Front geschickt und durch altgediente SS-Leute oder Zivilisten ersetzt. Dies hatte für die Häftlinge zur Folge, daß die Schikanen aufhörten; man hatte fast den Eindruck, daß diese Männer, die das Ende des Tausendjährigen Reichs kommen sahen, mehr Angst vor den Häftlingen hatten, als umgekehrt.

So sank natürlich die Arbeitsmoral der Häftlinge. Die Lagerleitung versuchte, durch Prämienscheine die Produktivität zu erhöhen. Diese konnten in der Kantine oder in einem eigens eingerichteten Lagerbordell eingelöst werden, in das Frauen aus dem KZ Ravensbrück gesperrt waren. Die meisten Häftlinge mieden das Bordell; Besucher wurden verachtet und gemieden.

Wir Priester, durch Pakete besser versorgt, arbeiteten nahezu alle nicht mehr. Um so größer war die Möglichkeit, Gottesdienste zu feiern und festlich zu gestalten, etwa an kirchlichen Feiertagen oder gar bei der Priesterweihe Karl Leisners. Wir hatten einen Chor, der es mit dem des Doms in Münster aufnehmen konnte. Auch waren unter der großen Zahl von Priestern manche hervorragende Prediger.

Je näher das Kriegsende rückte, desto mehr wurde ein Chauvinismus vor allem bei den Franzosen und Tschechen sichtbar. Wir hatten z.B. die Regelung, daß jeder Priester für jedes Haftjahr eine Messe feiern durfte. Viele ausländische Geistliche boykottierten jedoch nun die von deutschen Priestern gehaltenen Messen. Auch der Klerus lebt nicht nur nach dem Willen Gottes, sondern es gibt auch da menschliche Schwächen.

Im Spätherbst 1944 brach im Lager eine Fleckfieberepidemie aus. Da aufgrund des Zusammenbruchs der Ordnung alles verdreckt und verlaust war, konnte sie sich leicht immer weiter ausdehnen. Durch die Überfüllung des Lagers stieg die Gefahr der Infizierung. So waren auf jeder Stube statt 150 Insassen mehr als 300 zusammengepfercht. Da überall Pfleger fehlten, haben sich 10 deutsche und 10 polnische Geistliche freiwillig gemeldet. Viele von diesen sind selbst der Seuche zum Opfer gefallen. Täglich hatten wir 100 bis 150 Tote zu beklagen. Erst nach der Befreiung des Lagers durch die Amerikaner wurde das Fleckfieber erfolgreich bekämpft. Die noch nicht Infizierten machten jeden Tag eine Lauskontrolle, da diese Tiere die Überträger waren. Darauf wies auch ein Schild in jeder Stube hin: Eine Laus – Dein Tod.

Am Anfang der Karwoche 1945 wurden täglich etwa 10 von ca. 120 deutschen Priestern entlassen, ohne daß hierbei ein Prinzip oder eine Systematik zu erkennen war. Sofort entstand das Gerücht, daß alle Priester entlassen würden, doch da irrten sie. Beim letzten Entlassungsschub war ich dann dabei. Wir tauschten unsere mittlerweile, weil organisierte, bessere Kleidung mit Häftlingen, die schlecht versorgt waren, da wir bei der Entlassung Zivilkleidung von verstorbenen Häftlingen bekamen. Dann mußten wir unterschreiben, daß wir niemals von unserer Dachauer Zeit erzählen oder schreiben und uns regelmäßig bei der Polizei melden würden. Ein SS-Mann sollte uns zum Bahnhof bringen, ging aber nur ein kurzes Stück mit. Wir sind danach zum Pfarrer von Dachau gegangen, der uns mit Kaffee aus Porzellantassen und frischer Wäsche versorgte und uns ein richtiges Bett anbot; all das zum ersten Male nach mehreren Jahren. Ich konnte in dem weichen Bett gar nicht mehr liegen und habe daher auf dem Fußboden geschlafen.

Nach der Hl. Messe am nächsten Morgen habe ich versucht, mich weiter durchzuschlagen, doch es fuhr nur noch ein Zug Richtung Kempen im Allgäu. Auf Vermittlung des Dechanten von Waldsee habe ich dann bis September 1945 eine Pfarrverwalterstelle in Boos bei Saulgau angenommen. Von dort bin ich schließlich nach Ahlen zurückgeholt worden.

P. Theodor Averberg SVD

Nr. 50046

Geb. 12. Dezember 1878 in Everswinkel. Beruf des Vaters: Landwirt. Gymnasium: Rheine, Steyl (Ordenseintritt). Studium: Ordenshochschule Mödling bei Wien. Priesterweihe: 24. Februar 1905 in Mödling bei Wien.

1905 wird P. Theodor Averberg von seinem Orden zur Missionsarbeit nach Neuguinea gesandt. Dies ist keine leichte Aufgabe, denn zusammen mit zwei weiteren Patres muß er in seinem bisher noch nicht missionierten Einsatzgebiet zunächst eine Missionsstation aufbauen. Die in der Folge einsetzende Missionsarbeit geht mit dem Bemühen um wirtschaftliche und kulturelle Entwicklung des rückständigen Landes Hand in Hand. Pater Averberg ist von dieser Arbeit fasziniert. Auf der einen Seite kann er sich um die missionarischen Aufgaben kümmern, auf der anderen Seite, als Bauernsohn von Kindheit an mit den Problemen der Landwirtschaft vertraut, kann er auch hier mit Rat und Tat helfen. Um seine Kenntnisse über die Ackerbaumethoden zu vertiefen, wechselt er von 1910 bis 1912 in die USA, um sich über neueste Anbaumethoden von Reis und Baumwolle zu informieren, und kehrt dann nach Neuguinea zurück. Durch die Kriegsereignisse des Ersten Weltkrieges wird der gesamte Aufbau der Mission vernichtet, so daß die Patres nach Kriegsende von neuem beginnen müssen. Bis zum Jahre 1925 kann Pater Averberg sein Wirken in den Tropen fortsetzen, dann erkrankt er schwer an Malaria. Fast erblindet kehrt er schließlich nach nahezu 20jähriger Auslandstätigkeit nach Deutschland zurück.

Nach seiner Ankunft in der Heimat muß sich der Steyler Missionar mehrfach operieren lassen, bevor sein Augenlicht wiederhergestellt ist. Doch die von ihm sehnsüchtig erwartete Tropentauglichkeit kann nicht wieder erreicht werden. Einen neuen Wirkungskreis findet Pater Averberg zunächst in St. Augustin bei Siegburg, danach in einer Zweigstelle seines Ordens, im Paulushaus in Bottrop-Luggesmühle. Später wechselt er nach Blankenstein im Ruhrgebiet. Von dort aus wird er als Missionsprediger tätig, zudem übernimmt er seelsorgerische Tätigkeiten in Krankenhäusern und als Aushilfsgeistlicher in zahlreichen Kirchengemeinden.

In vielen Predigten nimmt der Pater gegen den Nationalsozialismus Stellung. In seiner Heimatgemeinde Everswinkel predigt er in scharfer Form gegen die nationalsozialistische Ideologie. Hier schützt ihn einige Zeit der zuständige Dorfpolizist, der auf drohende Verhöre aufmerksam macht und den Geistlichen mehrfach auffordert, seine Predigtmanuskripte nach gehaltener Predigt zu ändern. Nach einer Predigt in Ottmarsbocholt, in der er die Nationalsozialisten für die zunehmende

Zahl der Ehescheidungen verantwortlich machte, wird er zum Verhör nach Münster bestellt und dort sogleich in das Gerichtsgefängnis eingeliefert. Dort können ihn seine Geschwister, nachdem sie jeweils eine Besuchserlaubnis der Gestapo eingeholt haben, noch mehrfach besuchen.

Nach zweimonatiger Haft wird Theodor Averberg von Münster nach Dachau transportiert, wo er am 30. Juli 1943 eintrifft. Mit seinen 65 Jahren gehört der Missionar zu den ältesten Schutzhäftlingen in Dachau, so daß sein Überleben ständig gefährdet ist. Doch wird durch Pakete aus seiner Heimatgemeinde seine Ernährung gesichert, auch stehen dem respektvoll ‚Vadder' genannten Häftling viele Mitpriester auf Block 26 bei. Arbeit findet der in der Landwirtschaft bewanderte Priester zunächst in der Plantage. Hier vermittelt ihm der in der Forschung tätige Benediktinerpater Augustin Hessing ein angenehmes Kommando in der Versuchsstation. Später wird er – wie die meisten älteren Gefangenen – innerhalb des Lagers mit Putz- und Flickarbeiten beschäftigt.

In größter Lebensgefahr schwebt der Pater, als er eines Tages wegen eines Verstoßes gegen die Lagerordnung von der Prügelstrafe bedroht ist. Die 25 Doppelschläge mit dem Ochsenziemer hätte er wahrscheinlich nicht überlebt. Mitgefangenen gelingt es jedoch, ihn vor jenem Capo zu verstecken, dem der Verstoß aufgefallen war.

Die Rettung aus dem Konzentrationslager kommt für Theodor Averberg in den letzten Tagen von Dachau. Wie Tausende andere auch ist er gezwungen, am sogenannten Evakuierungsmarsch teilzunehmen, auf dem eine unbekannte Zahl von Häftlingen den Tod findet. In der ersten Nacht des mehrtägigen Marsches gelingt es einigen bereits entlassenen Priestern unter Leitung des Jesuiten Otto Pies, mit einem Lkw zu der Marschkolonne aufzuschließen. Verkleidet in SS-Uniformen, können sie durchsetzen, daß ältere Gefangene, insbesondere Priester, den Lkw besteigen können. Mit diesem setzen sich die Befreier von dem Zug der Häftlinge ab. Die Freiheit ist erreicht!

Pater Averberg findet zunächst Pflege bei Ordensschwestern in Adelshofen bei Fürstenfeldbruck, wo er neue Kräfte sammeln und die Folgen der Fleckfieberepidemie, die auch ihn noch erfaßt hat, auskurieren kann. Noch im Mai kehrt er auf den elterlichen Hof nach Everswinkel zurück, um sich dort weiter zu erholen und zu regenerieren. Doch schon bald übernimmt er als Seelsorger die Betreuung der Kranken im großen Lüner Krankenhaus. 1961, im Alter von 83 Jahren, wird diese Belastung zu groß für ihn. Daher wechselt er an das St.-Vitus-Hospital in seiner Heimatgemeinde. Auch hier beginnt sein Tag jeden Morgen mit dem Gebet um 5 Uhr und der Frühmesse um 6 Uhr, eine Selbstdisziplin, die der Pater nie abgelegt hat. Seine seelsorgerische Tätigkeit gibt er erst wenige Wochen vor seinem Tode, gezwungen durch ein schweres Nierenleiden, auf. Pater Theodor Averberg verstirbt am 31. Juli 1973 im Alter von 94 Jahren im St.-Vitus-Hospital in Everswinkel.

Quellen:
BAM, Slg. NS-Verf., Akte Theodor Averberg

Literatur:
Die Glocke, 22. Februar 1965
Die Glocke, 2. August 1973

P. Josef Averesch CSSR

Nr. 27651

Geb. 1. April 1902 in Hörstel b. Rheine. Gymnasium: Rheine. Ordenseintritt: 14. August 1924 in Luxemburg. Studium: Ordenshochschule Hennef-Sieg/Geistingen. Priesterweihe: 27. April 1930 in Knechtsteden.

Nach Abschluß seiner Studien tritt Pater Averesch eine Stelle als Lehrer für Latein, Griechisch und Hebräisch am Gymnasium des Ordens in Bonn an. Da ihm aber die spezielle Ausbildung für diese Tätigkeit fehlt, dürfte seine Ablösung 1932 und der Eintritt in das II. Noviziat eine innere Befreiung gewesen sein. Im Herbst 1932 erhält er das Missionskreuz und wird daraufhin als Volksmissionar tätig. Seine Aufenthaltsorte sind bis März 1937 die Ordensniederlassungen Glanerbrück, Bochum und Trier. Große Verdienste erwirbt sich P. Averesch um die neue Niederlassung seines Ordens in der Nähe seines Heimatortes in Rheine, wo er zwei Jahre bis zum August 1939 wirkt.

Als er daraufhin nach Luxemburg versetzt werden soll, wird ihm die Ausreisegenehmigung verweigert. So wendet er sich nach Heiligenstadt im Eichsfeld und hält von diesem Ort ausgehend religiöse Wochen und Einkehrtage ab. Zu seinen Aufgaben zählt im Januar 1941 auch die Vertretung eines erkrankten Pfarrers in Bischofferode. Dies soll ihm zum Verhängnis werden. Ein Jahr zuvor hatte sich in diesem Ort eine Affäre abgespielt: Ein aus dem Saarland stammender Mann hatte ein Mädchen aus dem Ort geschwängert und wollte dieses daraufhin heiraten. Da jedoch der benötigte Taufschein nicht rechtzeitig eintraf, ließ der Pfarrer den Mann beeiden, daß er ledig sei, und traute das Paar. Als der Taufschein eintraf, wurde jedoch ersichtlich, daß der Mann bereits verheiratet war. Die Mutter der jungen Frau duldete aber die Bindung, so daß der Pfarrer ihr Vorhaltungen machte. Ernüchterung trat erst ein, als die Tochter erneut schwanger wurde und der Bigamist verschwand.

Als mit Pater Averesch nun ein ortsfremder Geistlicher am Ort weilt, nutzt die Mutter diese Gelegenheit, um zu beichten. Das Beichtgespräch verläuft offensichtlich nicht nach ihren Vorstellungen; sie zeigt Pater Averesch an. Über seine Verhaftung und Gefängniszeit berichtet Pater Averesch so detailliert, daß seine Erinnerungen hier wörtlich wiedergegeben werden sollen:

„Verhaftet wurde ich am Donnerstag, 6. 2. 1941. Ein Gestapobeamter erschien in unserem Kloster in Heiligenstadt auf dem Eichsfeld und erklärte, er müsse mich verhören. Mit einem Auto wurde ich zum Rathaus gefahren. Der Name des Gestapobeamten war Göring. Nach Feststellung der Personalien fragte er mich, ob ich

Mitglied der Zentrumspartei gewesen sei. Meine Antwort: Nein. Darauf der Gestapobeamte: ‚Es sind doch alle katholischen Geistlichen Mitglieder des Zentrums gewesen'. Ich gab darauf die Antwort: ‚Das weiß ich nicht'. Er darauf: ‚Haben Sie Mitglieder der Zentrumspartei gekannt?' ‚Ja, ich habe solche gekannt.' Aus dieser meiner Antwort wurde im Protokoll: ‚Averesch hat mit führenden Köpfen der Zentrumspartei in ständiger Verbindung gestanden.' Das war die erste Fälschung meiner Aussage. Frage des verhörenden ‚Beamten': ‚Nennen Sie die Orte, an denen Sie seit 1933 tätig gewesen sind'. Antwort: ‚Das kann ich nicht, weil es zu viele sind'. Frage: ‚Kennen Sie Bischofferode?' (...) Meine Antwort: ‚Ja, soweit man in 4 Wochen einen Ort kennenlernen kann'. ‚Kennen Sie die näheren Verhältnisse dort?' ‚Nein.' Darauf der Gestapobeamte: ‚Sie lügen, Sie kennen sie ganz genau.' Darauf ich: ‚Sie haben wohl das Recht mich zu verhören, aber nicht das Recht mich zu beleidigen'. Er: ‚Sie haben der Gestapo gegenüber kein Recht. Was kümmert uns von der Gestapo das Recht, wir haben die Macht. Übrigens werden Sie nicht frech!' Meine Antwort: ‚Die Frechheit liegt nicht auf meiner Seite.' Darauf, mit ungeheurem Kraftaufwand in der Stimme: ‚Die Frau X aus Bischofferode hat am Sonnabend 25. Januar abends nach neunzehn Uhr bei Ihnen gebeichtet. Sagen Sie, was die Frau gebeichtet hat, und was Sie ihr gesagt haben.' Meine Antwort: ‚Im Bürgerlichen Gesetzbuch ist das Beichtgeheimnis geschützt. Darum haben Sie kein Recht zu dieser Frage. Das müßten Sie als Gestapobeamter doch wissen. Ich kann Ihnen darauf keine Antwort geben und verweigere die Aussage.' Daraus wurde im Protokoll der Satz: ‚Ich verweigere die Aussage'; alles andere wurde ausgelassen. Deshalb bekam der Satz im Protokoll eine verdächtige Note. Der Beamte antwortete darauf: ‚Ich werde Sie schon zum Reden bringen, verlassen Sie sich darauf. Verlassen Sie sich darauf. Wir haben die Mittel dazu. Ich sperre Sie ein.' Darauf ich: ‚Sie können mich ja einsperren. Aber über die Beichte werden Sie nie etwas von mir erfahren. Ich bin katholischer Priester und werde als solcher das Beichtgeheimnis wahren.' Der Beamte darauf: ‚Vor dem NS-Staate gibt es kein Beichtgeheimnis. Sie katholischer Priester. Wir werden mit Ihnen und allen von Ihrer Sorte schon Schlitten fahren. Ein Feigling sind Sie! Der sich hinter das Beichtgeheimnis verkriecht.' Darauf ich: ‚Das ist kein Verhör mehr, sondern Erpressung. Dagegen protestiere ich.' Gestapo: ‚Protestieren Sie, soviel Sie wollen! Es gibt vor dem Dritten Reich für Leute Ihrer Sorte kein Amtsgeheimnis.' Meine Antwort: ‚Wenn jemand Sie zwingen wollte, alles, was Sie in Ihrem Dienst als Gestapobeamter erfahren, auszusagen, wie würden Sie den nennen, der das versucht?' ‚Das wäre ein großer Lump und ein Schurke!' Darauf ich: ‚Damit haben Sie Ihr eigenes Urteil gesprochen.' Gestapo: ‚Ich zeige Sie an wegen Beamtenbeleidigung.' Meine Erwiderung: ‚Wenn Sie sich durch meine Worte beleidigt fühlen, kann das nur daher kommen, daß Sie ganz genau wissen, daß Sie Ihre Vollmacht überschritten haben.' Darauf längeres Schweigen. Dann wurde mir das Protokoll zur Unterschrift vorgelegt ... Als ich die 1. Fälschung betr. der Zentrumspartei las, machte ich darauf aufmerksam, daß meine Aussage hier gefälscht sei. Darauf höhnisches Grinsen von seiten des Gestapobeamten und spöttisches Lachen der Stenotypistin. Bei der 2. Fälschung betr. der Auslassung, daß ich aus der Beichte nichts sagen könnte, äußerte ich: ‚Hier ist die Hauptsache ausgelassen, nämlich, daß ich die Aussage verweigere, weil es sich um das Beichtgeheimnis handle und daß ich mich bei der Verweigerung der Aussage auf das B.G.B. berufen hätte.' Da sprang der Gestapobeamte auf, nahm eine drohende Haltung an. Ich erklärte aber, ich würde das Protokoll nie unterschreiben. Der Beamte rannte daraufhin im Zimmer auf und ab und tobte und schrie: ‚Ich werde Sie einsperren!' Das wiederholte er auf- und abrennend wohl 50 mal.

Schließlich unterstrich ich die gefälschten Stellen, machte am Rande des Protokolls bei beiden Fälschungen die Bemerkung ‚Gefälscht! Siehe unten.' Beide Stellen berichtigte ich unterhalb des Protokolls, direkt unter demselben, und schrieb meinen Namen so dazwischen, daß man die Verbesserungen nicht abtrennen konnte, ohne zugleich meinen Namen mit abzutrennen.[1]

Am folgenden Tag wurde ich dann per Auto von Heiligenstadt nach Erfurt in das Polizeigefängnis gebracht. Dorthin kamen Anfang März auch der in Dachau verstorbene Pfarrer Gustav Vogt von Deuna (Eichsfeld) und der evangelische Pfarrer Friedrich Zippel. Beide waren mit mir zeitweise zusammen in der Gefängniszelle. Beide wurden auch vor mir nach Buchenwald abtransportiert. Eines Morgens, etwa 10 bis 14 Tage nach der Ankunft in Erfurt, wurde ich von neuem zum Verhör zur Gestapo gerufen. Der verhörende Gestapobeamte war wiederum Göring, der mich auch schon in Heiligenstadt vernommen hatte.

Das Verhör fing von neuem an. ‚Ich bin Ihretwegen noch einmal in Bischofferode gewesen. Ich habe über die Frau, die Sie angezeigt hat, nur Gutes gehört. Auch beim Pfarrer war ich. Der sagte, die Frau, die Sie angezeigt hat, sei eines der besten Mitglieder seiner Gemeinde.' Darauf entgegnete ich: ‚Das Letztere ist bestimmt gelogen.' Dann wurde ich beschimpft. Ich verbat mir das. Erfolg: noch wüsteres Schimpfen. Darauf ich: ‚Soeben und in Heiligenstadt habe ich Ihnen gesagt: ‚Ich verbitte mir Beleidigungen!' Dann ging es erst recht los. ‚Das ist echt jesuitisch, echt jüdisch!' Es folgte wieder eine Flut der gemeinsten Schimpfwörter. Als der Wüterich dann ruhig wurde und schwieg, sagte ich ihm: ‚Sie können mich gar nicht beleidigen. Wenn Leute Ihres Schlages mich beschimpfen, dann ist das für mich eine Ehre und der Beweis, daß ich als katholischer Priester meine Pflicht tue.' Darauf wurden mir Ohrfeigen angeboten. Aber geschlagen wurde ich nicht. Der Gestapobeamte sagte mir: ‚Hier habe ich Ihr Protokoll von Heiligenstadt vor mir.' Er saß mir gegenüber am Tisch. Ich antwortete ihm: ‚Das ist aber nicht das Protokoll, das ich unterschrieben habe.' Darauf er: ‚Hier steht aber doch Ihr Name.' – ‚Ja, aber die Bemerkungen, die ich daruntergeschrieben habe, fehlen.' Er: ‚Meinen Sie, wir hätten keine Mittel, Schriftstücke, die uns unangenehm sind, zu verbessern?' Darauf ich: ‚Das glaube ich Ihnen gern, daß Sie Schriftstücke und auch Unterschriften, wie Sie sich sehr gewählt ausdrücken, ‚verbessern' können. Für gewöhnlich bezeichnet man diese ‚Verbesserung' mit einem anderen Worte.' – ‚Mit welchem denn?' Ich: ‚Das brauche ich Ihnen nicht zu sagen, das wissen Sie selbst.' Dann wurde ich gefragt, ob ich noch etwas zu dem Protokoll hinzufügen wolle. Ich gab zur Antwort: ‚Dann würden Sie auch noch wohl das 2. Protokoll verbessern.' Ich

---

[1] Die Nacht konnte Pater Averesch entgegen der Anordnung des Gestapomannes in einem geheizten Schlafraum des Armenhauses verbringen. Ein Gefängnisbeamter ersparte ihm die kalte Zelle. Vgl. Siebert, Heinz: Das Eichsfeld unterm Hakenkreuz, Paderborn 1982, S. 71.

bekam zur Antwort: ‚Scheren Sie sich heraus!' Ich blieb bis zum 19. Juli im Polizeigefängnis in Erfurt."[2]

An diesem Tage wird Pater Averesch, ohne daß ihm ein Schutzhaftbefehl gezeigt wird, nach Buchenwald überstellt. Er wird sofort zu schweren Steinbrucharbeiten herangezogen. Er gehört zu dem Kommando, das die Loren, beladen mit Bruchsteinen, zu ziehen hat. Diese Arbeit mußte unter den Lebensbedingungen eines Konzentrationslagers auch für einen so großen und kräftigen Mann wie Pater Averesch auf Dauer tödlich sein. Die Häftlinge werden von einem oberschlesischen Capo, der sich als Kommunist bezeichnet, wahllos mit Knüppeln geschlagen und geohrfeigt. Pater Averesch ist besonders hart bestraft. Die SS hat ihm – im Unterschied zu anderen Häftlingen – ein weißes Hemd zur Bekleidung gegeben, um ihn als Priester hervorzuheben.

Schon nach wenigen Tagen hat sich der Redemptorist eine schwere Phlegmone am rechten Fuß zugezogen, bedingt durch die ungewohnte Arbeit und das unzureichende Schuhwerk. So ist es nicht verwunderlich, daß er an einem heißen Julitag während der Arbeit ohnmächtig zusammenbricht. Ein Capo, der in dem gesamten Kommando eine Ordnungsfunktion innehat und einen jungen Bären bei sich führt, kommt herbei und bringt den Pater auf brutale Weise wieder zur Besinnung. Der Capo steckt die Spitze eines Stockes, den er zunächst in die Exkremente des Bären getaucht hat, Pater Averesch in den Mund. Als er ein nächstes Mal das Bewußtsein verliert, gießt ihm ein Capo einen Eimer Jauche über Kopf und Oberkörper.

Dreimal schon hat der Redemptorist sich wegen seiner Phlegmone zur Behandlung im Revier gemeldet, jedesmal ohne Ergebnis. Erst als er aufgrund der letzten Mißhandlung noch eine Angina bekommt, hat er Erfolg. Für den folgenden Tag wird ihm die Aufnahme zugesagt. Mit über 40 Grad Fieber wird er von einem ausgesprochen rohen Pfleger in Behandlung genommen.

Am 17. September endet seine Zeit in Buchenwald; er wird für transportfähig erklärt und trifft am 19. September 1941 in Dachau ein. Sein Gesundheitszustand ist immer noch schlecht, als er im August 1942 der Malariaversuchsstation zugeteilt wird. Die schützenden Hände von Mitgefangenen haben in dieser Zeit sein Leben gerettet.

Auf der von Dr. Schilling (von den Häftlingen ‚Blutschilling' genannt) geleiteten Station werden die Testpersonen mittels Blutinjektionen oder durch Stiche infizierter Mücken mit Malariaerregern infiziert. Kurz darauf tritt bei den Patienten hohes Fieber auf. In wochenlangen Prozeduren werden ihnen danach potentielle Gegenmittel injiziert, die jedoch keine oder nur unzureichende Wirkung haben. Nach einiger Zeit – die Aufenthaltsdauer differiert – werden die Opfer wieder auf den Arbeitsblock entlassen. Nach Aussage von Zeugen sind sie stets völlig abgemagert. Wann der Redemptorist von der Versuchsstation zurückkehrt, kann nicht mehr genau festgestellt werden; der im Hungerjahr 1942 ohnehin schon stark abgemagerte Körper von Pater Averesch wurde durch diese Prozedur noch mehr angegriffen. Er selbst schreibt an seinen Bruder am 24. Oktober 1942, wahrscheinlich noch von der Versuchsstation, als er Pakete erhalten darf: „Vom ältesten Sohn von

---

[2] Josef Averesch, in: Weiler, a.a.O., Bd. 2, S. 171ff.

Schulten Karl (Deckname für sich selbst, Anm. d. Verf.) weiß ich, daß er das Paket erhalten hat zu seiner großen Freude. Es ist ihm sehr angenehm, wenn in dieser Weise sehr oft an ihn gedacht wird. Etwa jede Woche oder doch alle 14 Tage, weil er nur noch 60 Kilo wiegt."[3]

Wir dürfen annehmen, daß er Ende 1942 aus der Versuchsstation entlassen wird, denn am 9. Januar 1943 schreibt er an seine Eltern: „Der älteste Sohn von Schulten Karl ist krank gewesen. Ist jetzt aber wieder gesund. Muß nur tüchtig und gut essen, wie der Arzt sagt. Macht Euch keine Sorgen mehr. Er hat einen riesigen Wolfshunger. Das ist ein gutes Zeichen. Nicht wahr? Schickt bitte wieder etwas."[4] Mit Hilfe der Pakete bessert sich der Zustand Pater Averesch so, daß er bald in ein Arbeitskommando in der Plantage integriert werden kann. Die ihm zufallenden Aufgaben sind aber nicht bekannt.

Bis zum August 1943 wird er noch häufiger von Malariaanfällen gepeinigt, die ihn stark beeinträchtigen. Die Krankheit und die Nervosität, die aus der Sorge um die ungewisse Zukunft herrührt, lassen sein Temperament zuweilen mit ihm durchgehen. Ein Mitpriester bezeichnet ihn sogar als echten Choleriker, der leicht reizbar, jedoch im Grunde ein sensibler und gutmütiger Mensch sei. Die weitere Zeit in Dachau hat er anscheinend relativ gut überstanden. Schließlich wird er am 28. März 1945 aus Dachau entlassen.

Pater Averesch begibt sich zunächst nach Freising bei München, wo er bei einem Mitbruder im katholischen Waisenhaus Unterkunft erhält. Hier findet er sofort neuen Zugang zu seinem seelsorgerischen Auftrag; vom 10. April bis zum 11. August 1945 wirkt er als Pfarrvikar in Tondern bei Landshut. Da die Belastungen in der unruhigen Zeit noch um die Pflege des erkrankten Pfarrers von Tondern gemehrt werden, ist er schließlich froh, im August nach Hause zurückkehren zu können. In einem Brief aus dieser Zeit an seinen Pater Provinzial schreibt er, daß es ihm gesundheitlich gut gehe. Allein seine Nerven hätten in den 50 Monaten Konzentrationslager so sehr gelitten, daß ihn Schlaflosigkeit peinige.

Nach seiner Rückkehr gehört Pater Averesch wieder der Rheiner Kommunität des Ordens an, hält sich aber zunächst bis Anfang November auf dem elterlichen Hof in Hörstel auf, um sich von den Folgen der Dachauer Haft zu erholen. Danach nimmt er seine frühere Tätigkeit wieder auf und hält in der ihm noch verbleibenden kurzen Zeit Missionen, Exerzitien und religiöse Wochen ab. Dabei belasten ihn zahlreiche Malariaanfälle – die überwunden geglaubte Krankheit kehrt zurück.

Als Pater Averesch zu Beginn des Jahres 1949 schwer erkrankt, stellen die Ärzte ein Leberleiden fest, das eine Folge der Malariaversuche in Dachau ist. Noch bis zum 20. Juni 1949 liegt der Redemptorist im Hörsteler Krankenhaus und schwebt ständig zwischen Leben und Tod. Am Nachmittag dieses Tages verstirbt er im Alter von 47 Jahren.

---

[3] Gedenkblätter der Kölner Ordensprovinz der Redemptoristen, Bd. 2, Heft 14, Oktober 1981, S. 51.
[4] Ebda., S. 50f.

Quellen:
BAM, Slg. NS-Verf., Akte Josef Averesch

Literatur:
Averesch, Josef, in: Weiler, Eugen: Die Geistlichen in Dachau sowie in anderen Konzentrationslagern und in Gefängnissen. Bd. 2, Lahr 1982, S. 170-175
Carls, Hans: Dachau. Erinnerungen eines katholischen Geistlichen aus der Zeit seiner Gefangenschaft 1941-1945. Köln 1946
Gedenkblätter der Kölner Ordensprovinz der Redemptoristen. Bd. 2, Heft 14, Oktober 1981, S. 30-57
Opfermann, Bernhard: Gestalten des Eichsfelds. Heiligenstadt 1968, S. 142
Siebert, Heinz: Das Eichsfeld unterm Hakenkreuz. Paderborn 1982, S. 70-74

P. Werner Barkholt SJ

Nr. 26890

Geb. 25. Februar 1902 in Hagenau/Elsaß. Beruf des Vaters: Kaufmann. Gymnasium: Darmstadt, Montabaur. Ordenseintritt: 10. April 1923 in s'Heerenberg. Studium: Bonn, Münster. Priesterweihe: 1933 in Münster.

Werner Barkholt ist ab 1933 zunächst für einige Monate als Vikar in Frankfurt am Main tätig, bevor er in das Kloster der Jesuiten nach Essen wechselt. Dort wird er 1936 als Kaplan an der St.-Ignatius-Kirche tätig. Noch in Essen wohnend, kommt es zu einem ersten Konflikt mit dem nationalsozialistischen Regime. Am 6. März 1938 hält der Jesuitenpater in einem Gottesdienst in Gelsenkirchen-Buer die Fastenpredigt. Er thematisiert den nationalsozialistischen Kirchenkampf: Gegen die Parole von der ‚Entchristlichung des Deutschen Volkes' müsse der Kampf aufgenommen werden. Es sei an der Zeit, formuliert er, alle Katholiken wachzurütteln und zum Gebet zu rufen. Nur mit Hilfe des Gebetes könnten die Christen den Kampf bestehen, denn alles, was die Gegenseite mache, sei Lüge.

Die Gestapo in Berlin verfügt für den Jesuiten aufgrund dieser Predigt ein generelles Redeverbot. Gleichzeitig wird die Gestapoleitstelle Düsseldorf ersucht, ein Strafverfahren gegen Pater Barkholt einzuleiten und Haftbefehl zu erwirken. Da jedoch der Predigttext nicht wörtlich mitgeschrieben wurde, wird am 11. Juni 1938 von der Gestapoleitstelle Düsseldorf nach Berlin gemeldet, daß das Material für eine Strafverfolgung nicht ausreiche. Zudem werde vermutlich das Straffreiheitsgesetz vom 30. April 1938 Anwendung finden; mit einer Verurteilung sei nicht zu rechnen. Daher verzichtet die Gestapo auf die Einleitung eines Strafverfahrens.

Pater Barkholt siedelt daraufhin nach Bonn über. Hier ist er bis 1940 tätig. Mit Beginn dieses Jahres bittet der Bischof von Münster den Jesuitenorden, einen Kaplan für die verwaiste Stelle an der Kirche St. Gudula in Rhede zu stellen. Werner Barkholt tritt diese Stelle, in der er für die Betreuung des Filialbezirkes Vardingholt sowie die Kinder- und Jugendseelsorge zuständig ist, im April an. Doch auch in Rhede entwickeln sich daraus rasch Konflikte zwischen dem Jesuiten und der Ortsgruppe der NSDAP. So wird der Geistliche bereits nach wenigen Monaten seiner Tätigkeit, am 3. September 1940, festgenommen; ab dem 10. September befindet er sich in Untersuchungshaft. Das Verfahren wurde von der Ortsgruppe Rhede der NSDAP angestrengt. Die Gestapo meldet im Monatsbericht vom September 1940, Werner Barkholt habe in einer Predigt am 7. Juli 1940 (obwohl das verhängte Redeverbot noch immer besteht) geäußert, daß Kinder auch nach einem nächtlichen Fliegerangriff morgens die Messe besuchen sollten. Dieser Anklagepunkt wird jedoch vom Reichsjustizministerium, das über die Anklageerhebung entscheiden muß, als nicht strafrechtsrelevant abgelehnt.

Dem zweiten Anklagepunkt stimmt das Ministerium mit Schreiben vom 13. November 1940 zu. Dem Kaplan wird vorgeworfen, im Juli oder August des Jahres anläßlich eines seelsorgerischen Besuches bei einer katholischen Familie in Vardingholt gegen das nationalsozialistische Regime gerichtete Äußerungen getan zu haben. Diese waren von einer nicht direkt beteiligten Frau der Ortsgruppe der NSDAP hinterbracht worden. So soll der Kaplan unter Zeugen gesagt haben, es sei eine Gemeinheit, daß deutsche Truppen in Holland einmarschiert seien, obwohl die Bevölkerung ganz harmlos sei. Diese Aussage bestreitet der Jesuit während der Verhandlung. Die zweite, unbestrittene Aussage bezieht sich auf die Dauer des Krieges. Im Gegensatz zur Blitzkriegthese hatte Werner Barkholt die Meinung vertreten, daß der Krieg vermutlich sehr lange dauern werde. Auch den nationalsozialistischen Sieg bezweifelt er: „ ... das wird noch ganz anders kommen."[1] Eher scherzhaft ist wohl die Äußerung des Geistlichen gemeint, sie sollten sich nicht zu viele Sorgen machen, denn im Jahre 1960 würde die Welt ohnehin untergehen. Doch auch dieser Punkt wird in die Anklageschrift aufgenommen.

In dem nun folgenden Gerichtsverfahren des Sondergerichts in Dortmund, das im Hinblick auf eine möglichst abschreckende Wirkung am 7. Dezember 1940 im benachbarten Borken tagt, wird der Jesuitenpater zu einer Freiheitsstrafe von 10 Monaten verurteilt. Das Gericht befindet ihn in den ersten beiden Anklagepunkten für schuldig und erkennt dabei auf Vergehen gegen das Heimtückegesetz. Da die Untersuchungshaft angerechnet wird, hat Werner Barkholt noch sieben Monate seiner Strafe zu verbüßen. Doch mit diesem Urteil gibt sich die Gestapo nicht zufrieden. Direkt nach seiner Entlassung wird der Geistliche erneut in Schutzhaft genommen. Schließlich wird er in das Konzentrationslager Dachau eingeliefert, in dem er am 8. August 1941 eintrifft.

Über seine kurze Lagerhaftzeit liegt uns ein Bericht seines Mitbruders Otto Pies vor: Werner Barkholt trifft sehr geschwächt in Dachau ein. Schon während der Haft im Gefängnis hat er sich eine Herzschwäche zugezogen, die sein Leben ständig bedroht. Die darauf zurückzuführende Nervosität und Ängstlichkeit schlägt sich deutlich nieder, dennoch weiß er durch abendliche Vorträge und geistliche Betrachtungen die Anerkennung seiner Mithäftlinge zu gewinnen.

Sein Arbeitskommando führt ihn auf die Gemüsefelder der Plantage, auf der er mit zahlreichen anderen Priestern zusammenarbeitet. Je mehr jedoch die Qualität der Versorgung nachläßt und der Hunger sich bemerkbar macht, desto schwerer wird auch sein Herzleiden. Sich bildende Ödeme weisen deutlich auf seine zunehmende Schwäche hin. Gefaßt und mit Gottvertrauen stellt er sich auf sein Schicksal ein, ohne sich den Angstgefühlen ganz entziehen zu können.

Eines Morgens steht er nach dem Wecken an die dreistöckigen Betten gelehnt und hält sich nur noch mit Mühe aufrecht. Die Beine und Füße sind stark geschwollen. Mühsam kleidet er sich an, da er beim Zählappell nicht fehlen darf. Danach geleiten Pater Pies und andere ihn zum Krankenrevier, um seine Auf-

---

[1] BAK, Außenstelle Berlin, Freienwalder Straße, ZC I 101, Bl. 1.

nahme zu erreichen. Doch der SS-Oberscharführer Fronappel bemerkt die Gruppe, fragt, was los sei, und jagt sie mit Fußtritten fort. Es gelingt später noch, den Jesuiten in das Revier zu bringen, doch ist dies gleichzeitig der Abschied von Pater Werner Barkholt. Noch zwei Tage liegt er, immer schwächer werdend, im Revier. Am 18. Juli 1942 verstirbt er.

Quellen:
BAK, Außenstelle Berlin, Freienwalder Straße, ZC I 101
STAM, Reg. MS 29694, Monatsbericht September 1940
BAM, Slg. NS-Verf., Akte Werner Barkholt

Literatur:
Pies, Otto, in: Weiler, Eugen: Die Geistlichen in Dachau sowie in anderen Konzentrationslagern und in Gefängnissen. Bd. 2, S. 211f.

P. Franz Dabeck SVD

Nr. 37036

Geb. 6. Juli 1900 in Nottuln. Beruf des Vaters: Förster. Ordenseintritt 1914 in Steyl. Priesterweihe: 30. September 1928 in St. Ruppert b. Salzburg.

Franz Dabeck wirkt ab 1928 zunächst in St. Ruppert bei Salzburg als Lehrer und Erzieher. In den folgenden Jahren betraut ihn sein Orden mit Aufgaben in St. Severin in der Steiermark und in St. Imre in Ungarn.

Über die Gründe seiner Verhaftung gibt uns Franz Dabeck selbst einen Bericht. Während eines Urlaubs hält er sich im elterlichen Haus in Roxel auf. Als eine mit der Familie verwandte Frau anläßlich des Führergeburtstages die Hakenkreuzfahne hißt, stellt er diese zur Rede und äußert sich abfällig über das Hakenkreuz. Er wolle nicht dulden, daß dieses Symbol des Unglaubens an seinem Elternhaus gezeigt werde. Die Frau weist darauf hin, daß er nur Gast in diesem Hause sei und keine Rechte besäße. Als die Diskussion daraufhin eskaliert, schreit die Frau ihn an: ‚Ich bin Nationalsozialistin – das übrige wirst Du bei der Gestapo in Münster erfahren!' Diese Anzeige führt zu einer Vorladung zur Gestapo in Münster am 26. Mai 1942. Von der Gestapo wird er gleich in Schutzhaft genommen. In der Gefängniszeit in Münster versucht der Gestapobeamte Dehm, ihn für die Interessen der Partei zu gewinnen. Als dieses Unterfangen scheitert, erfolgt am 25. September 1942 die Überstellung in das Konzentrationslager Dachau.

Bei seiner Ankunft in Dachau schlägt ein junger SS-Mann Pater Franz Dabeck den Hut vom Kopf – dieses Erlebnis macht dem Geistlichen klar, welche Bedingungen er hier antreffen wird. Nachdem er und die anderen Neuankömmlinge gebadet haben und am ganzen Körper rasiert worden sind, bekommen sie dünne Häftlingskleidung. Ihm wird eine viel zu kleine Uniform zugeteilt. Die Jacke läßt sich nicht schließen, und die Hose geht nur wenig über das Knie. Es sei – unter anderen Umständen – zum Lachen gewesen, bemerkt er selbst später. Die Arbeit in der Plantage, der er zugeteilt wird, führt schnell zur physischen Erschöpfung. Weihnachten 1942 fühlt er sich dem Tode nahe. Nur die einsetzenden Paketsendungen sowie ein besseres Arbeitskommando – um welches es sich handelte, läßt sich heute nicht mehr feststellen – retten ihn.

Positiv wirkt sich die im Januar 1943 wegen der Typhusepidemie verhängte Quarantäne aus; so müssen die Häftlinge nicht zur Arbeit ausrücken. Der Pater nutzt diese Zeit zu mehreren Vorträgen auf Block 26 über die Geheimnisse der Zahlenmystik, die er in der Kapelle vor den versammelten Priestern hält. Im weiteren Verlauf seiner Schutzhaft wird Franz Dabeck im Kommando Besoldungsstelle der SS eingesetzt, weitere Arbeitsbereiche sind nicht überliefert. Im Frühjahr 1945 erkrankt er an einer akuten Nierenentzündung. In diesem Moment der höchsten Lebensgefahr erreicht ihn die Nachricht von der Entlassung. Noch am selben Tag, dem 27. März 1945, wird er in das Schwabinger Krankenhaus eingeliefert, wo die Ärzte ihm insgesamt 13 Liter Wasser abnehmen.

Nach seiner Rückkehr in die Heimat betraut ihn sein Orden wieder mit einer Tätigkeit in der Seelsorge.1951 kehrt er dann, bedingt auch durch die Haftfolgen, nach St. Augustin zurück, wo er sein Leben der Bibelexegese widmet. Der Schwerpunkt seiner Tätigkeit liegt im Bereich der Arithmologie und der hellenistischen Wortzahlenmystik. Diese von vielen belächelte Forschung empfindet er als seinen Beruf und seine Lebensaufgabe. Franz Dabeck stirbt am 27. Dezember 1984. Zur Veröffentlichung gelangt nur einer der Aufsätze des Autodidakten, mit dem man ihn posthum ehren will.

Quellen:
BAM, Slg. NS-Verf., Akte Franz Dabeck
Archiv der Steyler Missionare, St. Augustin, Akte Franz Dabeck

Literatur:
Dabeck, Franz, in: Eugen Weiler, Die Geistlichen in Dachau sowie in anderen Konzentrationslagern und in Gefängnissen. Bd. 2, Lahr 1982, S. 288ff.
Verbum SVD, Bd. 4, 1987, S. 393–406

Gottfried Engels

Nr. 22638

Geb. 20. April 1888 in Gronau. Beruf des Vaters: Kaufmann. Gymnasium: Paulinum Münster. Studium: Innsbruck und Münster. Priesterweihe: 1. Juni 1912 in Münster.

Seine erste Stelle tritt Gottfried Engels am 8. August 1912 als Vikar in Essen/ Oldenburg an. Am 2. Mai 1917 wird der Geistliche zum Kooperator in Strücklingen ernannt. Im Laufe desselben Jahres wird er Pfarrverwalter in Bösel, um danach am 15. März 1918 in seine alte Stelle zurückzukehren. Im August des Jahres 1918 wird er mit der Stellung einer Vikars in Vestrup betraut. Nach kurzer Zeit als Pfarrverwalter am gleichen Ort ernennt ihn sein Bischof am 17. April 1920 zum Vikar in Sinten. Im darauffolgenden Jahr wird er Kaplan in Wachtum, Gemeinde Löningen. Am 1. Juli 1924 wird er zum Kaplan in Peheim ernannt, hier wird er im Herbst 1926 als Pfarrer eingesetzt.

Gottfried Engels ist ein eigenwilliger Mann, er stellt große Ansprüche an sich selbst wie auch an andere. Fasten, Beten und Seelsorge kennzeichnen sein Leben. Dabei kämpft er gegen alle äußeren Einflüsse, die mit dem Glauben nicht in Einklang zu bringen sind. So kann es nicht verwundern, daß er mit aller Unnachgiebigkeit gegen den Nationalsozialismus vorgeht. 1935 verweigert er dem Stützpunktleiter der NSDAP die Kommunion. Den Kindern der Pfarrei verbietet er, von der Partei zur Verfügung gestellte Turnanzüge anzuziehen. Als im Jahr 1934 in Peheim ein Arbeitsdienstlager des Reichsarbeitsdienstes eingerichtet wird, sieht der Pfarrer Gefahren für die weibliche Jugend des Dorfes heraufziehen und unterbindet jeden Kontakt zwischen Dorf und Lager. Sogar ein katholischer Theologiestudent, der sich im Lager befindet, kritisiert in einem Schreiben an den Bischof die Aktivitäten des Pfarrers. Innerhalb des Lagers – geführt von einem „guten Katholiken" – herrschten die besten Verhältnisse: „Leider ist der Pfarrer von Peheim nicht ganz in Ordnung. Er geht dauernd unvernünftigerweise gegen den Arbeitsdienst an. Deshalb hat der Lagerführer uns den Kirchbesuch in Peheim verboten."[1]

Im November des Jahres 1936 erläßt der Oldenburgische Minister für Kirchen und Schulen den bekannten ‚Kreuz-Erlaß', der später wieder zurückgenommen wird. Dieser besagt, daß Kreuze und Lutherbilder aus den Schulen entfernt werden müssen. Zudem dürfen künftig kirchliche Einweihungen und Einsegnungen in Schuleinrichtungen nicht mehr vorgenommen werden. Doch für Pfarrer Engels ist

---

[1] Pfarrarchiv St. Johannes, Molbergen.

es selbstverständlich, die 1937 in Peheim fertiggestellte neue Schule einzuweihen. Am 29. März 1937 erklärt er von der Kanzel, daß die Einweihungsfeier nach dem Hochamt stattfinde. Die gesamte Pfarrgemeinde bringt die geweihten Kreuze in feierlicher Prozession zur neuen Schule und hängt diese dort in den Klassenzimmern auf. Auf der Eröffnungsfeier der politischen Macht, die am 13. April stattfindet, erscheint Pfarrer Engels nicht. Er ist mittlerweile angezeigt worden und wird am 8. Juni verhaftet und in das Gefängnis in Oldenburg gebracht. Die Peheimer Bürger sind entrüstet und unternehmen mit Fahrrädern eine Bittwallfahrt nach Bethen für die Freilassung ihres Pfarrers.

Am 31. Juli 1937 wird der Pfarrer wegen zweifachen Hausfriedensbruchs vor Gericht gestellt. Man wirft ihm die Einsegnung der Schule und das Aufhängen der Kruzifixe vor. Außerdem soll der Geistliche am 5. Januar 1937 ein Hitlerbild abgehängt und stattdessen ein Kreuz angebracht haben. Das Gericht verurteilt ihn zu 200 Reichsmark Geldstrafe. Warum der Geistliche trotz des bereits im Juli gefällten Urteils erst am 3. Dezember 1937 aus der Haft entlassen wird, läßt sich heute nicht mehr klären.

Zwei weitere Jahre wirkt er in seiner Gemeinde, ohne daß Konflikte zwischen Partei und Pfarrer nachzuweisen sind. Im August 1939 unterhält sich Gottfried Engels mit Veteranen aus dem Ersten Weltkrieg, die erneut eingezogen worden sind. Welche Äußerungen er dort tat, ist nicht bekannt, sie führen jedoch zu seiner Verhaftung am 1. September.

In der Folge hat der Geistliche einen besonderen, äußerst ungewöhnlichen Schicksalsweg, denn er wird zunächst nach Dachau gebracht, aber dann wieder zurück nach Oldenburg überstellt.

Nach eigenen Angaben bringt man den Pfarrer in eine psychiatrische Anstalt. Dort bleibt er bis Anfang Oktober, danach wird er im Gefängnis in Oldenburg festgehalten. Mitte November befindet sich Gottfried Engels im Gefängnis in Bremen. Schließlich stellt man ihn vor ein Kriegsgericht. Er wird freigesprochen. Datum und Ort der Gerichtsverhandlung sind nicht bekannt. Erstaunlich aber ist, daß die Gestapo ihn nicht sofort erneut verhaftet und einem Konzentrationslager überstellt, sondern er als freier Mann das Gericht verlassen kann. Gottfried Engels begibt sich zunächst nach Hohenholte. Von dort aus bittet er am 20. März 1940 seinen Bischof, ihn aus Gesundheitsgründen von seiner Pfarrstelle zu entbinden. Auf Wunsch Clemens August von Galens begibt er sich zunächst in das Gertrudenstift in Bentlage bei Rheine. Am 3. Juni tritt er in Walbeck am Niederrhein eine Stelle als Kaplanvertreter an.

Die Gestapo Oldenburg ruht jedoch nicht. Sie bereitet ein Sondergerichtsverfahren vor und verhaftet Gottfried Engels erneut, wahrscheinlich Anfang August 1940. Da dieses Verfahren wohl nur schleppend in Gang kommt, geht man auf seiten der Gestapo den sichersten Weg: am 29. September befindet sich der Pfarrer bereits im Konzentrationslager Sachsenhausen. Nach etwa drei Wochen allerdings wird er in das Gefängnis in Oldenburg zurückgebracht. Anfang Dezember befindet er sich auf dem Transport nach Dachau. Der Transport über Hamm, Kassel, Frankfurt und Nürnberg dauert insgesamt neun Tage. Am 14. Dezember 1940 erreicht dieser das Konzentrationslager. Gottfried Engels wird im Priesterblock 26/3 untergebracht.

Im Juli 1941 wird er jedoch zu weiteren Vernehmungen zurück nach Oldenburg überstellt, bevor man ihn Anfang November erneut nach Dachau bringt. Im Mai 1942 transportiert man ihn wiederum nach Oldenburg und stellt ihn vor ein Sondergericht – eine gänzlich unübliche Maßnahme. Hier zeigt sich der seltene Fall, daß ein Sondergerichtsurteil für den Gefangenen positive Auswirkungen hat, ja möglicherweise sein Leben rettet. Gottfried Engels wird zu zwei Jahren Zuchthaus verurteilt. Diese Haftzeit ist nicht nur physisch und psychisch weitaus leichter zu ertragen als eine KZ-Haft, sie schützt den Geistlichen auch für zwei Jahre vor dem Zugriff der Gestapo. Am 20. Mai 1942 beginnt seine Untersuchungshaft. Die Zuchthausstrafe dauert bis zum Herbst 1944 an. Der Pfarrer verbringt diese im Zuchthaus Hamburg-Fuhlsbüttel und in zahlreichen Außenlagern der Gefängnisanstalt.

Nach seiner Entlassung wird er als Pfarrer a. D. zum Rektor der Klarissenkirche in Kevelaer ernannt. Am 26. Juni 1946 übernimmt er eine Pfarrei in Kapellen, wo er am 28. Mai 1961 stirbt.

Quellen:
BAM, Slg. NS-Verf., Akte Gottfried Engels
Pfarrarchiv St. Johannes, Molbergen
Pfarrarchiv St. Anna, Peheim

Literatur:
Münsterländische Tageszeitung vom 24. Januar 1987
Teuber, Werner: Als gute Unterthanen und Bürger ... geduldet, verfolgt, vertrieben, ermordet: jüdische Schicksale 1350–1945. Vechta 1988

Heinrich Fresenborg

Nr. 28742

Geb. 2. Mai 1900 in Essen/Oldenburg. Gymnasium: Sittard und Vechta. Studium: Münster. Priesterweihe: 7. März 1925 in Münster.

Am 1. April 1925 ernennt Bischof Poggenburg Heinrich Fresenborg zum Kaplan in Visbek, ab August 1927 übt er die gleiche Funktion in Halen-Höltinghausen aus. Ab April 1929 wirkt er schließlich als Kaplan in Nikolausdorf, wo er neun Jahre tätig ist.

Im September 1936 versucht Heinrich Fresenborg, gegen einen Vertreter der Partei vorzugehen. Der Oberschulrat soll nach Zeugenaussagen bei einer Visitation, in der die Geschichte von Joseph in Ägypten thematisiert wurde, zur Verteilung des Korns erklärt haben: „Damit wollte er bloß tüchtig Geld einschrappen (!!)! Er war ein richtiger Jude, wie auch seine Brüder. So was täten die Deutschen nicht."[1] Der Beschwerde ist kein Erfolg beschieden. In der Folgezeit sind zunächst keine weiteren Zusammenstöße mit dem NS-Regime bekannt. Am 23. Mai 1938 ernennt Bischof von Galen den Geistlichen zum Pfarrer von St. Ludgerus in Neuscharrel.

Als die Nationalsozialisten 1941 ihre Euthanasiemaßnahmen verschärfen und Bischof Clemens August am 3. August des Jahres in einer Predigt dagegen protestiert, studiert Heinrich Fresenborg den Inhalt der Predigt und greift das Thema im Hochamt vom 7. September auf. Er spricht frei und hält sich nicht eng an den vorgegebenen Text. Dies wird ihm zum Verhängnis. Dem Protokoll eines Spitzels zufolge soll Pfarrer Fresenborg von der Kanzel gesagt haben: „In der Nähe von Münster ist eine Anstalt für geisteskranke Personen (Idioten). Von dieser Anstalt aus kommen die Kranken in eine andere Anstalt. Nach kurzer Zeit bekommen dann die Angehörigen Nachricht, daß der Kranke gestorben ist. Gegen Einsendung eines gewissen Geldbetrages wird den Angehörigen die Asche zugeschickt. Die Leichen sind also verbrannt worden. Diese kranken Personen sind aber nicht eines natürlichen Todes gestorben, sondern sie haben eine Spritze bekommen und sind dann langsam eingeschlafen. Das ist Mord."[2]

Am 18. September wird Heinrich Fresenborg verhaftet und in das Gefängnis nach Wilhelmshaven gebracht. Am 28. 11. 1941 trifft er in Dachau ein und wird dem Block 26 zugeteilt. Arbeit findet er auf der Plantage, über seine genauen Auf-

[1] Pfarrarchiv Herz-Jesu, Nikolausdorf.
[2] Abschrift aus dem Bericht der Gestapostelle Wilhelmshaven vom 23. September 1941, in: BAM, Slg. NS-Verf., Akte Heinrich Fresenborg.

gaben dort ist nichts bekannt; später wird er Leiter des Besen-Kommandos, das für die Sauberkeit der Lagerstraße zuständig ist. In der Karwoche des Jahres 1945 wird der Geistliche aus der Lagerhaft entlassen. Am Ostermontag trifft er nach beschwerlicher Eisenbahnfahrt in der Heimat ein – gerade rechtzeitig, um mit seiner Mutter deren 80. Geburtstag zu feiern. Nach mehrmonatigem Erholungsurlaub kann Heinrich Fresenborg im Oktober 1945 seine alte Pfarrstelle in Neuscharrel wieder einnehmen. Hier wirkt er bis 1972, dann geht er in den Ruhestand und zieht sich nach Goldenstedt zurück. Am 7. März 1985 feiert er dort sein 60jähriges Priesterjubiläum.

Am Freitag, dem 21. März 1986, stirbt Pfarrer Heinrich Fresenborg plötzlich und unerwartet in Goldenstedt, kurz vor der Vollendung seines 86. Lebensjahres.

Quellen:
BAM, Priesterkartei, Karteikarte Heinrich Fresenborg
BAM, Slg. NS-Verf., Akte Heinrich Fresenborg
Pfarrarchiv Herz-Jesu, Nikolausdorf

Literatur:
Fresenborg, Heinrich, in: Eugen Weiler: Die Geistlichen in Dachau sowie in anderen Konzentrationslagern und in Gefängnissen, Bd. 2, Lahr 1982, S. 296ff

Reinhold Friedrichs

Nr. 27182

Geb. 8. Mai 1886 in Hüls bei Krefeld. Beruf des Vaters: Kolonialwarenhändler. Gymnasium: Kempen, Gaesdonck und Viersen. Studium: Münster. Priesterweihe: 1. Juni 1912 in Münster.

Reinhold Friedrichs wirkt zunächst acht Jahre als Kaplan an der St.-Georgs-Pfarrei in Bocholt. Danach wechselt er als Kanonikus für zwei Jahre nach Borken, bevor er 1922 zum Kaplan an St. Ägidii in Münster ernannt wird. Sein besonderer Einsatz gilt dabei der Jugendarbeit. Durch seine klare, offene Sprache und sein Verständnis für die Probleme der Jugendlichen findet er schnell deren Vertrauen. So wird seine Wohnung, das Haus Krumme Straße 46, Anlaufstelle für viele, die Probleme haben oder Rat suchen. Reinhold Friedrichs wird zu einer stadtbekannten Priesterpersönlichkeit. So erinnert sich ein damaliger Arbeitsloser:
„Krumme Straße 46: für wen war diese Anschrift kein Begriff, für den einen eine Zuflucht in seiner Not, für den anderen eine Stätte der moralischen Aufrichtung und Auffrischung, für einige eine Heimat, und für viele, für sehr viele eine Möglichkeit der materiellen Hilfe ... Er sagte nicht gelobt sei Jesus Christus, er sagte Dir ein schlichtes, herzliches Grüß Gott und gleich darauf kam seine Frage, ob Du schon ein warmes Frühstück – gemeint war damit eine Zigarette – gehabt hättest. Seine männlich tiefe Stimme sagte dann: Komm, steck Dir erst mal eine Fluppe zwischen die Zähne und dann können wir uns unterhalten... was haben wir bei allem Ernst und aller Arbeit für Dummheiten und Scherze gemacht und der Präses machte mit. Wir gehörten zu ihm und der zu uns; und er verstand uns. Er sprach unsere Sprache, die Sprache der Jungen auf der Straße. Wie oft habe ich schon überlegt, was uns junge Menschen so an diesem Priester fesselte, was zog uns zu ihm. Und nicht nur seine engsten Mitarbeiter, nein, alle, ob Professor oder Gönner, ob Heide oder Christ, alle hingen an ihm wie die Kletten."[1]
Sein Bischof betraut ihn in den folgenden Jahren mit zahlreichen zusätzlichen Aufgaben. So wird er zunächst Religionslehrer an den Berufsschulen in Münster, des weiteren Diözesanpräses des KKV. Auch als Präses der deutschen Jugend-Kraft setzt er sein Engagement für die Jugend fort. Des weiteren wird er als geistlicher Betreuer der Konvertiten und als Polizei-Oberpfarrer tätig.
Nach der nationalsozialistischen Machtergreifung wird sein Aufgabengebiet drastisch eingeschränkt: DJK und KKV können sich nicht mehr wie bisher betätigen,

---

[1] BAM, Sammlung Reinhold Friedrichs, A 17.

1935 untersagt man ihm schließlich die Ausübung seiner Religionslehrertätigkeit. Dazu dürfte die Beurteilung durch die Gauleitung entscheidend beigetragen haben, die von einer längeren Observation des Geistlichen zeugt: Friedrichs habe trotz Verbotes für die konfessionellen Jugendverbände geworben, die Staatsjugend angegriffen, Lehrer beeinflußt, die Absetzung des Reichsjugendführers Baldur von Schirach gefordert. Schließlich habe er „versucht, auch bei anderen NS-Formationen als Religionslehrer unterzukommen in dem Bewußtsein, in der ihm eigenen jesuitisch geschliffenen Art den Nat. Soz. verwässern und dem Orthodox-katholischen Erziehungsgedanken zum Durchbruch verhelfen zu können. Er ist einer von jenen geschliffenen und jesuitisch geschulten Drahtziehern einer politischen Richtung, die stündlich und täglich ihre politische Unzuverlässigkeit im nat. soz. Sinne gesehen hundertfach unter Beweis stellen, aber bei keiner Gelegenheit handgreiflich gefaßt werden können. Jedenfalls darf eine Lehrtätigkeit, und zwar an keiner Schule, für F. mehr infrage kommen.

Die politische Unzuverlässigkeit müßte für sein ganzes Leben bescheinigt werden, da F. gar nicht die Absicht hat, die Interessen des nat. soz. Staates wahrzunehmen."[2]

Reinhold Friedrichs versucht zwar, auf dem Rechtsweg eine Wiedereinstellung zu erreichen, doch gelingt ihm dies nicht. Da dem Geistlichen durch die Partei nahezu alle Aufgabengebiete genommen sind, wendet er sich einer neuen Tätigkeit zu und führt in den Bistümern Münster und Osnabrück religiöse Wochen durch. Anläßlich einer religiösen Woche in Recklinghausen-Essel Anfang März 1941 hält Reinhold Friedrichs täglich sechs Predigten. Von Tag zu Tag nimmt die Zahl der Kirchenbesucher zu. Am Samstag, dem 8. März, hält der Geistliche frühmorgens eine Predigt über die Kreuzwegstationen eines Priesters im Gefängnis. Im Anschluß daran wird er um 9.00 Uhr morgens von zwei Gestapobeamten verhaftet und in das Gefängnis nach Münster gebracht. Dort begrüßt ihn die Gestapo mit den Worten: „Aha, da kommt der Propaganda-Chef von Clemens August."[3] Die Nachricht verbreitet sich in der Gemeinde wie ein Lauffeuer. Die Kirche ist am Abend und am folgenden Morgen überfüllt von bestürzten Gläubigen.

Bereits am 17. März wird Prälat Friedrichs ins Konzentrationslager Sachsenhausen gebracht, das er am 22. März erreicht. Zwar ist nicht viel über diese Haftzeit bekannt, doch scheint er in Sachsenhausen krank gewesen zu sein. Am 12. September 1941 wird der Geistliche nach Dachau überstellt. Hier findet er zunächst Quartier im Block 28/2, dann kurze Zeit auf Block 30/2 und darauf auf Block 26/2, wo er bis zum Ende seiner Haft untergebracht ist.

Sein erstes Arbeitskommando findet er in der Plantage, später übernimmt er die Werkzeugausgabe in der Außenstelle Dachau der Messerschmitt-Werke. In den letzten Monaten des Lagers ist er in der Paketausgabe der Poststelle tätig. Schon früh erwirbt sich der große, väterlich wirkende Mann die Hochachtung seiner Mitgefangenen. Der korrekte, stets auf Haltung bedachte Priester gilt vielen als Vorbild. Er zählt zu den Geistlichen, denen es immer wieder gelingt, ausgleichend zu

---

[2] Reinhold Friedrichs, in: Weiler, a.a.O., Bd. 2, S. 300.
[3] BAM, Bilderkartei, Beschriftung auf der Rückseite eines Bildes.

Reinhold Friedrichs als Blockältester mit längerem Haar.

wirken, und ohne Ansehen der Nationalität den einzelnen Mitgefangenen durch menschliche Größe, Seelenstärke und Mitmenschlichkeit zu helfen. In den Briefen an seine Haushälterin betont er, daß das Priesterleben von Tag zu Tag reicher werde, auch und gerade unter diesen schmachvollen Bedingungen. Er strahlt in diesen Briefen stets Optimismus aus. 1943 gelingt es Reinhold Friedrichs, mehrere Briefe illegal aus dem Lager zu schmuggeln.

Als im Oktober 1944 die kommunistischen Blockältesten abgelöst werden, wird Reinhold Friedrichs in dieser Position in Block 26 tätig. Unermüdlich setzt er sich für seine Priesterkameraden, die ihn ehrfurchtsvoll ‚Blockvater' nennen, ein. Zudem bemüht er sich erfolgreich, die Kapelle zu erhalten. Nicht ganz frei von Eitelkeit, erfüllt es ihn mit Genugtuung, daß er als Blockältester sein Haar länger tragen darf.

Am 5. April 1945 wird Reinhold Friedrichs aus der Lagerhaft entlassen und hält sich zunächst in München, dann in Rosenheim auf. Am 4. Oktober nach Münster zurückgekehrt, wird er zum Domkapitular ernannt. Der Geistliche wird Diözesanpräses der katholischen Beamtenvereine, geistlicher Beirat der katholischen Kirchenangestellten und betreut bis zur Gründung der Bundeswehr den Bundesgrenzschutz. Im Jahre 1952 wird er mit dem Bundesverdienstkreuz ausgezeichnet, im März 1960 ernennt ihn der Heilige Vater zum päpstlichen Hausprälaten. Seine ganze Kraft widmet er der Aussöhnung zwischen den einzelnen Nationen, stets versucht er, die durch den Nationalsozialismus geschlagenen Wunden zu heilen.

Nach langem schweren Leiden, das er gefaßt trägt, stirbt Reinhold Friedrichs am 28. Juli 1964. Tausende von Menschen säumen die Straßen von Münster, durch die der Leichenzug führt. In der Nähe des großen Kreuzes auf dem Zentralfriedhof findet er seine letzte Ruhestätte.

Es ist bezeichnend für die Verbundenheit des Geistlichen mit den Gläubigen, daß er testamentarisch verfügt hat, allen Polizeibeamten, die bei seinem Begräbnis anwesend sind, ein Essen im Lindenhof zu servieren.

Quellen:
BAM, Priesterkartei, Karteikarte Reinhold Friedrichs
BAM, Slg. NS-Verf., Akte Reinhold Friedrichs
BAM, Sammlung Reinhold Friedrichs

Literatur:
Friedrichs, Reinhold, in: Eugen Weiler, Die Geistlichen in Dachau sowie in anderen Konzentrationslagern und in Gefängnissen, Bd. 2, Lahr 1982, S. 298ff.
Schnabel, Reimund: Die Frommen in der Hölle. Geistliche in Dachau. Frankfurt/M. 1966
Stimmen von Dachau Nr. 15, Juli 1962
Westfälische Nachrichten vom 3. August 1964

Hubert Gassmann (P. Alkuin) OFM

Nr. 38595

Geb. 26. November 1890 in Wingerode/Eichsfeld. Beruf des Vaters: Landwirt. Ordenseintritt: 1904 in Harreveld. Gymnasium: Harreveld und St. Ludwig. Studium: Ordenshochschule Dorsten. Priesterweihe: 13. August 1922 in Paderborn.

P. Alkuin findet sein erstes Betätigungsfeld als Seelsorger in Essen. Sein ausgezeichnetes Redetalent wie auch seine exzellenten Vorträge machen ihn bald zu einem begehrten Prediger bei unterschiedlichsten Gelegenheiten. In den folgenden Jahren wechselt er von Essen nach Halberstadt, Remagen und Hagen, wo er unterschiedliche Aufgaben übernimmt. Im Januar 1931 führt ihn eine Versetzung nach Recklinghausen-Stuckenbusch, dort ist er in der Volksmission und in der Exerzitienarbeit tätig. Hier findet er seine Lebensaufgabe und bleibt dort bis 1960 eingesetzt. Eine offene Tuberkulose verhindert seine weitere Arbeit in der Seelsorge. Zwar kann er selbst noch die Messe zu seinem goldenen Ordensjubiläum am Ostersonntag 1962 feiern, am 26. März 1966 aber stirbt er an den Folgen eines Schlaganfalls.

Pater Alkuin scheut sich in seinen gedankenvoll angelegten und meisterhaft vorgetragenen Predigten nicht, auf Zeitvorgänge anzuspielen und zu Zeitproblemen klar Stellung zu beziehen; dies manchmal in bissiger und satirischer Form. So muß er zwangsläufig mit dem nationalsozialistischen System in Konflikt geraten.

„Es ist keine Leichtigkeit, auf dem sogenannten Feld der Ehre zu sterben."[1] Dieser Satz, der in einer Predigt im September 1939 in Recklinghausen-Essel enthalten gewesen sein soll, führt zu einer Anzeige gegen Pater Alkuin wegen Vergehens gegen das Heimtückegesetz. Im November wird das Verfahren beim Sondergericht Dortmund eröffnet, im Dezember aber mit Berufung auf den Gnadenerlaß des Führers eingestellt. Da Pater Alkuin weiterhin sein Predigtamt so ausübt, wie es sein Selbstverständnis gebietet, und seine Reden von Spitzeln mitgeschrieben werden, bleibt ein erneuter Zusammenstoß mit dem Regime nicht aus.

Im Juli 1942 hält sich Pater Alkuin anläßlich einer religiösen Woche, in deren Verlauf er zahlreiche Predigten abhält, in Hoetmar auf, wo einige Tage vorher der Pfarrer August Wessing von der Gestapo verhaftet worden war. Kurz nach seiner Rückkehr in seine Heimatgemeinde erhält Pater Alkuin die Aufforderung, sich am 11. August des Jahres bei der Gestapo-Stelle in Münster, Gutenbergstraße, zur Vernehmung einzufinden. Die Anklage gegen ihn lautet: Angriff auf den nationalsozia-

---

[1] STAM, Reg. MS 29694, Monatsbericht November 1939.

listischen Staat. In einer seiner Predigten in Hoetmar soll er gesagt haben: „Davon, ob Deutschland den Krieg gewinnt oder verliert, hängt es ab, ob Deutschland in Zukunft christlich oder heidnisch sein wird."[2] Pater Alkuin selbst gibt den Predigttext so wieder: „Gott hat uns hineingeboren werden lassen in einen gewaltigen, blutigen Krieg. Aus diesem Ringen wird ein neues Europa, vielleicht sogar eine neue Welt hervorgehen. Daneben aber tobt ein Kampf, von dem mehr abhängt, als von Sieg oder Niederlage des Krieges. Es ist der Kampf der Geister gegen Christus."[3]

Bei seiner Ankunft in Münster wird Pater Alkuin sofort verhaftet und ohne jede gerichtliche Untersuchung in das Gerichtsgefängnis dort überstellt. Auch in den nächsten Wochen finden weder Verhöre statt noch werden weitere Ermittlungen angestellt. Am 26. Oktober wird ihm der Schutzhaftbefehl vorgelegt, den er unterschreiben muß. Wie deutlich der Franziskanerpater die Bedrohung erkennt und wie genau er die Risiken des Konzentrationslagers Dachau sieht, geht aus einem Brief hervor, den er seinem P. Provinzial im Juni 1942 schreiben kann. Einleitend zitiert er aus seinem Schutzhaftbefehl:

„‚Der Angeklagte hat in seinen Predigten geradezu herausfordernd gehetzt und dadurch Unruhe in weiteste Kreise des Volkes getragen. Da zu erwarten ist, daß er bei seiner Freilassung die defaitistische Wühlarbeit fortsetzen wird, wird er in Schutzhaft genommen.' Also vor dem Ende des Krieges ist an eine Befreiung nicht zu denken. Es ist mir ein starker Trost, daß ich n u r religiös gesprochen habe. Was die Anklage mir vorwirft, ist nicht wahr. Mutig und mannhaft will ich mein Kreuz tragen, das Gottes liebe Vaterhand mir geschickt hat. Ich bin mir klar, daß es nicht leicht sein wird. Aber da es für Christi Reich ist, wird der Gekreuzigte mir zur Seite stehen. Eine Bitte: Sollte Gott in Dachau mich heimrufen, laß mich in meinem Heimatdorf beerdigen. Warum? Ich glaube, daß dort mein Grab eine starke Mahnung für meine Nichten und Neffen sein wird, ihrem katholischen Glauben treu zu bleiben. Dich und alle meine Mitbrüder bitte ich um Verzeihung für alles, wodurch ich sie gekränkt habe. – Zugleich danke ich allen und einem jeden für alles Gute und Liebe, das sie mir getan. Um das innige Gebet der lieben alma Saxonia darf ich wohl bitten. Ich werde der Provinz auch gedenken. Wenn wir uns hienieden nicht wiedersehen sollten, dann auf frohes Wiedersehen im Himmel. Wie Gott es fügt. Grüße herzlichst alle meine Brüder in der Liebe des hl. Vaters Franziskus."[4]

Am 3. November wird Pater Alkuin in einem Gefängniswagen der Reichsbahn nach Dachau überstellt. Nach dreitägiger Reise trifft er dort am 6. November 1942 ein.

Nach der brutalen Aufnahmeprozedur, die auch Pater Alkuin bei seiner Ankunft im Konzentrationslager nicht erspart bleibt, wird er zunächst dem Block 15, Stube 1, zugewiesen. In diesem sogenannten Zugangsblock wird er mit anderen

---

[2] Hubert Gaßmann in einem Bericht über seine Verhaftung, in: BAM, Slg. NS-Verf., Akte Hubert Gaßmann.
[3] Hubert Gaßmann in einem Bericht über seine Verhaftung, a.a.O.
[4] Vita Seraphica, Anregungen und Mitteilungen aus der Sächsischen Franziskanerprovinz vom Hl. Kreuz, Bd. 48, Werl 1967, S. 150.

neuen Gefangenen in die Regeln des Lagers eingewiesen. Später findet er zusammen mit den anderen Priestern und Ordensgeistlichen Unterkunft im Block 26.

Zwei Umstände erleichtern dem Franziskaner in Dachau das Überleben: einerseits bleibt er von der Typhusepidemie, die im Lager ausbricht, verschont; zum anderen dürfen die Gefangenen seit dem Herbst des Jahres 1942 Pakete empfangen. Durch diese willkommene Hilfe können die Folgen der schlechten Ernährung ein wenig gemildert werden. Lebensmittelsendungen erhält er vor allen Dingen von seiner Familie und seinen Freunden, aber auch von den Klarissen in Münster, denen er Exerzitien erteilt hatte. Die Angst, den Hungertod erleiden zu müssen, quält den Pater weiterhin, wie Mitbrüder später berichten. Dies zeigt sich auch an der Ungeduld, mit der er auf verspätet eintreffende Pakete reagiert. In all diesen Jahren hält sein Kursusgenosse Pater Valerian den Kontakt zwischen dem Gefangenen, seiner Familie und dem Orden aufrecht.

Als Arbeitskommando wird Pater Alkuin, wie sehr vielen anderen Priestern auch, die Plantage zugeteilt. Hier muß er, ungenügend gegen die Unbilden der Witterung geschützt, Erd- und Gartenarbeiten verrichten. Den Tod hat der Franziskanerpater stets vor Augen. So sagt er einem Mitbruder, er fürchte sich nicht vor dem Tod in der Plantage. Er habe immer den Gedanken gehabt, keinen ‚Strohtod' zu sterben, sondern für das Reich Gottes umzukommen. Pater Alkuin findet sich in das Lagerleben und die Gemeinschaft der Priester dort sehr gut ein, wie der Nachruf in der Zeitschrift der ehemaligen Dachauer Priester belegt: „Wir lernten ihn hier kennen als einen echten Franziskaner mit goldenem Humor, der, wo er Unrecht sah, aber auch schimpfen konnte wie ein Rohrspatz."[5]

Nachdem er den größten Teil seiner Gefangenschaft in der Plantage verbracht hatte, erlangt er zuletzt noch einen Capo-Posten in einem nicht bekannten Kommando. Hier wird ihn die unerwartete Nachricht von seiner Entlassung am 5. April 1945 erreicht haben.

Quellen:
STAM, Reg. MS 29694, Monatsbericht November 1939
BAM, Slg. NS-Verf., Akte Hubert Gaßmann

Literatur:
Vita Seraphica, Anregungen und Mitteilungen aus der Sächsischen Franziskanerprovinz vom Hl. Kreuz, Bd. 48, Werl 1967, S. 148–151

---

[5] Zitiert nach: Vita Seraphica, a.a.O., S. 150f.

Josef Helmus

Nr. 41408

Geb. 19. April 1886 in Wetten. Beruf des Vaters: Schuhmacher. Gymnasium: Gaesdonck. Studium: Münster. Priesterweihe: 10. Juni 1911 in Münster.

Josef Helmus wird am 5. Oktober 1911 zum dritten Kaplan in der Pfarrei Erle bei Buer ernannt, im November 1923 erfolgt die Versetzung an die Kirche St. Peter in Recklinghausen, wo er das Amt des Kaplans und Vikars innehat. Nach fünfjähriger Tätigkeit erfolgt die Versetzung als Pfarrektor nach Walsum-Vierlinden im April 1928. Hier erlebt er die Machtübernahme durch den Nationalsozialismus, dem er von Beginn an ablehnend gegenübersteht. Diese Abneigung äußert er frühzeitig auch in Predigten und Versammlungen kirchlicher Vereine.

Es überrascht daher nicht, daß Josef Helmus schon bald in erste Konflikte mit dem Regime gerät. Am 13. Februar 1934 wird der Pfarrektor zusammen mit drei anderen Pfarrern von Walsum polizeilich zum Ortsbürgermeister vorgeladen und über das Verbot jeder außerkirchlichen Aktivität instruiert. Nach dieser Verwarnung herrscht nahezu ein Jahr Ruhe, bis Josef Helmus am 5. Mai 1935 in einer Predigt einen Hirtenbrief des Bischofs von Münster über Schulfragen auf die örtlichen Verhältnisse anwendet. Dabei nennt er den Schulrat und den Schulleiter mit Namen. Es folgt ein sofortiges Verbot, weiterhin Religionsunterricht zu erteilen. Wenige Wochen später, am 8. Juni, wird ein Aufenthaltsverbot für die Rheinprovinz erwirkt.

Josef Helmus läßt sich nach seiner Ausweisung in Amsterdam nieder und wird als Rektor der deutschen Gemeinde tätig. So entgeht er zunächst weiteren Repressalien, denn das Sondergericht in Düsseldorf hat inzwischen ein Ermittlungsverfahren gegen ihn eingeleitet und erläßt für den Fall seiner Rückkehr in das Reich Haftbefehl. Als Josef Helmus zum 26. November 1935 die Pfarrektorstelle in Schmedehausen übertragen wird, kehrt er in das Reichsgebiet zurück. Von einer Verhaftung des Geistlichen wird jedoch Abstand genommen, da der zuständige Bürgermeister bescheinigt, daß keine Fluchtgefahr bestehe. Außerdem sei in Schmedehausen über die vorangegangenen Vorfälle nichts bekannt, so daß in der Bevölkerung keine Unruhe zu erwarten sei. Demgegenüber sei schon während der Vakanz der Stelle Kritik in der Bevölkerung laut geworden; es läge daher nahe anzunehmen, daß nach einer Verhaftung des Geistlichen und einer erneuten Vakanz mit erheblichem Unmut gerechnet werden müsse.

Das Verfahren beim Sondergericht in Düsseldorf wird zunächst auf April 1936 angesetzt, dann jedoch ohne Angabe von Gründen auf den Juli verschoben.

Die Anklage lautet auf Heimtücke und Verstoß gegen den Kanzelparagraphen und bezieht sich auf zwei angebliche Vergehen vom März und Mai 1935. Im ersten Fall wird Josef Helmus angeklagt, sich nach einer Schulfeier anläßlich der Saarbefreiung negativ über die nationalsozialistische Bewegung geäußert zu haben. Folgendes hat sich abgespielt: Nach der Feier kehrt Josef Helmus mit einigen anderen Lehrern in einer Gaststätte in Vierlinden ein, in der er mehrere Glas Bier zu sich nimmt. Zusammen mit dem Rektor bleibt er, ohne feste Nahrung zu sich zu nehmen, bis weit in den Nachmittag. Zentrales Thema des Gesprächs ist die Saarabstimmung. Ein anwesender Zeuge, der Josef Helmus kennt, sagt später aus, der Geistliche habe sich im Laufe des Nachmittags zu ihm an die Theke gestellt und sich negativ über die NSDAP geäußert. Auf die darauf gemachten Vorhaltungen und das Argument, er hätte hören sollen, wie das Saarvolk dem Führer zugejubelt habe, soll der Pfarrektor geantwortet haben: „Das ist alles Schwindel, das sind gekaufte Leute."[1] Dies beeidet der Zeuge später auch.

Zuhilfe kommt dem Geistlichen die Aussage eines anderen Gastes, der den Satz nicht gehört haben will. Dieser gibt an, daß der erste Zeuge das Ergebnis der Abstimmung auf die Propaganda des deutschen Reiches zurückgeführt, während Josef Helmus dafür die deutsche Gesinnung der Saarländer und die Aufrufe der Bischöfe von Trier und Speyer verantwortlich gemacht habe. Zudem wertet das Gericht die rege Propaganda des Geistlichen in seiner Gemeinde, in der zahlreiche Saarländer ansässig sind, positiv. So habe er im Jahr vor der Abstimmung durch Vorträge und Filmvorführungen für die Saarabstimmung geworben, daher sei seine Freude über das Abstimmungsergebnis ehrlich zu werten. Das Verfahren wird daher in diesem Punkt eingestellt.

Im zweiten Fall bezieht sich das Gericht auf die oben bereits erwähnte Predigt vom 5. Mai 1935. Josef Helmus hatte neben der Predigt des Bischofs ein Schreiben aus dem kirchlichen Amtsblatt verlesen über die Freiwilligkeit des Beitritts zur Hitlerjugend und darauf verwiesen, daß trotz der Erklärung des Reichsjugendführers, jeder könne freiwillig in die Staatsjugend kommen, im Kreis Dinslaken Druck ausgeübt werde. Diejenigen Kinder, die nicht in der Staatsjugend seien, bekämen zum Montag Hausaufgaben auf, die als Strafarbeiten anzusehen seien. Die Kinder in den katholischen Organisationen seien daher kleine Märtyrer. Dennoch müßten sie gehorsam sein und die Aufgaben erledigen.

Josef Helmus selbst gibt den Sachverhalt als prinzipiell richtig an. Allerdings habe er betont, es seien keine Strafarbeiten, zudem müßten Katholiken Gehorsam leisten, da sie nicht an Revolution und Ungehorsam interessiert seien. Darüber hinaus habe er nicht etwa gesagt, die Kinder seien ‚kleine Märtyrer', sondern sie seien ‚keine Märtyrer'. Das Gericht hält ihn jedoch durch die Aussagen des Zeugen für überführt. Nur zum Schein sei er dem Ausdruck Strafarbeiten entgegengetreten, somit habe er in der Kirche den öffentlichen Frieden gefährdet und mehrere Angelegenheiten des Staates zum Gegenstand seiner Verkündigung gemacht. Es läge zwar keine Aufreizung zum Ungehorsam gegen den Staat vor, doch hätten seine Äußerungen zur Verbitterung gegen die staatliche Schulverwaltung geführt. Innen-

---

[1] Archiv der Stadt Greven, 1–21–08/10.7., o.S.

politische Gegensätze zwischen den Volksgruppen seien hervorgerufen und vergrößert worden. Demzufolge wird der Geistliche am 30. Juni 1936 wegen Verstoßes gegen Paragraph 130 a StGB – dem sogenannten Kanzelparagraphen – zu drei Monaten Gefängnis verurteilt, jedoch am 27. Juli 1936 amnestiert. Josef Helmus teilt das Ergebnis des Verfahrens einige Wochen später der Ortspolizei von Greven mit. Belegen kann er seine Aussage jedoch nicht, da er kein Interesse an einer schriftlichen Urteilsbestätigung hatte.

Größere Probleme scheinen in der Folgezeit in Schmedehausen nicht aufgetreten zu sein. Einzig die Tatsache, daß der Geistliche der Ortspolizei mitteilt, er wolle im Mai 1938 am eucharistischen Weltkongress in Budapest teilnehmen, führt zu einem Einschreiten der Gestapo. Die Stapoleitstelle verfügt, daß im Reisepaß des Geistlichen der Vermerk ‚Nicht gültig für Ungarn' eingetragen wird. Ansonsten bleibt Josef Helmus in Schmedehausen vom nationalsozialistischen Regime unbehelligt. Seine Offenheit für alle Probleme der Menschen und seine rege Diskussionsfreudigkeit machen ihn zu einem geschätzten Mann. Hinzu kommt, daß er sich nicht in sein Privatleben zurückzieht, sondern am Leben der Gläubigen auch außerkirchlich teilnimmt. So liebt er die private Geselligkeit sehr. Sein bevorzugtes Hobby ist die Jagd, zu der er in Schmedehausen sehr häufig von der Familie Buschkötter eingeladen wird. Außerdem interessiert ihn das Kartenspiel, insbesondere Doppelkopf spielt er gern und häufig. Dabei schätzt er, wie schon in den Äußerungen während des Prozesses aus seiner Tätigkeit in Vierlinden deutlich wurde, Bier und Korn. Josef Helmus ist kein weltabgewandter Priester, sondern ein Mann, der mit seinen Gemeindemitgliedern lebt, ihre Sorgen und Nöte kennt und als Seelsorger Rat und Trost spenden kann.

Im März 1939 ernennt ihn Bischof Clemens August von Galen zum Pfarrer von St. Joseph in Gladbeck, einer Bergarbeitergemeinde. Die Kontakte zu seiner früheren Gemeinde verliert er jedoch nicht. So geht er noch häufig mit befreundeten Schmedehausenern zur Jagd.

Seine seelsorgerische Aufgabe erweitert sich nun jedoch auf Teile der industriellen Arbeiterschaft, die er einbinden oder neu gewinnen muß. Dabei scheut sich der Geistliche nicht, sich mit sozialdemokratischem und kommunistischem Gedankengut auseinanderzusetzen. Es gelingt ihm, sich in politischen Diskussionen mit ihrer Argumentation vertraut zu machen und eine Vertrauensbasis zu schaffen. Daß er in seiner Gemeinde erfolgreich tätig ist, läßt sich später deutlich daran belegen, wie gut die Kirche im Vorfeld seiner Verhaftung gefüllt ist.

Pfarrer Helmus ist innerhalb der örtlichen NSDAP schon bei Antritt seiner Stelle bekannt und gebrandmarkt. So erhält er ständig Warnungen, durch die er aufgefordert wird, sich konform zu verhalten.

Kurz nach Kriegsausbruch befürchtet Pfarrer Helmus, daß sein Auto in der Folgezeit requiriert werden könnte. Daher entschließt er sich, den Pkw schnellstmöglich abzustoßen. Den Kaufpreis legt der starke Raucher – in der Befürchtung, daß die Tabakversorgung leiden könnte – in Zigarren an und hortet diese auf dem Dachboden. Diese Maßnahme findet das Mißfallen seines damaligen Kaplans, der auch für seine Kontakte mit Sozialdemokraten und Kommunisten wenig Verständnis zeigt. Aus der Sicht seines Kaplans hatte Josef Helmus alle Maßnahmen, die gegen ihn eingeleitet wurden, selbst zu verantworten, da er ständig politisch gepredigt und damit das nationalsozialistische System herausgefordert habe.

Mit zunehmender Kriegsdauer werden die Stellungnahmen des Pfarrers gegen den nationalsozialistischen Staat in seinen Predigten deutlicher. Dennoch gibt es – außer Warnungen – keine Handhabe gegen den Geistlichen. Diese glaubt man von nationalsozialistischer Seite jedoch im Winter 1941/42 gefunden zu haben. Über den Zusammenhang berichtet Pfarrer Helmus selbst:

„Im Winter 1941/42 war alles zugefroren, Kanäle und Eisenbahnen funktionierten nicht, die Bergleute mußten trotz des Krieges dreimal in der Woche feiern. Ein ungewohntes Bild ergab sich daraus für die Seelsorger im Kohlenrevier: wir hatten monatelang mehr Männer in der Kirche als Frauen. Das war etwas Niegesehenes. Da tritt am 7. März 1942 plötzlich Tauwetter ein und am Samstag, dem 8. März, wird alles, was Beine hat, für Sonntag zur Schicht einberufen. Als ich nun am Sonntagmorgen gegen sechs Uhr zur Kirche gehe, grüße ich drei Frauen, die mir sagen: ‚Herr Pastor, heute haben Sie kein Glück, unsere Männer sind alle zur Schicht. Jeder, der heute arbeitet, bekommt einen Liter Schnaps.' Darauf sage ich: ‚Und Sie, Frau O., haben den Mann und zwei Jungens zum Arbeiten, das gibt drei Liter! Hoffentlich bekomme ich davon etwas mit.' Ärgerlich gehe ich zur Kirche und sehe vor der Predigt die Männerbänke gähnend leer. Ich schaue über die Köpfe und sage dann: ‚Liebe Frauen! Ihr dürft das nicht übelnehmen, daß die Männer wieder fehlen, die müssen alle arbeiten. Aber wir halten ja heute abend um neunzehn Uhr noch eine heilige Messe. Da wollen wir singen und beten. Eure Männer sollen doch auch noch etwas vom Sonntag haben. Ihr müßt selber sorgen, daß dann die Kirche gut besetzt ist. Freilich kann ich euren Männern keinen Schnaps an der Kirche geben. Den Eifer wird der liebe Gott schon anders zu belohnen wissen.' Dann hielt ich meine Predigt. Tatsächlich war abends die Kirche voll von Männern. Meine Worte wurden witzig kolportiert, von ‚Freunden' verdreht, und am 16. April 1942 erfolgte meine Verhaftung wegen ‚maßloser Kritik an Maßnahmen der Regierung zur Ernährung des Volkes'."[2]

Nach der Anzeige des NSDAP-Ortsgruppenleiters sieht die Gestapo in Helmus' Predigt Anreizung zur Arbeitssabotage. Nach seiner Festnahme am 16. April 1942 werden in seinem Haus auch einige Predigten des Bischofs konfisziert. Zunächst liefert man den Pfarrer in das Polizeigefängnis in Gladbeck ein, überstellt ihn aber Ende Juni in das Gerichtsgefängnis in Essen. Trotz einiger Schwierigkeiten setzt die Gestapo eine Sondergerichtsverhandlung in Essen durch. Diese ist jedoch nicht so erfolgreich, wie die Gestapo gehofft hatte. So berichtet Pfarrer Helmus nach dem Krieg: „Meine Aburteilung vor dem Sondergericht am 14. 10. 1942 endete mit einem glatten Fiasko der von der Gestapo aufgebauten Anklage. Der Staatsanwalt gab in einem Satz folgendes zur Kenntnis der Anwesenden: ‚Die Staatsanwaltschaft sieht sich außerstande, die Anklage zu vertreten und gibt den Angeklagten frei.'"[3]

Dennoch wird Pfarrer Helmus sofort wieder verhaftet. Doch nun geht die Gestapo andere Wege: Bis zum 16. Dezember 1942 wird der Geistliche im Polizeige-

---

[2] Josef Helmus, in: Weiler, a.a.O., Bd.1, S. 1029.
[3] Bajohr, Frank: Verdrängte Jahre. Gladbeck unter'm Hakenkreuz. Essen 1983, S. 214.

fängnis Gladbeck festgehalten, danach wird er direkt nach Dachau überstellt. Schon bald bekommt er bei Wilhelm Meyer im ‚Kripo-Kommando' einen Posten und gehört so zu den privilegierteren Häftlingen. Um dieses Kommando wird er „von Freund und Feind beneidet"[4], denn man hat es hier ausgesprochen gut.

Sein geselliges Wesen und seine Fähigkeit, sich mit Häftlingen aus allen politischen Richtungen auseinanderzusetzen und diese für sich einzunehmen, verschaffen ihm nach kurzer Zeit ein weiteres Betätigungsfeld. „Schon nach drei Monaten war ich Stellvertreter des Stubenältesten Hanne Stiegele, über den ich mit Hilfe meiner Landsleute schon bald die Oberhand gewann, so daß wir in Stube vier immerhin ein erträglicheres Leben führten als auf Stube zwei und drei. Man sagte uns nach, wir hätten nichts in Ordnung, und wenn was käme, dann wären wir an allem schuld. Tatsächlich aber lagen Kranke und Müde tagsüber oft ganze Stunden aus anderen Stuben in unseren Betten, und Hanne war dagegen machtlos. Hereingefallen sind wir nicht."[5] Der ebenfalls in Dachau gefangengehaltene Pfarrer Sonnenschein bestätigt, daß in dieser Zeit in Stube 4 eine unglaubliche Unordnung herrschte. Die ‚Hanne' sei nicht in der Lage gewesen, sich gegen Josef Helmus durchzusetzen. Wie sehr durch dieses Unterlaufen der Lagerordnung denjenigen Priestern geholfen wird, die krank waren und in dieser Weise durch Helmus geschützt wurden, belegt die Erinnerung eines anderen Priesters: „Du hast Deine Sache auf Block 26, Stube vier, als Stellvertreter des Stubenältesten ‚die Hanne' sehr gut gemacht. Gott lohne es Dir! Einer Deiner Leidensgenossen von Stube vier."[6]

Soweit wir heute wissen, hat Pfarrer Helmus die Dachauer Jahre relativ gut verkraftet. Das ausgezeichnete Arbeitskommando in Verbindung mit den Paketen aus Gladbeck und Schmedehausen sorgen dafür, daß er die unmenschlichen Umstände im Lager körperlich unbeschadet übersteht. Dabei verwundert, daß seine wenig diplomatische Art ihm keine Lagerstrafen einbringt. Den berüchtigten Stehbunker muß er nur einmal 24 Stunden ertragen, da er es gewagt hat, bei Fliegeralarm zu rauchen.

Am 5. April 1945 wird Pfarrer Helmus aus der Dachauer Haft entlassen. Die fehlenden Transportmöglichkeiten führen dazu, daß er auf Veranlassung des Kardinals Faulhaber in Markt Grafing in Oberbayern bleibt. In seiner Heimatgemeinde macht man sich unterdessen große Sorgen um den beliebten Pfarrer. Wilde Gerüchte sowie englische und amerikanische Nachrichten über die Konzentrationslager lassen das Schrecklichste vermuten. Lang erwartet trifft schließlich am 17. Juni, kurz vor Mittag, nach abenteuerlicher Fahrt, der Pfarrer in seiner Heimatgemeinde ein. Am Fest Peter und Paul versammelt sich die Gemeinde, um im Hochamt dankbar für die glückliche Heimkehr des Seelsorgers zu beten.

Die Beliebtheit des Pfarrers, der später mit seiner Gemeinde in das Ruhrbistum Essen inkardiniert wird, zeigt die Feier seines goldenen Priesterjubiläums. Nicht nur die Heimatgemeinde hat alles aufgeboten, was zur würdigen Durchführung eines solchen Festaktes nötig ist, auch die Dachauer Mitpriester, die dieses Jubiläum

---

[4] Josef Helmus, in: Weiler, a.a.O., Bd. 1, S. 1030.
[5] Ebda.
[6] Ungenannter Pfarrer, wahrscheinlich Weiler, in: Weiler, a.a.O., Bd.1, S. 1030. Vgl. auch ebda., S. 1132.

mit ihm begehen, kommen in großer Zahl. Bei ihnen wie bei seiner Pfarrgemeinde hat sich Josef Helmus große Verdienste erworben.

Er wirkt noch einige Jahre in seiner Pfarrei, die ihm zur zweiten Heimat geworden ist, bevor er am 11. November 1966 im Alter von 80 Jahren verstirbt.

Quellen:
Archiv der Stadt Greven, 1–21–08/10.7.
BAM, Materialsammlung Drittes Reich, GV NA A 101–29
BAM, Priesterkartei, Karteikarte Josef Helmus
BAM, Slg. NS-Verf., Akte Josef Helmus

Literatur:
Bajohr, Frank: Verdrängte Jahre. Gladbeck unter'm Hakenkreuz. Essen 1983
Dreßler, Detlef, Hans Galen und Christoph Spieker: Greven 1918–1950. Republik – NS-Diktatur und ihre Folgen. 2 Bde, Greven 1991
Helmus, Josef, in: Eugen Weiler, Die Geistlichen in Dachau sowie in anderen Konzentrationslagern und in Gefängnissen, Bd. 1, Mödling b. Wien 1971, S. 1028ff.

Heinrich Hennen

Nr. 29133

Geb. 13. Januar 1907 in Duisburg. Beruf des Vaters: Lederhändler. Gymnasium: Gaesdonck. Studium: Innsbruck und Münster. Priesterweihe: 23. Dezember 1933 in Münster.

Seine erste Anstellung findet Heinrich Hennen in der St.-Josephs-Pfarrei in Bottrop als Aushilfe, bevor er am 17. Mai 1934 zum Kaplan der Pfarrei St. Michael in Bottrop bestellt wird.

Im August 1938 wird gegen ihn ein Strafverfahren wegen Vergehens gegen das Heimtückegesetz eingeleitet, als er anläßlich einer Beerdigung mit einem Vertreter der Deutschen Arbeitsfront (DAF) in Streit gerät. Doch die Angelegenheit geht glimpflich aus: am 13. Oktober desselben Jahres stellt das Sondergericht in Dortmund das Verfahren ein. Um den Kaplan dem unmittelbaren Zugriff der Gestapo zu entziehen, wird er am 30. März 1939 als Kaplan an die Heilig-Geist-Kirche in Münster versetzt. Doch auch hier wird er von der Gestapo beobachtet. Den Grund für seine Inhaftierung liefert eine Predigt am Borromäussonntag Anfang November 1941 zum Thema „Das gute Buch". Hier führt er aus: „Leider gibt es heute in Deutschland Bücher und auch Lehrbücher an den höheren Schulen, die nicht objektiv die Tatsachen der katholischen Kirchengeschichte bringen."[1] Daraufhin wird Kaplan Hennen am 19. November 1941 in Schutzhaft genommen, da er sich ‚hetzerisch' geäußert habe.

Heinrich Hennen gibt als eigentliche Ursache seiner Verhaftung an, daß er als Leiter der Pfarrbücherei beseitigt werden sollte. Denn diese Pfarrbücherei wurde von etwa 600 Familien besucht, während die nahegelegene Filiale der von der NSDAP kontrollierten Stadtbücherei lediglich ein Viertel dieser Leserschaft anzog. Insbesondere die Kinder nutzten wohl ausschließlich die Bücherei der Pfarrei. Ob nun die Predigt selbst oder seine Stellung innerhalb der Pfarre der Grund für die Inhaftierung war, mag dahingestellt bleiben. Es reicht jedenfalls aus, um seine Überstellung nach Dachau vorzunehmen. Wie Kaplan Hennen später aussagt, wurde ihm der Schutzhaftbefehl so schnell vorgelesen, daß er den Inhalt nicht erfassen konnte.

Am 30. Januar 1942 trifft Heinrich Hennen im Lager Dachau ein. Der tüchtige, stabile Mann ordnet sich innerhalb des Lagers gut ein. Sein erstes Arbeitskommando findet er in der Plantage, später gehört er zu den Priestern, die in der SS-

---

[1] Heinrich Hennen, in: Weiler, Bd. 2, a.a.O., S. 301.

Besoldungsstelle Arbeit finden. Über sein weiteres Leben im Lager ist lediglich bekannt, daß er Ostern 1944 als Pfleger auf Block 13/6, dem ehemaligen Block 11/4 tätig ist. Hier faßt er den Plan, mit den katholischen Häftlingen (Polen, Deutschen und Österreichern) zusammen einen Ostergottesdienst abzuhalten. Jeder Laie sollte während der Opferung eine Hostie in seiner Hand halten, welche er dann mitkonsekrieren wollte. Da sich aber auf der Stube zwei sogenannte ‚gefallene Engel', ehemalige SS-Leute, befinden, scheint der Plan zu gefährlich und muß zum Bedauern Kaplan Hennens fallengelassen werden. Dennoch gelingt es ihm, das Sakrament am Ostersonntag in aller Stille im Verborgenen auszuteilen.

Nachdem er vermutlich noch einige Zeit in der Plantage gearbeitet hat, wird Kaplan Hennen am 5. April 1945 aus Dachau entlassen. Er wendet sich nach München und dort an Kardinal Faulhaber, der ihn vom 10. April 1945 bis zum 10. Juli 1945 als Kooperator in Edling bei Wasserburg einsetzt. Hennen selbst schreibt, daß er sich dort gut erholt habe.

Noch im Juli des Jahres tritt er seine alte Stelle in Münster Heilig-Geist wieder an. Als Dankgottesdienst feiert die Gemeinde ein Levitenamt, das von dem Heimkehrer zelebriert wird.

Ab September 1948 nimmt er als Diözesanpräses des Borromäusvereins eine umfangreiche Reisetätigkeit innerhalb des Bistums auf und trägt wesentlich zum Wiederaufbau des kirchlichen Büchereiwesens bei. Da sein Gesundheitszustand sich verschlechtert, sendet ihn Bischof Keller im Jahre 1954 an das Institut für kirchliche Verwaltung in Köln und übernimmt ihn 1955 in den kirchlichen Verwaltungsdienst des bischöflichen Generalvikariats. 1961 wird Heinrich Hennen zum Geistlichen Rat ernannt, darauf folgt im Juli 1965 die Ernennung zum Päpstlichen Geheimkämmerer.

Am 2. November 1967 verstirbt Heinrich Hennen. Bei seinem Begräbnis sind zahlreiche Priester, die mit ihm in Dachau litten, anwesend, um ihn zur letzten Ruhe zu geleiten.

Der Geistliche gehörte zu denjenigen, die stets in der Stille wirkten, er nahm sich selbst bei allem zurück; sein Wirken und Arbeiten sollten für ihn sprechen, nicht seine Person. Auch über seine Zeit im Konzentrationslager Dachau hat er, selbst wenn er gedrängt wurde, beharrlich geschwiegen.

Quellen:
STAM, Reg. MS, 29694, Monatsbericht Oktober 1938
BAM, Priesterkartei, Karteikarte Heinrich Hennen
BAM, Slg. NS-Verf., Akte Heinrich Hennen

Literatur:
Hennen, Heinrich, in: Eugen Weiler: Die Geistlichen in Dachau sowie in anderen Konzentrationslagern und in Gefängnissen. Bd. 2, Lahr 1982, S. 300f.
Pfarrgemeinderat Heilig-Geist Münster (Hg.): Geist in Gold. Münster 1979

Franz Karl Schulze Hessing (P. Augustin) OSB

Nr. 27835

Geb. 4. November 1897 in Gaupel bei Coesfeld. Beruf des Vaters: Landwirt. Gymnasium: St. Emmaus, Prag und Seckau, Steiermark. Ordenseintritt: 1916 in Gerleve. Studium: Ordensschulen Gerleve und Beuron. Priesterweihe: 6. August 1924 in Gerleve.

Nachdem Augustin Hessing zunächst ein Jahr als Präfekt an der Benediktiner-Oblatenschule in Weingarten in Württemberg gearbeitet hat, ruft ihn der Abt Raphael Molitor aus dieser Position zurück und überträgt ihm die Leitung der Landwirtschaft des 240 ha großen Klostergutes der Abtei Gerleve. Damit ist sein Lebens- und Arbeitsfeld festgelegt; bis zu seinem Tode ist er in Gerleve als Ökonom tätig. In den ersten Jahren nimmt er zunächst noch in der Seelsorge die Funktion des Beichtvaters wahr, doch die Verwaltungsaufgaben lassen dies kaum noch zu. So sorgt er entschieden für die Modernisierung und Intensivierung der Landwirtschaft; dazu dienen zahlreiche Neubauten von Ställen ebenso wie die Anschaffung eines modernen Maschinenparks. Gleichzeitig bildet er – als staatlich anerkannter Landwirtschaftsmeister – mehr als 50 Bauernsöhne aus. Bald darauf wird ihm die Verantwortung für alle Gerlever Bauarbeiten übertragen.

Neben dieser Tätigkeit hält er vor landwirtschaftlichen Vereinen Vorträge über ‚Religiöses Brauchtum' und ‚Religiöse Bauernkunst', die stark besucht sind. Diese Vorträge erweitert Pater Augustin und gibt sie als Kleinschriften heraus. Sie sollen dazu beitragen, echte religiöse Bauernkunst zu erhalten und zu verbreiten.

Einen tiefen Einschnitt im Leben des Pater Augustin bedeutet die Aufhebung und Enteignung des Klosters Gerleve durch die Geheime Staatspolizei am 13. Juli 1941, in deren Folge die Mönche des Landes verwiesen werden. Nur wenige Benediktiner, die mit besonderen Aufgaben betraut sind, dürfen für einige Zeit bleiben. Zu diesen gehört der Ökonom des Klosters, der die Betriebsübergabe an die Gestapo übernehmen soll. Als bei der umliegend wohnenden Bevölkerung Unmut über die Aufhebung des Klosters laut wird, versucht die Gestapo alles, um den Ruf der Mönche zu schädigen. So wird nach erneuter Durchsuchung des Klosters ein Paket mit Damenwäsche präsentiert, das man zunächst angeblich übersehen hatte, und das als Beweis für die Verkommenheit der Patres dienen soll. Als dies nichts fruchtet, versucht die Gestapo, Gerüchte über gefundene Kinderleichen zu verbreiten. In Parteiversammlungen wird kolportiert, daß im Keller des Klosters 12 Geheimsender gefunden worden seien – die Patres hätten damit geheime Nachrichten nach England gesandt und daher die Bombardierung Münsters zu verantworten.

```
Konzentrationslager Dachau
           Kommandantur              Dachau 3/K,    den   27.März 1945
              II/
```

Entlassungsschein

Der Häftling Heinrich H e s s i n g,   27835

geb. am 4.11.97   in Gaupel   hat vom 10.10.41

bis zum heutigen Tage im Konzentrationslager eingesessen.

Ihm wurde aufgegeben, sich ~~bis auf Widerruf jeden Werktag bei~~ der Ortspolizeibehörde seines

Wohnortes sofort ~~bei~~

zu melden.

Der Häftling war hier polizeilich n i c h t gemeldet. / Lebensmittel-, Kleider- und Volkskarteikarten
sind für die Dauer des Aufenthaltes in dem Konzentrationslager n i c h t ausgestellt worden!

Der Lagerkommandant

SS-Obersturmbannführer.

KL. 66/5.44 20.000

Entlassungsschein von P. Augustin Hessing.

Da all diese Maßnahmen keine Wirkung zeigen und die Stimmung in der Bevölkerung nicht umschlägt, will man ein Exempel statuieren. So wird Pater Augustin am 1. August 1941 inhaftiert und in das Gefängnis in Münster gebracht. Zur Begründung heißt es, er habe die Beschlagnahme und Räumung einer Benediktinerabtei zum Anlaß für hetzerische Äußerungen gegen den Staat genommen und damit eine erhebliche Beunruhigung der Bevölkerung hervorgerufen. Kurze Zeit vorher war der Geistliche noch nach Überprüfung durch den Sicherheitsdienst und das Reichskirchenministerium in die Reichsschrifttumskammer aufgenommen worden. Bis zum Oktober 1941 sitzt Pater Augustin zusammen mit dem Gelmeraner Pfarrektor Stammschröer im Gefängnis in Münster ein. Danach wird er nach Dachau überstellt, wo er am 10. Oktober 1941 eintrifft. Die erste Zeit verbringt er, wie alle Häftlinge, auf dem Zugangsblock, bevor er auf den Priesterblock 26 kommt. Hier findet er sich schnell zurecht, und dank seiner robusten Gesundheit bleibt er von der einsetzenden Typhusepidemie wie auch von allen anderen Krankheiten im Lager verschont.

Sein erstes Arbeitskommando findet er in Himmlers Lieblingsprojekt, der Plantage. Schon frühzeitig wird der SS klar, welch ein Fachmann ihnen da in die Hände gefallen ist. Der gelernte Landwirtschaftsmeister und Ökonom kann in der Plantage ideal eingesetzt werden. Zudem hatte er sich schon in Gerleve nicht nur als Praktiker, sondern auch als Theoretiker in biologisch-landwirtschaftlichen Forschungsarbeiten ausgezeichnet. Die SS macht sich dies zunutze. Pater Augustin nimmt schnell eine – für einen Häftling – sonderliche Position ein: Er avanciert zum wissenschaftlichen Mitarbeiter der Versuchsstation, später wird er zum ‚Direktor' dieser Versuchsanstalt, dem 35 Mitarbeiter, ebenfalls Häftlinge, zur Seite gestellt sind. In seinen praxisorientierten Experimenten, insbesondere zur Kompostierung, hat Pater Augustin zahlreiche Erfolge, so daß seine Versuchsstation von vielen Wissenschaftlern landwirtschaftlicher Hochschulen und Universitäten besucht und anerkannt wird.

Seine Position bringt dem Benediktinerpater zahlreiche Privilegien, die er im wesentlichen zum Vorteil seiner Mithäftlinge ausnutzt. So setzt er zahlreiche Mitpriester in Positionen ein, die ihre Überlebenschancen vergrößern. Sein Mitbruder Pater Gregor Schwake, der in Dachau in großem Umfang komponiert und dichtet, erhält diese Möglichkeiten nur durch Pater Augustins Protektion. Im Gewächshaus finden zahlreiche geheime Treffen statt, die die Stellung des Benediktiners leicht hätten gefährden können. Pater Augustin wird offensichtlich aus der SS-Kantine versorgt und kann daher seine Pakete im Revier verteilen. Außerdem hat er das Recht, sogenannte ‚prominente Häftlingskleidung', d. h. zivile Kleidung zu tragen.

Die Forschungsarbeiten bestimmen das Leben des Häftlings aus Gerleve vollständig, sie entrücken ihn dem Lageralltag. Als er am 27. März 1945 entlassen werden soll, bittet er darum, noch einige Tage bleiben zu dürfen, um seine wissenschaftlichen Unterlagen ordnen zu können. Dieser Wunsch wird ihm nicht gewährt, so daß er sich noch einige Tage als Zivilist, aus der Stadt Dachau kommend, bemüht, in die Plantage und damit an seine Unterlagen zu gelangen.

Am 29. Juni kehrt Pater Augustin als erster der ausgewiesenen Mönche nach Gerleve zurück. Hier trägt er maßgeblich zum Wiederaufbau der Abtei bei, übernimmt sofort seine früheren Ämter und hilft, das klösterliche Leben wieder zu gestalten. Insbesondere für die Neugründung des Priorats St. Ansgar bei Nütschau setzt er sich in dieser Zeit ein. Durch die Gründung eines katholischen Zentrums glaubt er zur Umsetzung der ökumenischen Idee beitragen zu können. 1971 vom Amt des Cellerars entbunden, bleibt Pater Augustin aber weiter für die Landwirtschaft der Abtei zuständig. In dieser Position trifft es ihn bitter, daß deren Bedeutung stark zurückgeht, und schließlich sogar die Hälfte des Klosterbesitzes verpachtet werden muß.

Andererseits findet er nun Zeit und Muße, seine biologischen Studien aus der Dachauer Zeit weiterzuführen. Sein Ziel ist es, zur Eindämmung der immer größer werdenden Müllmengen beizutragen. Pater Augustin gilt hier als Vorreiter der ökologischen Bewegung. Er erkennt die Probleme, die aus der Anreicherung mit Schwermetallen in Boden und Luft entstehen, und weist auf die wachsende Krebsgefahr hin; auch auf die Verschmutzung der Meere und die mangelhafte Aufbereitung des Brauchwassers macht er aufmerksam. Er entwickelt und präsentiert eine handliche und preiswerte Mülltonne, die ein Kompostieren in Küchennähe ermöglicht. Dieses Entsorgungssystem – von ihm als ‚System Hessing' bezeichnet und patentiert – findet sogar Beachtung in der Presse.

Etwa zwei Jahre nach Erfindung seines Müllsystems, am 29. Juli 1975, stirbt Pater Augustin Hessing im Alter von 77 Jahren und wird in seiner Heimatabtei Gerleve beigesetzt.

Quellen:
BAAP, Best. 51.01, 22275
BAM, Materialsammlung Drittes Reich, GV NA A 101–32
BAM, Slg. NS-Verf., Akte Augustin Hessing
Archiv der Benediktinerabtei Gerleve, Akte August Hessing

Literatur:
Boberach, Heinz: Berichte des SD und der Gestapo über Kirchen und Kirchenvolk in Deutschland 1934–1944. Mainz 1971, S. 563
Singt dem Herrn. Beilage zur Zeitschrift für Kirchenmusik. 74. Jg., Juni 1954, o.S.

Johannes Klumpe

Nr. 28961

Geb. 9. Mai 1893 in Münster. Beruf des Vaters: Zugführer. Gymnasium: Münster. Studium: Münster. Priesterweihe: 17. Dezember 1921 in Münster.

Johannes Klumpe beginnt sein priesterliches Wirken im April 1922 als Kaplan in Ahlen. 1924 wird er nach Oelde versetzt, ein Jahr später beginnt eine 8jährige Tätigkeit in Herten. Schließlich wird er am 18. Dezember 1933 zum Pfarrer in Holsterhausen ernannt.

Hier gerät der als liebevoll, aber auch jähzornig und dickköpfig geltende Priester zum ersten Mal in Konflikt mit der NSDAP. Zum Fronleichnamsfest des Jahres 1938 hatte er neue Fahnen nähen lassen, doch es wird ihm verboten, diese entlang dem üblichen Prozessionsweg aufzuhängen. Darüber ist Johannes Klumpe derart aufgebracht, daß er die Fahnen auf dem Kirchplatz aufstellen läßt. Er wird zunächst verwarnt, daraufhin wird gegen ihn wegen Verstoßes gegen das Reichsflaggengesetz ermittelt. Dieses Verfahren wird aber im Sommer 1939 aus Mangel an Beweisen eingestellt.

In diesem Zusammenhang ist die Versetzung des Geistlichen auf eine Vikarsstelle in Stadtlohn am 15. Juli 1939 zu sehen. Seitens des Generalvikariats will man ihn aus dem Einflußbereich der örtlichen Parteistellen ziehen. Dieser Versuch ist zunächst von Erfolg gekrönt; über zwei Jahre lang wirkt der Vikar in Stadtlohn, ohne in das Räderwerk der Gestapo zu geraten. Doch kurz nach der Verordnung vom 1. September 1941, die die jüdische Bevölkerung zum Tragen des gelben Sterns zwingt, bezieht Johannes Klumpe im von der Pfarrei veranstalteten Religionsunterricht zu diesem Thema Stellung. Dabei muß dem Geistlichen klar gewesen sein, mit welchen möglichen Folgen er durch diese Aussage zu rechnen hatte. Dennoch kann er zu der menschenverachtenden nationalsozialistischen Politik nicht schweigen: „Grund der Verhaftung: Ich nahm in der Berufsschule bei den ca. 16jährigen Mädchen Christusfragen durch. – Sagte dann, als ich an die Frage kam: Stellung Christi zu seinem Volk: ,Sein Volk (die Juden) hat Christus verworfen, weil sie ihn als Messias verworfen haben. Den einzelnen Juden aber hat er nicht verworfen, weil der einzelne ja nicht dazu kann, daß er Jude ist. Juden sind Menschen wie wir, und deshalb habe ich auch eine Jüdin gegrüßt. – Warum müssen sie den gelben Stern tragen?'"[1] Diese Stellungnahme wird – nach Angaben des Vikars –

---

[1] Johannes Klumpe, in: Weiler, Bd.1, a.a.O., S. 883f.

von einem der Mädchen im Elternhaus wiedergegeben. Deren Vater, ein Parteigenosse, zeigt ihn daraufhin an.

Am 28. Oktober 1941 erfolgt die vorläufige Festnahme mit der Begründung, der Vikar habe den außerschulischen Religionsunterricht benutzt, um das Judengesetz zu kritisieren. Die Verhaftung nimmt der Gestapomann Eugen Dehm vor. Im Schutze der Dunkelheit, abends gegen 9 Uhr, wird der Vikar verhaftet und zunächst im Gemeindehaus verhört. Daraufhin wird er nach Ahaus gebracht, wo der am selben Tag verhaftete Oblatenpater Engelbert Rehling bereits in dem als Gefängnis fungierenden Spritzenhaus wartet. Bei Fliegeralarm bringt Dehm die Geistlichen in das Gerichtsgefängnis in Münster. Im Gefängnis werden beide von dem katholischen Wärter Brockschnieder betreut, der ihnen in Kleinigkeiten gefällig sein kann.

Während der häufigen Gestapoverhöre wird Johannes Klumpe nicht geschlagen, aber mit allen denkbaren Beschimpfungen traktiert. Sorge bereitet ihm vor allem die Ungewißheit über seine Zukunft. Etwa um den 20. Dezember herum werden Johannes Klumpe und Engelbert Rehling über ihr Schicksal aufgeklärt: Transport nach Dachau! Die Häftlinge werden in Gefangenentransportwaggons auf die Reise gebracht. Die erste Übernachtung findet im Polizeigefängnis von Kassel statt; in Frankfurt, der nächsten Station, übernachten sie zweimal – wahrscheinlich wurden am Heiligen Abend keine Transporte weitergeleitet. Dort verleben sie diesen Festtag, das Essen entspricht jedoch nicht dem Anlaß: die Häftlinge erhalten jeder ein Stück Pferdeblutwurst. Die letzte Nacht der Reise verbringen die Gefangenen in der unbeheizten Turnhalle des Gerichtsgefängnisses von Nürnberg, wobei erschwerend hinzukommt, daß es weder etwas Warmes zu trinken noch zu essen gibt.

Am zweiten Weihnachtstag trifft der Transport im Dachauer Bahnhof ein. Unter Prügeln und mit Tritten versehen werden die Gefangenen auf den bereitstehenden Transportwagen getrieben. Mit denselben Mitteln werden sie vor dem Lagertor wieder heruntergelassen.

Johannes Klumpe fällt bei seiner Ankunft einem Oberscharführer auf. Dieser fragt ihn nach dem Grund seiner Inhaftierung. Als der Vikar den Inhalt der oben erwähnten Unterrichtsstunde wiedergibt, sagt Fronapfel: „Deshalb sind Sie nicht hier. Wenn Sie in Ihrem Leben noch nicht gelogen haben, dann haben Sie jetzt gelogen, aber Sie haben ja immer auf der Kanzel gelogen. Aber warten Sie nur, Ihre Akten sind ja schon hier."[2] Nachdem er diese eingesehen hat, teilt er dem Vikar mit, daß er laut Akten auch gesagt habe, alle Mädchen würden im Landjahr verdorben. Dieser Punkt muß nach Klumpes Angaben nachträglich in das Protokoll seiner Gestapovernehmung aufgenommen worden sein.

Bei seiner Einkleidung erhält der Geistliche, der reichlich korpulent ist, viel zu kleine Kleidungsstücke; dabei wird er getreten und geschlagen, bis er sich in diese hineingezwängt hat. Der beleibte Mann, der fast aus der Häftlingskluft herausquillt, bietet erklärlicherweise eine gute Zielscheibe für die Block- und Stubenältesten, die ihn auf dem Zugangsblock, wo er die erste Zeit verbringt, ständigen Schi-

---

[2] Ebda., S. 884.

kanen aussetzen. Nach einigen Wochen wird Johannes Klumpe dem Priesterblock 26 zugewiesen, wo er auf Stube 3 Tischgenosse Eugen Weilers, des späteren Biographen der Dachauer Priester, ist.

Während der Vikar zunächst in der Plantage arbeiten muß, bemüht sich sein Bruder darum, ihn aus der Haft freizubekommen. Zum Anlaß nimmt er den Wunsch seiner Eltern, ihre goldene Hochzeit im Kreise der Familie zu verbringen. Doch seine Bemühungen zeitigen keinen Erfolg, wie aus dem Antwortschreiben der Kanzlei des Führers hervorgeht: „Sie haben sich mit der Bitte an den Führer gewandt, Ihren Bruder, den Vikar Johannes Klumpe, aus der Schutzhaft zu entlassen. Nach Prüfung der Gründe, die zur Inhaftnahme Ihres Bruders maßgebend waren, muß ich Ihnen zu meinem Bedauern mitteilen, daß die vorzeitige Entlassung von meiner Seite aus nicht befürwortet werden kann. Ihr Bruder hat beim außerschulischen Religionsunterricht die Maßnahmen der Regierung sowie den Reichsarbeitsdienst in entstellender Form kritisiert, und es muß aufgrund seiner gesamten Einstellung leider erwartet werden, daß er sofort nach seiner Entlassung sein hetzerisches Treiben fortsetzen werde."[3]

Über die Arbeitskommandos, denen der Vikar zugeteilt war, ist nichts bekannt. Festzuhalten bleibt nur, daß ihm die harte Arbeit bei unzureichender Ernährung stark zugesetzt hat. Erst mit der Paketerlaubnis im Herbst 1942 verbessern sich seine Haftbedingungen, denn zahlreiche Stadtlohner Gläubige helfen ihm durch Lebensmittelsendungen. Dennoch leidet der Geistliche auch nach der Dachauer Zeit unter den dort zugezogenen Krankheiten – insbesondere Wasser in den Beinen bereitet ihm zeitlebens Schmerzen. Am 6. April 1945 wird Johannes Klumpe aus der Dachauer Haft entlassen. Soweit es sich rekonstruieren läßt, hält sich der entkräftete und stark geschwächte Geistliche noch einige Zeit in der näheren Umgebung von Dachau auf, bevor er in das erheblich zerstörte Stadtlohn zurückkehrt.

Während sich die Rückkehr der meisten anderen Priester in ihre Gemeinden wie ein Lauffeuer verbreitet, wird die Rückkehr des Vikars nicht einmal in der Messe angekündigt. Dieses Verhalten des Ortspfarrers dürfte seinen Grund in Differenzen zwischen ihm und Johannes Klumpe während der Zeit des Nationalsozialismus gehabt haben, in der sich Johannes Klumpe couragiert für die Rechte der jüdischen Minderheit eingesetzt hat, während der Pfarrer die Konfrontation mit dem System vermeiden wollte. In den gedruckten Schriften zur Stadtgeschichte Stadtlohns wird auf das schwere Schicksal des Geistlichen nicht explizit hingewiesen; er findet nur einmal kurz Erwähnung.

Dementsprechend verwundert die baldige Versetzung von Johannes Klumpe nicht. Am 2. Mai 1947 wird er zum Pfarrverwalter in Hansell ernannt, einen Monat später zum Pfarrer dieser Gemeinde. Hier wirkt er bis zum Mai 1966, danach tritt er in den Ruhestand, um sich alsbald als Hauspfarrer im Marienstift zu Gescher niederzulassen. Trotz größer werdenden Leidens findet seine strenge Einhaltung der priesterlichen Pflichten große Anerkennung.

---

[3] Ebda., S. 884f.

Am 13. Mai 1970, vier Tage nach seinem 77. Geburtstag, verstirbt der Geistliche, der mutig gegen die Entrechtung der jüdischen Bevölkerung Stellung bezogen hatte, im Stadtlohner Krankenhaus. Ruhig und gelöst, bei vollem Bewußtsein, betet er bis zuletzt mit den Schwestern, die ihm beistehen.

Quellen:
BAK, Außenstelle Berlin, Freienwalder Straße, RJM IIIg 16 61/39
STAM, Reg. MS 29694, Monatsbericht Oktober 1941
BAM, Priesterkartei, Karteikarte Johannes Klumpe

Literatur:
Auf den Spuren von Vikar Klumpe. Bericht und Dokumentation einer Projektgruppe an der Owwering-Hauptschule, betreut von Christoph Spieker, Stadtlohn 1986
Festschrift der Pfarrgemeinde St. Otger Stadtlohn zur Altarweihe nach Abschluß der Renovierung. 12. September 1984
Klumpe, Johannes, in: Eugen Weiler: Die Geistlichen in Dachau sowie in anderen Konzentrationslagern und in Gefängnissen. Bd. 1, Mödling b. Wien 1971, S. 883–885
Selhorst, Heinrich (Hg.): Priesterschicksale im Dritten Reich aus dem Bistum Aachen. Zeugnis der Lebenden. Aachen 1972, S. 125–132

Heinrich Kötter

Nr. 28828

Geb. 28. Oktober 1910 in Laggenbeck. Gymnasium: Rheine. Studium: Münster, Innsbruck und München. Priesterweihe: 17. Juli 1938 in Münster.

Heinrich Kötter tritt seine erste Stelle als Kaplan in Hameln (Diözese Hildesheim) an, bevor er nach Duderstadt versetzt wird.
Die Gestapo verhaftet den Kaplan am 3. Oktober 1941 während eines Konveniats mit Mitbrüdern in Duderstadt. Noch am selben Tag wird er, nachdem eine Hausdurchsuchung stattgefunden hat, nach Hannover in das Gefängnis überführt. Bis zu diesem Zeitpunkt war Kaplan Kötter nicht mit dem NS-System in Konflikt geraten. Wie also kam es zu seiner Verhaftung?
Bei einem seelsorglichen Besuch im Filialbezirk Tiftlingerode soll er einer Frau gegenüber Äußerungen getan haben, die zur „Unterminierung der inneren und äußeren Front"[1] angetan seien. Damit habe er sein Amt mißbraucht und gegen das Gesetz zum Schutz von Volk und Staat verstoßen. Der Ehemann der betreffenden Frau hatte während eines Fronturlaubs von dem Gespräch erfahren und den Kaplan angezeigt. Über den Inhalt des Gespräches ist nichts Näheres bekannt.
Am 4. Oktober wird Heinrich Kötter zum ersten Mal von der Gestapo vernommen. Die zweite Vernehmung findet am 7. Oktober statt, am folgenden Tag zwingt man ihn, ein gefälschtes Protokoll zu unterschreiben. Am selben Tag erhält er die Erlaubnis, Post zu verschicken. Er nutzt diese Gelegenheit, um seine Eltern und die kirchlichen Behörden über seine Situation zu informieren. Sofort machen sich sein Vater und sein Bruder auf den Weg nach Hannover, erhalten aber zunächst keine Besuchserlaubnis. Nach einigen Tagen wird ihnen gestattet, unter Aufsicht mit ihrem Sohn bzw. Bruder zu sprechen. Die Gestapo verschont ihn mit weiteren Verhören; in einer Einzelzelle harrt er seines weiteren Schicksals. Am 11. November des Jahres wird der Kaplan in das Arbeitslager Liebenau, das dem Polizeigefängnis Hannover angegliedert ist, überstellt. Liebenau gilt als berüchtigt und ist allgemein als ‚Lauf-Lager' bekannt, da alle Arbeiten von den Häftlingen im Laufschritt ausgeführt werden müssen. Heinrich Kötter ist als Sohn eines Landwirts körperliche Arbeit gewöhnt. Hochgewachsen und kräftig, wie er ist, fällt ihm die Arbeit nicht schwer. In den wenigen Tagen seines dortigen Aufenthalts fällt er Bäume. Nach eigenem Bekunden widmet er sich dieser Aufgabe mit aller Wut auf die Gestapo.

---

[1] Heinrich Kötter, in: Weiler, Bd.2, a.a.O., S. 354.

Am 20. November 1941 transportiert man Heinrich Kötter von Liebenau aus in das Konzentrationslager Dachau.

Durch diverse Verzögerungen beim Transport erreicht Kaplan Kötter das Konzentrationslager erst am 5. Dezember 1941. In dieser für ihn nicht durchschaubaren und gefährlichen Lage findet er bereits im Zugangsblock Kontakt zu seinem früheren Mitschüler Hermann Scheipers, der ihm die Hilfen gibt, die er benötigt, um sich in das Lagerleben zu integrieren.

Die Dachauer Jahre verbringt der Kaplan im wesentlichen im Arbeitskommando Plantage. Aufgrund seiner starken physischen Konstitution wird er dort zu den schwersten körperlichen Arbeiten herangezogen. So gehört er lange Zeit zu dem Häftlingskommando, das den Pflug bzw. die Egge zu ziehen hat, denn die Lagerleitung ersparte sich den Einsatz von Pferden, da die Häftlinge billiger waren. Heinrich Kötter kann dieser Einsatz nicht zermürben. Probleme bereitet ihm jedoch das Leben innerhalb des Lagers. Die zunehmende Enge durch Überbelegung der Stuben und sein Auftreten gegen die Willkür des Stubenältesten führen zu zahlreichen Schikanen. So zieht er sich kurz nach einem Besuch seines Bruders im Februar 1944 ein nervlich bedingtes Blasenleiden zu, das ihm Schwierigkeiten mit den Mithäftlingen und dem Stubenältesten einbringt.

Als es ihm schließlich gelingt, die Stelle eines Revierpflegers zu bekommen und damit den Drangsalierungen des Stubenältesten zu entgehen, legt sich die Krankheit von selbst. In der Aufgabe des Pflegers, die er als Teil seiner Pflicht auffaßt, kann er in der Zeit der Fleckfieberepidemie zahlreichen Mitgefangenen helfen. Er selbst bleibt von der Seuche verschont und wird am 6. April 1945 als einer der letzten vorzeitig entlassen.

Unterkunft findet er zunächst beim Pfarrer von Dachau. Danach nimmt er für kurze Zeit in Kolbermoor in Oberbayern eine Aushilfsstelle als Geistlicher an. Schließlich trifft er am 17. Juli 1945 auf dem elterlichen Hof in Laggenbeck ein.

Nachdem er sich dort von den Strapazen der Haft erholt hat, fährt Heinrich Kötter bis zum Februar 1946 als Kaplan nach Duderstadt zurück. Danach ist er – auf Wunsch seines Bischofs – zunächst in Bocholt tätig, bevor er als Seelsorger in Rheinhausen eingesetzt wird. 1957 ernennt ihn Bischof Michael Keller zum Pfarrer an St. Ludgeri in Ahlen, wo er bis zu seiner Pensionierung 1972 wirkt. Auf eigenen Wunsch nimmt er darauf die Stelle eines Vikarius Cooperator an St. Nikomedes in Borghorst an. Nach schwerer Krankheit stirbt er ein Jahr später, am 15. Juni 1973, in Borghorst.

Quellen:
BAM, Priesterkartei, Karteikarte Heinrich Kötter
BAM, Slg. NS-Verf., Akte Heinrich Kötter

Literatur:
Engfer, Hermann: Das Bistum Hildesheim 1933–1945. Hildesheim 1971, S. 557
Kötter, Heinrich, in: Eugen Weiler: Die Geistlichen in Dachau sowie in anderen Konzentrationslagern und in Gefängnissen. Bd.2, Lahr 1982, S. 354

P. Anton Krähenheide MSC

Nr. 35599

Geb. 8. Dezember 1886 in Münster. Gymnasium: Münster. Ordenseintritt: September 1906. Studium: Ordenshochschule Oeventrup. Priesterweihe: 6. August 1912 in Paderborn.

1913 geht Anton Krähenheide in die Rabaul-Mission der Hiltruper Missionare in der Südsee. Nach 16jährigem Aufenthalt dort kehrt er, bedingt durch eine Krankheit, in die klösterliche Gemeinschaft zurück. Er wird innerhalb des Hiltruper Klosters tätig, bis er 1938 in das Kloster Boppard versetzt wird. Seine letzte Anstellung vor seiner Verhaftung findet er als Vikar in Hellefeld.

Die erste Auseinandersetzung zwischen der Gestapo und Anton Krähenheide findet im Jahr 1934 statt. In diesem Jahr wird er zu einem Verhör vorgeladen, aber weder das genaue Datum noch der Grund für diese Maßnahme sind bekannt. In den folgenden Jahren fällt er zunächst nicht mehr auf.

Als jedoch am 19. Juli 1941 im Zuge der Aufhebung der Klöster durch den Nationalsozialismus das Missionshaus in Hiltrup beschlagnahmt wird, ist Pater Krähenheide anwesend. Zwischen 30 und 40 Gestapobeamte besetzen morgens gegen 10 Uhr das Haus. Man schließt die Brüder im Speisesaal ein, während das Haus und das gesamte Inventar durchsucht werden. Schon früh wird Pater Krähenheide von den anderen Patres abgesondert, denn in seinen Unterlagen hatte man die Abschrift der Predigt Bischof von Galens vom 13. Juli des Jahres gefunden. Dies reicht aus, ihn für 10 Tage in das Gefängnis in Dortmund einzuliefern. Seine Mitbrüder werden aus der Rheinprovinz und aus Westfalen ausgewiesen. Da Anton Krähenheide aufgrund seiner Verhaftung keine Ausweisungserklärung unterzeichnen muß, wirkt er nach seiner Entlassung aus dem Gefängnis weiter als Vikar in Hellefeld. Hier verhaftet man ihn am 16. Juni 1942, weil er in seinen Predigten angeblich ‚Greuelmärchen' verbreitet. Zudem wirft man ihm vor, den deutschen Gruß zu verweigern, und in Gesprächen mit Gemeindemitgliedern eindeutig gegen das nationalsozialistische System Stellung zu beziehen. Der Inhalt einer solchen Unterhaltung war durch Denunziation bekannt geworden. Erneut liefert man Anton Krähenheide in das Gefängnis in Dortmund ein. Von dort schickt man ihn auf Transport nach Dachau, die Konzentrationslagerverwaltung notiert als Tag seiner Ankunft den 2. September 1942.

Als Pater Krähenheide in Dachau eingeliefert wird, neigt sich das Hungerjahr 1942 bereits dem Ende zu, so daß ihm die schwerste Haftzeit erspart bleibt. Dennoch ist sein Leben hochgradig gefährdet, da er bei seiner Einlieferung bereits im

56. Lebensjahr steht und daher den Strapazen nicht mehr in gleicher Weise gewachsen ist wie die jüngeren Mitgefangenen. Nach Zeugenaussagen wird er aufgrund seines Alters nur kurz im Arbeitskommando Plantage eingesetzt; schon bald betraut man ihn mit leichteren Aufgaben und teilt ihn dem Strumpfstopfkommando und dem Kommando Strohsackstopfen zu. Die Haftzeit übersteht der Pater auf seine eigene Weise: Der hochgewachsene, humorvolle Mann läßt sich durch nichts aus der Ruhe bringen, wie ehemalige Mitgefangene berichten. Die Vorschriften der SS-Mannschaften kümmern ihn wenig. So ist er beim Zählappell stets der Letzte, sehr zum Ärger seiner Stubenkameraden aus Block 26, Stube 2, die Kollektivstrafen befürchten. Dennoch fällt er nie derart auf, daß er Haftverschärfungen hinnehmen muß. Seine Ruhe und Ausgeglichenheit ermöglichen es ihm, sich trotz der elenden Umgebung intensiv der Musik zu widmen. Mit seinem strahlenden Tenor ist er eine der Stützen des Dachauer Priesterchors.

Für die Sicherung seiner Existenz sorgt in den Jahren der Haft seine Schwester, die unter Einsatz ihrer gesamten Ersparnisse seine Versorgung mit Geld und Paketen trägt. Stets bewahrt er sich davon einen Rest bis zur nächsten „Sendung". Deshalb bekommt er scherzhaft den Namen ‚Witwer von Sarepta' zugelegt in Anspielung auf das Öl- und Mehlwunder im ersten Buch der Könige. Denn er kann sicher sein, daß, wenn der Inhalt eines Paketes zur Neige geht, das nächste schon eingetroffen ist. Von seinem Orden wird sie dabei nicht unterstützt. So klagt Pater Krähenheide später in einem Brief vom 10. 1. 1946, daß „man das Versagen der eigenen Mitbrüder um so schärfer fühlte, als einem die Todesnot bis an den Hals ging"[1]. Weiter führt er aus: „Das, was meine Schwester für mich getan hat, wäre Pflicht gewesen für die Genossenschaft, der ich angehöre."[2] Die Hilfe seiner Schwester ermöglicht Anton Krähenheide das Überleben. Schließlich wird er am 6. April 1945 aus der Lagerhaft entlassen.

Zunächst findet der Pater Aufnahme in der oberbayerischen Erziehungsanstalt der Hiltruper Missionare in Birkeneck, von dort kehrt er in das Stammhaus nach Hiltrup zurück, wo man ihm offenbar sehr reserviert begegnet. „Als ich mit so frohem Herzen und glücklich in Hiltrup ankam, kamst Du mit so einem sauren Gesicht aus Deinem Zimmer, daß ich bei der Begrüßung gleich den Eindruck hatte, nicht willkommen zu sein"[3] – so erinnert sich P. Krähenheide an seine erste Begegnung mit dem Pater Provinzial. Ob dies auf das Unbehagen wegen der ausgebliebenen Unterstützung durch seinen Orden zurückzuführen war oder ob man ihm den Vorwurf machte, er habe durch sein Verhalten den Orden gefährdet, muß dahingestellt bleiben.

Kurz darauf findet Pater Krähenheide eine neue Aufgabe als Seelsorger in Bockholt bei Greven. Hier kann er zu seiner großen Freude eine Kirche bauen. Nach langjährigem Wirken muß er schließlich seinem Alter Tribut zollen und kehrt in das Missionshaus in Hiltrup zurück. Später wirkt er noch einige Zeit als Hausgeist-

---

[1] Brief von Anton Krähenheide an seinen Provinzial vom 10. 1. 1946, in: Archiv der Hiltruper Missionare, Akte Anton Krähenheide.
[2] Ebda.
[3] Ebda.

licher in einem Internat in Diestedde. Pater Anton Krähenheide stirbt am 21. Mai 1974 in Hiltrup.

Quellen:
STAM, Reg. MS 29694, Monatsbericht Juli 1941
AGD, Häftlingsverzeichnis
BAM, Materialsammlung Drittes Reich, GV NA A 101-32
BAM, Slg. NS-Verf., Akte Anton Krähenheide
Archiv der Hiltruper Missionare, Münster, Akte Anton Krähenheide

Literatur:
Boberach, Heinz: Berichte des SD und der Gestapo über Kirchen und Kirchenvolk in Deutschland 1934-1944. Mainz 1971, S. 555
Hiltruper Monatshefte, Nr. 7, Münster 1974
Stimmen von Dachau, Rundbrief 126, Sommer 1974

Karl Leisner
Nr. 22356

Geb. 28. Februar 1915 in Rees/Ndrh. Beruf des Vaters: Beamter. Gymnasium: Kleve. Studium: Münster und Freiburg. Priesterweihe: 17. Dezember 1944 im Konzentrationslager Dachau.

Von allen in Dachau inhaftierten Priestern dürfte zweifellos Karl Leisner der bekannteste sein. Am 15. März 1980 ist durch Papst Johannes Paul II. der Seligsprechungsprozeß eröffnet worden. Da zu seiner Person bereits mehrere ausführliche biographische Würdigungen sowie eine Fernsehdokumentation erschienen sind, mag hier eine vergleichsweise kurze Skizze genügen.

Karl Leisner wird am 28. Februar 1915 in Rees am Niederrhein als ältestes von fünf Kindern geboren. Sein Vater Wilhelm, Rentmeister beim Amtsgericht, und seine Mutter Amalie sind beide tief im katholischen Glauben verwurzelt. Während des Ersten Weltkrieges wird Wilhelm Leisner in ein bayrisches Regiment eingezogen. Nach einer Verwundung 1916 wird er als Ausbildungsoffizier nach Immenstadt versetzt. Die Familie folgt ihm in den Allgäu. Nach Kriegsende kehren sie nach Rees zurück. Im Jahr 1921 zieht die Familie nach Kleve um, da Wilhelm Leisner zum Rentmeister an der dortigen Gerichtskasse ernannt wird.

Nach der Volksschule wechselt Karl Leisner auf das örtliche Gymnasium. Hier trifft er den Lehrer, der sein weiteres Leben prägen wird. Dr. Walter Vinnenberg, ein junger Priester, unterrichtet Religion und Sport. Durch seine offene, kameradschaftliche Haltung gewinnt dieser schnell das Vertrauen seiner Schüler. Inspiriert wird er dabei von den Ideen der Jugendbewegung, insbesondere von denen des Quickborn und des Wandervogels. Die Quickborner zielen auf eine körperliche und geistige Erneuerung ab: dafür steht einmal die Abstinenz von Alkohol und Nikotin, der Mittelpunkt des religiösen Lebens wird von der neuentdeckten Liturgie getragen. Walter Vinnenberg erkennt früh die Führungsqualitäten des jungen Karl. Als dieser zwölf Jahre alt ist, schlägt der Geistliche die Gründung einer Jugendgruppe vor. Karl wird von seinen Kameraden zum Schriftführer gewählt. Aus dieser ersten Aufgabe heraus entsteht ein Tagebuch, das Karl Leisner bis zu seinem Tode führen wird. Ganz im Stil der Jugendbewegung ist das Ziel der Gemeinschaft die Durchführung von Fahrten, Zeltlagern, Spielen und Naturbeobachtungen, verbunden mit einem intensiven religiösen und kirchlichen Leben: keine Versammlung findet ohne Gebet statt, keine Fahrt beginnt ohne vorherigen Meßbesuch, unterwegs wird möglichst täglich die Eucharistie gefeiert.

Die Gruppe wächst schnell von fünf auf zwölf Mitglieder an, gleichzeitig vergrößert sich die Distanz zwischen Kleve und den einzelnen Fahrtzielen. Getrübt wird die Gemeinschaft der Gruppe durch die Versetzung Walter Vinnenbergs nach Münster im Jahr 1929. Von nun an leitet Karl Leisner alleine die Gemeinschaft, doch der Kontakt zu dem Lehrer bleibt erhalten. Karl Leisner wird die Verbindung zu ihm niemals auflösen.

Den Quickbornern steht er sehr nahe; mehrfach besucht er die Burg Rothenfels und nimmt dort an Seminaren teil. Zu den Werten der Jugendbewegung tritt bei Karl Leisner eine tiefe Marienfrömmigkeit. Soweit bekannt ist, macht er seine erste Marienwallfahrt am 7. September 1928 zusammen mit der Mutter, einem Onkel und Geschwistern nach Kevelaer. Diese Marienfrömmigkeit versteht er auch auf die von ihm geleitete Gruppe zu übertragen. Alle Aktivitäten der Gruppe werden unter ihren Schutz gestellt.

Im Tagebuch Karl Leisners läßt sich nachlesen, daß seine Jugendzeit bestimmt wird durch die Gruppe, die er leitet, sowie die Fahrten, die gemeinsam unternommen werden. Über letztere berichtet er ausführlich und illustriert seine Darstellungen mit Postkarten und Bildern. Im Schuljahr 1931/32 beginnt Karl Leisner, sich auf das Abitur vorzubereiten. Gleichzeitig versteht es der junge Mann, mehr und mehr Jugendliche zu gewinnen und in neuen Gruppen zu organisieren.

Aus der Unterprima sind Vorsätze überliefert, aus denen deutlich wird, daß Karl Leisner keine Trennung von weltlichem und geistlichem Leben kennt:
„1. Beim Aufstehen das Kreuzzeichen.
2. Morgengebet sprechen und meditieren.
3. Vor der Schule ein kurzes Gebet im Namen Christi.
4. In der Versuchung den Schutzengel und die Hl. Jungfrau anrufen.
5. Besonders in Mathe anstrengen. In den Sprachen die gewonnenen Erkenntnisse beibehalten.
6. Oft die heiligen Sakramente empfangen."[1]

Dabei nimmt sein politisches Interesse unter dem Eindruck der kritischen Entwicklung der Weimarer Republik zu. Den Sturz Brünings kommentiert er als „Dies ater Germaniae" – als schwarzen Tag für Deutschland. Nach den Reichstags- und Kommunalwahlen registriert er schließlich „Feigheit und Wahlmüdigkeit" – mit Genugtuung nimmt er allerdings zur Kenntnis, daß zumindest in Kleve das Zentrum ungebrochen ist.

In der Karwoche nimmt er an einer Fortbildungsveranstaltung für Leiter der Jugendbewegung in Schönstatt teil. Diese von Pater Joseph Kentenich ins Leben gerufene Bewegung stellt die persönliche Bindung an die Gottesmutter in den Mittelpunkt. Die Tage prägen die Spiritualität des Jungen stark und nachhaltig, obwohl er der Gemeinschaft nicht beitritt.

Das Schuljahr 1933/34, das ihn zum Abitur führen soll, bringt für Karl Leisner besondere Belastungen. Manchem nationalsozialistisch gesinnten Lehrer ist der katholische Jugendführer ein Dorn im Auge. Dennoch bleibt er optimistisch. Auch

---

[1] Zitiert nach Lejeune, René: Wie Gold geläutert im Feuer – Karl Leisner (1915–1945), Hauteville 1991, S. 56.

seine Haltung zum Nationalsozialismus klärt sich endgültig: „Der Drill, die Schnauzerei, die Lieblosigkeit gegen die Gegner, ihre fanatische, tamtamschlagende Nationalitätsbesessenheit kann ich nicht teilen. Ich bin aber trotzdem Deutscher und liebe mein Vaterland und meine Heimat. Aber ich bin auch und an erster Stelle Katholik."[2]

Am 2. Juli 1933 wird der Jugendführer erstmals direkt mit dem Herrschaftsanspruch des NS-Staates konfrontiert. Die Heime der katholischen Verbände werden geschlossen und konfisziert. Gleichzeitig nimmt das Kesseltreiben einiger Lehrer gegen den katholischen Jugendführer zu: „In der Schule immer stärkere Auseinandersetzungen ... Wir werden als katholische Aktivisten als Staatsfeind verschrieen. Prof. Dr. V. tut sich hervor in der Katholikenfresserei. Wir werden aber nur immer stolzer und – wenn's auch manches trübe Stündlein, wo es einem bange wurde, gab – wir hielten das katholische Banner der Jugendbewegung hoch."[3] Trotz aller Widerstände macht Karl Leisner zu Ostern 1934 sein Abitur.

Nachdem er bereits im Herbst 1933 den Entschluß gefaßt hat, Priester werden zu wollen, trifft er am 5. Mai 1934 im Collegium Borromäum ein, dem Konvikt der Theologiestudenten in Münster. Doch nicht allein das Studium beschäftigt den jungen Mann; im März wird ihm die gesamte katholische Jugend des Kreises Kleve anvertraut. Mit dieser Aufgabe ist der junge Mann reichlich ausgelastet, doch wenig später folgt die nächste Herausforderung: Bischof von Galen ernennt ihn zum Diözesanjungscharführer des Bistums. Diese Ernennung geht wahrscheinlich auf eine Anregung von Dr. Vinnenberg zurück. Karl Leisner hat damit etwa 1200 Jungen zu betreuen.

Nachdem er 1936 vier Semester hinter sich gebracht hat, wechselt Karl Leisner für zwei Semester nach Freiburg. Nach zwei Monaten dort erfüllt er sich zusammen mit zwei Freunden einen Lebenstraum: er fährt nach Rom und genießt dort eine sehr angenehme Zeit. Die Jugendlichen werden vom Papst in Privataudienz empfangen und Karl Leisner berichtet über die katholische Jugendarbeit in Deutschland. Über diese Begegnung sind wir durch seine Begleiter unterrichtet. Nach seiner Rückkehr nach Freiburg tritt eine wichtige Veränderung ein: Karl Leisner zieht in ein anderes Zimmer um. Statt Miete zu zahlen, erteilt er den neun Jungen der Familie Nachhilfeunterricht. Die älteste Tochter des Hauses, Elisabeth, hilft im Haushalt und bei der Erziehung der Kinder. Karl verliebt sich in das junge Mädchen, hat aber nicht den Mut, ihr dieses zu gestehen. Er beginnt zu zweifeln, ob er überhaupt Priester werden kann. Am 21. März 1937 verläßt er Freiburg und bekommt zu Ostern des Jahres seinen Stellungsbefehl zum Reichsarbeitsdienst in Dahlem in Sachsen. Bis zum 20. Mai bleibt er dort, danach wird die Einheit nach Georgsdorf in die Nähe von Bentheim verlegt. Ihre Aufgabe ist die Trockenlegung eines Sumpfgebietes. Karl Leisner zieht sich bei dieser Arbeit im sumpfigen und brackigen Wasser starke Rheumabeschwerden zu. Doch etwas anderes quält ihn in dieser Zeit mehr: die Liebe zu Elisabeth und der gleichzeitige Ruf zum Priestertum.

[2] Zitiert nach ebda., S. 71.
[3] Tagebuch Nr. 8, S. 79, in: Archiv des IKLK, Kleve.

Am 23. Oktober 1937 wird Karl Leisner aus dem RAD entlassen, er fährt jedoch nicht zurück zu seiner Familie, sondern zieht sich in das Borromäum zurück. Hier will er Klarheit darüber finden, ob er zum Priester geeignet ist. Am 24. Oktober 1937 ist die Entscheidung gefallen: Karl Leisner hat sich unwiderruflich zum Priesterberuf entschlossen – wenn auch die innere Zerrissenheit weiter Bestand hat. Am folgenden Donnerstag ist Karl Leisner so erleichtert, daß er zu seiner Familie nach Kleve fährt. Am 29. Oktober steht die Gestapo bei seinen Eltern vor der Tür. Im Hause Leisner soll angeblich ein ‚ausgeprägter Nachrichtendienst für die katholische Bewegung' unterhalten werden. Der Student wird befragt und sein Elternhaus durchsucht. Die Gestapo beschlagnahmt seinen größten Besitz – seine Tagebücher. „Das Heiligste, Persönlichste, Feinste ... nein, ich darf nicht daran denken, daß solches geschehen kann im deutschen Volk, das doch immer tiefe Achtung und Ehrfurcht vor dem andern und seiner Person und seinem innersten Leben hatte."[4] Auch die Post Karl Leisners wird überwacht.

Der junge Mann bereitet sich im Februar 1938 auf seine Examina vor und will danach in das Priesterseminar eintreten. Der Erfolg seiner Prüfungen ist gut, aber innerlich quält ihn der Gedanke an Elisabeth erneut. So fährt er im März nach Freiburg und spricht sich mit ihr aus. Sie selbst ermutigt ihn, auf seinem Weg weiterzugehen. Doch Karl Leisner leidet weiter. Endlich, am 20. Juni 1938, ist er sich sicher und ruft sich selbst in seinem Tagebuch zu: „Du mußt Priester werden – Mann Gottes, Bote Jesu Christi für unsere Zeit in unserem Volk. Gott hat dich bei deinem Namen gerufen."[5] Doch auch nach dieser Entscheidung fragt er sich, welche Art Priester er werden will. Nicht umsonst unterhält er sich lange mit seinem Freund Heinrich Tenhumberg, dem späteren Bischof von Münster, über die Mängel der Institution Kirche: „Was uns so entsetzlich auf die Seele fällt, ist dies vor allem, daß wir das Erstarrte, Verkrampfte, Altmodische und Hinterwäldlerische im äußeren Gebaren der Kirche so scharf durchschauen und so bitter am eignen Leib und am Leibe des Herrn vor allem verspüren. Der Geist der Freiheit, des Vertrauens, der Weite, der Liebe und Größe ist durch diesen alten Klüngel und Krimskrams gehemmt – nicht nur das, sondern manchmal in Fesseln geschlagen und in eine lebens- und glaubenstötende Zwangsjacke gebannt. – Aber wir wollen nicht nörgeln. Was siegt, ist die Kraft der größeren Liebe ... Und die größere Liebe wird auch die Kraft zur inneren Reform (Erneuerung) der Hl. Kirche finden."[6]

Am 25. März 1939 wird der junge Priesteranwärter von Bischof von Galen zum Diakon geweiht. Danach steht er kurz vor seinem Ziel, der Priesterweihe. Doch es soll anders kommen: Der Diakon fühlt sich in der Folgezeit müde und matt, bei einer Untersuchung in der Universitätsklinik wird eine Tuberkuloseerkrankung diagnostiziert. Diese ist so weit fortgeschritten, daß beide Lungenflügel angegriffen sind. Die Ursache liegt wahrscheinlich in der Sumpfarbeit im Arbeitsdienst in Georgsdorf. Der behandelnde Arzt ordnet eine sofortige Kur an, Anfang Juni zieht Karl Leisner in ein Sanatorium in St. Blasien ein. Wegen der weit fortgeschrittenen Erkrankung bezweifeln die Ärzte, ob das Einlegen einer Anlage zur Luftfüllung

---

[4] Tagebuch Nr. 22, S. 9f., a.a.O.
[5] Tagebuch Nr. 24, S. 22, a.a.O.
[6] Zitiert nach Lejeune, a.a.O., S. 182.

überhaupt möglich ist, doch es gelingt; die Situation des Kranken bessert sich zusehends.

Sobald er sich wieder einigermaßen ungehindert bewegen kann, befreundet er sich mit einem anderen Patienten. Beide unternehmen gemeinsame Ausflüge und diskutieren auch religiöse und politische Fragen. Am 8. November mißlingt ein Attentat auf Hitler in München. Karl Leisner kommentiert dies mit den Worten: „Schade, daß der Führer nicht dabei war."[7] Sein neugewonnener Freund wiederholt diese Aussage in der Öffentlichkeit. Ein nationalsozialistisch gesinnter Patient trägt diese Nachricht zum Ortsgruppenleiter, am nächsten Tag wird Karl Leisner verhaftet.

Wochenlang wird der Diakon in eine Gefängniszelle gesperrt, dennoch bleibt er auch in dieser Situation standhaft: „Ich bin vollkommen ruhig, ja froh; denn ich bin mir meines reinen Gewissens und sauberer Gesinnung bewußt. Und wenn ich vor Gottes klarem Richterspruch bestehen kann, was können Menschen mir dann schon antun!"[8] Bis März 1940 bleibt er in Gefängnishaft. Seine Familie in Kleve bemüht sich um seine Freilassung, hat jedoch keinen Erfolg. Karls Mutter und auch Elisabeths Mutter erhalten jedoch eine Besuchserlaubnis. Anfang März bekommt Karl Leisner den vom Reichssicherheitshauptamt ausgestellten Schutzhaftbefehl vorgelegt. Der noch immer Kranke wird der Form halber körperlich untersucht und für lagerhaftfähig erklärt. Am 3. März geht er mit anderen Gefangenen auf Transport nach Sachsenhausen. Am 16. März trifft er dort ein und erhält die Lagernummer 17520, er wird dem Block 58 zugewiesen. Seine von dort verschickten Briefe thematisieren hauptsächlich familiäre Ereignisse, da Karl Leisner über die Postzensur informiert ist. Im Lager wird er zu den Kranken gerechnet und daher nur zu Aushilfsarbeiten in der Aufnahmestelle für neue Gefangene herangezogen.

Am 13. Dezember 1940 gehört Karl Leisner zu einem Gefangenentransport, der nach Dachau geht. Mit ihm werden zahlreiche andere, vor allem polnische Priester überstellt. Hier teilt man ihm die Häftlingsnummer 22356 zu und bringt ihn in Block 28, Stube 1, unter. Ab Januar 1941 kann die Kapelle in Block 26 benutzt werden. Dies ist gerade für den Diakon ein großer Trost, mußte er doch gezwungenermaßen auf seine Priesterweihe im Dezember 1939 verzichten. Der junge Diakon, der auf seine Mitgefangenen stets optimistisch wirkt, gewinnt sehr rasch zahlreiche Freunde in Dachau. Das Jahr 1941 übersteht Karl Leisner – wie alle Priester von der Arbeit befreit – recht gut. Doch auf den strengen Winter folgt ein regenreiches Frühjahr. Die angegriffene Gesundheit des Diakons hält diesen Belastungen nicht stand. Am 15. März 1942 tritt eine Blutung in der Lunge auf, und er muß sich in das gefürchtete Revier begeben. Mehrfach wird er aus dem Revier entlassen, stets dann, wenn den ihm wohlwollend gesinnten Capos Invalidentransporte angekündigt waren. Man bringt ihn für kurze Zeit auf den Priesterblock, nach Abschluß der Aktion wird er erneut in das Revier aufgenommen. Das Revier wird sein Zuhause in dieser Welt des Schreckens. Mitbrüdern gelingt es, ihm Hostien zukom-

---

[7] Pies, Otto: Stephanus heute. Karl Leisner, Priester und Opfer. Kevelaer 1951, S. 207.
[8] Zitiert nach Lejeune, a.a.O., S. 209.

men zu lassen, so daß er anderen die Kommunion reichen kann. Im inständigen Gebet findet Karl Leisner Zuflucht. Dabei fleht er vor allen Dingen darum, doch noch zum Priester geweiht werden zu können. Starken Trost findet er in der Freundschaft zu dem Jesuitenpater Otto Pies, der sich ständig um ihn kümmert und ihn auch im Revier versorgt.

Da die Tuberkulosebaracken von den anderen getrennt sind, bleibt Karl Leisner von der Typhusepidemie des Winters 1942/43 verschont, doch sein Gesundheitszustand verschlechtert sich mehr und mehr. Am 30. Oktober 1943 bittet er in einem Brief zum ersten Mal um die Zusendung von Codein, Kalzium und Hustentee. Doch die Erkrankung bessert sich nicht.

Am 6. Juli 1944 tritt ein Ereignis ein, das zum Aufbäumen Karl Leisners gegen seine Krankheit beiträgt. Ein Zug mit französischen Häftlingen aus Natzweiler trifft in Dachau ein. Ein großer Teil der Gefangenen ist auf dem Transport verstorben. Unter den Überlebenden ist jedoch der Bischof von Clermont-Ferrand, Gabriel Piguet. Nun ist ein Bischof im Lager, der Karl Leisner zum Priester weihen kann. Am 23. September schreibt der Diakon einen Brief an Bischof von Galen und fragt formlos an, ob die Erlaubnis zur Weihe in Dachau gegeben werden könne.

Anfang November wird das Vorhaben konkret. Maria Imma Mack, eine junge Novizin, die über den Weg der Verkaufsstelle auf der Plantage viel für die Priester leistet, nimmt von dort zwei illegale Briefe mit. Der eine geht an den Bischof von Münster, den anderen bringt sie persönlich zu Kardinal Faulhaber. Der Kardinal stattet sie nach anfänglicher Zurückhaltung mit den für die Weihe notwendigen Utensilien aus. Durch die Zerstörung Münsters und die schlecht organisierte Post bedingt trifft die Erlaubnis des Bischofs von Münster, in einem Brief der Familie an Karl Leisner eingefügt, erst Anfang Dezember ein. Im Lager werden umfangreiche Vorbereitungen getroffen. Woher soll man die notwendigen Insignien wie den Bischofsstab und den Bischofsring bekommen? „Um diese Zeit konnte man im Lager aus den Magazinen gegen Bezahlung mit Lebensmitteln von den dort beschäftigten Häftlingen alles kaufen, was man wünschte und brauchte. Das Lager war zu einem großen Markt geworden... Man konnte Stoffe, Kleidungsstücke, Schuhe, Lebensmittel und Haushaltungsgegenstände erwerben, mehr als dies in der Heimat möglich war... Kunstfertige Hände machten sich daran, den bischöflichen Ornat und die übrigen Paramente herzustellen und in einigen Wochen war alles vorhanden, was benötigt wurde. Von den roten Schuhen bis zur Mitra, Bischofsring und Bischofsstab. Ein Benediktinerpater schnitzte in der Tischlerei kunstfertig den Bischofsstab, und ein Russe hatte es sich zur Ehre gemacht, in der mechanischen Werkstätte einen großen, schönen Bischofsring zu schmieden."[9]

Die Krankheit Karl Leisners hat sich in der Zwischenzeit derart verschlimmert, daß niemand vorhersagen kann, ob er die Priesterweihe noch erleben wird. Erst zwei Tage vor dem Weihetag kann er aufstehen und heimlich das Revier zur Generalprobe verlassen. Am 17. Dezember schließlich findet die Priesterweihe statt. Seine Mitbrüder holen ihn morgens aus dem Revier, nur eine beschränkte Zahl von

---

[9] Pies, a.a.O., S. 153f.

Teilnehmern ist zum Weiheakt zugelassen, um den Diakon zu schonen. Dabei stellen die Münsteraner Geistlichen die größte Gruppe. Pater Pies berichtet als Augenzeuge[10]:

„In der benachbarten Stube wurde Karl mit der weißen Albe und den Gewändern des Diakons bekleidet. Nun trug er über der Häftlingskleidung die weiße Albe, auf dem linken Arm das zusammengefaltete Meßgewand, in der rechten die brennende Kerze. Der Bischof hatte inzwischen auch schon die für diese Feier heimlich hergestellten bischöflichen Gewänder angelegt. Unter dem Ornat schauten die Sträflingshosen hervor.

Wie sonst beim Pontifikalgottesdienst wurde der Bischof aus der Wohnstube abgeholt, und unter den Klängen des priesterlichen Gesangs ‚Ecce sacerdos magnus' zog der Bischof in die arme Lagerkapelle ein. Dem Kirchenfürsten folgte bleich und erwartungsvoll der junge Diakon an den Altar, von dem Blockältesten Domkapitular Reinhold Friedrichs, dem Lagerdekan Georg Schelling, den Ministranten und Freunden begleitet. Es war ein erschütterndes Bild. Der Weihekandidat, bleich, aber aufrecht und gesammelt, sitzt auf einem Holzschemel vor dem einfachen Notaltar mit dem schönen aus Holz geschnitzten Kruzifix. Es war wie in den Katakomben, ergreifender als in einem festlich geschmückten Dom. Ganz still war es in der Kapelle. Die Herzen zitterten: ‚Veni Creator Spiritus . . .' Hier vermochte man recht zu erfassen, daß die Priesterweihe eine Bluttaufe ist und für die Ewigkeit in der Kraft des Heiligen Geistes und in der Glut seiner Liebe, die sich im Sakrament der Weihe in das Herz eines armen Menschen ergießt.

Feierlich und andächtig beginnt der Bischof die Weihemesse. ‚Freuet euch im Herrn immerdar; abermals sage ich: Freuet euch. Denn der Herr ist nahe.' In den Pontifikalgewändern kniet der Bischof mit den Assistenten und den Altardienern auf der Stufe des Altares. Der Diakon liegt lang ausgestreckt in seiner weißen Albe vor dem Altar. Vom Bischof und von allen anwesenden Priestern werden die Anrufungen der Allerheiligenlitanei über ihn gesungen. Mancher von den Anwesenden mußte daran denken, wie er mit der Pistole bedroht, gezwungen worden war, vom Lagereingang über den Appellplatz zu kriechen, ohne die Hände zu gebrauchen, damit er wisse, daß er von nun an kein Mensch mehr sei. Dieser aber, der da liegt, ist erwählt, mehr als ein Mensch zu werden, eine unbeschreibliche Würde soll ihm zuteil werden, die ihn über Menschen und Engel erheben soll. Der Bischof erhebt sich. Stehend singt er über den Liegenden dreimal mit zitternder Stimme ‚ut hunc electum benedicere et sanctificare et consecrare digneris' – daß du diesen Auserwählten segnen, heiligen und weihen wollest, und dreimal antwortet der Priesterchor ernst: ‚Wir bitten Dich, erhöre uns.'

Nun erhebt sich auch der Diakon. Er kniet vor dem Bischof nieder, der Nachfolger der Apostel legt ihm schweigend die Hände auf. Der große Augenblick ist da. Es ist still. Der Heilige Geist senkt sich herab. Er wandelt diesen gefangenen, kranken Menschen zu einem Werkzeug der Allmacht Gottes und zum sakramentalen Repräsentanten des Hohenpriesters und einzigen Mittlers zwischen Gott und den

---

[10] Ebda., S. 168ff.

Karl Leisner während der Priesterweihe in Dachau.

Menschen, Jesus Christus. Auch die gefangenen Priester der Diözese Münster treten einzeln herzu und legen dem Knieenden schweigend die Hände auf...".

Nachdem die Weihehandlung vollendet ist, geht die Kraft Karl Leisners zu Ende. Er kann sich kaum noch auf den Beinen halten. Ein Häftlingsarzt hatte ihm wohlmeinend eine Koffeinspritze gegeben, doch war die Dosis wohl zu hoch. Nur den Primizsegen kann er in der Kapelle noch erteilen.

Nahezu eine Woche braucht der Jungpriester, um sich wieder zu erholen.

Am 26. Dezember 1944 ist die Kapelle des Blocks 26 bis auf den letzten Platz gefüllt. Alle Mitpriester und viele Laien wollen am Primizamt des Geistlichen teilnehmen. Möglichst festlich will man diesen Tag für Karl Leisner gestalten. Die Mithäftlinge von Stube 3 haben für Konzentrationslager-Verhältnisse eine hervorragende Festtafel vorbereitet. In Magazinen und Lagerhallen haben sie geliehen, erbettelt und gekauft, was zu bekommen war. „Auf weißgedeckten Tischen stand sauberes Porzellan, Bohnenkaffee und Kuchen bereit. Der Tisch mit Blumen geschmückt, die Plätze mit Tischkarten und grünen Zweigen versehen, warteten einladend auf den Primizianten und sein Gefolge."[11] Obwohl geschwächt, besucht Karl Leisner alle drei Stuben des Priesterblocks, um sich zu bedanken. Bevor er in das Krankenrevier zurückkehrt, versorgt ihn ein evangelischer Pfarrer mit dem besten, was er hatte auftreiben können: Blumenkohl, Kalbsbraten, Röstkartoffeln, Pudding und eingemachtes Obst. Diese Primizfeier sollte die letzte Messe sein, die der junge Geistliche selbst feiern konnte.

In den nächsten Wochen und Monaten verschlechtert sich der Zustand Karl Leisners weiter. Nach der Befreiung durch die Amerikaner am 29. April 1945 wird wegen der grassierenden Fleckfieberepidemie das Lager zunächst unter Quarantäne gestellt. Die Kranken sollen innerhalb des Lagers versorgt und erst später auf Krankenhäuser und Sanatorien verteilt werden. Am 4. Mai gelingt es Pater Otto Pies und dem Stadtpfarrer von Dachau, Karl Leisner aus dem Lager zu holen, obwohl dies nicht gestattet ist. Noch am selben Tag wird er in das Sanatorium Planegg bei München eingeliefert. Am 30. Mai wird der Todkranke mit den Sterbesakramenten versehen. Noch über zwei Monate verbringt er hier bei sich ständig verschlechterndem Gesundheitszustand.

Am 12. August stirbt der Priester Karl Leisner an Tuberkulose im Sanatorium. Seine letzte Tagebuchaufzeichnung vom 25. Juli 1945 lautet: „Segne auch, Höchster, meine Feinde!"[12]

Quellen:
BAM, Slg. NS-Verf., Akte Karl Leisner
Archiv des Internationalen Karl-Leisner-Kreises (IKLK), Kleve

Literatur:
Lejeune, René: Wie Gold geläutert im Feuer – Karl Leisner (1915–1945), Hauteville 1991
Mack, Maria I.: Warum ich Azaleen liebe: Erinnerungen an meine Fahrten zur Plantage des Konzentrationslagers Dachau von Mai 1944 bis April 1945. 4. Aufl., St. Ottilien 1989
Pies, Otto: Stephanus heute. Karl Leisner, Priester und Opfer. Kevelaer 1951

[11] Ebda., S. 173.
[12] Tagebuch Nr. 27, S. 37, a.a.O.

Josef Lodde

Nr. 41551

Geb. 26. Januar 1879 in Münster. Beruf des Vaters: Bauunternehmer. Gymnasium: Münster. Studium: Münster. Priesterweihe: 6. Juni 1903 in Münster.

Seine ersten Anstellungen führen Josef Lodde im August 1903 nach St. Laurentius in Warendorf, wo er drei Jahre wirkt, bis er im März 1906 zum Kaplan in St. Antonius in Herten bestellt wird. Dort ist er bis zum Kriegsbeginn 1914 tätig.

Die Kriegsjahre prägen Josef Lodde deutlich. Er, der dem militärischen Denken nahesteht, ist als Feldgeistlicher von 1914 bis 1918 eingesetzt, davon drei lange Winter in Rußland. In dieser Aufgabe scheint er sich in den Augen seiner Vorgesetzten bewährt zu haben: Hochdekoriert mit dem Eisernen Kreuz I. und II. Klasse kehrt er schließlich in die Diözese Münster zurück. Die Neigung zum Militärisch-Geordneten ist ihm geblieben; seine daraus resultierende hohe Selbsteinschätzung soll später mit zu seinem Verhängnis beitragen.

Ab dem Februar 1919 ist Lodde als Vikar in Gladbeck, St. Lamberti tätig. Schließlich wird er am 17. März 1927 zum Pfarrdechanten und Standortpfarrer von Coesfeld, St. Lamberti, ernannt. Hier wirkt er lange Jahre, wobei uns über diesen Zeitraum jedoch nur wenig bekannt ist.

Dem Nationalsozialismus steht Josef Lodde ablehnend gegenüber. Als ihm 1935 ein Zug von Parteigenossen, die vom Reichsparteitag zurückkehren, auf der Straße entgegenkommt, reagiert der Dechant mit Nichtbeachtung. Um den Zug nicht grüßen zu müssen, wendet er sich der Auslage des nächstliegenden Geschäftes zu und will den Eindruck erwecken, er sähe die Formation nicht. In dem Geschäft ist aber lediglich Damenwäsche dekoriert. Daraufhin wird er von Parteimitgliedern angezeigt und vom Regierungspräsidenten verwarnt.

Am 26. Februar 1939 wird Dechant Lodde erneut auffällig. Er verliest einen Hirtenbrief gegen die Einführung der Gemeinschaftsschule. Dann fordert er die Besucher des Gottesdienstes auf, den rechten Arm zu heben, wenn sie ebenfalls gegen die Einführung dieser Schulform seien – eine Aufforderung, der die Kirchenbesucher bereitwillig nachkommen. Im Anschluß an diesen Vorgang fragt die Kreisleitung Ahaus-Coesfeld beim zuständigen Ortsgruppenleiter an, inwieweit Aussagen über die politische Zuverlässigkeit Loddes gemacht werden könnten. Der Ortsgruppenleiter klassifiziert ihn als politisch unzuverlässig, er greife in jeder Predigt die Partei an und sei ein übler Hetzer und Störenfried. Spätestens zu diesem Zeitpunkt wird die Gestapo-Akte Lodde angelegt. Dementsprechend nimmt das Kesseltreiben gegen den Dechanten an Heftigkeit zu. Es werden Verfahren wegen verbotener

Versammlungen und Beunruhigung der Bevölkerung eröffnet. All diese führen jedoch nicht zum Ziel.

Im August 1939 geht man gegen Lodde mit gerichtlichen Mitteln vor. Da er die Männer der Gemeinde von der Kanzel auffordert, wegen der Fronleichnamsprozession nicht zur Arbeit zu gehen, ermittelt die Gestapo gegen ihn wegen Heimtücke. Das Verfahren vor dem Sondergericht Dortmund wird jedoch wegen eines allgemeinen, von Hitler verfügten Gnadenerlasses eingestellt, er wird nur gerichtlich verwarnt.

Die nächste Gelegenheit der Nationalsozialisten, Josef Lodde unschädlich machen zu können, läßt nicht lange auf sich warten. Am 29. Februar 1940 wird er festgenommen, weil er sich einem Soldaten gegenüber defaitistisch geäußert haben soll. Glücklicherweise untersteht er als Standortpfarrer der Militärgerichtsbarkeit. Ein Sondergericht hätte ihn sicherlich verurteilt, das Militärgericht aber spricht ihn nach sechs Wochen Schutzhaft frei. Die nächste Bedrohung für Dechant Lodde steht aber schon bevor. Im Juli 1942 ist von Parteiseite geplant, ihn – ohne speziellen Grund – zu verhaften. Dies wissen aber einflußreiche Bürger – wer diese waren, läßt sich heute nicht mehr feststellen – zu verhindern. Nicht mehr zu retten ist Josef Lodde am 26. Oktober 1942. Er hat einer geschiedenen, aufs neue verheirateten Frau Vorhaltungen wegen ihrer Wiederverheiratung gemacht. Diese Äußerungen zur Zivilehe werden ihm zum Verhängnis: Lodde habe sich ‚verächtlich gegen eine Staatseinrichtung' ausgesprochen. Durch den bekannten Gestapo-Mann Dehm wird er in das Gefängnis nach Münster überstellt. Dort bleibt er nahezu neun Wochen, bevor er am Silvesterabend 1942 in Dachau eintrifft.

Hier wird er, wie alle Häftlinge, unter Schlägen und Beschimpfungen in das Lager getrieben, muß seinen gesamten persönlichen Besitz abgeben, wird kahlgeschoren und bekommt die gestreifte Drillichkleidung und die Holzpantinen des Häftlings. Dann weist man ihn in den Zugangsblock ein.

Am nächsten Morgen fällt die Entscheidung über sein weiteres Leben und Sterben. Nach dem morgendlichen Wecken und vor dem Frühstück müssen die Gefangenen, wie es im Lager heißt, ‚Betten bauen', aber Dechant Lodde, alt und ungeübt, ist nicht dazu in der Lage, dieses in der vorgeschriebenen Weise auszuführen. Er muß deshalb die Prozedur wiederholen, während die anderen frühstücken. Als er fertig ist, wird schon zum Antreten gerufen, daher stellt er seinen Becher Kaffee in seinen Spind, um ihn später zu trinken. Da dies aber verboten ist, wird er von dem Blockältesten derart zusammengeschlagen, daß er sich nicht mehr rühren kann. So findet ihn ein geistlicher Mithäftling, der ihn daraufhin pflegt.

Dieser berichtet später, daß die Verrohung der Sitten und der Verlust aller menschlichen und sittlichen Werte für Josef Lodde schwerer zu ertragen gewesen seien als die Schmerzen. Lodde, durch und durch im militärischen, preußischen Geist beheimatet, hochdekorierter Militärgeistlicher des Ersten Weltkrieges, ist es gewohnt, daß man ihn respektiert. Diese Mißachtung seiner Person führt zu einem Bruch in seiner Persönlichkeit, von dem er sich nicht mehr erholt.

Zwar überlebt Josef Lodde noch einige Zeit, insbesondere wird ihm der Wunsch erfüllt, mit den anderen Priestern auf dem Block 26 zu leben und dort an Heiligen Messen teilzunehmen. Doch erholt er sich gesundheitlich nie wieder soweit, daß er ein Arbeitskommando zugeteilt bekommt. Zu Beginn des Februar 1943 ereilt ihn ein leichter Schlaganfall, zusätzlich infiziert er sich mit Typhus. Sein Mitbruder, der Benediktinerpater Augustin Hessing, bringt ihn in das Krankenrevier, wo er am 28. Februar 1943 stirbt.

Durch Bestechung der Krematoriumsarbeiter gelingt es seinen Mitbrüdern, seine sterbliche Hülle gesondert verbrennen zu lassen. Seine Asche ruht in der Stadt seines langjährigen Wirkens, in Coesfeld.

Quellen:
STAM, Reg. MS 29694, Monatsberichte August 1939, Oktober 1939, März 1940, Juni 1940
AGD, Häftlingsverzeichnis
BAM, Fremde Provenienzen, A3
BAM, Materialsammlung Drittes Reich, GV NA A 101-5
BAM, Priesterkartei, Karteikarte Josef Lodde
BAM, Slg. NS-Verf., Akte Josef Lodde

Literatur:
Schola Paulina Nr. 49, Münster, Januar 1991

P. Albert Maring SJ

Nr. 30516

Geb. 6. April 1883 in Koblenz. Beruf des Vaters: Fabrikant. Gymnasium: Koblenz. Ordenseintritt: 23. April 1901. Studium: Ordenshochschulen Valkenburg und Feldkirch, Universitäten Kopenhagen und Bonn.

Bereits während des Noviziats wechselt Albert Maring Anfang September 1902 zusammen mit weiteren Novizen in das Juniorat der Jesuiten nach Exaeten in den Niederlanden. Hier lernt er Friedrich Muckermann kennen, eine Begegnung, die später weitreichende Folgen haben wird. Zusammen mit dem Letztgenannten verfaßt Maring ein Theaterstück, das dem jungen Konradin gewidmet ist.

Im weiteren Studium in Valkenburg, in den Jahren 1903 bis 1906, zeigt sich die besondere Begabung des jungen Maring für Mathematik, Physik und verwandte Fächer.

Seine weitere Ausbildung durchläuft Albert Maring zunächst in Feldkirch, dann zieht es ihn nach Dänemark, wo er mehrere Jahre unter der Leitung des Physikers Knudsen und seines Assistenten Nils Bohr, dem späteren Nobelpreisträger und Wegbereiter der Atomforschung, tätig ist. Unter mancherlei Schwierigkeiten, bedingt nicht zuletzt durch die fehlende Sehkraft auf einem Auge und verminderte Sehkraft auf dem anderen, die durch einen Unfall in der Kindheit verursacht waren, legt er dort die Magisterprüfung ab. Das Studium der Physik setzt er in Bonn fort und schließt dieses mit der Promotion ab. In dieser Zeit versucht er sich auch an allerlei Erfindungen, deren Inhalte unbekannt sind, doch scheinen seine Experimente nicht sehr erfolgreich gewesen zu sein.

Schließlich findet er seine Lebensaufgabe: er wird Mitarbeiter von Friedrich Muckermann, dem Herausgeber der Zeitschrift ‚Der Gral'. Maring ist an allen Veröffentlichungen Muckermanns redaktionell und schriftstellerisch beteiligt. Ab 1930 setzen sich beide intensiv mit der Ideologie des Nationalsozialismus auseinander. Die Lektüre von Hitlers ‚Mein Kampf' bringt sie zu einem übereinstimmenden Urteil, das P. Muckermann im Oktober 1931 so formuliert:

„...Ein Teilgebiet des Lebens wird isoliert, wird an die Stelle des Ganzen gerückt, enthält aber nicht jene Kräfte, die allein imstande sind, das Ganze zu tragen, wird also innerlich hohl und leer, dabei doch stets erfüllt von dem Anspruch, die Erlösung der Menschen oder eines Volkes herbeizuführen, wird mithin Objekt einer phrasenhaften Ideologie, öffnet Tür und Tor der wildesten Agitation und zerplatzt am Ende wie eine schillernde Seifenblase, die man tragikomisch mit dem Universum verwechselt hat ... Es wird in der Geschichte des geistigen Deutschland für immer eine Schande bleiben, daß so viel Gebildete in unserer hochzivilisierten Gegenwart einem solch nichtigen Phantom wie Hitler haben nachlaufen können ... Es wird nicht Friede werden auf Erden, sondern Krieg. Es wird das geistige Prinzip nicht herrschen, sondern das materialistische der Rasse. Familie und Volkstum werden das Opfer eines brutalen Rationalismus."[1]

In den folgenden Jahren kämpfen Pater Albert Maring und Pater Muckermann unermüdlich gegen den Nationalsozialismus. Da Muckermann auch moderne Medien wie z. B. den Rundfunk dazu nutzt, ist er eine beständige Herausforderung für die NSDAP. Daher steht der münstersche Korrespondenz-Verlag, in dem auch ‚Der Gral' erscheint, seit der Machtergreifung unter Beobachtung der Gestapo. 1934 verfaßt Albert Maring zwei Aufsätze, in denen er sich mit der Rassenideologie der Nationalsozialisten auseinandersetzt und betont, daß ein an der Rasse orientiertes Sittengesetz mit dem Christentum unvereinbar sei. Es könne keine deutsche Moral geben: Jeder Mensch und jedes Volk sei ein Ebenbild Gottes und deshalb auf ein für alle gemeinsames Sittengesetz verpflichtet. Den Vertretern einer deutschen Religion gehe es um die Vernichtung des Christentums.

Der Druck des nationalsozialistischen Staates auf Friedrich Muckermann wird so groß, daß er sich mit Hilfe des Gronauer Pfarrers Joseph Reukes im Sommer 1934 nach Holland absetzen muß. Die Leitung des Verlages überträgt er Albert Maring und seiner Privatsekretärin Nanda Herbermann. Da einige Angestellte den Verlag aus Angst vor Repressalien verlassen, lastet die Arbeit allein auf diesen beiden. Zudem halten sie den Kontakt zu Muckermann aufrecht.

Pater Maring fährt nahezu wöchentlich heimlich über die holländische Grenze und versorgt Muckermann mit den neuesten Informationen und Unterlagen; auf der Rückfahrt schmuggelt er in Holland gedruckte, im Reich verbotene Schriften ein. Das Verlagshaus an der Königsstraße wird weiterhin von der Gestapo beobachtet, Frau Herbermann und Albert Maring werden in unregelmäßigen Abständen verhört. 1937 wird der ‚Gral' verboten, ein Jahr später auf Anordnung der Gestapo jede weitere Tätigkeit untersagt, die Räume des Verlages werden beschlagnahmt.

Zwar hat man hiermit die kräftigste Waffe dieser katholischen Opposition, das gedruckte Wort, zerbrochen, aber dem Sicherheitsapparat des nationalsozialistischen Systems ist damit noch nicht Genüge getan. Am 3. Februar 1941 verhaftet die Gestapo P. Albert Maring in Lübeck, wo er sich zur Abhaltung von Exerzitien aufhält, und überstellt ihn an das Gerichtsgefängnis in Münster. Daß diese Aktion von langer Hand geplant war, läßt sich daran erkennen, daß bereits am nächsten Morgen auch Nanda Herbermann verhaftet wird; sie wird in das Konzentrationslager Ravensbrück eingeliefert. Als Grund für die Verhaftung des Paters wird staatsfeindliche, landesverräterische Betätigung genannt.

Wie lange Albert Maring im Gefängnis in Münster einsitzt, ist nicht bekannt, ebensowenig die daran anknüpfenden Daten. Von Münster aus wird er in den folgenden Monaten in das Gefängnis von Herne verlegt, wo er zusammen mit dem Jesuitenpater Benninghaus eine Zelle belegt. Letzterem gelingt es, einen Kassiber

---

[1] Friedrich Muckermann, zitiert nach Herbermann, Nanda: In memoriam Pater Friedrich Muckermann SJ. Celle 1948, S. 14f.

hinauszuschmuggeln, der seinen Pater Superior in Dortmund erreicht und diesen über die Haft der beiden Jesuiten informiert. Ein vom Superior entsandter Jesuitenpater versorgt die Gefangenen mit Lebensmitteln, Wäsche und Tabak.

Einige Zeit später werden die Patres nach Bochum verlegt. Dort erhält Pater Maring seinen Schutzhaftbefehl vorgelegt. Dessen Inhalt notiert er auf einem kleinen Zettel, der sich in seinem dort zurückgelassenen Brevier eingelegt findet: „Der Jesuit Albert Maring hat mehrmals illegalerweise die Grenze überschritten und stand in enger Verbindung mit dem berüchtigten Emigranten Friedrich Muckermann. Da nicht zu erwarten ist, daß Maring seine staatsfeindliche Gesinnung ändern wird, wird er dem KZ überwiesen."[2]

Entgegen den normalen Einweisungsgewohnheiten der Gestapo wird Pater Maring nicht direkt nach Dachau transportiert; der Jesuit wird zunächst in das Konzentrationslager Sachsenhausen gebracht, wo er ungewöhnlich lange Zeit verbleibt. Ob hierfür konkrete Gründe vorlagen, oder ob es sich um einen zufälligen Verwaltungsfehler handelte, wissen wir ebensowenig zu sagen, wie wir Aussagen über seine Erfahrungen und Arbeitseinsätze in Sachsenhausen machen können. Fest steht nur, daß der Jesuit schließlich am 19. Juni 1942 in Dachau eintrifft. Eine etwa zu dieser Zeit gemachte Eingabe der Fuldaer Bischofskonferenz an die Gestapo, die eine Entlassung Albert Marings fordert, findet kein Gehör. Der Gesundheitszustand des mittlerweile 59jährigen ist zu diesem Zeitpunkt schon völlig desolat. So verwundert es nicht, daß er wenige Wochen nach seiner Ankunft dem Invalidenblock zugewiesen wird und damit für den Transport zur Vergasung in Hartheim bei Linz vorgesehen ist. Doch am 13. August wird er zusammen mit Pfarrer Scheipers (siehe auch dort) und anderen aus dem Invalidenblock entlassen – die Vergasung reichsdeutscher Priester ist von Berlin aus gestoppt worden.

Über sein weiteres Schicksal im Konzentrationslager Dachau liegt ein Bericht aus dem Jahre 1946 vor: Albert Maring war durch die Entbehrungen schon völlig zerfahren und zerrüttet, als er in Dachau eingeliefert wurde. Zwar bemerken die Mitgefangenen seine hohe Intelligenz, doch wirkt er noch kleiner und unbeholfener als früher. Seine Mitpriester achten ihn, dennoch wird er nicht ganz erst genommen, da er in einer eigenen Welt lebt. Die bedrohliche Wirklichkeit des Konzentrationslagers erkennt er offenbar nicht mehr, die Leiden und die täglichen Härten des Lagers scheinen für ihn kaum noch spürbar zu sein. Kaplan Scheipers, der Maring bei den Mahlzeiten hilft, erinnert sich später daran, gedacht zu haben, daß dieser Mann in ein Altersheim gehöre. Zwei Gedanken bestimmen die letzten Monate im Leben von Albert Maring. Zum einen handelt es sich um die Sorge, ausreichende Mengen an Tabak zu bekommen, da er leidenschaftlicher Raucher ist – so leidenschaftlich, daß Vorhaltungen, er werde durch den Nikotingenuß noch mehr geschwächt, nicht fruchten. Zu dieser Zeit ist jedoch die Tabakversorgung noch gesichert, da die SS Tabak an die Häftlinge verkauft und Mitpriester ihm von ihrem Teil einiges überlassen. Zudem wird er von dem ihn von außerhalb des Lagers be-

---

[2] Nötges, Jakob: Pater Albert Maring, in: Mitteilungen aus dem deutschen Orden der Gesellschaft Jesu, Nr. 110, Köln 1946, S. 57.

treuenden P. Theodor Wulf mit Lebensmittelpaketen versorgt, die in reichlichem Maße Tabak enthalten.

Auf der anderen Seite arbeitet er an einer Erfindung, die den Fallschirm-Einsatz bei der Luftwaffe deutlich verbessern soll. Soweit es sich nachvollziehen läßt, handelte es sich um ein System, das das automatische Öffnen der Fallschirme beim Ausstieg sichern sollte. Durch eine solche Erfindung hofft Maring, aus der Lagerhaft entlassen zu werden. Bei seiner Tätigkeit scheint er sich des Ergebnisses so sicher, daß er es nicht der Mühe wert findet, sich in irgendeiner Form in das Leben im Lager zu integrieren. Eines Tages wird er mit den fertigen Berechnungen und Skizzen zum Lagerkommandanten vorgelassen. Nach seiner eigenen Aussage wird er dort angehört und sehr ernst genommen. Die Unterlagen sollen weitergereicht und geprüft werden, und man stellt ihm in Aussicht, freigelassen zu werden, damit er seine Forschungen in Ruhe zu Ende führen könne. Darauf hat Albert Maring bis zu seinem Tode gewartet.

Eine Magenkrankheit macht ihn pflegebedürftig und immer schwächer, so daß er wie ein Kind betreut werden muß. Mehrmals muß er in das Krankenrevier eingeliefert werden, wird aber stets schnell wieder abgeschoben. Erst als sich eine starke Ödembildung zeigt, die ihn so schwächt, daß er sich nicht mehr aufrecht halten kann, nimmt man ihn endgültig in das Revier auf, wo er mehrere Wochen liegt. Eine zusätzlich auftretende Leberschwellung verschlimmert seinen Zustand.

Ein Häftlingsarzt kümmert sich nun um ihn und versucht sein möglichstes, Albert Maring mit den geringen medizinischen Mitteln, die zur Verfügung stehen, zu retten. Bei einer Leberpunktion wird unglücklicherweise eine Ader getroffen, so daß Pater Albert Maring an den Folgen einer inneren Blutung stirbt. Wie ein Geistlicher, der im Revier in der Pritsche über dem Jesuiten lag, berichtet, ist Pater Maring am 8. April 1943, zwei Tage nach seinem 60. Geburtstag, ruhig und friedlich eingeschlafen.

Quellen:
AGD, Häftlingsverzeichnis
BAM, Materialsammlung Drittes Reich, GV NA A 101-32

Literatur:
Herbermann, Nanda: In memoriam Pater Friedrich Muckermann SJ. Celle 1948
Münch, Maurus: Unter 2579 Priestern in Dachau. 2. Aufl., Trier 1970
Muckermann, Friedrich: Im Kampf zwischen zwei Epochen. Lebenserinnerungen, bearb. und eingeleitet von Nikolaus Junk. Mainz 1973
Nötges, Jakob: Pater Albert Maring, in: Mitteilungen aus dem deutschen Orden der Gesellschaft Jesu, Nr. 110, Köln 1946, S. 53-58

Josef Markötter (P. Elpidius) OFM

Nr. 27720

Geb. am 8. Oktober 1911 in Südlohn. Beruf des Vates: Beamter. Gymnasium: St. Ludwig in Vlodrop, Niederlande. Studium: Ordenshochschule Dorsten und Paderborn. Priesterweihe: 26. März 1939 in Paderborn.

Im Anschluß an seine Priesterweihe unterrichtet Pater Elpidius[1] von Mai bis Juli 1939 die Schüler des Franziskanercollegs für Spätberufene der südbrasilianischen Ordensprovinz in Garnstock (Belgien) in Deutsch, Griechisch und Latein. Nach seinem Herbstferienaufenthalt im Kloster Rietberg kann er – bedingt durch den Kriegsausbruch und den Einzug vieler Schüler in den Reichsarbeitsdienst – nicht mehr an seine Lehrstätte zurückkehren. Daraufhin bringt Markötter sein Studium in Paderborn zum Abschluß.

Von seinen Interessen her neigt Elpidius Markötter – ohne sonderliche, nämlich nur gut mittelmäßige Veranlagung – zu geistigen Tätigkeiten und arbeitet an dem mehrbändigen Übersetzungswerk des P. Kilian Kirchhoff (1944 wegen Wehrkraftzersetzung und Feindbegünstigung zum Tode verurteilt und in Brandenburg-Görden enthauptet) ‚Die Ostkirche betet' mit. Zahlreiche Schrifterzeugnisse Markötters, Berichte, Gedichte und Aufsätze stellen dem Leser einen gesellschaftspolitisch und wissenschaftlich interessierten, religiös motivierten und aufrichtig nach christlichen Wertmaßstäben suchenden jungen Ordensmann vor.

In seinem Aufsatz ‚Warum bin ich Christ' lobt er 1936 die christliche Übereinstimmung von Wahrheit und Leben bzw. von Lehre und Lebenspraxis. Nichts haßt er mehr als Unwahrheit, Heuchelei und Verstellung. Aus diesem Grunde muß er das nationalsozialistische Regime ablehnen.

Mitte Januar 1940 wird der Pater als Submagister zur Ausbildung der Novizen in das Kloster Warendorf versetzt, wo er auch in der Seelsorge im klösterlichen Einzugsbereich mitwirkt. Seine Wirkenszeit ist jedoch nur von kurzer Dauer. Kurz nach dem Beginn des Westfeldzuges hält Pater Elpidius am 26. Mai 1940 in der Warendorfer Klosterkirche die Frühmesse. In seiner Kurzpredigt thematisiert er das allumfassende christliche Liebesgebot. In den Mittelpunkt stellt er einen Vers aus dem Neuen Testament: „Jeder, der seinen Bruder haßt, ist ein Menschenmör-

---

[1] Die Biographie Josef Markötters beruht auf einer bisher unveröffentlichten Diplomarbeit: Seggewiß, Norbert: P. Elpidius Markötter (OFM) (1911–1942). Diplomarbeit, Münster 1990. Sie erscheint demnächst in: Franziskanische Studien.

der" (1. Joh. 3,15a).² Der genaue Predigttext liegt uns nicht mehr vor, doch läßt sich aufgrund der Ermittlungs- und Prozeßakten feststellen, daß er das Liebesgebot nicht nur auf die mit Hitlerdeutschland verbundenen Staaten, sondern auch auf die Kriegsgegner und insbesondere die Juden ausdehnt. Zu diesen Aussagen steht er auch bei den Vernehmungen der Gestapo. Unter anderem führte er aber aus: „Meine Predigt hatte keine politische Note, durch die die Eigenart der Völker in Vergleich gesetzt würde. Ich habe vielmehr aus christlich-religiöser Schau gesprochen, wonach jeder ein Geschöpf Gottes, ein Erlöster Jesu Christi und damit nach den Worten Christi mit wahrer Liebe zu empfangen ist."³

Innerhalb des Ordens setzt noch am gleichen Abend eine interne Diskussion über die möglichen Folgen der Predigt für den Orden ein. Hier findet Pater Elpidius kaum Unterstützung für seine Predigt. Wenige Tage später, am 4. Juni 1940, erfolgt eine Anzeige eines Warendorfer Beamten bei der Gestapo. Er habe von einem 17jährigen Mädchen vom Inhalt der Predigt erfahren, dieses bestätigt den Inhalt während der Vernehmung. Noch am selben Tag wird Pater Elpidius verhaftet.

Am 15. Juni 1940 wird der Franziskaner dem Warendorfer Amtsrichter vorgeführt. Die Gestapo hatte einen Antrag auf Inhaftierung gestellt, der Amtsrichter sieht aber aufgrund der Unsicherheit der Zeugin und der klugen Verteidigung des Paters keine Handhabe. Der Geistliche bleibt jedoch auf Anordnung der Gestapo weiterhin in Schutzhaft und wird nach Münster ins dortige Gerichtsgefängnis überstellt. Seine Akten werden beim Reichsjustizministerium in Berlin eingereicht. Mitte September treffen die Akten wieder in Warendorf ein, es ist entschieden worden, ein Strafverfahren wegen Verstoßes gegen § 2 des Heimtückegesetzes einzuleiten. Das zuständige Sondergericht in Dortmund erweitert die Anklage noch um den Verstoß gegen den Kanzelparagraphen. Das Sondergericht tagt schließlich am 1. November 1940 in der Sache Markötter in Warendorf. Der Verlauf der Verhandlung ist für Pater Elpidius günstig, weil die Zeugin nicht mehr in der Lage ist, sich genau an den Predigtinhalt zu erinnern. Der Pater selbst stellt deutlich seine christlich-moralische Verantwortung in den Vordergrund, so daß ihm selbst der Staatsanwalt kein Unrecht vorwerfen kann. Diese Tatsache erscheint dem anwesenden P. Guardian Sieckmann so wichtig, daß er glaubt, dies in die Chronik des Ordens aufnehmen und durch seine Unterschrift und das Siegel des Konvents bekräftigen zu müssen. Das Gericht spricht Elpidius Markötter von dem Verstoß gegen das Heimtückegesetz frei. Da er als Theologe aber damit rechnen müsse, daß jede Äußerung über Juden den öffentlichen Frieden gefährden könne, spricht ihn das Gericht wegen Verstoßes gegen den Kanzelparagraphen schuldig und verurteilt ihn zu drei Monaten Haft und zum Tragen der Verfahrenskosten. Dabei sollte jedoch die 5monatige Untersuchungshaft angerechnet werden, so daß der Pater das Gericht als freier Mensch hätte verlassen können. Obwohl keine gerichtliche Handhabe vorliegt, nimmt ihn die Gestapo erneut fest und bringt ihn in das Gerichtsge-

---

² Kopie der Akten des Strafverfahrens gegen Markötter, S. 1, in: BAM, Slg. NS-Verf., Akte Josef Markötter.
³ Zitiert nach Seggewiß, a.a.O., S. 124.

fängnis in Münster. Alle Versuche seines Anwalts, ihn durch Einberufung in die Wehrmacht der Gestapohaft zu entziehen, scheitern.

Die Haft in Münster gestaltet sich für den Franziskaner relativ erträglich. Er teilt eine Zelle mit einem Redemptoristenpater und einem Kaplan. Dies ermöglicht gemeinsames Breviergebet, gegenseitige Beichte und gemeinsame Kommunion, da ihnen vom Bruder des Kaplans Hostien gebracht werden. Zudem genießen sie das Wohlwollen des Gefängnisbeamten Brockschnieder. Sie helfen dem Wächter in Verwaltungsangelegenheiten, so wird die Haft nicht so monoton, und sie bekommen als Gegenleistung Hafterleichterungen.

Um den Pater zu schonen, teilt der Gefängnisbeamte ihm erst am Vorabend der Überstellung ins Konzentrationslager die Entscheidung aus Berlin mit. Diese Nachricht bringt die letzten Hoffnungen des Franziskaners zum Erlöschen. Am nächsten Morgen, dem 13. Januar 1941, erscheint Pater Elpidius bleich und ernst, aber gefaßt. Mit einem Gefangenentransport bringt man ihn in das Konzentrationslager Sachsenhausen bei Oranienburg, wo er in den nächsten Tagen eintrifft.

Bei der brutalen Aufnahmeprozedur wird Pater Elpidius zusammengeschlagen. Man weist ihn dem Block 14 zu, später dem Block 58. In diesem Block sind einige Priester untergebracht und er trifft unter anderem seine Münsteraner Mitbrüder Josef Reukes und Reinhold Friedrichs. Auch einige ehemalige SS-Männer sind auf diesem Block. Pater Elpidius findet sofort viel Anerkennung. Durch Elternhaus und Ordensleben geprägt, kann er seinen Mitgefangenen beim täglichen Bettenbau Hilfe geben und sie so vor den drohenden Strafmeldungen bewahren. Auch andere Aufgaben wie Spindreinigen, Strümpfestopfen und Nähen usw. erledigt er vorbildlich. Selbst die inhaftierten SS-Leute schätzen den Franziskaner, weil er seine priesterliche Haltung und tiefe Religiosität nicht aufgibt. Unter seinen priesterlichen Mitbrüdern regt er an, die Meßgebete aus dem Gedächtnis aufzuschreiben, da ihnen im Lager Meßbücher fehlen. Es gelingt ihm, den gesamten Meßtext zu erstellen. So können die Geistlichen jeden Tag still die heilige Messe feiern.

Ende September wird Pater Elpidius nach Dachau überführt, wo er am 26. September 1941 eintrifft. Er erhält die Gefangenennummer 27720 und wird zunächst dem Zugangsblock 9/1 zugewiesen. Im November finden wir ihn in Block 28/1, im Dezember auf Block 30, Stube 2. Seinen endgültigen Platz findet er im Dezember auf Block 26, Stube 3. Da er zunächst noch ohne festen Arbeitseinsatz ist, muß er zusammen mit anderen Priestern regelmäßig die Essenskübel tragen. Für diese Aufgabe ist er wohl wenig geeignet. Nachdem er in den ersten beiden Monaten des Jahres 1942 schwer an Grippe erkrankt ist, teilt man ihn nach seiner Genesung Ende April dem Kommando Heilkräuterplantage zu. Schon zu diesem Zeitpunkt wiegt er nach Aussagen seines Mitbruders Pater Rehling nur noch etwa 40 kg. Im Mai wird er dem Bautrupp der Plantage zugeteilt. Für einen derart entkräfteten Menschen ist die Mitarbeit beim Neubau von Häusern fast ein Todesurteil. Bei dieser Arbeit zieht sich Pater Elpidius schwere Verletzungen zu, als er Balken mit Carbolineum, einem Imprägnierungs- und Schädlingsbekämpfungsmittel, streichen muß. Er verbrennt sich so sehr die Hände, daß er alle weiteren Arbeiten nur noch mit verbundenen Händen ausführen kann.

Schädlich wirkt sich für den Franziskaner die Auffassung aus, daß gerade Geistliche durch vorbildlichen Arbeitseinsatz der SS beweisen müßten, daß Priester diesen überlegen seien. Dieser ‚Ehrgeiz' führt dazu, daß seine Kräfte immer mehr schwinden und er schließlich nicht mehr in der Lage ist, Koks auf einen zwei Meter hohen Haufen zu schaufeln. Seinem ihm schon aus Sachsenhausen bekannten Mitgefangenen Reukes gegenüber klagt er über starke Magenschmerzen. Da er das Revier fürchtet, zieht er es vor, mit seinem Arbeitskommando auszurücken. Noch am gleichen Tag oder am frühen Sonntagmorgen, dem 28. Juni 1942, wird er von Mitbrüdern in das Revier gebracht. In den Abendstunden des Sonntag stirbt Pater Elpidius Markötter, mit den Sterbesakramenten versehen, in der Dachauer Haft.

Sein großer Wunsch, die Predigt an Peter und Paul, dem 29. Juni, vor der versammelten Priestergemeinde zu halten, ist ihm nicht mehr erfüllt worden. Ein Mitbruder verliest an diesem Tag den bereits fertiggestellten Text an seiner Stelle. Seine Eltern erreicht die lapidare Mitteilung, „Josef Markötter am 28. 6. 42 20.00 Uhr hier verstorben. Innerhalb 24 Stunden hierher mitteilen ob Leichenbesichtigung erwünscht. Leiche wird im Crematorium Dachau 3K feuerbestattet. Urnenüberführung mit Crematorium KL Dachau in Verbindung treten. Sterbeurkunde ist unter Beifügung 60 Rpf für jede weitere 30 Rpf pro Stück beim Standesamt Dachau 2 anzufordern. Hofmann SS. Obersturmführer".[4]

Quellen:
BAAP, Best. 51.01, 22275
BAM, Slg. NS-Verf., Akte Josef Markötter
BAM, Slg. NS-Verf., Akte Engelbert Rehling
BAM, Slg. NS-Verf., Akte Johannes Sonnenschein

Literatur:
Dölle, Demetrius: P. Elpidius Markötter. In: Vita Seraphica, Anregungen und Mitteilungen aus der Sächsischen Franziskanerprovinz vom Hl. Kreuz. Bd. 25, 1944, S. 179–183
Markötter, Elpidius: Warum bin ich Christ? In: Bibliothek der Franziskanerhochschule Münster
Mund, Ottokar: Elpidius Markötter. In: Christen im Widerstand gegen das Dritte Reich, hg. von Joel Pottier, Sachsenheim 1988, S. 205–214
Seggewiß, Norbert: P. Elpidius Markötter (OFM) (1911–1942). Unveröffentl. Diplomarbeit, Münster 1990

---

[4] Zitiert nach Seggewiß, a.a.O., S. 146.

Alfons Mersmann

Nr. unbekannt

Geb. 7. März 1905 in Greven. Beruf des Vaters: Landwirt. Gymnasium: Rheine. Studium: Innsbruck. Priesterweihe: 1931 in Innsbruck.

Im Anschluß an seine Priesterweihe geht Alfons Mersmann mit seinem Studienfreund Frederic Wilhelm Meehling in die USA und findet eine Anstellung als Hilfspriester in der Nähe von Chicago. Da ihm das dortige Leben jedoch nicht sehr zusagt, kehrt er im Jahre 1934 nach Deutschland in sein Heimatbistum und auf den elterlichen Hof zurück. Durch Vermittlung eines ihm bekannten Geistlichen gelangt er zu dessen Studienfreund, Dr. Franz Hartz, nach Schneidemühl und wird ab 1. September 1934 zum Kaplan in Flatow ernannt.

Schon im Dezember desselben Jahres wird er nach Buschdorf-Zarzewo versetzt. Die Besetzung der Stelle scheint von so großer Bedeutung gewesen zu sein, daß in dieser Frage sogar ein Einvernehmen mit dem Regierungspräsidenten hergestellt wurde. In der überwiegend polnischen Gemeinde soll Alfons Mersmann als Kaplan unter dem polnischen Pfarrer Domanski Dienst tun; es wird von ihm erwartet, gerade in Buschdorf das Deutschtum zu betonen. Wie die häufigen Auseinandersetzungen mit Pfarrer Domanski zeigen, hat er diese Aufgabe – zunächst jedenfalls – erfüllt. Doch schon bald treten die ersten Konflikte mit dem nationalsozialistischen Regime auf.

Bereits 1935 wird das erste Verfahren wegen Verstoßes gegen das Heimtückegesetz eingeleitet, allerdings aufgrund des Straffreiheitsgesetzes vom 23. April 1935 eingestellt. Dies geschieht auf Intervention des Schneidemühler Regierungspräsidenten, der betont, daß mit Rücksicht auf die Stellung des Angeklagten im Volkstumskampf eine Bestrafung wegen der damit verbundenen Auseinandersetzung in kirchlichen Dingen nicht wünschenswert sei.

Das nächste Verfahren folgt im Jahre 1937. Alfons Mersmann wird beschuldigt, in einer Predigt öffentlich vor einer Beteiligung an einem Osterlager der Hitler-Jugend gewarnt und dabei betont zu haben, daß die Kinder ins Verderben geschickt würden. Das Verfahren wegen Kanzelmißbrauchs wird am 9. Februar 1938 mangels Beweisen eingestellt. Am 17. Juli 1942 verhandelt das Sondergericht Schneidemühl ein drittes Mal gegen Alfons Mersmann wegen Verstoßes gegen das Heimtückegesetz. Der Grund: Alfons Mersmann war mit dem Verwalter der Gemeindekasse über den Reichsnährstand, die Landwirtschaftsorganisation des Dritten Reiches, in einen Streit geraten. Er erklärte: „Reichsnährstand, wozu ist das? Davon hört man nichts, davon sieht man nichts, es ist bloß, daß man den dummen

Bauern das Geld ablockt. Das Landvolk hier in dieser Gegend ist ziemlich dumm und faul, um überhaupt über diese Sachen nachzudenken."[1] Auch als der Rendant dem widerspricht, läßt sich Alfons Mersmann nicht davon abbringen, beginnt vielmehr, zusätzlich über den Arbeitseinsatz und das Arbeitsamt zu schimpfen.

Alfons Mersmann gibt zu, daß – obwohl er sich an den genauen Wortlaut des Gespräches nicht erinnern könne – die Äußerungen etwa so gefallen seien, wie der Zeuge sie angibt. Als Entschuldigung gibt er an, daß er sehr impulsiv veranlagt sei und deswegen leicht in Gefahr gerate, in einer plötzlichen Erregung unüberlegte Äußerungen von sich zu geben, die seiner wirklichen inneren Einstellung nicht entsprächen. Sein cholerischer Charakter wird von fast allen, die Alfons Mersmann kannten, bestätigt. Das Sondergericht Schneidemühl verurteilt ihn zu vier Monaten Gefängnis und belegt ihn mit einem Aufenthaltsverbot. Daraufhin treibt es den stellungslosen Priester durch das ganze Reich: Greven, Kleve, Danzig. Am 1. Juli 1944 wird er als ständige Aushilfe im Bistum Fulda angestellt. Am 7. März 1945, seinem 40. Geburtstag, wohnt er in Freysa bei einer Eisenbahnerfamilie. Negative Äußerungen Alfons Mersmanns über die nationalsozialistische Politik, die eine Frau der Gestapo zugetragen hatte, führen noch am selben Abend, während seiner Geburtstagsfeier, zu seiner Verhaftung. Am Karfreitag wird der Geistliche in das Quarantänelager des Konzentrationslagers Buchenwald aufgenommen.

Bei Annäherung der alliierten Truppen wird ein Teil des Lagers Buchenwald evakuiert. Die Häftlinge, unter ihnen auch Alfons Mersmann, werden zu langen Fußmärschen unter SS-Bewachung gezwungen, ohne daß sie verpflegt werden können. Nahrungsmittel für die Gefangenen sind nicht vorhanden. Auf diesem Marsch verliert Pfarrer Alfons Mersmann sein Leben. Es liegt eine eidesstattliche Erklärung vor, nach der er auf dem Transport verhungert sein soll. Auf einer Postkarte vom 7. Oktober 1945 aus Leipzig dagegen wird erklärt, daß Pfarrer Mersmann auf dem Transport von Buchenwald nach Wohlau erschossen worden sei. Als Todesdatum wird der 12. April angegeben.

Quellen:
BAM, Slg. NS-Verf., Akte Alfons Mersmann
BAM, Slg. NS-Verf., Akte Hermann Scheipers

Literatur:
Dreßler, Detlef, Hans Galen, Christoph Spieker: Greven 1918–1950. Republik – NS-Diktatur und ihre Folgen. 2 Bde., Greven 1991
Scheipers, Hermann: Dionysianer als Opfer der Nationalsozialistischen Gewaltherrschaft. Maschinenschr. Manuskript in BAM, Slg. NS-Verf., Akte Hermann Scheipers
250 Jahre Schützenverein Herbern 1739–1989, Greven 1989

---

[1] Sondergerichtsakte des Sondergerichts Schneidemühl vom 17. 7. 1942, in: BAM, Slg. NS-Verf., Akte Alfons Mersmann, o.S.

Matthias Mertens
Nr. 29753

Geb. 5. Dezember 1906 in Straelen/Niederrhein. Beruf des Vaters: Landwirt. Gymnasium: Gaesdonck. Studium: Bonn und Münster. Priesterweihe: 17. Dezember 1932 in Münster.

Am 21. Dezember 1932 tritt Matthias Mertens seine erste Stelle als Kaplan in Materborn bei Kleve an. Gleich nach der Machtübernahme durch die Nationalsozialisten kommt es zu heftigen Auseinandersetzungen zwischen dem Seelsorger und der Partei. Da der Kaplan in Predigten und Vereinsversammlungen auf die Gefahren des nationalsozialistischen Regimes aufmerksam macht, sind Zusammenstöße vorprogrammiert. Hinzu tritt sein Engagement in der Jugendarbeit. Auch die Versetzung als Kaplan nach Sterkrade-Nord an die Josefskirche im Februar 1935 bringt keine Veränderung der Lage. Die Gestapo Oberhausen bereitet dem Geistlichen Schwierigkeiten, wo immer sie es nur einrichten kann. So werden die Predigten des Priesters ständig überwacht und mitgeschrieben.

Diese Maßnahmen gipfeln in einem Sondergerichtsprozeß in Düsseldorf im gleichen Jahr, der seine Wurzeln noch in der Materborner Zeit hat: Ihm wird vorgeworfen, zusammen mit zwei Laien im Vorfeld der Volksabstimmung vom 11. 8. 1934 durch die Verbreitung von angeblich durch die Partei benützten, kirchenfeindlichen Liedertexten gegen die Regierung agitiert zu haben. Nach drei Hauptverhandlungstagen wird Matthias Mertens am 25. Oktober 1935 freigesprochen, weniger glimpflich fällt das Urteil für ein Mitglied des Katholischen Kaufmännischen Vereins KKV Kleve aus: sechs Monate Gefängnis.

Noch während der Prozeßdauer beschlagnahmt die Gestapo in einem Arbeitslager in der Nähe von Stuttgart eine umfangreiche Korrespondenz des Kaplans. Er hatte mit einer dortigen Studentin in einem Briefwechsel regen Gedankenaustausch über Nationalsozialismus und Weltanschauung geführt. Die Studentin wird sofort aus dem Arbeitsdienst entfernt und vom Studium ausgeschlossen. Gegen den Geistlichen geht man erstaunlicherweise nicht vor, doch werden diese Fakten in seine Akte aufgenommen. Es zeugt von dem Mut und der Unerschrockenheit von Matthias Mertens, daß er trotz der immer größer werdenden Bedrohung seinen Weg unbeirrt weitergeht. Zusammen mit seinem Pfarrer kritisiert er in aller Öffentlichkeit die ‚Wahl' vom 29. März 1936. Erst nachdem sie von Wahlschleppern auf ihr Wahlrecht hingewiesen worden sind, gehen sie zur Stimmabgabe. Dabei stellen sie öffentlich fest, daß die Wahl kontrolliert wird, und verweigern ihre Stimmabgabe. Diese Ereignisse werden schnellstens kolportiert und in der Gemeinde verbreitet. Dennoch wird gegen die Geistlichen nichts unternommen.

Anzeigen wegen verbotener Vereinstätigkeit und aggressiver Predigtinhalte führen zu immer neuen Vernehmungen. Es bedarf nur noch eines geringen Anstoßes, um gegen ihn vorzugehen. Die Hirtenbriefe des Bischofs von Münster geben dazu den willkommenen Anlaß. Matthias Mertens berichtet:

„Das Vorlesen der Hirtenbriefe unseres mutigen Bekennerbischofs Klemens August durch mich war immer schon eine gewisse Sensation gewesen. Das war auch längst in meinen Gestapoakten vermerkt. Ende Juli – Anfang August 1941, als ich während des Urlaubs meines Pfarrers allein in der Gemeinde war, verlas ich an drei aufeinanderfolgenden Sonntagen in allen drei heiligen Messen die drei berühmten Predigten unseres Bischofs. Anfangs stand ich ganz allein damit im gesamten Ruhrgebiet, bald folgten andere zögernd nach. Es geschah mir noch nichts, weil ich keinen Kommentar beigefügt hatte. Die Länge der Predigten und die Kürze der Zeit ließen das nicht zu. Bald setzte im ganzen Ruhrgebiet eine systematische Hetzkampagne in Versammlungen der NSDAP, anderer Parteiorganisationen und verschiedener Berufsverbände gegen den Bischof ein. Die Predigten des Bischofs wurden gröblich entstellt, besonders markante Stellen aus dem Zusammenhang gerissen oder plump gefälscht.

Die letzte dieser Versammlungen für mehrere Ortsgruppen war in unserer Gemeinde für den 21. September 1941 angesetzt. In der vorhergehenden Woche wurde mir von dem Sohn eines Polizisten mitgeteilt, daß für den gleichen Sonntag (21.9.) eine Demonstration gegen den Bischof vor oder während des Hauptgottesdienstes geplant sei, zu der insgeheim die SA des Bezirks aufgeboten sei. Im Hinblick auf diese zu erwartende Demonstration und auch im Hinblick auf die am Nachmittag des 21.9. stattfindende Versammlung der Ortsgruppe der NSDAP habe ich die Stellen aus den Predigten des Bischofs, die in den Versammlungen besonders angegriffen und sehr entstellt wurden, nochmals schriftlich fixiert.

Wir wollten sie am Sonntag den Gläubigen vorlesen, um ihnen ganz deutlich zu machen, was der Bischof gesagt bzw. was er nicht gesagt hatte, um den Bischof vor falschen Unterstellungen zu schützen. Im Anschluß an die Verlesung habe ich im Hochamt die Gläubigen auf die beabsichtigte Demonstration vor der Kirche hingewiesen. Im Anschluß daran habe ich wörtlich erklärt:

‚Meine Andächtigen! Wir sind unserm Bischof dankbar, daß er für Wahrheit, Recht und Gerechtigkeit eine Lanze gebrochen hat, daß er es mutig tat, wo es mit großen Gefahren für ihn verbunden war. Wer dagegen demonstriert, der demonstriert damit gegen Wahrheit, Recht und Gerechtigkeit. Und das ist nicht nur unchristlich, sondern auch im höchsten Maße undeutsch, und alles, was sich daran beteiligt, ist Pöbel'."[1]

Der Gebrauch des Wortes Pöbel führt zur erneuten Vernehmung des Kaplans durch die Gestapo. Am 6. Januar 1942 wird er verhaftet und in das Polizeigefängnis in Mülheim an der Ruhr gebracht. In einem geheimen Gestapo-Bericht vom 21. Januar 1942 wird auf die Verbreitung der Galen-Predigten in keiner Weise einge-

---

[1] BAM, GV NA A 101–26, S. 74.

gangen: „Der Kaplan Mathias Mertens (geb. 5. 12. 06 Straelen, wohnhaft Oberhausen-Sterkrade), hatte in einer Predigt zu einer von der NSDAP durchgeführten Kundgebung in unsachlicher Weise Stellung genommen und hierbei gegen den Redner und die Teilnehmer dieser Versammlung beleidigende Äußerungen gemacht. M. wurde durch die Stapoleitstelle Düsseldorf vorläufig festgenommen."[2]

Am 10. März wird dem Kaplan der Schutzhaftbefehl vorgelegt: Er habe in Ausübung seiner gegnerischen Einstellung zum Nationalsozialismus sein Predigtamt mißbraucht und sich „einer Verhetzung des Volkes und einer Schwächung der inneren Front und des Kampfeswillens des Volkes"[3] schuldig gemacht. Alle eingereichten Proteste, die auf eine Aufhebung der Haft abzielen, fruchten nichts, so daß Matthias Mertens nach Dachau überstellt wird, wo er am 17. April 1942 eintrifft.

Der junge Priester findet Quartier in Block 26, Stube 2. Sein Arbeitskommando bildet zunächst die Plantage, eine genauere Festlegung seines Arbeitsbereiches läßt sich nicht vornehmen. Nach der Erlaubnis, Pakete zu empfangen, und der allgemeinen Besserung der Verhältnisse kommt Matthias Mertens mit zahlreichen anderen Priestern in das Kommando ‚Besoldungsstelle der SS', in der die Häftlinge in relativer Sicherheit unter guten Bedingungen eine erträgliche Arbeit durchführen. Durchaus möglich scheint auch ein Einsatz im Kommando ‚Messerschmitt', doch läßt sich dieser nicht mit letzter Sicherheit belegen.

Über den weiteren Lageralltag von Matthias Mertens ist nichts bekannt. Erst in der Endphase, als die sich verschlechternden Lebensbedingungen im Lager sich zu einer verheerenden Fleckfieberepidemie ausweiten, tritt der Kaplan noch einmal in Erscheinung. Auch er scheint vom Fleckfieber angesteckt zu sein. So sucht Matthias Mertens noch am Tage seiner Entlassung, den 9. April 1945, das Krankenhaus in München-Schwabing auf, wo er – gemeinsam mit anderen Geistlichen – auf Besserung hofft. Es wird eine leichte chronische Ruhr diagnostiziert. Mit diesem Befund wird Matthias Mertens nach Oberhausen entlassen.

Der Kaplan kehrt zunächst in seine alte Stelle in Oberhausen-Sterkrade zurück. Im März 1947 wird im dortigen Krankenhaus eine Lungentuberkulose festgestellt, die – der medizinische Befund bestätigt dies – eine direkte Folge der Konzentrationslagerhaft ist. Matthias Mertens wird beurlaubt, und nach langen Bemühungen gelingt es ihm, einen Kuraufenthalt in Arosa zu erhalten, wobei die alliierten Militärbehörden ihm zu einer Einreisegenehmigung in die Schweiz verhelfen. Am 10. August 1948 trifft er wieder im Bistum Münster ein, und sein Bischof beauftragt den Rekonvaleszenten mit der Seelsorge im Prosper-Hospital in Recklinghausen. Dies ermöglicht ihm, so viel Seelsorgearbeit zu übernehmen, wie es seine Gesundheit zuläßt, auf der anderen Seite aber selbst unter ärztlicher Betreuung zu bleiben, um die Folgen seiner Krankheit auskurieren zu können. Nach weiteren Kuren in der Schweiz wird Matthias Mertens im August 1953 zum Rektor und Prokurator am bischöflichen Gymnasium in der Gaesdonck ernannt. Trotz gesundheitlicher Probleme kann er die Verwaltungsaufgaben, die mit dieser Position verbunden sind, wahrnehmen. Seine verbleibende Kraft investiert er in die wirtschaftlichen

---

[2] Boberach, Heinz: Berichte des SD und der Gestapo über Kirchen und Kirchenvolk in Deutschland 1934–1944, Mainz 1971, S. 611.
[3] Ebda.

Belange der Schule, wird jedoch immer wieder durch die Folgeschäden der Haft aus seiner Arbeit herausgerissen. Dennoch gelingt es ihm, den Ausbau der Schule weitgehend selbst in die Hand zu nehmen.

Mit der Zeit treten neben die physischen Leiden des Priesters noch die psychischen Folgen der Haft hinzu. Nahezu drei Jahre hatte er die Qualen des Konzentrationslagers ertragen. Der impulsive, kämpferische Mann war, nach außen ungebrochen, in die Freiheit zurückgekehrt, doch nun belastet und schwächt die Erinnerung an das Lager den ganzen Menschen – ein Phänomen, das bei vielen KZ-Häftlingen mit oft langer Verzögerung aufgetreten ist. Nach vielen bitteren Jahren stirbt Matthias Mertens am 1. Februar 1970 an den Folgen eines Leberleidens. Es bleibt die Erinnerung an einen mutigen Kämpfer gegen den Nationalsozialismus, der für die kirchliche Sache in vollem Bewußtsein seines eigenen Risikos eingetreten ist.

Quellen:
BAM, Materialsammlung Drittes Reich, GV NA A 101–26
BAM, Priesterkartei, Karteikarte Matthias Mertens
BAM, Slg. NS-Verf., Akte Matthias Mertens
Interview mit Franz Hermes, Gaesdonck, vom 30. Mai 1990

Literatur:
Boberach, Heinz: Berichte des SD und der Gestapo über Kirchen und Kirchenvolk in Deutschland 1934–1944. Mainz 1971, S. 611
Gaesdoncker Blätter 37, 1984, S. 60–68
Mitteilungsblatt für die Gemeinde Wachtendonck vom 18.12.1987

Josef Meyer
Nr. 30219

Geb. 12. Januar 1897 in Wesel. Beruf des Vaters: Arbeiter. Gymnasium: Wesel. Studium: Münster. Priesterweihe: 1. April 1922 in Münster.

Am 26. April 1922 wird Josef Meyer zum Kaplan in Duisburg-Ruhrort ernannt, gleichzeitig soll er am dortigen Städtischen Gymnasium Religionsunterricht erteilen. Im folgenden Jahr wird er nach Saalhoff versetzt, ein Jahr später nimmt er eine Tätigkeit an der St.-Joseph-Pfarre in Recklinghausen-Süd auf. Schließlich wird er 1933 Vikar in Südlohn. Hier gilt sein Hauptaugenmerk der Jugendarbeit und der Kolpingfamilie. Der Druck des NS-Staates auf alle kirchlichen Vereine erzeugt einen Gegendruck, der gerade in einer durch und durch katholischen Gemeinde wie Südlohn zu einem engen Zusammenschluß der Gläubigen führt. So kommt es zwangsläufig zu Auseinandersetzungen zwischen dem Vikar und dem nationalsozialistischen Regime.

Josef Meyer selbst und auch sein Pfarrer werden 1937 von einem Grenzbeamten angezeigt, weil einige Jungen bei der Glockenweihe vor der Kirchtür kleine Glöckchen als Andenken verkauft hatten. Die wegen Verstoßes gegen das Sammlungsgesetz verhängte Strafe von 25 Reichsmark wird erlassen. Mitte des Jahres 1939 wird erneut gegen Josef Meyer vorgegangen. Da er mit der Pfarrjugend eine weltliche Feier abhält, verstößt er gegen die Verordnung über die Betätigung konfessioneller Jugendverbände. Dieses Verfahren wird am 12. Oktober 1939 durch den Gnadenerlaß des Führers vom 9. September des Jahres eingestellt. Schließlich findet die Gestapo doch noch einen Weg, Josef Meyer zu belangen. Am 8. März 1942, mehrere Wochen nach einer Predigt über den gefälschten Mölders-Brief, wird er aus eben diesem Grunde festgenommen. Zehn Wochen hält man ihn im Gefängnis in Ahaus fest, nach zwei weiteren Wochen im Gefängnis in Münster wird er zu Pfingsten des Jahres nach Dachau transportiert.

Wie er die schweren Haftjahre sowie die Arbeit im Konzentrationslager überstanden hat, ist nicht bekannt. Ein Zeitzeuge erinnert sich, daß Josef Meyer in der Plantage gearbeitet hat und sich im Sommer 1942 durch eine Entzündung eine Vereiterung des gesamten Brustbereiches zuzog.

Am Gründonnerstag 1945 wird der Vikar aus Dachau entlassen, kann jedoch nicht sofort in die Heimat zurückkehren. So bleibt er in Pellheim, eine Stunde von Dachau entfernt gelegen, bei einer Bauernfamilie und erholt sich dort von den Strapazen der Haft. Zu Pfingsten, am 1. Juni, kehrt er schließlich unter großer Anteilnahme der Pfarrgemeinde in das zerstörte Südlohn zurück.

Im März 1946 wird Josef Meyer zum Pfarrer in Hommersum ernannt. Hier wirkt er bis 1972. Nach der Feier seines goldenen Priesterjubiläums, zu dem zahlreiche ehemalige Dachauer Priester anreisen, verzichtet er am 2. Mai 1972 auf seine Pfarrstelle. Auch die kurze Zeit seines Ruhestandes verbringt Josef Meyer in Hommersum. Er wird dabei von seiner Schwester versorgt. Am 24. Juli 1974 stirbt Josef Meyer im Krankenhaus in Goch.

Quellen:
STAM, Reg. MS 29694, Monatsberichte Mai 1939, Oktober 1939
BAM, Materialsammlung Drittes Reich, GV NA A 101-16
BAM, Priesterkartei, Karteikarte Josef Meyer

Literatur:
Meyer, Josef, in: Eugen Weiler: Die Geistlichen in Dachau sowie in anderen Konzentrationslagern und in Gefängnissen. Bd. 2, Lahr 1982, S. 309-311

Wilhelm Meyer

Nr. 26204

Geb. 14. Januar 1913 in Essen. Beruf des Vaters: Werkmeister. Gymnasium: Bottrop. Studium: Tübingen und Münster. Priesterweihe: 6. August 1939 in Münster.

Seine erste Stelle tritt Wilhelm Meyer in Albersloh an, am 11. April 1940 wird er zum Kaplanvertreter in Raesfeld ernannt. Im Oktober 1940 hält Wilhelm Meyer eine Predigt über die Feindesliebe – diese wird ihm zum Verhängnis. Anlaß für diese Predigt ist zunächst die nationalsozialistische Hetze gegen die polnischen Kriegsgefangenen in der Presse. Hinzu kommt, daß ihm ein Gemeindemitglied, das bis zu diesem Tag mit seinen kriegsgefangenen polnischen Arbeitern die Messe besucht, erzählt, eine Raesfelderin habe einen Kriegsgefangenen mit ‚Schwein' tituliert. Dieser habe daraufhin gesagt, er ginge nicht mehr zur Kirche, Schweine gehörten dort nicht hin. Der Kaplan kommt zu der Auffassung, daß er hier Stellung beziehen muß. Wilhelm Meyer überlegt zwar, ob man ihn wegen Verstoßes gegen den Kanzelparagraphen heranziehen könne. Er gelangt jedoch zu der Überzeugung, daß aufgrund des oben genannten Vorfalls keine politische, sondern eine religiöse Angelegenheit vorliege. Daher entschließt er sich, nicht versteckt, sondern offen über den Vorfall zu predigen: „Ich muß heute etwas sagen, was sehr gefährlich ist. Ich weiß dieses, trotzdem muß ich es sagen. Große Männer haben ihr Programm in einem Buch oder Rede oder Predigt niedergelegt. Der Führer Adolf Hitler tat es in seinem Buch ‚Mein Kampf'. Der Heiland tat es in seiner großen Bergpredigt, indem er von der Liebe sprach, das Hauptgebot des Christentums. Nun ist es in Raesfeld vorgekommen, daß ein Mädchen gegen dieses Gebot der Liebe verstoßen hat, indem es zu einem polnischen Kriegsgefangenen sagte: ‚Du Schwein'. Den Polen hat dieses so berührt, daß er seit dieser Zeit nicht mehr zur Kirche geht. Das Mädchen muß dieses wieder gutmachen. Wenn es nicht weiß, wie es dieses tun soll, so mag es den Beichtvater um Rat fragen. Mag auch die Regierung anders sagen, ich aber sage euch: liebet einander."[1]

Der zuständige Hilfspolizist berichtet:

„Nach der besagten Predigt, die sich in allen 3 Messen wiederholte, waren die Kirchenbesucher ziemlich sprachlos und befürchteten schon das Schlimmste. Ich selbst als zuständiger Hilfsgendarm war es erst recht, da mir bewußt war, daß ich in dieser unangenehmen Sache noch weiteres unternehmen mußte.

---

[1] Aussage des damaligen Hilfspolizisten, in: BAM, Slg. NS-Verf., Akte Wilhelm Meyer.

Da mir für den folgenden Tag ein auswärtiger Urlaub zugestanden war, trat ich ihn rechtzeitig an, um ja noch nicht in der Sache arbeiten zu müssen und abzuwarten, ob alles ruhig blieb. Nach meiner Rückkunft hatte der Ortsgruppenleiter schon vorgesprochen und verlangte, weitere Schritte zu unternehmen. Bei einer sofortigen Rücksprache mit dem Amtsbürgermeister – derselbe war als guter Katholik ebenfalls sehr bedrückt – erfuhr ich dann, daß auch hier der Ortsgruppenleiter bereits gewesen war. Es war nun kein längeres Zurückhalten mehr möglich, da befürchtet werden mußte, daß die Gestapo die Sache aufgriff, was wir unter allen Umständen vermeiden wollten.

Am Dienstagnachmittag nach der Predigt begab ich mich nun zum Kaplan Meyer. Eine Abschrift der Predigt, wie es z. Zt. gefordert wurde, hatte Herr Kaplan Meyer nicht. Ich gab ihm Gelegenheit, die Predigt niederzuschreiben, und beschlagnahmte dann dieselbe als die bei meinem Eintreffen vorgefundene.

Die Schwester des Kaplan Onkels, die in der Wohnung war, bat, doch den Bericht über die Predigt möglichst abzuschwächen, woraufhin ich sie veranlaßte, den Bericht selbst zu schreiben, ich würde ihn dann als meinen Bericht bei den Akten geben, welches auch geschehen ist. Der letzte Satz der Predigt wurde noch folgendermaßen abgeändert: ‚Mögen auch andere anders sagen, ich aber sage euch: Liebet einander'.

Die abgeschlossene Akte wurde der Ortspolizei übergeben. Der Amtsbürgermeister legte sie dem Landrat vor, der sich für ein 14tägiges Redeverbot aussprach, rief jedoch an, vorerst alles in die Schublade zu legen und abzuwarten, ob alles ruhig blieb ... Nach ca. 3–4 Wochen kam ein Kommando der Gestapo Münster zur Gestapo Borken. Letztere wußte bis dahin noch nichts und war sehr erstaunt. Als nun bei der Ortspolizei angerufen wurde, konnte diese die Sache nicht länger verheimlichen und mußte die Akten ausliefern. Nun schritt man sofort zur Verhaftung.

Von der Gestapo erhielt ich nun Kenntnis, daß der Ortsgruppenleiter einen 4 Seiten langen Bericht über die Predigt an den Kreisleiter gerichtet hatte, dieser wiederum hatte den Bericht an die Gauleitung und von dort zur Gestapo Münster geleitet... Von der Gestapo wurde Anzeige wegen heimtückischer Angriffe gegen Volk und Staat erstattet und der Staatsanwaltschaft des Sondergerichtes Bielefeld übergeben. Der Staatsanwalt hat immer wieder versucht, das Mädchen zu ermitteln. Trotz aller Bemühungen ist es uns jedoch nicht gelungen. Auch mit den polnischen Kriegsgefangenen, die später hier als Zivilarbeiter tätig wurden und mit denen ich enge Fühlung hatte, konnte nicht der Pole, dem die Beleidigung zugefügt worden war, ermittelt werden.

Meyer war auf das Gerede eines dummen Schwätzers hereingefallen."[2]

Wilhelm Meyer wird von der Gestapo verhaftet und in das Gerichtsgefängnis in Borken eingeliefert. Am Tage nach seiner Verhaftung wird er dem Untersuchungsrichter vorgeführt. Dieser sagt unter anderem, daß es in bestimmten Zeiten gefährlich sei, bestimmte Lehren Christi zu verkünden: Dazu gehöre auch jetzt im Kriege die Predigt über die Feindesliebe. Wilhelm Meyer sagt darauf: „Im allgemeinen kommt der Christ mit seinem Feind nicht in Berührung: aber im Kriege, so

---

[2] Ebda.

also jetzt, kommen Christen mit dem Feind (= Kriegsgefangenen) in Berührung: darum ist es gerade jetzt angebracht, über die Feindesliebe zu predigen."³ Daraufhin erklärt der Untersuchungsrichter spontan, daß er keinen Grund für die Inhaftierung des Kaplans sehe, dieser könne nach Hause gehen. Bevor er aber seine Wohnung in Raesfeld betreten kann, wird er erneut von der Gestapo verhaftet und wieder ins Gerichtsgefängnis in Borken gebracht. Am nächsten Tag überstellt man ihn in das Polizeigefängnis in Münster, wo er durch den zuständigen Gefängniswachtmeister und dessen Frau eine außerordentlich gute Behandlung erfährt. So kann er Besuch empfangen und auch am Heiligen Abend des Jahres kommunizieren. Im Polizeigefängnis in Münster erkrankt er an einer Nervenentzündung und wird in das Haftzimmer des St. Clemens-Hospitals gebracht.

Nach mehreren Verhören durch die Gestapo in Münster findet 1941 ein Prozeß vor dem Sondergericht in Bielefeld statt. Er endet schließlich mit einer Verwarnung für den Kaplan. Nach dieser Verwarnung wird er erneut verhaftet und nach Dachau überstellt.

Schließlich trifft Wilhelm Meyer am 6. Juni 1941 im Konzentrationslager Dachau ein und leidet zunächst sehr unter der schlechten Ernährung. Sobald die Geistlichen zur Arbeit eingeteilt werden, gelingt es dem Kaplan, Leiter des sogenannten Kripo-Kommandos zu werden, – eine Tätigkeit, die von ihm selbst als „sehr angenehm"⁴ bezeichnet wird. Die hier eingesetzten Häftlinge hatten die Aufgabe, Kriminalitätsregister aus dem 19. Jahrhundert zu verkarten. Eingerichtet wurde es auf Bestreben des Dr. Robert Ritter, Direktor einer Forschungsstelle im Reichsgesundheitsamt Berlin-Dahlem, der nach dem Kriege erklärte, diese langjährige Aufgabe nur deshalb auf den Weg gebracht zu haben, weil er von der schlechten Behandlung der Pfarrer Kenntnis erhalten habe.

Als Leiter dieses Kommandos wird Wilhelm Meyer oft beneidet. Während viele Geistliche im Jahre 1942 auf der Plantage verhungern, ist der Kaplan besser genährt, da die Mitarbeiter seines Kommandos bessere Verpflegung erhalten und nur leichte Schreibtischarbeit zu verrichten haben. Als Leiter der zwölfköpfigen Gruppe, die für das Reichskriminalpolizeihauptamt tätig ist, macht sich Wilhelm Meyer Gedanken über seine Arbeit: „Ich war der Leiter der vorgenannten Gruppe. Ich überlegte, wie lange Zeit die Geistlichen in der Gruppe täglich arbeiten sollten. Dabei ging ich davon aus, daß ein normal ernährter Mensch grundsätzlich acht Stunden arbeiten soll: von verhungernden Menschen, wie wir es waren, konnte man weniger Arbeitsleistung täglich verlangen. Ich sagte meinen Leuten, daß sie die von mir angegebene Arbeitszeit tüchtig arbeiten sollten. Die übrige Arbeitszeit ... könnten sie sich beschäftigen, womit sie wollten, z. B. konnten sie Brevier beten. Ich war mir klar, daß ich mich in eine große Gefahr begab, wenn ich die Arbeitszeit so regelte. Was wäre mir wohl passiert, wenn die Lagerleitung meine Arbeitszeitfestsetzung erfahren hätte: aber der liebe Gott fügte es, daß die Lagerleitung nichts von unserem Arbeitspensum erfuhr."⁵

---

³ Bericht von Wilhelm Meyer, S. 1, in: BAM, Slg. NS-Verf., Akte Wilhelm Meyer.
⁴ Ebda., S. 3.
⁵ Ebda., S. 3F.

Zwar erkrankt der Kaplan im KZ Dachau an Typhus, doch übersteht er diese Krankheit recht gut. Abgesichert durch sein geschütztes Arbeitskommando hat er in den folgenden Jahren der Haft nicht mehr mit gesundheitlichen Problemen zu kämpfen. Am 29. März 1945 wird er aus Dachau entlassen.

Nach seiner Rückkehr aus Bayern wird Wilhelm Meyer am 24. September 1945 zum Kaplan in Darup ernannt. Ein Jahr später wechselt er an die St.-Josephs-Pfarrei in Buer-Scholven. Am 5. Mai 1950 wird er Vikar an der Kirche St. Amandus in Datteln.

Schließlich wechselt er am 29. November 1952 als Vikar nach Wessum, bevor er 1977 in Meschede-Laer in den Ruhestand tritt. Als Emeritus wird er nachträglich zum Pfarrer ernannt.

An den regelmäßigen Treffen der ehemaligen Dachauer Priester kann Wilhelm Meyer aufgrund eines Nerven- und Kreislaufleidens nicht teilnehmen.

Heute lebt Pfarrer Wilhelm Meyer in einem Pflegeheim; sein Gesundheitszustand läßt es nicht zu, ihn über seine Erinnerungen aus dieser Zeit zu befragen.

Quellen:
AGD, 22225/1-44
BAM, Slg. NS-Verf., Akte Wilhelm Meyer
BAM, Priesterkartei, Karteikarte Wilhelm Meyer

Heinrich Oenning

Nr. 26985

Geb. 3. April 1904 in Borken-Weseke. Beruf des Vaters: Landwirt. Gymnasium: Borken und Münster. Studium: Münster und München. Priesterweihe: 22. Dezember 1928 in Münster.

Seine ersten Erfahrungen sammelt Heinrich Oenning als Kaplan in Buer, wo er vom 27. Dezember 1928 bis zum 1. November 1931 tätig ist. Danach wird er zum Diözesansekretär des Volksvereins für das katholische Deutschland ernannt. Dieser Aufgabe kann er sich nur bis zum 1. Juli 1933 widmen, da der Verein verboten wird. In der Folge arbeitet er bis zum 27. September 1938 als Gefängnisseelsorger in Münster und betreut gleichzeitig die Werkjugend, den Jugendverband der KAB. Schließlich wird er an die St.-Michaels-Kirche in Duisburg-Wanheimerort versetzt.

In diesen Jahren kommt es mehrfach zu Konflikten mit dem nationalsozialistischen System. So hat der Kaplan – nach eigenen Angaben – drei Anzeigen, drei Verhöre, eine Hausdurchsuchung sowie die Beschlagnahme von Volksvereinsbüchern zu erdulden. Über die näheren Umstände dieser Gestapomaßnahmen ist nichts bekannt. Im Oktober 1940 wird gegen den Geistlichen wegen illegaler Weiterführung des Katholischen Jungmännerverbandes KJMV ermittelt; man stellt das Verfahren jedoch ein.

Am 16. Mai 1941 wird der Kaplan telefonisch aufgefordert, zur Staatspolizei Duisburg zu kommen. Als er dort erscheint, verhört man ihn zunächst und verhaftet ihn dann. Den Haftgrund bietet ein Seelsorgebrief an die Mitglieder des Männerapostolats seiner Gemeinde. Hierin heißt es im Anschluß an einen Hinweis auf den Vormarsch der deutschen Armeen:

„Eine Frage legt sich uns immer wieder vor. Der Papst hat sie in seiner Weihnachtsansprache dahin beantwortet: ‚Die kleinen Völker haben ein Recht auf staatliche Selbständigkeit wie die großen.' Ich muß da immer an das Bauerndorf denken, wo größere und kleinere selbständige Bauern nachbarlich zusammenwohnen. Der kleine ist genausogut Eigentümer wie der große. Der Große kann ihm nicht vorschreiben, was für Ansichten er haben, wie er wirtschaften, was für besondere Nachbarbeziehungen er pflegen soll. Wesentlich ist, daß beide Bauern ordentliche Leute sind, dann werden sie gut miteinander auskommen und sich nachbarlich helfen. Wenn sie sich aber aus irgendeinem Grunde nicht verstehen, dann mag das bedauerlich und auch nachteilig sein. Aber es gibt ein Recht, ein unantastbares, das der eine wie der andere beachten muß. Und so leben sie schiedlich, friedlich nebeneinander. Sie sind ja selbständig. Wenn aber der Stärkere das Recht des Schwächeren beiseite setzt, dann entsteht schreiendes Unrecht."[1]

Heinrich Oenning bleibt im Polizeigefängnis Duisburg, bis er nach Dachau überstellt wird. Der Transport geht über Köln und Koblenz und erreicht Dachau am 22. August 1941. Doch der Kaplan bleibt nicht lange dort. Bereits am 18. Oktober wird er überraschend nach Düsseldorf zurückgeschickt, wo ihn das Sondergericht am 11. November zu acht Monaten Gefängnis verurteilt – die Schutzhaft wird ihm angerechnet. Die Begründung lautet, Oenning habe die Unterstellungen der Feindpropaganda übernommen, Deutschland sei ein räuberischer Nachbar, der die kleinen Völker an seinen Grenzen bedrohe und vergewaltige.

Kurz vor Ablauf der Haftzeit meldet sich Heinrich Oenning durch Vermittlung seines Rechtsanwalts freiwillig zum Wehrdienst und wird daher bereits am 13. Januar 1942 entlassen. Schon am Abend des 14. befindet er sich in der Kaserne, untersteht somit der Wehrgerichtsbarkeit und ist so vor einer neuen Inhaftierung durch die Gestapo geschützt.

Über seine Zeit als Geistlicher im Kriege ist wenig bekannt. Am 20. April 1945 gerät er in amerikanische Gefangenschaft. Als diese am 15. Juni des Jahres endet, widmet er sich wieder seiner alten Aufgabe in der Heimatpfarrei. Am 4. März 1948 ernennt ihn der Bischof zum Pfarrer von St. Laurentius in Gelsenkirchen-Horst. Am 17. März 1951 übernimmt er auf Wunsch von Bischof Michael Keller die Aufgabe eines Pfarrdechanten an St. Stephanus in Beckum. Im Oktober 1975 tritt er schließlich in den Ruhestand, steht aber seinem Nachfolger in der Seelsorge weiterhin zur Seite.

Am 12. November 1977 stirbt Pfarrer Heinrich Oenning, der in seiner letzten Pfarrstelle nahezu 25 Jahre tätig war, im Alter von 73 Jahren.

Quellen:
BAK, Außenstelle Berlin, Freienwalder Straße, RJM IIIg 17 152/41
BAM, Priesterkartei, Karteikarte Heinrich Oenning
BAM, Slg. NS-Verf., Akte Heinrich Oenning

Literatur:
Oenning, Heinrich, in: Eugen Weiler: Die Geistlichen in Dachau sowie in anderen Konzentrationslagern und in Gefängnissen. Bd. 2, Lahr 1982, S. 311–318

---

[1] BAK, Außenstelle Berlin, Freienwalder Straße, RJM IIIg 17 152/41, Bl. 18f.

Bernhard Poether

Nr. 24479

Geb. 1. Januar 1906 in Datteln. Beruf des Vaters: Postmeister. Gymnasium: Münster. Studium: Freiburg und Münster. Priesterweihe: 17. Dezember 1932 in Münster.

Kurz vor dem Abitur teilt Bernhard Poether seiner Familie die Entscheidung mit, Priester werden zu wollen. Sein Entschluß wird gefördert nicht nur durch das katholische Elternhaus, sondern auch durch die enge Verbindung zur katholischen Jugendbewegung. Daß er den Wunsch äußert, als Missionar nach Rußland zu gehen, ist angesichts der massiven Kirchenverfolgung in der UdSSR besonders bemerkenswert und läßt die Neigung erkennen, Konflikten nicht auszuweichen.

Bereits als Schüler hat sich Bernhard Poether die Grundlagen der russischen und polnischen Sprache angeeignet, während des Studiums in Freiburg und Münster setzt er seinen Sprachunterricht fort. Wie ein erhalten gebliebenes ausführliches Fahrtenbuch zeigt, unternimmt der Student zahlreiche Reisen durch das Deutsche Reich, nach Belgien und England.

Seit seinem Eintritt in das Priesterseminar in Münster verbindet Bernhard Poether eine tiefe Freundschaft mit seinem Konseminaristen Ludwig Klockenbusch. In dieser Zeit zeigen sich neue Züge seines Charakters. Er ist der erste Seminarist, der sein Zimmer farbig anstreicht – ein bisher nicht gekannter Akt in diesem Hause. Zudem schreibt er Gedichte und entwickelt weitere musische Talente. Seine künstlerische Neigung wird in der Gestaltung seines Primizkelches deutlich, den er durch den bekannten Düsseldorfer Künstler Hein Wimmer anfertigen läßt. Die Gestaltung dieses Kelches mutet auch heute noch modern an.

Sein Primizamt hält Bernhard Poether am zweiten Weihnachtstag in der St.-Clemens-Kirche in Hiltrup. Noch am selben Tag erhält er ein Telegramm der bischöflichen Behörde in Münster, die ihn beauftragt, vom folgenden Tage an den verunglückten Pfarrer von Südkirchen zu vertreten. Am 16. März 1933 wird Bernhard Poether zum Kaplan an der Liebfrauenkirche in Gelsenkirchen-Buer ernannt. Hier bleibt er bis zum März 1934. Danach erfüllt sich sein größter Wunsch: Um seine Kenntnisse der russischen Sprache zu vervollkommnen, läßt er sich vom Generalvikariat in Münster beurlauben, um für zwei Jahre nach Polen zu wechseln. Die Sowjetunion ist ihm als katholischem Priester verschlossen, daher immatrikuliert er sich an der Universität Krakau, weil er hier sein Polnisch vervollkommnen und gleichzeitig Russisch studieren kann. Ab 1935 betraut ihn der Erzbischof von Krakau mit einer Kaplanstelle in dem Dorf Cieciena südlich von Bielitz-Biala.

Im Juli 1936 kehrt Bernhard Poether nach Deutschland zurück und tritt seinen Dienst in Gladbeck an, wo sich seine Tätigkeit, die bislang vor allem der Jugendarbeit gegolten hat, um die Betreuung der dort zahlreich lebenden Polen erweitert. Diese katholische Minderheit hat zwar in der Regel deutsche Schulen besucht und beherrscht weitgehend die deutsche Sprache, doch wird auch die heimische Sprache weiter gepflegt. Einem polnisch sprechenden Priester bringen diese Gläubigen besonderes Vertrauen entgegen.

In die Gladbecker Zeit fällt die erste Auseinandersetzung mit dem Nationalsozialismus. Das Sondergericht Dortmund ermittelt gegen den Kaplan und berichtet am 28. Dezember 1937 an das Reichsjustizministerium, daß man dem Priester vorwirft, den ‚deutschen Gruß verächtlich gemacht zu haben'. So soll er Schülern gegenüber – der Kaplan erteilt Religionsunterricht – auf den Gruß ‚Heil Hitler' mit ‚Heidewitzka' geantwortet haben. Bernhard Poether bestreitet diese Vorfälle. Ein Sondergerichtsverfahren wird nicht eingeleitet, weil der Oberstaatsanwalt mit der Möglichkeit eines Freispruchs rechnet, u. a. weil erkennbar wurde, daß die Zeugen (12- bis 13jährige Kinder) den Kaplan zu provozieren suchten – auf Initiative des Rektors der Schule. Allerdings wird der Kaplan eindringlich verwarnt – und damit ist er aktenkundig.

Am 11. April 1939 wird Bernhard Poether als Kaplan nach Bottrop an die St.-Josefs-Kirche versetzt. Er widmet sich weiterhin der Polenseelsorge, da auch in dieser Pfarrei eine starke polnische Minderheit existiert. Mit Beginn des Zweiten Weltkrieges gelten die polnischstämmigen Menschen, die keinen deutschen Paß besitzen, als Staatsfeinde und unterliegen der besonderen Observation durch die Gestapo. Ihre Vereine und Organisationen werden verboten. So kommen allein in der Nacht vom 9. zum 10. September in der Pfarrei des Kaplans neun Mitglieder eines polnischen Vereins in Haft. Der Kaplan protestiert am Morgen gegen diese Aktion, hat jedoch keinen Erfolg. Spätestens ab diesem Tag unterliegt auch er einer besonderen Gestapoüberwachung. Ob die Gestapo davon Kenntnis erhalten hat, daß der Kaplan sich ständig mit den polnischen Gemeindemitgliedern traf und sie in Sicherheitsfragen beriet, ist unbekannt. Als der Sohn eines verhafteten polnischstämmigen Ehepaares Mitte September auf deutscher Seite fällt, wird Bernhard Poether erneut bei der Polizei vorstellig und erreicht deren Freilassung. Am Tag darauf, dem 22. September 1939, dringen zwei Gestapobeamte in das Pfarrhaus ein und verhaften den Geistlichen. Ein Grund wird nicht genannt, in den internen Meldungen der Gestapo ist pauschal von Kritik an Maßnahmen der Regierung die Rede.

In einem Bericht von 1979 erinnert sich Professor Hein Wimmer an ein Gespräch mit einem hochrangigen Juristen des Reichssicherheitshauptamtes, bei dem er versucht hatte, Bernhard Poether freizubekommen: „Dr. N. erklärte darauf folgendes: er wolle mir nun ... vom Standpunkt der SS antworten: solche Dinge, wie Anklage erheben, Verhandlungen, Gerichte u.s.w., alles das seien Bestandteile einer bürgerlichen Welt, seien längst überholte Vorstellungen. Diese Begriffe bestehen für die SS nicht mehr. Man lasse das zwar alles einstweilen noch so, weil man wichtigere Aufgaben habe. Wenn die SS erkläre, der oder der sei ein Staatsfeind, also ein Verbrecher, dann genüge das vollkommen, dann sei das so. Verhandeln, Verklagen oder Gerichte, so etwas gebe es für die SS schon lange nicht mehr. Und wenn sich da irgend jemand für einen solchen Verbrecher einsetze, der sei ebenfalls verdächtig, ein Staatsfeind zu sein. Der stelle sich für die SS auf die gleiche Stufe, wie der Verbrecher, und da sei die SS allein zuständig, und die Entscheidung der SS sei unantastbar... Er wolle nun die zuständige Dienststelle, das sei Dortmund, einmal anrufen und sich von dem Dienststellenleiter vortragen lassen, ob und was in dem Falle von Kaplan B. Poether vorliege. Er gab auch mir eine Hörmuschel, sagte mir aber sehr entschieden, ich solle nur ja nicht während des Gespräches dazwischenreden. Solche Gespräche über politische Verhaftungsfälle seien SS-intern und streng geheim. Der Dienstleiter der Dortmunder Gestapostelle erklärte zu diesem Fall dann folgendes: Man habe aus politischen Gründen einige polnische Hetzer festgenommen und kaltgestellt. Da sei nun später dieser Pfaffe gekommen und habe sich ausgerechnet für diese Verbrecher stark machen wollen. Er habe erklärt, er kenne die Betreffenden sehr gut. Es seien einfache, aber gute Leute, die unschuldig seien, man tue diesen Menschen Unrecht. Er sei so aufgetreten, daß er (der Dienststellenleiter) einen Augenblick überlegt habe, ob er diesen Kerl nicht hier direkt über den Haufen schießen solle."[1]

Der Aufsichtsbeamte im Gefängnis in Bottrop, ein praktizierender Katholik, tut alles, um die Lage des Kaplans zu erleichtern. So kann Ludwig Klockenbusch den Kaplan im Gefängnis in Bottrop besuchen. Er trägt dabei zivile Kleidung, um nicht sofort als Priester erkannt zu werden. Er muß so tun, als warte er im Gefängnisflur auf jemanden. Kaplan Poether erhält die Anweisung, den Flur zu fegen. Während der Polizeibeamte aufpaßt, daß sie nicht überrascht werden, können sich die Freunde einige Zeit im Flüsterton unterhalten. Es ist das letzte Zusammentreffen der beiden Priester.

Wie lange der Kaplan im Bottroper Gefängnis bleibt, ist unklar. Nach Aufzeichnungen seines Vaters ist er bis zum 19. März 1940 dort. Eine andere Zeugin berichtet dagegen: „Ende November oder Anfang Dezember ... sah ich Herrn Kaplan Poether und zwei Polizisten aus der Straßenbahn aussteigen. Der Kaplan trug einen Trainingsanzug und sah sehr elend und mitgenommen aus. Die Polizisten nahmen ihn in die Mitte und gingen zum Pfarrhaus. Dort haben die beiden Hüter des Gesetzes den Kaplan mit dem Pfarrer eine ganze Zeit alleingelassen. Damals hieß es, er käme bald weg in ein KZ"[2]. Einem Artikel in einer polnischen Zeitung zufolge ist er Mitte Dezember in Sachsenhausen eingeliefert worden. Der Monatsbericht der Gestapo gibt den 26. Februar 1940 an.

Der Dachauer Mithäftling Dechant Josef von Styp-Rekowski berichtet über ein Gespräch mit dem Kaplan über dessen Sachsenhausener Zeit: „... Nachdem Kaplan Poether kategorisch erklärt hatte, er könne sich als katholischer Priester von der Polenseelsorge, mit der er von seinem Bischof betraut wurde, nicht trennen, wurde er ins KZ Sachsenhausen transportiert. Dort hat man ihn zu strenger Einzelhaft in den berüchtigten Bunker gebracht, wo er ein ganzes Jahr, von allen isoliert, ohne Lektüre und ohne Spaziergang zubringen mußte... Die Gestapo wollte ihn

---

[1] Bericht von Professor Wimmer, in: BAM, Slg. NS-Verf., Akte Bernhard Poether. Rechtschreibung vom Verf. angeglichen.
[2] Otzisk, Reinhold, Kaplan Bernhard Poether (1.1.1906–5.8.1942). Eine biographische Skizze. o.O. 1979, o.S.

auf diese Weise mürbe machen, was ihr jedoch nicht gelungen ist"[3]. Wie ein anderer Zeuge berichtet, mußten die Bunkerinsassen neue Stiefel für die SS einlaufen. Durch das harte Leder seien die Füße und Unterschenkel wund und entzündet gewesen und die eiternden Geschwüre hätten unsägliche Schmerzen verursacht. Die Briefe aus Sachsenhausen, die der Kaplan an seine Familie richtet, enthalten nicht einmal Andeutungen über ein Leiden, sondern wirken eher frohgemut. Er gedenkt aller Namens- und Geburtstage und erkundigt sich nach alltäglichen Dingen.

Am 1. April 1941 schreibt der Geistliche seinen letzten Brief aus Sachsenhausen. Am 10. April ist er bereits auf Transport. In Dachau angekommen, erhält er die Gefangenennummer 24479 und befindet sich im Mai auf Block 30, Stube 2. Nachdem am 15. September die polnischen Priester von den anderen getrennt worden sind, ist seine Adresse der Block 26, Stube 3.

Als auch die Priester zur Arbeit herangezogen werden, ist der Kaplan auf der Plantage tätig. Hier erkrankt er an Ruhr, traut sich aber nicht in das Revier, da er mit seiner Vergasung zu rechnen hätte. Im Sommer wird Bernhard Poether auf dem Liebhof, einem Landgut der SS, eingesetzt. Hermann Scheipers erinnert sich an eine Szene aus dieser Zeit: „Er hatte an diesem Tag öfter die Latrine aufgesucht, vorsorglich trug er immer eine Menge Zeitungspapier bei sich. Jetzt sagte er zu mir auf dem Marsch: ‚Du, ich muß austreten.' Ich erwiderte: ‚Halte noch aus, wir sind bald im Lager', denn ich wußte, daß der Wachtposten auf ein solches Ansinnen nur mit Schlägen und Schikanen reagieren würde. ‚Nein', sagte er, ‚so lange halte ich es nicht mehr aus – ich springe raus!' Das war lebensgefährlicher Wahnsinn: Fluchtversuch in den Augen des SS-Mannes, der mit einem Hund jeder marschierenden Hundertschaft folgte. Aber trotz meiner beschwörenden Mahnungen wagte er es. Er nutzte geschickt eine Linkskurve, so daß der Posten keine Einsicht hatte, und – nie werde ich es vergessen, mir steckte die Angst im Halse – alles ging blitzschnell: sprang in den Graben, ebensoschnell heraus und Weitermarsch, als sei nichts gewesen."[4]

Am Ende wird der Geistliche zur Plantage zurückversetzt, so daß ihm der lange Anmarschweg erspart bleibt. Am Abend des 4. August kommt er schon als Todkranker in das Lager zurück. Er wiegt bei einer Größe von 1,80 m noch 44 Kilo. An diesem Abend verkauft die SS aus Heeresbeständen in Essig eingelegtes Gemüse. Bernhard Poether ißt davon, die Folge ist heftiger Durchfall während der ganzen Nacht. Als er sich am nächsten Morgen zum Arbeitseinsatz fertigmacht, wird der junge Priester ohnmächtig. Zwei seiner Mitbrüder tragen ihn zum Revier und legen ihn dort in ein Krankenbett. Ohne das Bewußtsein wiederzuerlangen, stirbt Bernhard Poether am 5. August 1942 zwischen 9.00 und 10.00 Uhr in Dachau.

Die Leiche des Geistlichen wird im Krematorium verbrannt und die Urne am 11. August der Familie zugeschickt – sie befindet sich heute in der St.-Clemens-Pfarrkirche in Hiltrup.

---

[3] Josef Styp-Rekowski, ein Mithäftling Poethers, erinnert sich in: Otzisk, a.a.O.
[4] Schriftliches Zeugnis von Pfarrer Hermann Scheipers in: BAM, Slg. NS-Verf., Akte Bernhard Poether.

Quellen:
BAK, Außenstelle Berlin, Freienwalder Straße, RJM IIIg 16 103–38
STAM, Reg. MS 29694, Monatsberichte August 1938, September 1939, März 1940
BAM, Nachlaß Bernhard Poether
BAM, Priesterkartei, Karteikarte Bernhard Poether
BAM, Slg. NS-Verf., Akte Bernhard Poether
Interview mit Pfarrer Dr. Ludwig Klockenbusch, Münster, vom 7. November 1989, in: BAM, Tonbandaufzeichnung

Literatur:
Otzisk, Reinhold: Kaplan Bernhard Poether (1.1.1906–5.8.1942). Eine biographische Skizze. O.O. 1979

P. Engelbert Rehling OMI

Nr. 28963

Geb. 29. Juni 1906 in Steinfeld/Oldenburg. Studium: Hünfeld b. Fulda. Priesterweihe: 9. April 1933 in Hünfeld.

Ein Jahr nach seiner Priesterweihe beginnt P. Engelbert Rehling seine Tätigkeit als Volksmissionar. Zum ersten Mal angezeigt wird er 1937. Anlaß ist eine in Hüls bei Krefeld gehaltene Predigt, deren Text nicht überliefert ist. Über ein Jahr dauern die Vorladungen und Verhöre an.

Im Juli 1941 wird das Heimatkloster des Geistlichen in Aachen aufgelöst. Die Patres haben vier Stunden Zeit, mit ihrem privaten Eigentum das Haus zu verlassen. Daraufhin übernimmt Pater Rehling eine Pfarrvertretung in Kaldenhausen bei Moers. Hier kommt es im Oktober 1941 zu einem heftigen Disput mit dem Postbeamten. Dieser grüßt „provokativ"[1] – so Rehling in seinen Erinnerungen – mit ‚Heil Hitler!' und schimpft auf die katholische Kirche. Als Engelbert Rehling sich dies verbittet, erweitert der Mann das Thema um den Polenfeldzug und seinen gefallenen Sohn, einen SS-Mann. Der Pater verweist im Gegenzug darauf, daß gerade die SS bei der Kriegführung ‚nicht zimperlich' sei. Damit ist sein Schicksal besiegelt – der Beamte zeigt ihn an.

Als die Gestapo zufaßt, befindet sich der Pater bereits in Wüllen bei Ahaus zu einer erneuten Pfarrvertretung. Am 28. Oktober 1941 erscheint dort der Gestapobeamte Eugen Dehm und verhaftet den Geistlichen: „Hiermit sind Sie verhaftet, endlich haben wir Sie fest und einen schweren Fang gemacht."[2] Er wird zunächst im Spritzenhaus in Ahaus eingesperrt. In der Nacht bringt Dehm den Pater zusammen mit dem gleichfalls verhafteten Vikar Klumpe bei Fliegeralarm nach Münster. Engelbert Rehling leidet sehr unter der Haft, besonders unter den harten und brutalen Verhören: „Tag und Nacht wurden wir von der Pritsche geholt und zum Verhör geschleppt, des Nachts mit hellen und starken Lampen angestrahlt, um zum Reden gezwungen zu werden. Ich habe alles über mich ergehen lassen und meistens geschwiegen, wie mir vorher angeraten worden war... Es hat sich später herausgestellt, daß das das einzig richtige Verhalten war. Nur mit Entsetzen denke ich an diese grausigen Verhöre zurück in den Kellern des Gestapogebäudes in Münster, Gutenbergstr. 41."[3] Den Aufenthalt erträglich macht die Verbindung zur Familie

---

[1] Pater Engelbert Rehling in: Selhorst, Heinrich (Hg.), Priesterschicksale im Dritten Reich aus dem Bistum Aachen. Zeugnis der Lebenden, Aachen 1972, S. 124.
[2] Ebda., S. 125.
[3] Ebda., S. 127.

des Aufsehers im Polizeigefängnis, Brockschnieder, dessen Frau die inhaftierten Priester nach Kräften unterstützt. Über die Weihnachtstage werden Pater Rehling und Johannes Klumpe nach Dachau überstellt. Am zweiten Weihnachtstag erreichen sie die Stadt. Zusammen mit 43 weiteren Gefangenen muß der Geistliche unter Tritten und Schlägen einen Wagen besteigen, der normalerweise maximal 20 Personen aufnehmen kann. Über seine Aufnahme im Lager berichtet er:

„Alles, was vorausgegangen war, hatte noch menschliche Züge gehabt. Jetzt waren wir hineingeraten in die Hölle. Was man sich nicht im geringsten ausdenken konnte – einen Vorgeschmack hatte ich in Münster in der Gutenbergstraße bekommen – das kam jetzt über uns, an Schikanen, Brutalitäten, Unmenschlichkeit, Obszönität, an Verachtung der Menschenwürde, wenn der Häftling als Geistlicher zu erkennen war, an körperlicher Mißhandlung. Die Aufnahmezeremonien am 26. Dezember 1941 bleiben unvergeßlich. Es ist unmöglich, alles in Worten wiederzugeben. Nie hatte ich bisher solche Ausdrücke gehört. Sie müssen wohl aus der Hölle stammen. Diese Stunden der nackten Schaustellung waren die größte Demütigung meines Lebens. Ich habe es Christus nachgefühlt, als er, noch mit dem Lendentuch bekleidet, zum Hohne und Spotte der Bevölkerung dargestellt wurde!

Hier wurde versucht, den menschlichen Willen zu brechen, uns in eine Angstpsychose zu versetzen. Nach dieser Aufnahme in die Kartei des Lagers war der Mensch kein Mensch mehr, er war körperlich und seelisch entmenscht. Der Lagerkommandant hielt am anderen Tage folgende kurze Ansprache: ‚Nun seid Ihr hier, Ihr Hunde, Ihr Schweine! Was seid Ihr denn eigentlich wert? Ihr seid keinen Stein wert! Einen Stein kann man zum Bauen brauchen. Was seid Ihr wert, Ihr Volksverbrecher? Euch kann man zu nichts mehr gebrauchen. Was seid Ihr: Ihr seid nur ein Stück Scheiße! Haut ab!' Der Kopf wurde kahlgeschoren, Kleider und Wäsche, die bei meiner damaligen Körperverfassung viel zu klein und eng waren, wurden einem zugeworfen. Man sah mein Bemühen hineinzukommen. ‚In 4 Monaten werden sie schon passen, Du Saupfaff!' Da hatte der Mithäftling recht. Nach 4 Monaten haben die Kleider gepaßt, nachdem ich 50 bis 60 Pfund abgenommen hatte."[4]

Sein Orden sorgt ab Herbst 1942 für die Lebensmittelpakete, die dem Pater danach wieder eine ordentliche Ernährung garantieren. Mitte Januar 1943 erkrankt er an Bauchtyphus und liegt vier Monate zwischen Leben und Tod, erholt sich aber letztlich doch. In späterer Zeit erleidet er einen Herzanfall. Nur durch die Opferung aller Lebensmittel aus seinen Paketen gelingt es ihm, eine (!) Tablette zu bekommen, die ihm Linderung bringt. Noch drei weitere Male befindet sich der Pater im Revier. Er leidet an Lungenentzündung und Durchfall. Als er an Diarrhoe erkrankt, wird die Perversität der Capos und SS-Leute deutlich: „Am anderen Morgen brach ich beim Appell bewußtlos zusammen. Zwei Mitbrüder... brachten mich zum Revier und ließen mich auf einer Bank niedersitzen. Nach einer geraumen Zeit kam Revierkapo Zimmermann – er war Häftling wie ich, hatte aber Macht über Hunderte von Kranken – und fragte mich, woher ich käme und was ich hätte. ‚Ich komme von Block 26 und habe schon tagelang Diarrhoe.' ‚Also Pfaff bis

---

[4] Ebda., S. 131f.

Du! Immer dasselbe, die Pfaffen sind die größten Drückeberger und mögen nicht arbeiten!' Ich bekam Fußtritte aus allen Richtungen und in jeden Körperteil hinein. Erschöpft lag ich am Boden, mußte wieder aufstehen. Der Kapo trieb mich aus dem Revier heraus und übergab mich dem Lagerältesten Kapp. Der verfuhr in gleicher Weise mit mir, meldete mich im Jourhaus als den Pfaffen, der sich vor der Arbeit drückte und ließ mich ans Eingangstor stellen. Jeder sollte mich stehen sehen. Ich erhielt als einzigen Ratschlag: ... in die Hose, Du Saupfaff! – und lachend ging man weiter. Jeder kann sich denken, wie gerade diese Krankheit den Körper schwächt und entkräftet. Wäre ich zusammengebrochen, hätte man mich zum Krematorium geschafft und noch ein wenig nachgeholfen. Ich mußte die Stunden bestehen, hatte ein paar Mal gebeten, austreten zu dürfen im Laufe des Tages. Es wurde mir verwehrt. Die ausrückenden Kommandos am Morgen riefen mir zu: ‚Halte durch! Wir vergessen dich nicht!' Am Nachmittag der Zuruf: ‚Bleib stark. Im Block ist alles organisiert!' Bei dieser Gelegenheit muß ich dem Blockältesten Robert Gehrke meine Hochachtung aussprechen. Zwar hatte er im Laufe der Zeit mir manche Ohrfeige verabreicht und mich einmal auch ungerechterweise angezeigt. An diesem Tag hat er für mich gesorgt und Wäsche zurechtgelegt. Und so vergingen die Stunden und die quälenden Minuten. Um 16.30 Uhr kam ein SS-Mann auf mich zu und sagte mir: ‚Hau ab!' Mehr als 11 Stunden hatte ich in glühender Hitze aushalten müssen."[5]

So viel über die Krankheitsgeschichte Pater Rehlings bekannt ist, so wenig ist über seine Arbeitseinsätze überliefert. Man weiß lediglich, daß er im Jahr 1942 einige Wochen bei der Firma Durach in München Sauerkraut stampft. Dort unterstützen ihn die Oblaten, denen er einen Kassiber zuschiebt, mit Brot.

Am 26. April 1945 zwingt die SS Engelbert Rehling auf den Evakuierungsmarsch. Am 27. April, nachdem weite Teile der Wachmannschaften geflohen sind, gelingt es ihm, zu entkommen. Im Jesuitenkloster Rottmannshöhe versorgen ihn die Patres mit Priesterkleidung und gewähren ihm Unterkunft.

Nach seiner Rückkehr in die Heimat wirkt er zunächst im Missionskonvikt der Oblaten in Borken. 1947 wird er als Gemeindemissionar in Bingen-Rochusberg eingesetzt, bevor er ab 1. Dezember 1958 als Krankenhausgeistlicher in Aachen tätig wird. Am 25. November 1976 stirbt P. Engelbert Rehling in Aachen.

Literatur:
Pater Engelbert Rehling, in: Selhorst, Heinrich (Hg.): Priesterschicksale im Dritten Reich aus dem Bistum Aachen. Zeugnis der Lebenden. Aachen 1972, S. 121–140
Rehling, Engelbert: Priesterleben und Priesterwirken im KZ-Lager Dachau. In: Monatsblätter der Oblaten, Januar/Februar 1947, S. 7–11

[5] Ebda., S. 137f.

Fritz Remy

Nr. 22704

Geb. 17. August 1901 in Menzelen/Niederrhein. Beruf des Vaters: Landwirt. Gymnasium: Geldern und Emmerich. Studium: Innsbruck und Bautzen. Priesterweihe: 20. Juli 1930 in Bautzen.

Fritz Remy wird in die Meißener Diözese inkardiniert. Acht Jahre wirkt er als Kaplan in Chemnitz und Gera, bevor er zum Pfarrer der Kirche ‚Maria, Hilfe der Christen' in Markranstädt ernannt wird.

Schon ein Jahr später, 1939, findet seine einzige und entscheidende Auseinandersetzung mit dem nationalsozialistischen System statt. Fritz Remy führt in seiner Pfarrgemeinde eine Sammlung für polnische Gefangene durch. In seinem Spendenaufruf an die Gemeinde führt er aus, daß die Polen ebenso Menschen seien wie die Deutschen. Er fügt hinzu, daß es sowohl auf der polnischen wie auf der deutschen Seite anständige Menschen gäbe, aber daß auf beiden Seiten auch ‚Schweinehunde' zu finden seien. Zu diesen Äußerungen haben ihn möglicherweise die in der Bevölkerung umlaufenden Berichte über Massenerschießungen von Polen und Juden durch die SS bewogen.

Aufgrund seines Eintretens für die polnischen Kriegsgefangenen wird Fritz Remy vom 30. November 1939 bis zum 14. März 1940 in Untersuchungshaft genommen. Die anschließend über ihn verhängte Schutzhaft bringt ihn zunächst in das Konzentrationslager Sachsenhausen. Von dort wird er im Zuge der Zusammenlegung aller Priester nach Dachau gebracht. Sein Transport erreicht das Lager am 14. Dezember 1940.

Nach dem ersten Dachauer Jahr, das er wie seine Mitbrüder als arbeitsfreier Häftling verbringt, wird er im Arbeitskommando Plantage eingesetzt, später in der SS-Besoldungsstelle. Schon zu dieser Zeit ist Fritz Remy ständig kränkelnd. Durch seine Schwäche wird der Ausbruch einer Tuberkulose begünstigt. Wegen der potentiellen Infektionsgefahr entläßt ihn die SS am 29. Januar 1944 aus der Schutzhaft.

Bis zum April des Jahres erholt sich Fritz Remy auf dem elterlichen Hof von Krankheit und Entbehrung der KZ-Zeit, dann kehrt er auf seine Pfarrstelle zurück. Doch der Pfarrer gilt dem Regime weiterhin als unzuverlässig. Demzufolge verhängt das Reichssicherheitshauptamt am 3. Juni 1944 über Fritz Remy ein Aufenthaltsverbot, das ihn zwingt, schon am folgenden Tag das Bistum Meißen zu verlassen und nach Westfalen zurückzukehren. Mit Zustimmung des Meißener Bischofs wird der Pfarrer in das Bistum Münster inkardiniert. Hier wird er zunächst Pfarrkurat in Veen, danach zum Kaplan in Kirchhellen ernannt.

Im Jahre 1950 muß Fritz Remy wegen schwerer Bronchitis und auftretenden Asthmas die Heimat verlassen und verbringt die nächsten Jahre wegen der günstigeren Witterung in Österreich und der Schweiz. 1961 tritt er in den Ruhestand und siedelt nach Engelbert in der Schweiz um. Von einem Krebsleiden gezeichnet, kehrt er schließlich nach Beul im Bistum Köln zurück, wo er am 22. September 1967 stirbt. Fünf Tage später wird er in seinem Heimatort Menzelen beigesetzt.

Quellen:
BAM, Slg. NS-Verf., Akte Fritz Remy
Interview mit Pfarrer Johannes Sonnenschein, Dülmen-Merfeld, vom 5. und 7. Oktober 1989, in: BAM, Tonbandaufzeichnung

Literatur:
Boberach, Heinz: Berichte des SD und der Gestapo über Kirchen und Kirchenvolk in Deutschland 1934–1944. Mainz 1971, S. 381

Josef Reukes

Nr. 27833

Geb. 22. Mai 1889 in Borken. Beruf des Vaters: Weber. Gymnasium: Borken. Studium: Münster. Priesterweihe: 29. Mai 1915 in Münster.

Zunächst wird Josef Reukes als Kaplan in Wolbeck eingesetzt, nimmt aber schon kurze Zeit später die Stelle eines Kaplans an der St.-Mauritz-Kirche in Münster ein, die er bis zum 10. Januar 1928 innehat. Nach darauffolgender kurzer Tätigkeit in Buldern wird er am 6. Juni 1931 zum Vikar in Gronau berufen. Hier ernennt ihn Bischof Clemens August am 9. Dezember 1933 zum Pfarrer von St. Antonius.

Wie der Ortsgruppenleiter später berichtet, entbietet er in seiner Anfangszeit als Pfarrverweser noch den deutschen Gruß. Doch nachdem er Pfarrer geworden ist, „zeigte er sein wahres Gesicht"[1], daß er dem nationalsozialistischen Staat alles andere als freundlich gegenübersteht. Zunächst gehört Josef Reukes noch der NSV an, doch tritt er eines Tages aus, da ein Parteiredner negativ über die Bibel gesprochen hat.

Josef Reukes ist ein eigenwilliger Mann. Seine Natur entspricht der Vorstellung von einem ‚westfälischen Dickschädel'. Er kennt keinerlei Furcht vor den staatlichen Behörden, auch die Organe der NSDAP können ihn nicht beunruhigen. So kommt es von Beginn der Machtergreifung an zu immer wiederkehrenden Auseinandersetzungen zwischen Parteiorganen und dem Pfarrer.

Bereits am 29. April 1933 hatte der Ortsgruppenleiter auf einer Bauernversammlung in Gronau behauptet, ein mehrfacher Mörder sei von drei Geistlichen, also mit unangemessenem Aufwand, beerdigt worden. Er wollte damit den Eindruck erwecken, daß die Kirche mehr für Mörder leiste als für ihre Gläubigen. Die Beschwerde des Pfarrers wird vom zuständigen Kreisleiter unterschlagen. Am 17. Juni des gleichen Jahres wird der Vorgänger von Josef Reukes, Dechant Carlé, feierlich von seiner Gemeinde verabschiedet. Die Gläubigen veranstalten einen Fackelzug, der zunächst vor dem Pfarrhaus ruhig verläuft. Auf dem Rückweg wird jedoch festgestellt, daß SA-Trupps alle Nebenstraßen abgesperrt haben und schließlich den Fackelzug abriegeln. Entsprechend der vorher ausgegebenen Parole – man hatte mit Störungen gerechnet – ziehen sich die Gläubigen zurück. Obwohl Teile der SA versuchen, ein Handgemenge auszulösen, geht die Veranstaltung glimpflich zu Ende. Am 28. und 29. April 1934 besucht Bischof Clemens August von Galen

---

[1] Bericht des Ortsgruppenleiters Gronau der NSDAP vom 17. Mai 1939, in: BAM, Slg. NS-Verf., Akte Josef Reukes.

zum ersten Mal die Pfarrei St. Antonius in Gronau, um die Firmung zu spenden. Damit dieses feierliche Ereignis ohne Störungen verläuft, trifft Pfarrer Reukes ein Abkommen mit dem Ortsbürgermeister: Die Kirchengemeinde stellt am Eingang zum Kirchplatz zwei Masten mit der Hakenkreuzfahne auf, wenn das Rathaus mit Flaggen in den städtischen Farben geschmückt wird. Vom Kirchturm soll die Kirchenfahne wehen. Als jedoch der Kirchenvorstand den Bischof an der Gemeindegrenze abholt und zur Kirche führt, flattert auch vom Kirchturm nicht die gelbweiße Kirchenfahne, sondern die Hakenkreuzfahne. Auf die Aufforderung des Bischofs: „Das müssen Sie anzeigen; die Kirchtürme gehören bis jetzt noch uns!"[2] reagiert der Pfarrer sofort. Doch der Oberstaatsanwalt stellt dieses Verfahren ein, da weder Diebstahl noch grober Unfug noch Sachbeschädigung vorlägen. Die Täter würden durch Partei und Polizei verwarnt.

In diesem Jahr gelingt es dem Gronauer Pfarrer, den bekannten Jesuitenprediger und Herausgeber der Zeitschrift ‚Der Gral', Friedrich Muckermann, über die grüne Grenze nach Holland zu bringen und ihn so dem Zugriff der Parteiorgane zu entziehen.

Anläßlich des goldenen Jubiläums der Männersodalität und des silbernen Jubiläums des Kirchenchores hält der Jesuitenpater Friedrich Vorspel im folgenden Jahr, 1935, vom 5. bis 8. Juni in Gronau ein Triduum. Dieser war in der letzten Zeit in der Kölner Presse heftig attackiert worden. Bereits während der Predigt am ersten Abend wird eines der bleiverglasten Fenster der Kirche eingeworfen. Allgemein wird unter den Besuchern vermutet, es handele sich um eine Attacke der Partei – die Gronauer Volkszeitung berichtet aber, dies sei aus Versehen durch einen Mann geschehen, der mit Kindern Ball gespielt habe. Der zugezogene Sachverständige erklärt jedoch, daß ein solches Fenster niemals durch einen Ball eingeschlagen werden könnte. Der Vorfall wird nie ganz aufgeklärt. Wenige Wochen später bringt Josef Reukes mehrere SA-Männer wegen der Verspottung religiöser Bräuche zur Anzeige, doch auch dieses Verfahren wird eingestellt.

Im Dezember 1938 ermittelt schließlich das Sondergericht Dortmund gegen den Gronauer Pfarrer, weil er nach dem November-Pogrom für die notleidenden Juden in Deutschland gebetet haben soll. In einer Vernehmung bestreitet Reukes diesen Vorwurf, der ihm auch von der Gestapo nicht nachgewiesen werden kann, so daß kein Verfahren eröffnet wird. Im Januar 1939 werden am Pastoratshaus Scheiben eingeworfen, ohne daß die Täter ermittelt werden können. Im Mai 1939 werden in der Nacht vor einem Besuch des Bischofs der Blumenschmuck und die Fahnenstangen an der Kirche von Mitgliedern der NSDAP zerstört. In diesem Fall wird von parteioffizieller Seite der Angelegenheit größere Bedeutung zugemessen. Man befürchtet politischen Schaden, da die holländische Presse über den Vorfall berichtet. Dennoch kommt der ermittelnde Kriminalsekretär zu dem Ergebnis, daß Pfarrer Reukes diesen Vorfall selbst heraufbeschworen habe und nun unbescholtene Leute anzeige, „um einen Trumpf gegen nationale Personen auszuspielen"[3]. Das Verfahren wird nicht weiterverfolgt.

---

[2] BAM, Slg. NS-Verf., Akte Josef Reukes.
[3] Ebda.

Die Vorfälle erreichen ihren Höhepunkt, als Josef Reukes am 3. März 1941 festgenommen wird. Ein Studienrat aus Gronau hatte ihn angezeigt, als er einem Gespräch zwischen zwei Kollegen entnommen hatte, daß der Pfarrer nach dem Hören von Kriegsmeldungen am Radio erklärt habe, die Nationalsozialisten dürften den Krieg nicht gewinnen. Nach der Verhaftung ist die Unruhe in der Bevölkerung so groß, daß in allen Schulen von Parteiseite folgender Text bekanntgemacht wird: „Der hiesige Pfarrer Reukes ist vor mehreren Tagen verhaftet worden. In der Bevölkerung wird zum Teil die irrige Auffassung vertreten, der Pfarrer sei ein Opfer seines Berufes geworden. Diese Ansicht ist grundsätzlich falsch. Die Verhaftung erfolgte wegen folgender wörtlicher Äußerung: ‚Den Krieg dürfen sie (gemeint sind die Nationalsozialisten) nicht gewinnen'. – Das Reich Adolf Hitlers ist ein Rechtsstaat. Das Gesetz kennt kein Ansehen der Herkunft, Person und des Standes. Wenn sich ein Volksgenosse gegen das Gesetz und damit gegen die Volksgemeinschaft vergeht, wird er vom Staat zur Verantwortung gezogen. Im Kriege, in dem das gesamte Volk um Sein oder Nichtsein ringt, gilt das besonders. Jede Schwächung unseres Wehrwillens ist gleichzusetzen mit Landesverrat. Treten Sie nun der falschen Auffassung über die Verhaftung entgegen und nennen Sie den wahren Grund, denn keinem Volksgenossen wird grundlos im Dritten Reich ein Haar gekrümmt."[4]

Bis zum 6. März hält man den Pfarrer im Rathaus gefangen, ehe man ihn in das Gerichtsgefängnis in Münster überstellt. Von dort wird er am 9. Juni in das Konzentrationslager Sachsenhausen gebracht. Nach nur kurzem Aufenthalt dort erfolgt schließlich am 10. Oktober 1941 der Transport ins Lager Dachau.

Der Pfarrer, der sich in früheren Jahren bereits einer gefährlichen Bauchoperation hatte unterziehen müssen, erreicht schon körperlich geschwächt das bayerische Lager. Tritte und Schläge durch die SS lassen seine Mitbrüder um sein Leben bangen. Zum Glück findet Josef Reukes Unterschlupf im Kommando Strohsackstopfen und ist somit nicht härteren Arbeiten ausgesetzt. Mit seinen 52 Jahren gehört der Priester zu den ältesten Geistlichen in Dachau. Der leitende Capo dieses Kommandos läßt dem älteren Herrn mancherlei Schonung zukommen, so daß langsam die Kräfte zurückkehren.

Am Ende seiner Dachauer Haftzeit gehört Josef Reukes zu denjenigen Gefangenen, die am Evakuierungsmarsch teilnehmen müssen. Wie zahlreiche andere Priester wird er in der Blitzaktion des bereits vorher entlassenen Jesuiten Otto Pies aus der Marschkolonne befreit.

Als der Pfarrer schließlich im Sommer 1945 in die Heimat zurückkehrt, findet er sein Pfarrhaus zerstört vor. In den Trümmern hat seine Schwester, die ihm den Haushalt geführt hatte, noch kurz vor Kriegsende den Tod gefunden. Die Zeit im Konzentrationslager, der Verlust der Schwester sowie der Wiederaufbau zehren seine Kräfte auf. Am 2. Januar 1961 tritt Josef Reukes in den Ruhestand. Am 31. Dezember desselben Jahres stirbt er. Eine große Anzahl seiner Dachauer Mitbrüder gibt ihm das letzte Geleit.

---

[4] Bericht von Norbert Diekmann, in: 800 Jahre Kirchengeschichte im Raum Gronau/Epe, hg. von den evangelischen und katholischen Pfarreien, Gronau 1987/88, S. 73.

Quellen:
BAM, Priesterkartei, Karteikarte Josef Reukes
BAM, Slg. NS-Verf., Akte Josef Reukes
Pfarrarchiv St. Antonius, Gronau

Literatur:
Diekmann, Norbert, in: 800 Jahre Kirchengeschichte im Raum Gronau/Epe, hg. von den evangelischen und katholischen Pfarreien, Gronau 1987/88, S. 73–79
Stimmen von Dachau, Nr. 14, April 1962

Laurenz Schmedding

Nr. 58284

Geb. 6. August 1894 in Senden. Studium: Münster. Priesterweihe: 18. Dezember 1920 in Münster.

Laurenz Schmedding geht auf Veranlassung seines Bischofs zunächst nach Schrimm in Polen, um die dortige Sprache zu erlernen, und wird danach als Seelsorger im Ruhrgebiet eingesetzt. Der Schwerpunkt seiner Arbeit liegt in der Betreuung polnischer Bergleute. Nach dreijähriger Dienstzeit als Kaplan in Gladbeck wird Laurenz Schmedding am 14. April 1925 an das Mädchengymnasium St. Ursula in Dorsten versetzt. Hier ist er zunächst als Referendar, dann als Studienassessor tätig. Nach der Machtübernahme durch die Nationalsozialisten steht er von Beginn an in Opposition zur Führung des Bundes deutscher Mädel, denn er ist nicht bereit, bei seinen Schülerinnen für den Eintritt in diese Organisation zu werben. Zudem lehnt er es kategorisch ab, in der Ursulinenkirche die Hakenkreuzfahne aufzuhängen.

Laurenz Schmedding wohnt in Dorsten im gleichen Haus wie der Leiter der NSDAP-Ortsgruppe. Wie seine Schwester berichtet, „taten sich die beiden nichts"[1], sondern hatten im Rahmen ihrer Möglichkeiten sogar ein gutes Verhältnis. Sein Bischof versetzt ihn zu Ostern 1939 an das katholische Internat in der Gaesdonck. Als dieses schließlich in ein vom Militär genutztes Lazarett umgewandelt wird, kehrt Laurenz Schmedding 1942 als Rektor der Ursulinen-Klosterkirche nach Dorsten zurück. Hier setzt er sich stark für die Fremdarbeiter ein, hält für sie geheime Bibelstunden und spendet ihnen die Sakramente.

Daß der Geistliche in dieser Zeit unter Beobachtung steht, scheint ihn wenig zu stören. Mehrmals wird er aufgrund von Anzeigen Dorstener Bürger polizeilich vorgeladen. Schließlich verurteilt ihn ein Gericht wegen Seelsorge an Ukrainern zu 500 Reichsmark Strafe. Als Heliandleiter organisiert er zahlreiche Jugendreisen, obwohl sie verboten sind. Im August 1943 fährt Laurenz Schmedding mit einer Klasse nach Marienthal bei Wesel. Damit der Ausflug nicht auffällt, wird die Klasse in kleine Gruppen eingeteilt. Zwei Tage später, am 6. August, wird er zur Gestapo nach Münster vorgeladen, verhaftet und ins Gefängnis gebracht. Den Bombenangriff auf Münster am 10. Oktober 1943, bei dem auch das Gefängnis getroffen wird, überlebt Laurenz Schmedding mit viel Glück. Um möglichst sicher zu sein, stellt er sich unter einen Türrahmen. Nach dem Bombentreffer will er ei-

---

[1] Interview mit Frau Schmedding, Warendorf, vom 27. Juni 1990.

nen Schritt aus seiner Zelle machen und stürzt dabei aus dem 4. Stock, da ihm vom vielen Staub die Sicht genommen ist. Verletzt muß der Geistliche mit den anderen Überlebenden quer durch Münster zum Zuchthaus laufen.

Am 19. November erreicht er schließlich das Konzentrationslager Dachau und wird dem Priesterblock 26, Stube 2, zugewiesen. Damit hat die Priestergemeinschaft einen „hervorragenden, theologisch fundierten Zugang"[2] erfahren. Zur Arbeit wird der Geistliche auf der Gärtnerei in einer Putzkolonne eingesetzt. Da er ständig Schmerzen hat, läßt er sich im Revier behandeln. Dort wird eine durch den Sturz im Gefängnis verursachte Knochensplitterung festgestellt. Gleichzeitig wird eine Grippe behandelt. Laurenz Schmedding selbst bezeichnet die ärztliche Betreuung zu diesem Zeitpunkt als gut. So kann er alle Krankheiten auskurieren und sogar seine Zähne plombieren lassen. Die Beinverletzung und eine Bronchitis, die sich einstellt, heilen aus. Die vielen Lebensmittelpakete, die aus Dorsten, der Gaesdonck sowie von seiner Familie eintreffen, sorgen für eine stabile körperliche Situation.

Am 9. September 1944 schreibt er an seine Schwester, was ihn am meisten bedrückt: „Ihr könnt Euch denken, daß die Flügel der Sehnsucht sich oft ausspannen. Ich möchte mal gerne wieder eine Stunde ganz allein sein. Immer von Hunderten umgeben zu sein, ist schwer zu ertragen und macht müde..."[3].

Im Lager schließt der Geistliche zahlreiche Freundschaften, die ihn auch über die Haftzeit hinaus mit den Kameraden verbinden. Insgesamt übersteht er die Haft wohl recht gut. Ohne Angabe von Gründen wird er schließlich am 10. April 1945 entlassen.

Die folgenden Wochen verbringt er zunächst als Gast einer preußischen Adelsfamilie, deren internierte Mitglieder er offenbar im Lager kennengelernt hat, auf Schloß Imlau, bevor er im August oder September in die Heimat zurückkehrt. Zunächst hält er sich bei seinen Geschwistern auf und besucht mehrere Male seine alte Wirkungsstätte in Dorsten. 1946 erhält er eine Anstellung als geistlicher Studienrat am Laurentianum in Warendorf. Die neugewonnene Freiheit nutzt der Geistliche in den nächsten Jahren zu zahlreichen Reisen nach Frankreich, Italien, England und Israel.

Über seine Dachauer Erlebnisse schweigt er beharrlich. Lediglich seiner Schwester erzählt er gelegentlich davon.

Nachdem er in den Ruhestand getreten ist, verbringt Laurenz Schmedding seinen Lebensabend in Warendorf und stirbt am 21. März 1972 im Alter von 78 Jahren.

Quellen:
BAM, Slg. NS-Verf., Akte Laurenz Schmedding
Familienarchiv Schmedding, Warendorf
Interview mit Frau Schmedding, Warendorf, vom 27. Juni 1990

Literatur:
Stegemann, Wolf (Hg.): Dorsten unterm Hakenkreuz. Bd. 2, Dorsten 1984

[2] Interview mit Pfarrer Hermann Scheipers, Ochtrup, vom 22. und 23. Februar 1990, in: BAM, Tonbandaufzeichnung.
[3] Brief vom 9. September 1944 aus Dachau, in: Familienarchiv Schmedding, Warendorf.

P. Emil Schumann MSC
Nr. 28808

Geb. 28. Dezember 1908 in Düsseldorf. Beruf des Vaters: Friseur. Gymnasium: Boppard und Hiltrup. Studium: Ordensschulen Kleve und Oeventrop. Ordenseintritt: 6. Dezember 1929. Priesterweihe: 11. August 1935 in Oeventrop.

Seine erste Aufgabe übernimmt Emil Schumann als Erzieher im Fürsorgeheim Kloster Johannesburg in Börgermoor. In dieser Zeit ist er gleichzeitig Schriftleiter des ‚Burgknappen', einer Zeitschrift für Fürsorgejungen bzw. ehemalige Fürsorgejungen. In dieser Funktion wird er zum ersten Mal polizeilich verwarnt.

1938 wird der Pater nach Boppard, 1939 nach Bischofsburg in Ostpreußen versetzt und ist dort in Raschung in der Seelsorge tätig. Doch schon im September 1940 weist ihn sein Pater Superior auf Informationen hin, wonach Emil Schumanns Predigten belauscht und mitgeschrieben würden. Ziel der Gestapo sei es, über ein Verfahren gegen ihn das Kloster in die Hand zu bekommen, um das daneben liegende Rathaus erweitern zu können. Noch am gleichen Tage fährt Emil Schumann mit dem Zug nach Hiltrup zurück. Bereits 14 Tage später ist Pater Schumann als Vikar in Bockum-Hövel, St. Stephanus, tätig. Im Rahmen dieser Tätigkeit kommt es zunächst zu einigen kleineren Auseinandersetzungen mit Parteigenossen, die jedoch ohne Folgen bleiben.

Am 20. September 1941 wird Pater Emil Schumann schließlich von der Gestapo verhaftet. Zugrunde gelegt wird die Anzeige einer jungen Frau, die zu Protokoll gegeben hat, daß Pater Schumann sie nicht habe absolvieren wollen, weil sie mit einem SS-Mann verlobt sei. Weiterhin habe er gesagt, wenn sie nicht zur Auflösung des Verlöbnisses bereit sei, wolle er darum beten, daß der SS-Mann an der Front fiele. Bei der folgenden Durchsuchung der Wohnung Pater Schumanns wird ein Brief gefunden, in dem er darlegt, warum er lieber Priester als Soldat ist. Auch diese Aussage wird gegen ihn verwendet.

Emil Schumann wird in das Gerichtsgefängnis nach Münster gebracht und dort innerhalb von 10 Wochen dreimal verhört. Daß er aufgrund des Beichtgeheimnisses über den Vorfall schweigt, obwohl hier eine offensichtliche Verleumdung vorlag, wird von der Gestapo nicht akzeptiert; der Schwester, die sich um Hafterleichterung bemüht, wird erklärt, wenn er nicht über die Beichte aussagen wolle, müsse er eben als Märtyrer sterben. Mit den Verhören war, so Schumann, „dem nationalsozialistischen Rechtsempfinden Genüge getan"[1]. Anschließend wird er ohne Pro-

---

[1] Bericht für das Komitee Presse und Kultur, Abschrift in: BAM, Slg. NS-Verf., Akte Emil Schumann.

zeß nach Dachau transportiert. Der Transport erfolgt, obwohl Pater Schumann aufgrund eines schweren Herzleidens von einem Arzt als nicht transportfähig bezeichnet worden ist.

Über seine Haftzeit fertigt Emil Schumann für das Komitee ‚Presse und Kultur' direkt nach seiner Befreiung einen Bericht über das Konzentrationslager Dachau an, da die amerikanischen Militärbehörden einen solchen Bericht von einem Angehörigen einer jeden Nation wünschen, die in Dachau vertreten war. Der Bericht soll von einem Priester verfaßt sein. Schumanns Aufzeichnungen sollen hier unkommentiert abgedruckt werden, da die Ängste und Gefahren, die für den einzelnen Häftling bestanden, gut herausgearbeitet sind. Pater Schumann überreicht den Bericht am 19. Mai 1945. Er schreibt:

„Am 5. Dezember 1941 um 17.30 kam ich in Dachau an. Am Bahnhof, in respektvoller Entfernung von der SS, standen Dachauer Einwohner und begleiteten unsere Verladung in die Autos mit teilnahmsvollen Blicken. Wir waren zwischen 50 und 60, Männer jeglichen Alters, darunter acht Geistliche. Davon sind 5 schon lange tot. Über das Schicksal des 6. weiß ich nichts. Er wurde im Sommer 1942 nach Eger überführt zu einem Prozeß in Grundstücksangelegenheiten. Der 7., Heinrich Kötter, wurde kurz vor Toresschluß zu Ostern 1945 entlassen. Bis auf einen kleinen Tschechen, den ich noch nach der Befreiung gesehen habe, konnte ich keinen mehr von den 50 – 60 wiederfinden.

Hatte die SS sich auf dem Bahnhof halbwegs anständig aufgeführt, so glaubte sie bei unserer Ankunft im Lager Dachau das Versäumte nachholen zu müssen. Es hagelte von Faustschlägen und Fußtritten, sobald wir das Auto verlassen hatten. Es ging zur politischen Abteilung. Rasieren, fotografieren, numerieren und hinausführen zum Bad ging am laufenden Band. Das erste Mittel ihrer Zermürbungsmethode! Alles mit Hast, Geschrei, verwirrenden Befehlen und Tätlichkeiten auszuführen, um den Häftling dauernd in Unruhe, Unsicherheit und Hilflosigkeit zu bringen. Wer es nicht fertig brachte, diese, hauptsächlich seelische Beeinflussung für sich wirkungslos zu machen, war in wenigen Wochen so weit, daß er nicht mehr klar denken konnte, nicht mehr von morgens bis abends aus der Unruhe herauskam und so sein Herz kaputt machte. Das war dann der Anfang vom schnellen Ende.

Bevor es ins Bad ging, mußten wir uns im Schubraum vollständig entkleiden, Wertsachen abgeben und dann schnappte uns im Verbindungsgang zum Bad ein Friseur und rasierte die behaarten Körperstellen. Hier möchte ich gleich kurz anführen, was eine andere große Belastung für den Häftling war: die Unmöglichkeit, auch nur eine Minute, was sage ich eine Minute, nein, auch nur eine Sekunde allein zu sein. Nicht einmal die Fingernägel konntest du säubern, ohne gesehen zu werden, garnicht zu sprechen von den anderen täglichen Bedürfnissen. Ohne jede Zwischenwand standen im Abortraum an der einen Längswand 8 Sitztrichter und waren an der anderen Längswand 8 Stehtrichter angebracht. Zu vielen Stunden des Tages standen die Häftlinge Schlange, um auch an die Reihe zu kommen. An einem Tisch, woran normaler Weise 6 – 8 Menschen sitzen, sassen 15. Als die Belegstärke der Stube noch größer wurde, setzten wir uns auf Betten, Fußboden, besetzten Waschraum und Vorraum und gingen, wenn die Witterung es eben gestattete, nach draußen. Die Türen zu den Wohnräumen waren samt und sonders so groß, wie gewöhnliche Stubentüren. Aber statt acht oder 10 Familienmitgliedern mußten täglich 100, 200, 300, ja zuletzt bis 450 Menschen durch diese Türe herein und heraus. Bei diesem ständigen und engen Zusammensein kann wirklich ein jeder von uns sagen: ‚Nichts Menschliches blieb mir fremd.' Wir Priester haben es als eine der größten Gnaden Gottes bezeichnet, daß wir wenigstens nur mit Priestern auf einem Block waren. Wie oft klagten mir gesittete Menschen von der Qual, die das Zusammensein mit allen möglichen Menschen ihnen bereite.

Nach dem Bad und der Einkleidung in Blau-Weiß kam das 1. Verhör. Noch war ich mit dem Ankleiden beschäftigt, da brüllte etwas, was am andern Ende der Badehalle stand und trieb zur Eile. Nähergekommen, sah ich einen kleinen, feisten, genau wie ich gekleideten Häftling mit der Armbinde ‚Lagerältester'. Ich schritt auf ihn zu und dachte mir, was will denn der, das ist doch genauso ein Häftling wie du. Was er wollte, erfuhr ich gleich. ‚Wie heißt Du, was bist Du von Beruf', brüllte er mich an in einer Lautstärke, als ob ich seit Geburt taub wäre. ‚Katholischer Geistlicher', sagte ich. ‚Warum bist Du nach Dachau gekommen?' brüllte er. Das geht Dich nichts an, dachte ich. Um ihm zu zeigen, daß ich ihn für nichts mehr hielt, als ich selbst sei, nämlich, ein Häftling, antwortete ich: ‚Das kannst Du ja aus meinen Akten ersehen.' Zuerst war er sprachlos, dann hieß es: ‚Brille herunter'. Als ich keine Anstalten dazu machte, befahl mir der neben dem Lagerältesten stehende SS-Angehörige dasselbe. Ich setzte die Brille ab und schon hatte ich einen Kinnhaken, daß ich aus meinen Holzpantinen flog und mit dem Kopf auf den Zementboden hinschlug. Wieder zur Besinnung gekommen, raffte ich mich auf. Der SS-Angehörige fragte: ‚Wollen Sie jetzt antworten?' ‚Ihnen, als meinem Vorgesetzten, ja,' gab ich ihm Bescheid. ‚Dann,' sagte er, ‚befehle ich Ihnen, dem Lagerältesten zu antworten'. Der Lagerälteste wiederholte nun seine Frage in geringerer Lautstärke und ich nannte ihm nur den ersten Punkt der Anklage, daß ich in einem Brief geschrieben habe, daß ich lieber in meinem Beruf als Priester tätig sei, als daß ich Soldat werden möchte. Damit habe ich in den Augen der Gestapo meine staatsfeindliche Einstellung dokumentiert. Das genügte dem Lagerältesten und ich durfte mich seinen anderen Opfern anschließen. Bei der Gruppe stand wieder ein Kleiner, Dicker mit der Binde Lagerältester. Der flüsterte mir zu: ‚Wie konntest Du so etwas tun, in einer Woche bist Du erledigt.'

Zu zehn Mann wurden wir ins Revier (= Hospital) geführt, wo wir uns wieder ganz ausziehen mußten und nach Krankheiten befragt wurden. Diese Frage kann man im K.-Z. wohl nur nackt beantworten, denn untersucht wurde keiner. Frierend zogen wir uns im Vorraum wieder an und kamen auf den Zugangsblock 9. Das Abendessen schmeckte mir nicht, obwohl es nicht schlecht war. Von den ersten Verhaltungsmaßregeln habe ich nur behalten, daß Brotdiebe sehr, sehr streng bestraft würden. Aus der Betonung konnte man entnehmen, daß solche meist die längste Zeit gegessen hätten. Das zweite war die Warnung, nachts beim Austreten nicht die falsche Tür zu erwischen und statt links zum Abort rechts nach draußen zu gehen, denn nach 9 Uhr werde von den Türmen auf jeden geschossen, der sich draußen sehen ließe. Nach dem Abendessen kam das 2. Verhör durch den Blockältesten. Zuerst die Rotwinkligen, also die politischen Häftlinge. Im allgemeinen kamen wir glimpflich davon. Dann durften die Politischen ins Bett. Dort hörten wir, wie über die Grünwinkligen (Polizei-Sicherheits-Verwahrung), Schwarzen (Asoziale) und Rosawinkligen (§ 175) hergefallen wurde, sodaß ich befürchtete, daß sämtliche Möbel entzwei gingen. Am folgenden Morgen wurde der Fußboden mit harten Schuhbürsten blank gebohnert. Später kam ein Instrukteur, ein Häftling, der uns die Lagerordnung, die Abzeichen der SS-Angehörigen und einige Marschlieder beibrachte. Ein, zwei, manchmal selbst drei Blockführer nahmen am Unterricht teil und unterstützten den Lehrer durch Austeilung von Fußtritten und Faustschlägen. Wehe den armen Häftlingen, die den süddeutschen Dialekt der SS-Angehörigen nicht verstanden. Ihr Nichtbeantworten an sie gerichteter Fragen wurde als Verstocktheit aufgefaßt und entsprechend geahndet.

Nach einer Woche kamen wir Geistliche zu unsern Mitbrüdern auf Block 26. Ich glaubte, aus der Hölle in den Himmel zu kommen. Die Kapelle, nach dreieinhalb Monaten wieder Teilnahme am hl. Meßopfer. Die Geistlichen hatten in Dachau eine Sonderstellung, dazu gehörte die Gewährung einer Kapelle, das Freisein vom Arbeitszwang und die Kostvergünstigung. Täglich gab es für 3 Mann eine Flasche Wein. Dreimal in der Woche einen halben Liter Kakao und täglich statt ¼ ⅓ Brot.

Kurz vor Weihnachten hatte Pfarrer Trageser einen Unfall. Beim Bettmachen rutschte er vom Schemel, worauf er stand um sein Bett ordnungsgemäß, d.h. kantig und gerade wie eine Zigarrenkiste zu bauen. Die kleine Hautabschürfung am Bein entwickelte sich in wenigen Tagen zu einer Phlegmone. Als Zuckerkranker war es für ihn sehr bedenklich. Nach den Weihnachtsfeiertagen kam er ins Revier. Noch im Januar starb er. Dieser schnelle Tod konnte schlecht von Phlegmone allein herrühren. Es war damals noch schwer, Genaues aus dem Revier zu erfahren. Aber das, was berichtet worden ist über seinen Tod klingt durchaus wahrhaft, da ich noch im Februar 1945 die gleichen Methoden angewandt sah. Es hieß, Pfarrer Trageser habe, da er mit dem geschwollenen und eiternden Bein nicht so schnell aus dem Bett konnte, dieses beschmutzt. Darauf sei er im Waschraum abgewaschen worden und habe sich dadurch eine Lungenentzündung (Pneumonie) zugezogen, die seinen Tod verursachte. Das erste Todesopfer von den am 5. 12. eingelieferten Häftlingen. Im Januar traf unsern Block eine Änderung, deren schreckliche Folgen wir nicht ahnen konnten. Der Lagerältestenstellvertreter gab den Bescheid, daß Block 26 von jetzt an Arbeitsblock sei. Seine Worte: ‚Und da sehe ich schwarz für euch' nahmen wir auf die leichte Schulter. Denn zur Arbeit kam ja auch die Brotzeit, die einen wesentlichen Teil der Häftlingsnahrung ausmachte.

Als ich nach Dachau kam, war ich in gutem Ernährungszustand. Ich wog rund 70 Kilo, August 42 wog ich 46 Kilo. Das Mittagessen war so schlecht zubereitet, daß ich in den ersten Wochen nur einige Löffel hinunterzwingen konnte. Meine Mitbrüder, die schon länger im Lager waren, und die ganze Schüssel leerten, habe ich heimlich als große Asketen bewundert. Aber schon Ende Januar hatte ich ebenfalls diese asketische Höhe erreicht. Im Februar traf uns eine zweite empfindliche Änderung. Lagerführer Hoffmann erklärte auf dem Appellplatz: ‚Die Saupfaffen tun nichts, da brauchen sie auch nichts besonderes zu fressen.' Von dem Tage an hatten wir die gleiche Kost wie die übrigen Häftlinge.

Ab Ende April wurde unser Block endlich für Arbeitskommandos herangezogen. Mit wenigen Ausnahmen kamen wir in die Plantage. Am dritten Tag kam ich aus dem Kommando, das den ganzen Tag nichts anderes tat als Unkraut jäten, in ein Baukommando, wo ich mit Picke und Schaufel arbeiten mußte. Über die Folgen war ich mir klar. In kurzer Zeit mußte diese Arbeit mein Tod sein, da mich der Gefängnisarzt in Münster trotz Drängens nicht einmal transportfähig schreiben wollte. Es hat sich herausgestellt, daß dieses Kommando auch wirklich manchem von uns den letzten Rest gegeben hat. Gleich am ersten Tag, den ich in diesem Kommando arbeitete, belauschte ich abends ein Gespräch zwischen dem Capo und einem SS-Angehörigen, der den von uns aus der Baustelle herausgehobenen Schutt wegfuhr. Er hätte heute zuviel fahren müssen, der Capo solle weniger herauswerfen lassen. Dies Gespräch teilte ich Kaplan Rieser mit, der aufgrund seines langen Aufenthaltes in der Strafkompanie mit dem Obercapo der Plantage befreundet war, und jetzt dessen Schreiber machte. Kaplan Rieser gelang es, mich schon am übernächsten Tag aus der Baukolonne herauszuholen und wieder den Unkrautjätern zuzuteilen. Bei normaler Beköstigung, entsprechender Bekleidung und genügender Nachtruhe wäre diese Beschäftigung sehr gesund gewesen. Hinderte sie uns ja auch nicht zu betrachten und zu beten, so daß wir uns mit unserm Geschick leichter abgefunden hätten. Nie in meinem Leben habe ich so viel Zeit fürs Gebetsleben gehabt wie in der Plantage. Und ich werde wohl auch niemals wieder so viel Zeit dafür bekommen. Aber leider war nicht alles so idyllisch, wie manche Gestapo-Beamte es unsern Anverwandten darstellten.

Eine kurze Darstellung des Tagesablaufes soll die Wirklichkeit in etwa erhellen. 4 Uhr aufstehen. Waschen, Bett machen und Kaffeetrinken. Die meiste Zeit beanspruchte das Bettmachen. Es gehörte wochenlange Übung dazu, um das Bett einigermaßen wunschgemäß herzurichten. Alles geschieht im schnellsten Tempo, Stoßen und Drängen ist unvermeidlich. 8 Tische stehen zur Verfügung und für 98 Betten wollen auf diesen Tischen die Decken passend gefaltet, glatt gestrichen und gerollt sein. Viele nehmen sich nicht mehr die Zeit, den Kaffee sitzend einzunehmen. Noch sind nicht alle fertig, da heißt es schon: ‚Zimmerdienst.' Noch schnell das Geschirr spülen! Von wegen schnell! In der Stube darf man nur auf Strümpfen oder in Tuchpantoffeln gehen. Willst du also in den Waschraum, um dein Geschirr zu spülen, so mußt du aus dem Schuhregal deine Schuhe nehmen, an der Tür gegen die Pantoffeln wechseln, nach dem Spülen an der Tür wieder Schuhe aus, Pantoffeln an, Schuhe ins Regal, zum Spind. Wenn du Glück hast, sind deine Spindgenossen fertig, sonst mußt du auf das Trockentuch warten, nach dem Abtrocknen schnell Pantoffeln ins Regal, Schuhe an der Tür anziehen und hinaus. Stelle dir den Betrieb bei nur 100 Menschen an der Tür vor.

Das Geschirr muß sauber sein, als ob es eben aus dem Geschäft käme, kein Brotkrümel darf zu sehen sein, darum wurde das Brot so vorsichtig in den Spind gelegt wie man ein überfülltes Gefäß behandelt, damit nur ja kein Krümel im letzten Augenblick abfällt und bei einer Kontrolle zu 4 Sonntagen Strafarbeit führt.

Mit Ausnahme der für den Zimmerdienst bestimmten gingen wir Geistliche in die Kapelle zur hl. Messe. Pantoffeln hatten wir keine mehr, die mußten ja im

Regal bleiben; Schuhe durften nicht anbehalten werden. So standen wir auf Strümpfen in der kalten Kapelle. Ich half mir, indem ich mich auf meine Mütze und meine Fausthandschuhe stellte.

Nach der hl. Messe war bald Appell. Alles was auf dem Block war, mußte antreten, ob gesund oder krank. So sah ich öfter, wie Kranke in einer Decke mit zum Appellplatz getragen wurden. Ja, nicht nur Kranke, selbst Tote. Sie alle kamen in die letzte Reihe zu liegen. Nach dem Abzählen, das gewöhnlich eine halbe Stunde dauerte, traten die einzelnen Arbeitskommandos an den für sie bestimmten Plätzen an. Das Kommando Plantage stand am längsten. Es war für mich eines der unangenehmsten Dinge, dieses ewige Stehen, in Sonne, Regen und Kälte. Um 11.30 Uhr rückten wir wieder von der Plantage ein. Die Mittagspause war so kurz berechnet, daß wieder alles in größter Hast geschehen mußte. Abends kamen wir um 17.30 Uhr zurück und blieben gleich auf dem Appellplatz zum Zählappell, der bis zu einer Stunde dauerte. Fehlte einer, so blieben wir so lange stehen, bis er gefunden war, vor dem Kriege bis zum anderen Tag, die ganze Nacht durch, wegen der Verdunklung zu meiner Zeit nur noch bis zum Dunkelwerden. Verzögerte sich der Appell nicht über das normale Maß von einer Stunde, so hatten wir abends etwas Zeit, um Füße zu waschen, Strümpfe zu stopfen usw. Aber wie oft habe ich Herrn Hoffmann am Fenster seines Zimmers stehen sehen, ohne Beschäftigung. Warum kam er nicht? Warum ließ er uns ausgerechnet an Regentagen stehen, bis wir durch und durch naß waren?

Es waren bestimmt keine besinnlichen und idyllischen Tage, die wir verbrachten. Aber alle Hetze und Unsicherheit hätte uns nicht so viel angetan, wenn wir die Kräfte, die wir verbrauchten, durch hinreichende Nahrung hätten ergänzen können. Schlagartig setzte die Katastrophe ein. Alle Willenskraft konnte nicht helfen gegen das Verhungern. Im August begann das große Sterben auf dem Block 26, dem Pfarrerblock. Die Monate August, September und Oktober kosteten allein 54 deutschen Priestern das Leben, das sind rund 25% der damals in Dachau inhaftierten deutschen Priester. Wieviel Priester der andern Nationen ihr Leben hingaben, weiß ich nicht genau. Die genauen Zahlen werden später gewiß noch veröffentlicht. Die totale Erschöpfung durch den Hunger zeitigte zwei Folgen. Durchfall und Wasser (Ödeme). Oft litten Confratres an beiden Krankheiten. Viele, viele wären noch zu retten gewesen, wenn sie im Anfangsstadium ihrer Krankheit Aufnahme ins Revier gefunden hätten. Die viele Bettruhe hätte in etwa den Mangel an Nahrung ausgeglichen. Aber wie schwer war es, ins Revier zu kommen. Zwei Beispiele für viele. Beim Abendappell brach ein Priester zusammen. Nach dem Appell trugen ihn zwei Mitbrüder ins Revier. Dort versetzte der Revier-Capo den beiden Fußtritte und drohte mit Meldung, wenn sie nicht gleich mit dem Kranken verschwänden. Am folgenden Morgen gelang es auf Umwegen, den Armen ins Revier zu schaffen. Zu spät, nachmittags war er schon tot. Oblatenpater Rehling ging wegen Durchfall zum Revier. Ohrfeigen bekam er, vorne am Tor des Jourhauses mußte er den ganzen Tag Strafe stehen.

Warum haben andere Blocks nicht so unter dem Hunger gelitten? Als Handarbeiter verausgabten sie bei körperlicher Arbeit sich nicht so wie die Geistlichen, deren Muskeln gar nicht für solche Beschäftigung geübt waren. Aber der Hauptgrund war der Wegfall der Brotzeit. Im Frühjahr 42 wurde die Plantagenarbeit als leichte Arbeit erklärt, wofür keine Brotzeit gewährt wurde. Rund 95% aller in der Plantage Beschäftigten waren Geistliche. Da in der Plantage 800, zeitweise 900 und nochmehr beschäftigt waren, so blieben wirklich nicht mehr viele von Block 26 und den Blocks der anderen Priester für andere Arbeiten frei. Als wir schon großen Hunger litten, konnte Block 2 noch Eimer voll Essen an andere Blocks weitergeben. Die Essensverteilung war auch nicht für alle Blocks gleich. Ob die ungleiche Verteilung von der SS oder von der verantwortlichen Leitung aus Häftlingskreisen angeordnet wurde, weiß ich nicht. Jedenfalls hat sich der Küchen-Capo auf dem Revierblock 3, Stube 3 (interne Abteilung) gerühmt, daß er den Pfarrern die dünnste und wenigste Suppe gegeben hätte.

Wenn die Not am größten, ist Gottes Hilfe am nächsten! Neben anderen Erleichterungen kleinerer Art kam für November die Erlaubnis, Pakete zu empfangen. Damit war die größte Lebensbedrohung beseitigt. Mein erstes Paket traf am 10. 11. hier ein. Den Tag kann ich nicht vergessen, da ich an dem Tag ein zweites, weniger angenehmes Erlebnis hatte.

Bei der geringen Beköstigung war es kein Wunder, daß jeder Häftling versuchte, sich anderweitig Eßbares zu verschaffen. So hatten wir schon mit Sehnsucht die Erntezeit erwartet, um dann unbewachte Augenblicke gründlichst auszunutzen. Im Glauben, unbeobachtet zu sein, nahm ich mir eines Tages 3 Kohlrabi. Ein Wachtposten hatte es trotzdem gesehen und meldete mich. Zur Strafe bekam ich acht mal keine kleine Brotzeit – die große bekamen wir nie –, und eine Prügelstrafe von zehn Schlägen zudiktiert. Ersparen Sie mir die Schilderung dieser unwürdigen Strafe. Noch mehr als die Schläge schmerzten die Schmach und die Schande, die einem Mann und Priester damit angetan wurden.

Die furchtbare Hungerzeit des Jahres 1942 wirkte noch ins Jahr 43. Im Lager herrschte während der ersten Monate Bauchtyphus (Typhus abdominalis). Auch ihm fielen einige Priester zum Opfer.

Sonst war das Jahr 1943 besser, soweit man im K.-L. überhaupt von gut sprechen kann. Es gelang vielen Priestern, in die Besoldungsstelle zu kommen. Die Büroarbeiten waren unserer Ausbildung mehr angepaßt. Nun mußten viele von uns den SS-Angehörigen die Zimmer putzen. Eines Tages verlangte ein SS-Unterscharführer, der nicht in meinem Büro saß, von mir auch diesen Dienst. Ich weigerte mich. Der Capo befahl es mir. Da ging ich. Der SS-Unterscharführer bewachte mich dabei und gab mir an, was ich tun sollte. U. a. sollte ich unters Bett kriechen und dort trockenwischen. Ich wollte das Bett von der Wand rücken, weil ich mit einem nassen Anzug keine Schreibarbeiten verrichten könnte. Er bestand auf seinem Befehl. Trotzdem rückte ich das Bett von der Wand. Ein Fußtritt war die Quittung. Ich machte kehrt und ging zum Leiter der Besoldungsstelle und beschwerte mich. Er gab mir recht. Aber seitdem hatte ich keine ruhige Minute mehr im Büro. Durch Aufnahme ins Revier wegen Rheumatismus entging ich weiteren Schikanen.

Noch glimpflicher ging es mir als Capo eines Reinigungskommandos. Wir mußten Schlamm des Baches, der am Jourhaus vorbeifließt, wegfahren. Weil die Leute schwach waren, ließ ich die Schubkarren nur halb füllen, und fuhr morgens und nachmittags nur je 5 mal zur Wiese zwischen der jetzigen politischen Abteilung und dem kleinen SS-Lazarett. Schon am zweiten Tag stellte mich der Schutzhaftlagerführer. Und mit seinen ordinären Ausfällen gegen den geistlichen Stand verlangte er, daß die Karren vollgeladen und schneller gefahren würden. Ich erklärte ihm, daß mein ganzes Kommando aus Leuten vom Invalidenblock bestünde, die sehr schwach seien und keine Brotzeit bekämen. Darauf tobte er noch mehr und verlangte energisch größere Leistung. Ich ließ alles beim alten. Am dritten Tag bekam ich morgens und nachmittags von ihm eine Abfuhr. Ja er drohte, mich in den Bunker sperren zu lassen. Am vierten Tag, als er sah, daß alles nichts fruchtete, ließ er mich absetzen, und ich war heilfroh, so gnädig davongekommen zu sein.

Wenn Hermann Göring behauptet, von den schrecklichen Zuständen im K.-L. nichts zu wissen, so glaube ich ihm das gern. Denn 1. ist er seit 41 hier nie gesehen worden und 2. selbst wenn er gekommen wäre, hätte er das Gegenteil von dem gesehen, was in Wirklichkeit gespielt wurde.

Schon Tage vorher wurde der Besuch angemeldet. Unangemeldete Besuche gab es nie. Eine Generalreinigung mit täglicher Überholung und oft dazu Generalprobe durch Besichtigung der Blocks von seiten der Rapportführer oder wenigstens der Blockführer war die Einleitung. Die Stuben sahen dann aus, als ob sie gar nicht benutzt würden. Je nachdem, was der Besucher zu sehen wünschte, gab es drei Arten von Vorstellungen. Wollte der Besucher die Häftlinge in den Stuben sehen (weil er vielleicht fürchtete, auf offener Straße überfallen zu werden), so mußten wir steif am Tisch sitzen, ja, durften nicht einmal austreten gehen, weil sonst der spiegelblanke Boden hätte getrübt werden können, bis der Besuch erschienen war oder abgesagt wurde. Letzteres geschah in 99 von hundert Fällen. Wollte der Besucher Häftlinge sehen, so mußten wir alle ohne Ausnahme zwischen den Baracken antreten. Dabei kamen in das vorderste Glied die ‚ganz schweren' Fälle zu stehen, die dann auf Wunsch vorgestellt wurden. Das sollte dann heißen: ‚Und so sind sie alle!'

Wollte der Besucher die Häftlinge an der Arbeit sehen, so mußte alles, was keine Arbeit hatte, und darum auf den Stuben war, sich im Wasch- und Abortraum zusammenpferchen lassen, damit ja kein Unbeschäftigter zu finden war. In einem Punkt waren sich alle Vorstellungen gleich. Es gab nichts zu essen, bis der Besuch vorüber war. Als einmal Besuch abgesagt war, und wir schon die Kübel von ungefähr 75 Kilo Gewicht aus der Küche holten, kam plötzlich die Meldung, der Besuch komme doch. Da mußten wir im Dauerlauf, ein Blockführer fuhr hinterher mit dem Fahrrad, die Kübel zu den Blocks bringen und im Waschraum verstecken.

März 1942 wurde gefragt, wer arbeitsfähig sei und wer arbeitsunfähig sei. Viele Alte und Kranke meldeten sich. Es wurde geraten, sich nicht zu melden. Nach einigen Wochen wurden die auf dem Appellplatz gesichtet, die sich arbeitsunfähig gemeldet hatten, und die als Invaliden Anerkannte aufgeschrieben und auf bestimmte Stuben zusammengelegt. Nach weiteren Wochen wurden diese abtransportiert. Von vielen, so von Pfarrer Bioli, der mit mir gekommen war, und von Pfarrer Heinzelmann, erhielten wir später aus deren Heimat die Nachricht, daß sie am so und so vielten in Dachau verstorben seien. Dies Datum bezeichnete immer wenige Tage nach dem Abtransport.

Pfarrer Raggl, Oesterreich, an Tuberkulose erkrankt. [An dieser Stelle ist dessen Bericht eingearbeitet. Anm. d. Verf.],Am 19. 3. 1942 kamen 3 junge, 18–19jährige SS-Angehörige nach Block 5 (Tbc-Block), haben die Kranken vorgerufen und sie nach dem Beruf gefragt. Diejenigen, die Eisenarbeiter waren, Dreher, Schmiede, Schlosser usw. wurden zurückgestellt. Die anderen, die schon länger im Revier waren, abgeschrieben und für Transporte bestimmt. Einige Wochen später gingen diese ohne Gepäck aus dem Lager. Am 18. 6. 42 kam der Chefarzt, ging von Bett zu Bett, fragte nach dem Beruf, und bestimmte die meisten derer, die nicht Eisenarbeiter waren, für Transport. Geistliche wurden ohne Ausnahme aufgeschrieben. Mich und Kaplan Leisner, Diözese Münster i. Westf., hat der Pfleger Neff zur Tür hinausgeschoben und schnell aus dem Revier entlassen.

Mitte Juli wurden alle Uneingeteilten auf den Appellplatz gerufen und daraus Leute für Transport bestimmt. Auf den Rat von Capo Koch versteckte ich mich auf dem Hinterhof der Desinfektion. So wurde ich gerettet. 120 polnische Geistliche kamen auf Transport. Einige Tage später wurden wieder alle zum Appellplatz gerufen. Pfleger Neff versteckte mich und Kaplan Leisner den ganzen Nachmittag im Revier. So wurden wir gerettet. Die Ausgesuchten gingen in Gruppen von über 100 aus dem Lager und wurden nicht mehr gesehen.

Am 26. 10. 42 suchten Pfleger und Schreiber ungefähr zweidrittel aller Tbc-Kranken aus und schickten uns nach Block 27. Zu uns kamen noch andere Tbc-Kranke, die eben mit Transporten aus anderen Lagern eingetroffen waren. Auch einige aus andern Stationen des Reviers, vor allem unbeliebte Elemente, wurden uns beigesellt. Zwei Tage später kamen wir auf Block 29. Wir wurden auf drei Stuben verteilt. Die Stuben drei und vier wurden jede für sich durch Bretterwände, die jeden Einblick vom Lager aus verhinderten, sorgfältig abgeschlossen. Ich war auf Stube 4 mit 120 anderen Kameraden, davon die Hälfte Durchfallkranke. Inmitten des Schlafraums stand ein Kübel als Abort. Täglich starben 5–7 Häftlinge. Unser Personal bestand aus eigens ausgewählten Polizei-Sicherheits-Verwahrten, die uns bestahlen und schikanierten. Nach einigen Tagen erklärte unser Blockältester: ‚Es werden Leute ausgesucht für einen Versuch in München. Ich garantiere, daß ihr nach einigen Wochen vollständig gesund zurückkehrt.' Schwache Leute und Mißliebige suchte er aus. So lag z. B. neben mir einer, der mit dem Blockältesten wegen eines Pullovers Streit hatte. Den nahm er und 11 andere. Der Kräftigste von den 12 bekam am folgenden Tag ein Paket. Rapportführer Böttcher, der damals der Poststelle vorstand, malte das Totenkreuz auf das Paket mit dem Datum des vorhergehenden Tages, also dem Tage der Auswahl für München. Was mit den 12 geschehen ist, weiß ich nicht. Jeden zweiten Tag wiederholte sich der Transport von je 12 Häftlingen. Die Stimmung war sehr gedrückt. Darum mußte der Blockälteste immer wieder erklären, daß man es gut mit uns meine und die besten Absichten habe. Einmal erklärte er, er müsse die Kräftigsten aussuchen, weil da am meisten Aussicht für eine Heilung sei. Zuletzt wurden die Kranken alphabetisch genommen. Sie kamen bis Buchstabe L. Dann wurden die Transporte abgestellt. Es war kurz vor Weihnachten. Am 28. 12. 42 ging ich nach Block 26 (Block der deutschen Geistlichen). Die übrigen von Block 29 kamen März oder April 43 wieder ins Revier. Seit der Zeit fanden derartige Transporte nicht mehr statt, mit Ausnahme des

Transportes von rund 1000 Mann, darunter 240 Tbc-Kranken nach Lublin am 2. 1. 1944.'²

Bei den ersten großen Transporten von über 100 Mann wurde der letzte plötzlich rückgängig gemacht. Als Grund dafür wurde es für möglich gehalten, daß die Predigt des Hochwürdigsten Herrn Bischofs von Münster, worin er die Morde an Geistesgestörten und Krüppeln brandmarkte, die Aufmerksamkeit der Bevölkerung zu sehr auf diese Dinge gelenkt habe. Vielleicht machte man deshalb nur die kleinen Transporte von je 12 Mann, die dann leicht im Dachauer Krematorium ohne Aufsehen zu erregen beseitigt wurden.

Es werden Stimmen laut, die fragen: Wie konnte das deutsche Volk solche Zustände ruhig mit ansehen. Wir haben bei den Zeilen über die Besuche gesehen, welche Tricks angewandt wurden, den besten Beobachter zu täuschen. Noch im Spätsommer 1944 habe ich mit eigenen Ohren gehört, wie ein Besucher mit Generalsstreifen an der Hose auf Stube 2 des Blocks 2 ganz begeistert von dem, was er sah und zu hören bekam, entzückt ausrief: ‚Das ist ja wunderbar hier!' Worauf der SS-Angehörige, der Führer des Besuches, sagte: „Ja, sehen Sie, die meisten haben einen ganz falschen Begriff vom Konzentrationslager. Das Konzentrationslager ist keine Strafanstalt, sondern eine Erziehungsanstalt.'

Was wußte ich vor meiner Verhaftung vom K.-L.? Daß die Gefangenen nicht so human behandelt wurden wie vor 33. Daß, und zwar in den ersten Jahren vor allem, viele auf der Flucht erschossen wurden. (Daß es keine rechte Flucht war, sondern ein absichtliches Überschreiten der Postenkette, um diesem elenden Leben durch einen Gnadenschuß ein Ende zu setzen, erfuhr ich erst in Dachau.) Wegen meiner Tätigkeit rechnete ich schon seit 1938 mit meiner Verhaftung. Der Gedanke schreckte mich aber so wenig, daß ich bei meinem letzten Aufenthalt im Elternhaus in Duisburg, einundeinhalben Monat vor meiner Verhaftung mich von meinen Verwandten scherzend verabschiedete: ‚Auf Wiedersehen bis Weihnachten, wenn mich nicht vorher die Preußen (= Militär) oder die Gestapo holen.' Auch in dem fast vierteljährigen Aufenthalt im Polizeigefängnis zu Münster i. Westf. lernte ich nur den K.-L.-Ausdruck: Durch den Schornstein gehen für das Wort Sterben, kennen, und Klagen über lange Arbeitszeiten und das wenige Essen. Mehr wußte mir keiner zu berichten.

Was sollte das deutsche Volk tun? Was tut die Fliege im Spinnennetz? Sie wehrt sich gegen die Fesseln, und desto enger sitzt sie drin. Desto sicherer ist sie verloren. Bleibt sie ruhig sitzen, daß die Spinne sie nicht bemerkt, hat sie die Geduld trotz aller Bedrängnis, die Sonne zu erwarten, die die Fäden trocknet und ihre Lebensenergie steigert und so Befreiung bringt, so nennen wir sie mit Recht eine kluge Fliege.

Ja, was hätte das deutsche Volk gegen den Nazismus, diese blutsaugende Spinne, tun sollen?"³

---

² Zitatkennzeichnung wurde durch den Verfasser vorgenommen.
³ Bericht für das Komitee Presse und Kultur, Abschrift in: BAM, Slg. NS-Verf., Akte Emil Schumann.

Nach seiner Entlassung leidet Emil Schumann an den gesundheitlichen Folgen der Haft. Auch psychisch hat sie Spuren hinterlassen: Emil Schumann kann z. B. nur noch bei offener Tür schlafen. Nachdem er in die klösterliche Gemeinschaft zurückgekehrt ist, hält er in der Folgezeit Exerzitien ab. Dabei bricht er im September 1953 in Ibbenbüren am Altar zusammen. Am 31. Oktober des gleichen Jahres sendet ihn sein Orden als Hausgeistlichen in das Luitgart-Stift Bad Rippoldsau. Trotz seiner Herzschwäche verbringt er dort drei sehr gute Jahre.

Einer erneuten Versetzung an das Kloster Johannesburg, wo er bereits in den 30er Jahren tätig war, ist Emil Schumann nicht mehr gewachsen. Er entscheidet sich für den Austritt aus dem Orden, weil er sich, wie in einem Schreiben an seinen Provinzial erkennbar wird, seit seiner Rückkehr aus dem Konzentrationslager physisch und psychisch nicht mehr in das Klosterleben einfügen kann.

1961 wird er als Weltgeistlicher in das Bistum Essen inkardiniert. Hier dient er ab Oktober 1963 als Pfarrvikar in Blankenstein-Buchholz. Am 1. Dezember 1968 muß der Geistliche aus gesundheitlichen Gründen auf seine Pfarrstelle verzichten und in den Ruhestand treten. Er siedelt nach Oberschönegg-Weinried in Süddeutschland um, ist aber auch dort noch in der Seelsorge tätig. Am 2. Juni 1981 stirbt Emil Schumann. Seine letzte Ruhestätte findet er auf dem Friedhof von Weinried.

Quellen:
BAM, Slg. NS-Verf., Akte Emil Schumann
Archiv der Hiltruper Missionare, Akte Emil Schumann
Interview mit Pfarrer Heeke, Buldern, vom 4. April 1991, in: BAM, Tonbandaufzeichnung
Interview mit Herrn Kiwitz, Münster, vom 6. Oktober 1989, in: BAM, Tonbandaufzeichnung

Theodor Schwake (P. Gregor) OSB

Nr. 60931

Geb. 15. April 1892 in Emmerich. Beruf des Vaters: Zahntechniker. Gymnasium: Emmerich. Ordenseintritt: 8. September 1911. Studium: Ordensschulen Maria Laach und Gerleve. Priesterweihe: 27. Juli 1917 in Gerleve.

Gerleve ist ein sehr junges Kloster, das erst 1899 von der Erzabtei Beuron gegründet worden ist. 1904 zur Abtei erhoben, steht dem Kloster ab 1906 Abt Raphael Molitor vor, der sich auch als Musikwissenschaftler einen Namen gemacht hat. Dies soll ein Glücksfall für Pater Gregor werden, da der Abt ihm jede Möglichkeit läßt, seine musikalischen Talente auszubilden. Dementsprechend hat P. Gregor in der Zeit nach seiner Priesterweihe hervorragende Lehrer wie den Coesfelder Musikbildner Schlüter, den Schweizer Professor Nather oder die Kölner Friedrich Wilhelm Franke und August von Othegraven. Im Dezember 1920 immatrikuliert sich Gregor Schwake als Student der Musikwissenschaft an der Universität Münster. Hier studiert er bei Professor Fritz Volbach, hört aber auch Vorlesungen des Kunsthistorikers Martin Wackernagel. Im Oktober 1923 promoviert er mit einer bei Professor Volbach geschriebenen Dissertation zum Thema: ‚Forschungen zur Geschichte der Orgelbaukunst in Nordwestdeutschland: Orgelbaumeister Jacob Courtain'.

Nach dem Abschluß seiner praktischen und theoretischen Ausbildung nimmt Pater Gregor seine Arbeit als Organist des Klosters Gerleve auf – eine Aufgabe, der er jahrzehntelang nachkommt. Gleichzeitig beschäftigt er sich von nun an verstärkt mit dem gregorianischen Choral, vor allem mit der schwierigen Frage, wie die einfachen Gottesdienstbesucher dazu angeleitet werden könnten. Damit stellt sich Gregor Schwake in den Dienst eines Anliegens von Papst Pius X. (1835–1914), der ausdrücklich eine aktive Beteiligung der Laien an der Messe, besonders auch am Choralgesang, gefordert hatte und damit der späteren Liturgiebewegung einen entscheidenden Impuls gab.

Zur Verwirklichung dieser Ziele hält Pater Gregor zunächst von 1924 bis 1929 Fachkurse für Kirchenmusiker ab, die teilweise der technisch-praktischen Fortbildung dienen, jedoch gleichzeitig Exerzitien zur religiösen Vertiefung beinhalten. Ab 1928 konzentriert er sich dann auf die Durchführung von ‚Volkschoralwochen', die dem Singen des Kirchenvolkes wieder seine ursprüngliche Bedeutung in der Liturgie verschaffen sollen.

Wie haben wir uns eine solche Woche vorzustellen? Pater Gregor beginnt diese liturgischen Wochen sonntags mit einer Einführungspredigt über den Sinn dieser

‚Exerzitien', wie er sie gerne bezeichnet. Während der folgenden Woche nimmt der Pater auf einem eigens installierten Podest in der Mitte der Kirche Platz, auf dem noch ein Harmonium oder Klavier steht. Hier versammelt er die Gemeinde um sich; so probt er jeden Abend mit den Erwachsenen, anschließend noch mit den Kirchenchören. Wie ein Teilnehmer einer solchen Woche berichtete, muß allein schon die große, stattliche Gestalt des Benediktiners (1,92 m) in seiner Kutte faszinierend gewirkt haben. Zudem verstand es der Pater, durch Erklärungen zum Ablauf bzw. Inhalt der Choräle das Interesse der Zuhörer ebenso zu gewinnen wie durch auflockernde Erzählungen zu biographischen und anderen Erlebnissen. So gelang es ihm schnell, die ganze Gemeinschaft an sich zu binden und zu fesseln. Sich selbst, der tagsüber noch mit Schulkindern übte, schonte er dabei nicht. In seinem Buch ‚Vom Wallis bis zur Waterkant' spricht Pater Gregor von einer „Herkulesarbeit"[1]. Den Höhepunkt dieser Woche bildete am abschließenden Sonntag das feierliche Hochamt, in dem die gesamte Gemeinde die eingeübte Messe sang.

Nehmen die musikalischen Übungen auch zentralen Raum ein, so pflegt er doch ebenso an allen Kursustagen morgens zu predigen, häufig auch mehrfach am Tage. Hierbei thematisiert er das zentrale Anliegen der liturgischen Erneuerungsbewegung, die tätige Teilnahme der Gläubigen an der Eucharistiefeier: „Nicht das Singen ist das letzte Ziel der Wochen, sondern mit Hilfe des Singens näher zur Eucharistie zu kommen!"[2]

Das Wirken des Gerlevers setzt zunächst im Ruhrgebiet ein, weitet sich jedoch später auf Gemeinden der Bistümer Münster, Paderborn, Köln, Aachen, Osnabrück, Hildesheim und Fulda aus. Schließlich bereist er Gemeinden im gesamten Reichsgebiet, besucht 1932 die Schweiz, 1933 Österreich, und noch 1937 hält er im deutschsprachigen Teil Jugoslawiens Volkschoralwochen ab.

Auch schriftstellerisch betätigt sich Pater Gregor. Schon vor dem Zweiten Weltkrieg finden eine Million Exemplare seines Heftes ‚Volkshochamt in grundlegender liturgischer Form' Verbreitung. Noch 1936 kann er im Auftrag des Jugendhauses Düsseldorf seine Choralwerkbriefe herausgeben.

Seine wohl größten öffentlichen Erfolge vor dem Kriege liegen in den 30er Jahren. So feiert er 1930 im Frankfurter Dom ein Volkschoralamt mit 4600 Gläubigen. Auf dem Alexanderfest in Koblenz zelebriert er in der Gemeinschaft von 3000 Jungmännern, und noch 1935 hält er zusammen mit Kardinal Faulhaber in München ein Pontifikalamt mit 4000 Jungen und Mädchen ab.

Die nationalsozialistische Machtergreifung beeinflußt die Arbeit Pater Gregors zunächst in keiner Weise. Soweit es sich feststellen läßt, führt er seine Arbeit unbeeindruckt fort. Erst die Auflösung des Klosters Gerleve und die damit verbundene Verbannung der Mönche verändern seine Lebenssituation: es fehlt ihm nun die heimatliche Ausgangsbasis. Der Benediktinerpater bezeichnet es selbst als „ein Wunder"[3], daß er im Exil weiterhin seine Volkschoralwochen abhalten kann. So

---

[1] Totenchronik aus Gerleve. Pater Gregor Schwake OSB, S. 7, in: Archiv der Abtei Gerleve, Akte Gregor Schwake.
[2] Ebda.
[3] Tinz, Albert: Pater Gregor Schwake OSB. Ein Leben für den Volkschoral, in: Henricus P. M. Litjens / Gabriel M. Steinschulte (Hg.), Divini Cultus Splendori. Festschrift für Joseph Lennards, Rom 1980, S. 375–411, hier S. 379.

Geheime Staatspolizei
Geheimes Staatspolizeiamt

IV C 2 Haft Nr. Sch 13375

Berlin SW 11, den 18. Dezember 1943
Prinz-Albrecht-Straße 8

Schutzhaftbefehl

Vor- und Zuname: Dr. Theodor S c h w a k e

Geburtstag und -Ort: 15.4.1892 in Emmerich a. Rhein

Beruf: Benediktinermönch und Musiklehrer

Familienstand: ledig

Staatsangehörigkeit: D.

Religion: röm.kath.

Rasse (bei Nichtariern anzugeben):

Wohnort und Wohnung: Frankfurt a.M. Waldschmidtstrasse Nr.49/III

wird in Schutzhaft genommen.

Gründe:

Er —sie— gefährdet nach dem Ergebnis der staatspolizeilichen Feststellungen durch sein —ihr— Verhalten den Bestand und die Sicherheit des Volkes und Staates, indem er —sie— dadurch, dass er als Geistlicher in offener und versteckter Form gegen den Staat hetzt, das Vertrauen der Bevölkerung zur Staatsführung zu untergraben unternimmt und Stimmung gegen die Regierung zu machen sucht.

gez. Dr. Kaltenbrunner.

Beglaubigt:

Krim. Ob. Sekr.

G.St. Nr. 101a.

Schutzhaftbefehl für P. Gregor Schwake.

verbringt er das Jahr 1942 mit Volkschoralarbeit in Berlin, um im darauffolgenden Jahr in Wien tätig zu werden. Am 6. Oktober 1943 wird Pater Gregor im Verlauf einer liturgischen Woche im Dom zu Linz von der Gestapo verhaftet. Er selbst erzählt später folgende Geschichte, die das auslösende Element für die Ereignisse gewesen sei: Im Gloria der 10. Choralmesse heißt es an einer Stelle, ‚tu solus dominus'. Er habe die Gläubigen gefragt, ob sie wüßten, was sie da singen würden. In die auftretende Pause habe er mit höchster Kraft, mit langen Zwischenräumen gesagt: Du allein der Herr! Die Stille im Dom habe ihm gezeigt, daß die Gläubigen ihn verstanden hätten. Doch auch die Gestapospitzel hätten ihn verstanden. Pater Gregor versucht zunächst, durch Hinweise auf seine Tapferkeitsauszeichnung aus dem Ersten Weltkrieg freizukommen, doch es fruchtet nichts.

Die ersten Monate verbringt der Musiker im Polizeigefängnis von Linz. Erst im Laufe des Dezember wird ihm sein Schutzhaftbefehl vorgelegt. Darin heißt es, Pater Schwake gefährde „den Bestand und die Sicherheit des Volkes und Staates ... dadurch, daß er als Geistlicher in offener und versteckter Form gegen den Staat hetzt, das Vertrauen der Bevölkerung zur Staatsführung zu untergraben unternimmt und Stimmung gegen die Regierung zu machen sucht."[4]

Kurz darauf, am Silvestertag des Jahres 1943, geht er auf den Transport, der ihn über Salzburg nach München bringt. Am 2. Januar 1944 wird er in das „Riesenkloster"[5], wie Pater Gregor später Dachau beschreibt, überstellt. Über den nun folgenden Zeitraum liegen glücklicherweise Aufzeichnungen Pater Gregors vor, die er bereits im Mai 1945, direkt nach seiner Entlassung, angefertigt hat. Der nun folgende Teil der Darstellung gibt im wesentlichen die Eindrücke des Paters wieder.

Nach der Einkleidung – „Alles zu klein für mich"[6] – wird er dem Zugangsblock zugewiesen, auf dem er nahezu den ganzen Januar über bleibt. Da sich bei den anderen inhaftierten Benediktinern schnell herumspricht, daß ein Mitbruder angekommen ist, werden, sobald es eben möglich ist, Kontakte aufgenommen. So gelingt es dem zum Ordnungsdienst eingeteilten Mitpriester Schrammel, den Pater Gregor aus einer Fortbildung kennt, den Priester für eine halbe Stunde mit auf den Block 26 zu nehmen. Sein Gerlever Mitbruder Augustin Hessing versorgt ihn zunächst mit einer ordentlichen Mahlzeit, um den größten Hunger zu stillen. Danach führt er seinen Mitbruder in die Kapelle des Blocks 26. Wie bewegend dieser Augenblick für Gregor Schwake gewesen sein muß, beschreibt seine eigene Aussage wohl am treffendsten: „Der erste Blick fällt durch den freien Raum auf das kleine rote Licht, auf den Altar, auf den Tabernakel, Heilig ist dieser Ort. Ein Licht leuchtet in pechschwarzer Finsternis!"[7]

Die Zeit auf dem Zugangsblock endet am 26. Januar, danach wird Pater Gregor endgültig auf Block 26, Stube 2, verlegt. Schon bald darauf nimmt er sein musikalisches Wirken wieder auf, indem er ab dem 6. Februar die Leitung des Priesterchors übernimmt. Wenig später wird er als Organist in der Kapelle tätig.

---

[4] Schutzhaftbefehl, in: Archiv der Abtei Gerleve, Akte Gregor Schwake.
[5] Singt dem Herrn, Beilage zur Zeitschrift für Kirchenmusik, Jg. 74, Januar 1954, S. 2.
[6] Ebda.
[7] Ebda.

Da der Benediktiner erst am 12. Juni einem Arbeitskommando zugeteilt wird, vermag er im Mai 1944 eine Komposition für den Abschluß von Exerzitien fertigzustellen. Mit vielen hundert anderen Priestern wird er dann in der Plantage eingesetzt, doch steht er hier unter dem besonderen Schutz seines Mitbruders Augustin Hessing, dem Leiter der Kompostversuchsabteilung. So wird er nur zu leichten Arbeiten wie dem Zupfen von Unkraut eingeteilt.

Durch die Vermittlung Augustin Hessings bahnen sich Kontakte zu dem außerhalb des Lagers wohnhaften Leiter der Abteilung, Gartenmeister Lippert, an, der Pater Gregor ermuntert, sich schriftstellerisch zu betätigen, als er von Naturgedichten des Benediktiners erfährt. So erhält Pater Gregor innerhalb dieses Spezialkommandos einen eigenen Schreibtisch, Bücher über Pflanzenkunde sowie moderne Gedichtsammlungen, um sich in aller Ruhe der Abfassung von Naturgedichten zu widmen. Einzelne dieser Gedichte schreibt er in seinen Briefen nieder, die das Lager verlassen, und wundert sich selbst, daß keiner glauben könne, daß er „in dem stacheligen Dasein so hochpoetisch zufrieden"[8] sei.

Den Kontakt zu dem weitgereisten musikalischen Lehrmeister hält von seiten des Ordens P. Bernhard Wilhelm Dirks aufrecht, aber auch zahlreiche Pakete von Freunden und Bekannten aus seiner Chorallehrzeit finden ihren Weg nach Dachau. So schickt ihm z. B. die Schokoladenfabrikantenfamilie Lohmann mehrfach Süßigkeiten, die unter den Mitgliedern der Schola verteilt werden.

Trotz seiner Arbeit hält Pater Gregor den Blick für die Lagerrealitäten offen. So wird ihm angesichts eines Revierbesuches, bei dem er von den Malariaversuchen erfährt, zum ersten Male „sterbenselend"[9], gleichzeitig bewundert er die Arbeit der Häftlingsärzte.

Besonders die kulturellen Aktivitäten im Lager, die sich in der Ausweitung des Lagerorchesters niederschlagen, finden seine Beachtung. 1944 werden im Konzentrationslager sowohl Platzkonzerte wie auch sportliche Wettkämpfe veranstaltet, bei denen abgemagerte Häftlinge im Sportdress z. B. eine Fußballmannschaft bilden.

Das künstlerische Schaffen des Benediktiners nimmt im September 1944 seinen Fortgang: er komponiert eine Messe im Wechselgesang zwischen vierstimmigem Chor und einstimmigem Volksgesang, letzterer begleitet von vier Bläsern. Diese sogenannte ‚Dachauer Messe' wird bezeichnenderweise am 24. September, dem ‚Fest Maria vom Loskauf der Gefangenen', uraufgeführt.

Etwa gleichzeitig scheint auch die Auswechslung der SS-Wachen abgeschlossen zu sein. Die gefürchtetsten Wachleute sind an die Front abkommandiert, ihre Stelle nehmen alte Landser ein, die nicht durch die Schulung der SS-Ausbildungskompanie gegangen sind, und daher den Inhaftierten unvoreingenommener gegenüberstehen. Dadurch wird es möglich, daß Angehörige und Freunde über die am Lager vorbeiführenden öffentlichen Straßen heimlich Kontakte zu den Gefangenen aufnehmen. Dennoch ist Pater Gregor überrascht, als ihn Ende November ein Capo aufsucht und auffordert, nachmittags um 15 Uhr in einem bestimmten Ge-

---

[8] Ebda., Jg. 74, August 1954, S. 30.
[9] Ebda.

wächshaus einen Wachmann zu treffen. Zwar gibt es einige ältere Posten, die, versteckt gegenüber der Lagerleitung, den Häftlingen wohlwollend gegenüberstehen, doch ist ein solches Verhalten mit großen Risiken behaftet. Dieser nicht namentlich bekannte Wachmann scheut das Risiko nicht: Er überbringt dem Benediktiner im Auftrag des Pfarrers von Ramsungen in Süddeutschland, wo Pater Gregor einmal eine Choralwoche abgehalten hatte, einen Blecheimer mit Honig und ein Bauernbrot. Diese Botendienste wiederholt der Wachmann noch zwei weitere Male im Winter des Jahres 1944/45.

In diesem Winter wird die katastrophale Lage im Konzentrationslager sichtbar. „Schnee, Kälte, Hunger, Typhus und Tod herrschen fürchterlich...".[10] Eine große Anzahl neuer Gefangener, die von den zurückflutenden Truppen festgenommen oder aus anderen Konzentrationslagern verlegt worden sind, machen die Enge im Lager noch schlimmer. Aufgrund der Fleckfieberepidemie werden, sehr zum Verdruß des Mönchs, die Lagermusik und die kulturellen Veranstaltungen eingestellt, nur das sonntägliche Choralamt verbleibt ihm. In dieser durch Not und Todesangst geprägten Situation erreicht die literarische Tätigkeit Pater Gregors ihren Höhepunkt, er verfaßt zahlreiche Gedichte, allein im Januar 13. Sogar für die SS wird er literarisch tätig: Für ihre Angehörigen schreibt er Verse für Familienfeiern wie Geburten, Verlobungen und Hochzeiten; in ihrem Auftrag entstehen Gedichte, die an Festtagen der Partei vorgetragen werden.

Bedingt durch die Kriegssituation funktioniert die Postzustellung nur noch lückenhaft, die Pakete bleiben aus. So kehrt auch auf den Pfarrerblock der Hunger zurück, da gleichzeitig die Brotzuteilung für die Häftlinge minimiert wird.

Im März 1945 sind die Häftlinge durch illegales Radiohören darüber unterrichtet, daß in wenigen Wochen mit dem Zusammenbruch des nationalsozialistischen Systems zu rechnen ist. Die bittere Frage wird diskutiert, wie das Ende für die Häftlinge aussehen wird. Werden sie am leben bleiben? Wohin sollen sie gehen, wenn alles glücklich vorüber ist? Pater Gregor hat sich eine Luftschutz-Übersichtskarte von Süddeutschland besorgt und zeichnet all die Gemeinden ein, in denen er, durch Volkschoralwochen bekannt, Freunde antreffen könnte. Doch zunächst bedroht den Benediktiner eine mögliche Erschießung, als die SS in der Nacht vom Osterdienstag, mit Gewehren bewaffnet, die Priester außerhalb ihrer Blocks Aufstellung nehmen läßt. Mit Erleichterung stellt Pater Gregor jedoch fest, daß diese Maßnahme der Suche nach Waffen gilt.

In diesen letzten Tagen von Dachau kommt noch einmal Bewegung in das Lagerleben, als ob, das Ende vor Augen, die SS das Blatt noch wenden könne. Für die Büros der Plantagen werden neue Möbel und Geräte angeschafft, selbst ein erstklassiges Mikroskop wird besorgt. Den Hunger der dort Beschäftigten lindert Gartenmeister Lippert, der Erbsen und Kartoffeln einschmuggelt. Heimlich werden diese während der Arbeitszeit zubereitet und verzehrt. Auf Lipperts Rat hin überreicht Pater Gregor dem SS-Leiter des Kommandos Plantage ein Heft mit seinen Floragedichten. Dieser bedankt sich mit dem Satz: „Wir können die Welt nur mit

---

[10] Ebda., Jg. 75, Januar 1955, S. 2.

Liebe gewinnen"[11] und einer Mütze voll Zigaretten. Zur gleichen Zeit setzt die Entlassung von Priesterhäftlingen ein, wobei der Kirchenmusiker den Eindruck gewinnt, daß diese in alphabetischer Reihenfolge erfolgt. Am 10. April 1945 wird auch sein Name aufgerufen. Um 10 Uhr morgens kann er das Lager, mit anständiger Kleidung ausgerüstet, verlassen. „ENDE ... und Anfang"[12], wie er schreibt.

Der Benediktiner übernimmt die Seelsorge in der Pfarrgemeinde Ettenkirch in der Diözese Rottenburg. Von dort knüpft er Kontakte zum Mutterkloster der Benediktiner in Beuron und besucht das Kloster regelmäßig. Hier muß er von seinem Abt P. Raphael Molitor, der im Sterben liegt, Abschied nehmen. Sein Lebenswerk, die Volkschoralarbeit, nimmt er bereits vor seiner Rückkehr im September 1948 nach Gerleve wieder auf. Im Düsseldorfer Planetarium hält er 1948 im Zusammenwirken mit dem evangelischen Bischof von Uppsala ein Choralamt mit 7000 erwachsenen Sängern. Im darauffolgenden Jahr organisiert er das wohl größte Choralamt. Nach monatelanger Vorbereitung der Gemeinden im größeren Umkreis nehmen an dem Sühneopfergottesdienst des Bochumer Katholikentages 65 000 Gläubige teil, von denen ca. 20 000 von Pater Gregor geschult worden waren.

Bis in das Jahr 1963 hat der Benediktiner stets mehr Einladungen zu Volkschoralwochen, als er erfüllen kann. Doch nach der Liturgiekonstitution des II. Vatikanischen Konzils vom Dezember 1963 bricht diese Tätigkeit jäh ab, denn von nun an ersetzt die Meßfeier in deutscher Sprache die lateinische, von Pater Gregor gepflegte Form – eine Entwicklung, die Gregor Schwake auch persönlich getroffen hat. Die liturgische Erneuerung, der sein Lebenswerk verpflichtet war, nahm schließlich in der Liturgiereform einen anderen Weg als den von ihm gewählten.

Nachdem Pater Gregor noch an seinem 75. Geburtstag das Konventamt gesungen hat, stellt man kurze Zeit später ein weit fortgeschrittenes Krebsleiden fest. Nach dieser Diagnose, die sein Schicksal besiegelt, wird er bald mit den heiligen Sterbesakramenten versehen. Sein Leiden trägt er mit tiefer Geduld.

Am Morgen des 13. Juni 1967 stellt sich eine Embolie ein, sein Leben erlischt in wenigen Minuten. Rundfunk und Fernsehen verbreiten die Nachricht am gleichen Tag. Am 16. Juni wird der Benediktiner unter großer Anteilnahme der Bevölkerung beigesetzt. Zu der Trauergemeinde zählen auch zahlreiche seiner Dachauer Mithäftlinge, die ihm die letzte Ehre erweisen.

Quellen:
Archiv der Abtei Gerleve, Akte Gregor Schwake

Literatur:
Singt dem Herrn. Beilage zur Zeitschrift für Kirchenmusik, Jg. 74/75, Januar 1954 – April 1955
Tinz, Albert: Pater Gregor Schwake OSB. Ein Leben für den Volkschoral. In: Henricus P. M. Litjens u. Gabriel M. Steinschulte (Hg.), Divini Cultus Splendori. Festschrift für Joseph Lennards, Rom 1980, S. 375–411

[11] Ebda., Jg. 75, April 1955, S. 14.
[12] Ebda.

Hermann Stammschröer

Nr. 27837

Geb. 7. Februar 1890 in Wadersloh. Beruf des Vaters: Landwirt. Gymnasium: Münster. Studium: Münster. Priesterweihe: 15. August 1913 in Münster.

Zunächst wird Hermann Stammschröer als Aushilfe an der St.-Georg-Kirche in Marl eingesetzt, bevor am 12. Dezember 1913 die Versetzung als Vikar nach Henrichenburg erfolgt. Am 12. April 1918 tritt er die Stelle eines Rektors und Religionslehrers am St.-Antonius-Kloster in Lüdinghausen an, 1930 wird er zum Studienassessor am Oberlyzeum in Lüdinghausen ernannt.

Bereits kurz nach der Machtergreifung durch die Nationalsozialisten treten erste Konflikte auf. Ende August 1933 muß der Geistliche einem staatlichen Untersuchungsausschuß beim Oberpräsidenten der Provinz Westfalen gegenüber schriftlich Stellung zu verschiedenen Vorwürfen nehmen. Ihm wird zur Last gelegt, im März des Jahres Hitler eine ‚Revolverschnauze' und einen ‚Gottesleugner, der in keine Kirche geht' genannt und des weiteren an einer geheimen Zentrumsversammlung in Nordkirchen teilgenommen zu haben, in deren Folge zwei Zentrumsmitglieder verhaftet worden sind. Stammschröer entgegnet diesen Vorwürfen, er habe im März in keiner Weise geringschätzig über Hitler gesprochen. Dagegen habe er ihn Anfang Februar eine ‚Revolverschnauze' genannt, doch sei dies in den ersten Tagen nach der Ernennung Hitlers zum Reichskanzler geschehen. In der damaligen allgemeinen Erregung sei ihm der ungehörige Ausdruck entglitten und er nehme ihn mit Bedauern zurück. An der Zentrumsversammlung in Nordkirchen habe er als Vertrauensmann der Partei teilgenommen, dort aber kein einziges Wort gesagt. Zudem könne das Verbleiben bei einer Partei, die der neuen Regierung zum Ermächtigungsgesetz verholfen habe, seiner Auffassung nach kein politisches Vergehen sein.

Aber die zuständigen Stellen akzeptieren die Darstellung des Geistlichen nicht; am 18. September 1933 wird er aufgrund des ‚Gesetzes zur Wiederherstellung des Berufsbeamtentums' vom 7. April 1933 aus dem Schuldienst entlassen.

Am 10. April 1934 ernennt ihn sein Bischof zum Pfarrektor an der Rektoratskirche in Gelmer. Die nächsten Jahre verbringt Rektor Stammschröer in relativer Ruhe. Zwar wird er bespitzelt, und auch der Lehrer am Ort versucht ihn mehrfach zu denunzieren, doch haben diese Versuche keine Folgen, wie Hermann Stammschröer selbst 1946 berichtet.

Am Sonntag, dem 27. Juli 1941, wird von allen Kanzeln des Stadtdekanats Münster eine der bekannten Predigten des Bischofs Clemens August von Galen verlesen, die gegen die Klosteraufhebungen protestiert. Aufgrund der Entfernung von Münster ist jedoch kein Durchschlag der Predigt pünktlich in Gelmer angekommen. Daher beschließt Rektor Stammschröer, den Inhalt frei vorzutragen, wobei er in seiner Predigt jedoch weit über den bischöflichen Text hinausgeht. Nach den Aufzeichnungen der Gestapo führt er etwa folgendes aus:

„Die Gewaltmaßnahmen sind unverständlich, da verschiedene Ordensangehörige der beschlagnahmten Klöster z. Zt. an der Front stehen. Für sie ist es hart, wenn sie hören, daß sie nach ihrer Rückkehr keine Heimat mehr haben. Wenn die Klöster vom Feind zerstört sind, so kann man sagen, daß dies der Krieg mit sich bringt. Aber hier ist ihnen die Heimat von deutschen Volksgenossen genommen worden. Sämtliche Ordensleute sind wie Flüchtlinge aus ihrem Heim vertrieben. Das Eigentum ist ihnen zu Unrecht genommen."[1] Ferner zieht er einen Vergleich zwischen dem bolschewistischen Rußland und dem Deutschen Reich: „In Rußland hat man den Bolschewismus, und was haben wir hier? Was nützt es uns, wenn unsere Brüder im Felde uns vor dem Bolschewismus schützen, wenn gleichzeitig im eigenen Vaterlande solche Rechtswidrigkeiten vorkommen. Sie sind ausgezogen für ein Deutschland der Ordnung."[2] Am Schluß seiner Ausführungen heißt es: „Hochmut kommt vor dem Fall. Mächtige stürzt er vom Throne und erhöht die Niedrigen."[3]

Diese Äußerungen werden nicht von einem Gemeindemitglied, sondern von einem in der Nähe stationierten Flaksoldaten, der seinerseits von der Predigt nur gehört hatte, zur Anzeige gebracht. Am Donnerstag, dem 31. Juli, wird Rektor Stammschröer von der Gestapo in Münster vorgeladen. Zwei Gemeindemitglieder begleiten ihn, werden aber von den Gestapobeamten darauf hingewiesen, daß Warten zwecklos sei. Nach mehrstündigem Verhör bringt man den Priester in das Untersuchungsgefängnis.

In der Gemeinde werden die Ereignisse lebhaft diskutiert. Einige Mitglieder neigen zu der Auffassung, der Rektor hätte vorsichtiger sein sollen, niemand hält ihn jedoch für einen Staatsfeind. Im großen und ganzen steht die Gemeinde zu ihrem Pfarrer. Folgerichtig ist die Kirche am nächsten Morgen gefüllt wie sonst nur an Sonntagen.

Hermann Stammschröer selbst findet sich in der Untersuchungshaft in guten Händen. Der Wachtmeister Brockschnieder, der gerade gefangenen Priestern gegenüber sehr wohlwollend ist, versorgt ihn, so gut es möglich ist. Er kümmert sich auch darum, daß die Angehörigen stets über die Haftsituation des Geistlichen unterrichtet sind. Seine Zelle teilt Stammschröer mit dem Benediktinerpater Augustin Hessing, den man in Gerleve verhaftet hat.

Hermann Stammschröer ist zu dieser Zeit voller Hoffnung, bald aus der Haft entlassen zu werden, da in einer ärztlichen Untersuchung seine Haftfähigkeit überprüft werden soll und er nierenkrank ist. Zudem ist der Vertrauensarzt ein Konabiturient. Doch seine Hoffnung trügt ihn, der ehemalige Mitschüler erklärt ihn für haftfähig. Am 8. September 1941 legt man dem Rektor den Schutzhaftbefehl vor.

[1] Staatsarchiv Detmold, M1I P Nw. 639, SD. 100f.
[2] Ebda.
[3] Ebda.

Wegen deutschfeindlicher und staatsabträglicher Äußerungen, so heißt es, werde Konzentrationslagerhaft angeordnet. Nach 65 Tagen Untersuchungshaft geht sein Transport am 5. Oktober von Münster nach Dachau ab. Nach Übernachtungen in Kassel, Frankfurt und Nürnberg trifft der Zug am 10. Oktober in Dachau ein.

Direkt nach seiner Ankunft wird Hermann Stammschröer aufgrund seines Nierenleidens in das Revier eingewiesen. Wohl ohne es zu wissen – ihm fehlt ja die KZ-Erfahrung – schwebt er in höchster Lebensgefahr, denn in dieser Zeit führt ein Revieraufenthalt häufig zum Tode – sei es durch medizinische Versuche an den Patienten oder durch tödliche Spritzen. Doch der SS-Arzt Dr. Müller scheint ein wissenschaftliches Interesse an dieser Operation zu haben. Ohne daß der Geistliche sein Einverständnis gegeben hat, wird er am 15. Oktober operiert. Wie Stammschröer sich später erinnert, war der Eingriff gut vorbereitet und auch die Nachsorge durch ständige Kontrollen einwandfrei. Nach der Operation hat Stammschröer das Glück, von einem katholischen Häftling, der als Oberpfleger tätig ist, betreut zu werden. Auch die Verpflegung besteht aus einer besonderen Diät. Nach genau zwei Monaten, am 15. Dezember, wird er aus dem Krankenrevier entlassen und ist von da an schmerzfrei.

Zunächst befindet er sich ‚in Schonung', wird also zu keinerlei Arbeiten herangezogen. Es folgt ein nicht allzu schweres Arbeitskommando in der Plantage. Welche Aufgaben ihm zwischenzeitlich noch zugeteilt worden sind, läßt sich nicht mehr feststellen. Möglicherweise war er 1943 im Kommando Meyer, denn er schreibt von einer Beschäftigung, die nie Langeweile aufkommen läßt. Für dieses Kommando wäre Stammschröer prädestiniert gewesen, da er längere Zeit Familienforschung betrieben hat und sich z. B. auch die eigene Ahnentafel in das Lager Dachau schicken läßt. Am Ende seiner Haftzeit ist er schließlich als Schlafraum-Capo tätig. Diese Arbeit, die ihm sehr zusagt, beinhaltet die Überwachung von Ordnung und Sauberkeit im Schlafraum des Blocks 26/2 – ein Unterfangen, das bei der Überbelegung in dieser Zeit schier unmöglich ist. Es handelt sich aber um eine Aufgabe, die die Körperkräfte und die Gesundheit des Häftlings schont.

Im Lager verbindet ihn eine tiefe Freundschaft besonders mit den geistlichen Mitbrüdern Emil Schumann, Wilhelm Weber, Anton Bornefeld, Bernhard Poether und August Wessing. Das Sterben der beiden Letztgenannten erlebt er mit.

Aus den zahlreichen Briefen, die Hermann Stammschröer aus Dachau an seinen Bruder Wilhelm – und über diesen an die anderen Geschwister – schreibt, läßt sich entnehmen, daß er von Grund auf überzeugt ist, die Lagerhaft zu überleben. Vielleicht aber sollen diese Briefe auch nur seine Angehörigen beruhigen. Wenn sich Rektor Stammschröer auch im wesentlichen an die Zensurbestimmungen hält, so ist in einem Brief an seine Familie am 8. März 1942 doch verschlüsselt mitgeteilt, wieviele deutsche Priester sich in Dachau befinden. Es seien zu diesem Zeitpunkt mehr als 200, davon 20 Mitarbeiter der „Clemens-August-Werke"[4], also Priester der Diözese Münster.

---

[4] Brief von Hermann Stammschröer vom 8.3.1942, in: BAM, Nachlaß Hermann Stammschröer, A5.

Auch der Gelmeraner leidet entsetzlichen Hunger im Sommer 1942. Doch nachdem er am 31. Oktober 1942 das erste Lebensmittelpaket, kurz darauf auch Wäsche, erhalten hat, erholt sich der Geistliche sehr schnell. Schon am 4. März 1943 ist wieder ein Gewicht von 69 kg erreicht. Hierzu trägt vor allem bei, daß nicht nur seine Familie Pakete schickt, sondern auch die Heimatgemeinde fest zu ihrem Pfarrer steht und ständig für zusätzliche Nahrungsmittel sorgt. Insbesondere das Jahr 1943 muß seine Gewißheit zu überleben gestärkt haben. So schreibt er am 23. Januar 1944, er sei im vorigen Jahr niemals krank gewesen. Auch wird die Lage des Reiches völlig richtig eingeschätzt, wenn er im selben Brief mitteilt, er könne den Tag der Befreiung getrost abwarten, und wenig später heißt es, mehr Freimarken, als er habe, brauche er vor Kriegsende nicht. Daß sich der Geistliche unter diesen Vorzeichen den Umständen entsprechend gut fühlt, geht aus den weiteren Sätzen deutlich hervor: Er lobt die gute Versorgung, die es ihm ermöglicht, auch anderen auszuhelfen. Zudem könnten sein Befinden und Gewicht nicht besser sein. Auch die ‚gute Kameradschaft' innerhalb des Priesterblocks wird lobend erwähnt.

Die Möglichkeit, eine Messe zu zelebrieren, hat er zu Pfingsten 1944. Ob es für ihn noch weitere Gelegenheiten dazu gibt, ist nicht bekannt. Besondere Bedeutung erhält für den Geistlichen das Weihnachtsfest 1944, an dem die Primiz Karl Leisners stattfindet. Hermann Stammschröer, der natürlich anwesend ist, schreibt in seinem nächsten Brief von einer „Weihnacht, wie man es kaum wieder erleben wird."[5]

Durch die Kriegswirren des Jahres 1945 leidet schließlich die Paketversorgung. Doch Hermann Stammschröer bleibt gesund. Durch die Berichte des OKW bestens über das bevorstehende Ende informiert, wird er am 10. April 1945, zusammen mit Pfarrer Wilhelm Weber, entlassen. Am 11. April 1945 schreibt er nach Hause: „Seit gestern entlassen, mit 72 kg netto. Pfarrer Weber – Bockum-Hövel aus Langenhorst, hofft, daß die Heimat offensteht. Gott befohlen. Herzliche frohe Grüße – Euer Hermann."[6]

Als dieser Brief am 25. März 1946 bei seinem Bruder eingeht, ist Rektor Stammschröer schon lange nach Gelmer heimgekehrt. Nach 7wöchiger Tätigkeit in der Seelsorge in der Nähe von Eichstätt trifft er dort am Samstag, dem 16. Juni 1945, ein. Ohne Vorankündigung steht er um 7.45 Uhr dieses Tages im Pfarrhaus. Hätte seine Gemeinde etwas von seiner Ankunft geahnt, sie würde ihn „wie einen Bischof"[7] empfangen haben. Wie ein Lauffeuer verbreitet sich die Nachricht, Freudenfahnen wehen von den Häusern des Dorfes. Schon am darauffolgenden Sonntag feiert er in der Kirche zu Gelmer die erste Messe in der Heimat. Die Gläubigen hören eine Predigt, die frei ist von sensationellen Schauergeschichten und nur über seine persönlichen Erfahrungen in der Lagerzeit berichtet.

Schon kurz darauf löst Stammschröer ein Gelübde ein: Drei Fußwallfahrten nach Telgte zur Gottesmutter hatte er gelobt, wenn sie ihm zur Heimkehr verhelfen würde. Bei diesen Wallfahrten begleiten ihn zahlreiche Pilger aus Gelmer.

---

[5] Brief von Hermann Stammschröer vom 31.12.1945, ebda.
[6] Brief von Herrmann Stammschröer vom 11.4.1945, ebda.
[7] Chronik der Pfarrei St. Josef 1904–1961, Gelmer, S. 285, in: Pfarrarchiv der Pfarrei St. Josef, Gelmer.

Bereits im Juli 1946 wird Hermann Stammschröer zum Pfarrverwalter an der Stephanskirche in Beckum ernannt. Im folgenden Jahr wird er Pfarrer. Bis 1951 nimmt er noch die Funktion eines Dechanten wahr, muß sich dann aber aus gesundheitlichen Gründen in den Ruhestand versetzen lassen. Es setzt ein beständiger Verfall des Körpers ein, der am 7. Oktober 1957 zum Tode führt.

Quellen:
Staatsarchiv Detmold, M1I P Nw. 639, SD
BAM, Materialsammlung Drittes Reich, GV NA A 101–8
BAM, Nachlaß Hermann Stammschröer
BAM, Priesterkartei, Karteikarte Hermann Stammschröer
Pfarrarchiv der Pfarrei St. Josef, Gelmer

Gerhard Storm

Nr. 32281

Geb. 1. April 1888 in Haldern/Niederrhein. Gymnasium: Venlo/Niederlande und Birkenfeld. Studium: Münster. Priesterweihe: 8. März 1913 in Münster.

Am 27. März 1913 wird Gerhard Storm zum Kaplan an der Martinus-Pfarrkirche in Wesel ernannt. Hier ist er als Präses des Gesellenvereins tätig.
Den Ersten Weltkrieg erlebt Gerhard Storm in der Heimat, aber vom 14. August 1914 bis zum 1. Februar 1916 setzt man ihn als Lazarettgeistlichen am Festungslazarett in Wesel ein. Danach führt er seine Gemeindearbeit fort. Am 19. Mai 1920 wird Gerhard Storm an die St.-Aldegundis-Pfarre in Emmerich versetzt. Hier engagiert sich der Kaplan vor allem in der Jugendarbeit und ist an der Errichtung des ersten katholischen Jugendheims der Stadt Emmerich beteiligt. Im Laufe seines dortigen Wirkens wirkt der Kaplan als geistlicher Beirat des KKV, als Präses der katholischen Jugend- und Jungmännervereine sowie als Bezirkspräses der DJK.
Ab 1925 verändert sich sein Aufgabenbereich. Er übernimmt mehr Religionsunterricht an städtischen Schulen, bleibt aber der Jugendarbeit treu. Soweit es seine Zeit erlaubt, übt er noch Tätigkeiten in der Pfarrseelsorge aus. Im Herbst 1928 trübt ein Lungenleiden den Gesundheitszustand des Kaplans. Er begibt sich in ein Kurheim in St. Blasien und wird – soweit es rekonstruierbar ist – für ein Jahr freigestellt. Mit Beginn des April 1931 tritt Gerhard Storm als Religionslehrer in den Dienst der Stadt Emmerich ein. Neben dem sogenannten ‚lebenskundlichen Unterricht' an den städtischen Berufsschulen wird er dazu verpflichtet, am katholischen Lyzeum Religionsunterricht zu erteilen. Gleichzeitig versucht er, soweit als möglich in der Gemeinde- und Jugendarbeit tätig zu bleiben.
1934 – ein Jahr nach der Machtergreifung durch die Nationalsozialisten – kündigt die Stadt den Vertrag mit dem Geistlichen. In einem zwei Jahre andauernden Rechtsstreit gelingt es diesem, die Stadt zur regelmäßigen Zahlung eines Teils seiner letzten Bezüge zu zwingen. Während des Verfahrens lebt er aus Mitteln des Kirchenvorstandes und hat ausreichend Zeit, sich in der Pfarrseelsorge zu engagieren.
1936 wird ihm verboten, seine Tätigkeit als Schriftleiter und Autor des regionalen Kirchenblattes für Emmerich und Umgebung fortzusetzen. Eine Ausgabe hätte – so die Gestapo – eigentlich wegen des Inhalts beschlagnahmt werden müssen, der Vorfall lag jedoch bereits zu lange zurück. Der Landrat von Wesel berichtet daraufhin, daß „Storm politisch und weltanschaulich unzuverlässig" und deshalb als

Schriftleiter „untragbar"[1] sei. In diesem Jahr stellt Gerhard Storm seine Arbeit in den kirchlichen Verbänden ein, er zieht sich zurück. Der Storm-Biograph Rüdiger Gollnick stellt zu Recht die Frage, ob der Kaplan „vorsichtiger agieren will, nachdem er Schreibverbot erhalten hat"[2]. Aufgrund des nur spärlich vorhandenen Aktenmaterials kann diese Frage nicht schlüssig beantwortet werden.

Am 29. April 1939 versucht die Gestapo, Gerhard Storm wegen des Aufrufs zu einer Lebensmittelsammlung für karitative Zwecke dingfest zu machen. Man ermittelt wegen Überschreitung des Sammlungsverbotes, doch mit Hinweis auf einen Gnadenerlaß des Führers wird das Verfahren eingestellt. Die Gestapo ermittelt in der Folgezeit weiter gegen den Kaplan, und zahlreiche Berichte über seine politische Unzuverlässigkeit werden aktenkundig. Als er nach Kriegsbeginn als Lazarettpfarrer tätig wird, versucht ihn die Gestapo auch dort zu entfernen, freilich vergeblich. Ab August 1941 kontrolliert die Gestapo die Post des Geistlichen. So wird der Brief eines Frontsoldaten an seinen Jugendkaplan abgefangen, in dem dieser Kritik an der Haltung des Nationalsozialismus gegenüber der Kirche äußert. Das hat Folgen: alle männlichen Mitglieder seiner Familie werden bei der Gestapo aktenkundig.

Die nächste direkte Bedrohung erwächst aus einem Brief des Ortsbürgermeisters von Emmerich an das Generalvikariat in Münster vom 3. November 1941. Dieser teilt mit, daß er Gerhard Storm zum Arbeitseinsatz melden wolle, da dieser keiner festen Beschäftigung mehr nachgehe. Diese Maßnahme ist ein weiterer Versuch, das Ruhestandsgeld einzusparen. Bischof von Galen reagiert schnell und ernennt den Lazarettpfarrer am 29. Dezember 1941 erneut zum Kaplan.

Eine Predigt am 11. Januar 1942 führt schließlich zu seiner Verhaftung. Der Polizeibeamte, der die Predigten überwachte, meldete seiner Dienststelle: „Auftragsgemäß habe ich am Sonntag, dem 11. 1. 1942 gegen 10.30 Uhr die hiesige St.-Aldegundis-Kirche aufgesucht, um den Gottesdienst zu überwachen. Die Predigt in diesem Gottesdienst hielt der Kaplan Storm... Er behandelte das Thema: ‚Die Ehe'... Storm hat dabei nicht den heutigen Staat erwähnt, aber aus seinen Worten war doch unschwer zu entnehmen, was er sagen wollte. Seine Andeutungen konnte man unschwer als auf den heutigen Staat bezüglich herausmerken. Jedenfalls bin ich sofort der Ansicht gewesen, daß ein derartiger Vergleich gar nicht in den Sinn der Predigt hineinpaßte und es sich hier um eine Entgleisung des Geistlichen handelte. Aus diesem Grunde habe ich einen Bericht aus der Predigt meiner vorgesetzten Dienststelle vorgelegt."[3] Leider ist der erwähnte Bericht nicht überliefert.

Am 25. März 1942 wird Gerhard Storm zur Sache vernommen. Er führt unter anderem aus: „Es mag zutreffen, daß der Gedankengang, der in der Vernehmung des Zeugen niedergeschrieben ist, von mir gesagt worden ist. Ich habe mit meinen Worten aber niemals den heutigen Staat gemeint. Bei meiner Predigt setze ich vor-

---

[1] Gollnick, Rüdiger und Monika: Die Überwachung der Kirchen in Emmerich, Speelberg und Haldern am 23. 8. 1942 wurde veranlaßt. In: Kalender für das Klever Land 1985, S. 20–23, hier S. 21.
[2] Gollnick, Rüdiger: Vom Winde nicht verweht. Gerhard Storm – Prophet und Rebell. Bad Honnef 1980, S. 10.
[3] Ebda., S. 126.

```
Geheime Staatspolizei — Staatspolizeileitstelle Düsseldorf
```

```
Aufgenommen                    Raum für Eingangsstempel                Befördert
Tag  Monat  Jahr  Zeit                                          Tag  Monat  Jahr  Zeit
6.Juni 1942-13,30              A b s c h r i f t .
       durch                                                         durch
       Schn.
                                                              Verzögerungsvermerk

I B    Nr. 6124    /Telegramm// Fernspruch// Fernschreiben —/Fernspruch//

       Berlin Nue.111 385 - 26.6.42 - 13,20 Uhr - Thi.
       An die Stl. Düsseldorf.
       Betr. Schutzhaft gegen den Kaplan Gerhard S t o r m, geb.1.4.1888 zu
             Bonsfeld.
       Vorg. Dort.Bericht v.27.5.42 - II B 1 - Tgb.Nr.235/42.-
             Für den Obengenannten ordne ich hiermit Schutzhaft bis auf wei-
       teres an. - Haftprüfungstermin: 23.9.1942.
       [Schutzhaftbefehl ist wie folgt auszustellen: ....."indem er da-
       durch, dass er seit Jahren sein Predigeramt dazu mißbraucht, um von der
       Kanzel herab gegen den heutigen Staat und seine führenden Männer in gröb-
       lichster Weise zu hetzen, den Zusammenhalg der inneren Front vorsätzlich
       sabotiert."..].... Storm ist in das K.L.Dachau zu überführen. Schutz-
       haftbefehl, Überführungsvordruck und kurzer Bericht zur Unterrichtung
       des Lagerkommand. sind dem Transport mitzugeben.
       RSHA. IV C 2 - H.Nr.St.6774.- I.V.   gez:
```

Haftanweisung für Gerhard Storm.

aus, daß die Kirchenbesucher auch meinen Gedankengang verfolgen und dabei denken. Mit meinen Worten, ‚über ein Staatsgebilde', dachte ich an die vergangene Geschichte. Wenn ich dies auch nicht erwähnt habe. Ich finde es als ein Unrecht, wenn ein Zuhörer meinen Gedankengang nicht verfolgen kann, und ihn falsch auslegt. In dem Falle wäre es besser gewesen, wenn der Anzeigende sich zunächst bei mir eine Aufklärung geholt hätte, bevor er die Anzeige erstattet hätte."[4] Auch auf weitere Fragen antwortet der Kaplan geschickt. Doch nach Abschluß seines Verhörs werden in seiner Wohnung 85 Predigttexte sichergestellt und überprüft. Im Schlußbericht vom 30. März 1942 heißt es dann u. a.: „Wenn Storm in seiner Vernehmung angibt, daß er bei seiner am 11. 1. 42 gehaltenen Predigt niemals den heutigen Staat gemeint habe, . . . so ist aus der bei Storm sichergestellten Ausarbeitung der am 11. 1. 42 gehaltenen Predigt deutlich zu ersehen, daß er die Jetztzeit

[4] Hauptstaatsarchiv Düsseldorf, RW 58 20428, Bl. 67.

und den heutigen Staat gemeint hat ... Sein früheres und auch sein jetziges Verhalten zeigen, daß Storm seine zentrumskatholische Tendenz in sehr gehässiger Weise weiterverfolgt und eine staatsgefährliche Natur ist."[5]

Am 15. Mai 1942 wird Kaplan Storm schließlich festgenommen und zunächst in das Emmericher Polizeigefängnis eingeliefert, am 18. Mai aber in das Gefängnis Düsseldorf-Dehrendorf überstellt. Am 21. oder 22. Juli wird er nach Dachau transportiert. Als Grund wird angegeben, daß Storm „durch tendenziöse Hetzpredigten den NS-Staat und seine führenden Männer in gröbster Weise angegriffen"[6] und dabei Ausführungen gemacht habe, „die den Durchhalte- und Siegeswillen der Bevölkerung untergraben und staatliche Maßnahmen in Mißkredit bringen mußten."[7]

Am 23. Juli erreicht sein Transport das Konzentrationslager Dachau, und Gerhard Storm betritt eine Welt des Hungerns und des Sterbens. Er wird zunächst dem Block 17, dem Zugangsblock, zugeteilt. Der 54jährige erhält die Nummer 32281. Nach etwa 14 Tagen im Zugangsblock weist man ihn dem Kommando Strohsackstopfen zu. Er bleibt jedoch weiterhin auf Block 17. Sein Arbeitskommando kann er nur acht Tage ausüben, wie sich sein Mitbruder Hermann Stammschröer erinnert. Dann infiziert er sich mit Typhus und gelangt in das Revier. Am 28. August 1942, dem Tag, als dem Blockschreiber des Priesterblocks 26 die Überstellung des Kaplans angekündigt wird, stirbt Gerhard Storm im Revier an den Folgen seiner Krankheit.

Quellen:
Hauptstaatsarchiv Düsseldorf, RW 58 20428
BAM, Priesterkartei, Karteikarte Gerhard Storm

Literatur:
Gollnick, Rüdiger: Vom Winde nicht verweht. Gerhard Storm – Prophet und Rebell. Bad Honnef 1980
Gollnick, Rüdiger und Monika: Die Überwachung der Kirchen in Emmerich, Speelberg und Haldern am 23. 8. 1942 wurde veranlaßt. In: Kalender für das Klever Land 1985, S. 20–23
Kloidt, Franz: KZ-Häftling Nr. 32281 – Blutzeuge Gerhard Storm. Xanten 1966

---

[5] Ebda., Bl. 68.
[6] Ebda., Bl. 2.
[7] Ebda., Bl. 96.

Wilhelm Weber

Nr. 64053

Geb. 3. Juni 1889 in Langenhorst. Beruf des Vaters: Taubstummenlehrer. Gymnasium: Münster und Rheine. Studium: Münster. Priesterweihe: 15. August 1913 in Münster.

Seine erste Anstellung findet Wilhelm Weber in Haltern, wo er 10 Jahre lang wirkt. 1923 zum Canonicus an St. Remigius in Borken ernannt, setzt er sich in diesem Amt unermüdlich für die Belange des Kolpingvereins ein und es gelingt ihm – unter eigenen finanziellen Opfern –, in dieser Gemeinde ein eigenes Kolpinghaus zu errichten. Neun Jahre später versetzt ihn der Bischof als Kaplan an die Kirche St. Johannes in der Industriestadt Hamborn, bis er 1939 zum Pfarrer der St.-Pankratius-Gemeinde in Bockum-Hövel berufen wird.

Wilhelm Weber hat nie ein Hehl aus seiner Ablehnung des Nationalsozialismus gemacht. Nun steht er jedoch als Pfarrer mehr in der Öffentlichkeit, so daß seine Äußerungen auch von Parteiseite aufmerksamer registriert werden. Zudem verbindet ihn eine tiefe gegenseitige Abneigung mit dem Kreisleiter der NSDAP, die zu häufigen verbalen Attacken in der Öffentlichkeit führt. Predigten und Gottesdienste des Priesters werden ständig bespitzelt, ohne daß man direkt gegen ihn vorgeht. Erst 1943 geben zwei Entscheidungen Wilhelm Webers den willkommenen Anlaß, Maßnahmen gegen ihn zu ergreifen. Im ersten Fall verweigert der Geistliche die Erlaubnis, auf dem katholischen Friedhof einen Grabstein mit dem SA-Emblem aufzustellen. Er begründet seine Entscheidung damit, daß nationalsozialistische Embleme auf einer christlichen Grabstätte nichts zu suchen hätten. Im zweiten Fall handelt es sich um einen aus der Kirche ausgetretenen, der Partei nahestehenden Wehrmachtsangehörigen, der bei einem Fliegerangriff ums Leben gekommen ist. Dessen Angehörige wünschen eine katholische Beerdigung, aber der Pfarrer verweigert diese mit dem Hinweis darauf, daß der Tote aus der Kirche ausgetreten sei.

Der Geistliche wird zur Vernehmung nach Münster bestellt und zunächst wieder auf freien Fuß gesetzt. Doch wie er seiner Nichte Annemarie berichtet, ist er fest davon überzeugt, daß sich etwas gegen ihn zusammenbraut. Wenige Tage später, am 27. November 1943, wird Wilhelm Weber im Pfarrhaus in Bockum-Hövel verhaftet und in das Zuchthaus nach Münster gebracht. Am selben Tag werden, wie später noch mehrmals, die Pfarrbücherei und das Pfarrarchiv durchsucht. Zahlreiche Bücher, aber auch Archivalien werden entwendet. Aus welchem Grund diese Maßnahmen erfolgen, wird wohl immer im dunkeln bleiben. Es ist aber anzunehmen, daß persönliche Interessen im Spiel sind. Es bleibt festzuhalten, daß ein solcher Diebstahl im Bistum Münster sonst nicht belegt ist.

Die Verwandten des Pfarrers schalten sofort einen bekannten Münsteraner Rechtsanwalt ein, der die Freilassung seines Klienten zu erreichen sucht. Insbesondere Webers Nichten bemühen sich um eine Sprecherlaubnis. Diese können sie jedoch nicht von der Zuchthausleitung einholen, sondern müssen sich jeweils an den Gestapomann Dehm persönlich wenden. Annemarie Gördeler, die Nichte des Pfarrers, erinnert sich heute noch an diese entwürdigende Situation. Ebenso ist ihr der Besuch bei ihrem Onkel am Heiligen Abend des Jahres 1943 in Erinnerung. Der Pfarrer habe sehr traurig und erschüttert gewirkt. Er habe sich, da er sich schuldlos fühlte, nicht vorstellen können, daß das nationalsozialistische System soviel Bosheit aufbringen könne, einen Unschuldigen ins Zuchthaus zu sperren. Unter dieser Erkenntnis habe er sehr gelitten. Zu gleicher Zeit bemüht sich der Bruder des Geistlichen, der in Berlin an einflußreicher Stelle tätig ist, die Freilassung durchzusetzen. Über Freunde nimmt er Kontakt zum Gauleiter des Gaus Westfalen-Nord, Dr. Alfred Meyer, auf und reist Anfang Februar nach Münster, um diesen zu treffen. Hier erhält er die feste Zusage, daß sein Bruder am kommenden Wochenende auf freien Fuß gesetzt werde. Die Freude der Verwandten ist groß. Doch als sie am Montagmorgen den Geistlichen vom Zuchthaus abholen wollen, teilt man ihnen lediglich mit, daß dieser in den frühen Morgenstunden auf Transport nach Dachau geschickt worden sei. Seiner Nichte Annemarie, spätere Schwiegertochter des am 2. Februar 1945 hingerichteten Widerstandskämpfers Carl Friedrich Goerdeler, werden nur noch seine Uhr und einige andere Habseligkeiten ausgehändigt.

In einem Gefangenentransportwagen wird Wilhelm Weber über Kassel und Frankfurt nach Süden gebracht. In Frankfurt dient die zerstörte Synagoge den Gefangenen als Nachtasyl. Hier trifft ihn ein weiterer Schock: er wird zum ersten Mal geschlagen. Die Fahrt geht über Nürnberg weiter nach Dachau, am 19. Februar 1944 trifft der Geistliche dort ein.

Im Lager selbst ist 1944 zwar die schlimmste Zeit für die Häftlinge überstanden, doch leidet der immerhin 55jährige stark unter den dortigen Verhältnissen. Aufgrund seines Alters wird er dem Kommando Strohsackstopfen zugeteilt, so daß die Arbeitsbelastung für ihn nicht sehr groß ist. Da Pfarrer Weber nie über seine Erlebnisse in Dachau gesprochen hat, sind die Informationen über seinen KZ-Aufenthalt relativ spärlich. Festgehalten werden kann, daß er trotz der Paketversorgung, die außer von seiner Familie zum Teil von einer Bergarbeiterfamilie kommt, mehr und mehr abmagert. Als sein Neffe als Fahnenjunker um Weihnachten 1944 eine Besuchserlaubnis erhält, findet er den Pfarrer in sehr schlechter gesundheitlicher und seelischer Verfassung vor. Es ist anzunehmen, daß er bereits zu diesem Zeitpunkt stark an Rheuma leidet, wie auch aus einem Brief Hermann Stammschröers vom 25. Februar 1945 hervorgeht.

Kurz vor dem Ende von Dachau, am 10. April 1945, wird Pfarrer Weber aus dem Konzentrationslager entlassen. Sein Weg führt ihn über das Pfarrhaus Dachau im Güterwagen nach Eichstätt, wobei ihn sein Freund Stammschröer begleitet. Der dortigen Abtei der Benediktinerinnen steht eine Schwester der Baronin von Twikkel, die von Schloß Ermelinghof stets eine gute Verbindung zum Pfarrer von Bockum-Hövel gepflegt hatte, als Äbtissin vor. Dort wird der Geistliche gesundgepflegt.

Im Sommer des Jahres kehrt er nach Bockum-Hövel zurück, wo ihm die Gemeinde einen herzlichen Empfang bereitet. Seine Nichte erkennt ihn zunächst kaum wieder: Er ist schmal und schlank geworden, dabei auch sehr gealtert – doch sein Wille ist ungebrochen. Dies zeigt sich besonders deutlich, als er die durch Bombenangriffe zerstörte Pfarrkirche vorfindet und zunächst in einer Scheune eine Notkirche einrichtet, damit seiner Gemeinde im Ort ein – wenn auch provisorisches – Gotteshaus zur Verfügung steht. Danach beginnt er sich aufopfernd für den Wiederaufbau der Kirche einzusetzen und scheut keinen noch so langen Weg, um Mittel für die Finanzierung aufzutreiben, so daß schließlich am 2. November 1957 durch Weihbischof Baaken die Einweihung des Gotteshauses vorgenommen werden kann.

In den letzten Lebensjahren gehört es für den naturliebenden Mann zu den größten Freuden, im Garten des Hauses, das Brevier betend, spazierenzugehen. Behindert wird er durch die ständigen Schmerzen, die ihm sein rheumatisches Leiden verursacht. Da er sich beständig weigert, sich in ärztliche Behandlung zu begeben, muß er schließlich am 2. Juli 1961 aus gesundheitlichen Gründen in den Ruhestand treten. Bereits nach kurzer Zeit erkrankt sein Nachfolger, so daß Wilhelm Weber die Gemeindearbeit wiederaufnimmt, obwohl die gesundheitlichen Belastungen seine Einsatzmöglichkeiten stark einschränken. Nur etwas mehr als ein Jahr später, am 2. Februar 1963, verstirbt Pfarrer Wilhelm Weber im 74. Lebensjahr.

Quellen:
BAM, Nachlaß Hermann Stammschröer
BAM, Priesterkartei, Karteikarte Wilhelm Weber
BAM, Slg. NS-Verf., Akte Wilhelm Weber
Interview mit Frau Annemarie Goerdeler, Frankfurt, vom 18. September 1990, in: BAM, Tonbandaufzeichnung

August Wessing

Nr. 37138

Geb. 18. Januar 1880 in Gescher. Gymnasium: Coesfeld. Studium: Münster. Priesterweihe: 25. Mai 1907 in Münster.

Seine ersten Erfahrungen als Kaplan sammelt August Wessing, der schon während seines Studiums polnische Sprachkenntnisse erworben hatte, an der Antoniuskirche in Recklinghausen. Der Schwerpunkt seines Wirkens liegt in der Polenseelsorge. Als Folge des Bergbaus waren so viele Ausländer dorthin gekommen, daß sie zu dieser Zeit Zweidrittel der Gemeinde ausmachen, und somit ergibt sich für ihn ein weites Betätigungsfeld. Um auch den anderen ausländischen Gemeindemitgliedern dienen zu können, erlernt August Wessing zusätzlich die tschechische Sprache. Die polnischen Gemeindemitglieder vertrauen ihrem Geistlichen vorbehaltlos, während er von den Deutschen lange Zeit als ein ‚Polenkaplan' abgelehnt wird.

So ist die Trauer gerade bei den Polen groß, als August Wessing 1924 als Kaplan nach Lüdinghausen versetzt wird. Seine besondere Fürsorge gilt dort den Armen und Notleidenden. Obwohl er in der Seelsorge ausgelastet ist, übernimmt er noch den Religionsunterricht in der Volksschule, da Kinder ihm besonders am Herzen liegen. Nach achtjähriger Tätigkeit dort ernennt ihn sein Bischof am 9. März 1932 zum Pfarrer in Hoetmar. In dieser ländlichen Gemeinde, die im Jahr 1940 bei 1615 Katholiken 6 Nichtkatholiken zählt, wirkt der Pfarrer bis zu seiner Verhaftung.

Zu Ostern 1937 hält er eine Predigt, die dazu führt, daß das Sondergericht gegen ihn ermittelt. Er soll erklärt haben: „Parlamente, öffnet eure Tore, damit auch dort der Heiland wieder einziehe! Den Schulen, wo die Kruzifixe entfernt worden seien, rufe er (Wessing, Anm. d. Verf.) zu: ‚Ihr höheren und niederen Schulen öffnet auch ihr die Tore, damit der Heiland dort wieder einziehe!' In der heutigen schlimmen Zeit sollten die Männer oft beten, kommunizieren und beichten, damit sie stark genug seien, um die katholische Kirche verteidigen zu können. Die katholische Kirche sei keine Nationalkirche, sondern eine Universalkirche. Die Eltern möchten nicht für die Gemeinschaftsschule stimmen, wenn jemand an sie herantreten sollte, sondern nur für die katholische Bekenntnisschule. Er habe sich einmal erzählen lassen, daß viele Kinder vom Glauben abgefallen seien. Die Eltern seien dann zu ihren Priestern gekommen und hätten diesen erzählt, daß ihre Kinder vom Glauben abgefallen seien. Dieses sei nur darauf zurückzuführen, daß der Lehrer auch keinen Glauben mehr gehabt habe."[1] Obwohl der evangelische Ortsgruppenleiter und Dorfpolizist an dem fraglichen Gottesdienst teilgenommen hatte und einen Teil der Aussagen bestätigt, wird das Verfahren gegen den Pfarrer mangels Beweisen eingestellt.

Der eher unpolitische Mann, im Januar 1939 zum Dechanten des Dekanats Freckenhorst ernannt, erkennt die Gefahren des Nationalsozialismus schnell und versucht, der geistigen Gleichschaltung durch die Diktatur entgegenzuwirken. Als der Religionsunterricht aus den Schulen verbannt wird, gelingt es dem Dechanten, eine Umbaugenehmigung für das Wirtschaftsgebäude des Pfarrhauses zu bekommen. Gegen den Widerstand des Ortsgruppenleiters richtet er dort zwei Schulklassen für einen von der Pfarrei organisierten Religionsunterricht ein.

Nach einem Ausflug der Jungfrauenkongregation 1941 wird der Pfarrer zur Gestapo nach Münster zum Verhör vorgeladen und verwarnt. Hier stellt er fest, daß bereits eine Akte über ihn angelegt worden ist. Dennoch verteilt der Dechant die Predigten des Bischofs von Münster gegen Klosterbeschlagnahmung und ‚Euthanasie', was eine Hausdurchsuchung zur Folge hat.

Daß sein karitatives Engagement keiner politischen Orientierung folgt, wird daran erkennbar, daß er gleichzeitig Sammlungen von NSV, Winterhilfswerk und die Wollsammlung für das deutsche Heer in der Sowjetunion unterstützt. Und doch wird ihm eben dieses karitative Engagement zum Verhängnis, denn neben der Sorge um seine Gemeinde beschäftigt den Pfarrer vor allem die Lage der polnischen und russischen Kriegsgefangenen. Als er eines Tages eine Ordensschwester beauftragt, für ein aus seiner Heimat verschlepptes ukrainisches Mädchen Kleidungsstücke anzufertigen, wird dies sofort zur Anzeige gebracht – wegen ‚offener Feindbegünstigung'. Die Gestapo verhaftet ihn am 18. Juli 1942. Bei seiner Vernehmung erklärt der Dechant auf die Frage nach seinem Verhältnis zu den Feinden des Deutschen Reiches: „Ich bin Seelsorger und kann in dieser Eigenschaft keinem Menschen, auch keinem Polen, Russen oder Juden gegenüber feindselig eingestellt sein."[2] August Wessing wird zunächst im Gefängnis in Münster inhaftiert. Um ihn freizubekommen, intervenieren Vertreter des Gemeinderates von Hoetmar bei der Gestapo – vergeblich, vielmehr wird der Dechant am Tage nach der Eingabe nach Dachau abtransportiert.

In Dachau trifft der Dechant am 2. Oktober 1942 ein. Der alte Mann – immerhin 62 Jahre alt – ist einer solchen Situation kaum noch gewachsen. Er wird dem Kommando Strohsackstopfen zugewiesen. Bei dieser Arbeit „betet er mehr ‚Ave Maria', als er Nadelstiche macht"[3], berichtet ein ehemaliger Mitgefangener. Auch unter den unerträglichen Haftbedingungen bleibt August Wessing ein durch und durch gütiger Mann. Von den zahlreichen Paketen gibt er an Mitgefangene vieles ab. So schreibt er in einem Brief: „Es freut mich besonders, daß ich auch denen davon mitgeben kann, die nicht so glücklich dran sind wie ich. Wieviel Freude und

---

[1] BAK, Außenstelle Berlin, Freienwalder Straße, RJM IIIg 16 434/38, Bl. 1.
[2] Boberach, Heinz: Berichte des SD und der Gestapo über Kirche und Kirchenvolk in Deutschland 1934–1944. Mainz 1971, S. 709.
[3] Interview mit Pfarrer Johannes Sonnenschein, Dülmen-Merfeld, vom 5. und 7. Oktober 1989, in: BAM, Tonbandaufzeichnung.

Gutes kann ich dadurch stiften!"⁴ Wie kaum ein anderer Priester hat sich Dechant Wessing durch das Gebet gestärkt. Der einfache Priester vom Lande ist hier allen Vorbild und erwirbt sich so die Hochachtung seiner Mitbrüder. Nie klagt er oder zeigt, wie er unter den Bedingungen des Lagers leidet. Stets betet er – selbst für seine Peiniger.

In zahlreichen Briefen kommt zum Ausdruck, wie sehr ihn die Sorge um seine Gemeinde beschäftigt: „Ja, die Gemeinde kann mit meinem Gebet rechnen ... Auch trage ich alles aus Sühne für die Gemeinde."⁵

Nur ein einziges Mal ist es dem alten Mann, der 35 Jahre lang täglich zelebriert hatte, vergönnt, in der Dachauer Kapelle selbst eine Messe zu halten und zu predigen. Durch seine Geisteshaltung wird er der Seelsorger vieler Mitpriester, die sich ihm anvertrauen.

Still erträgt er die Jahre der Haft, bis am Ende des Jahres 1944 die Fleckfieberepidemie ausbricht. Sie verschont den 65jährigen nicht. Ende Februar erkrankt er und sein Zustand verschlechtert sich stetig. Zwar gelingt es seinen Mitbrüdern, ihn in das Krankenrevier aufnehmen zu lassen, doch sein Leben ist nicht mehr zu retten. Am 4. März stirbt August Wessing, versehen mit den Sakramenten, im Konzentrationslager Dachau.

Durch Bestechung erreichen seine Mitbrüdern, daß der Leichnam des Priesters gesondert verbrannt wird. Seine Asche wird in ein Leinensäckchen gefüllt und auf der Plantage in einem Holzkästchen versteckt. Am Karfreitag des Jahres 1945 gelingt es, dieses dem Pfarrer von Dachau zu übergeben. Ende Mai 1945 schließlich bringt ein Priester aus Lüdinghausen die sterblichen Überreste des Geistlichen nach Hoetmar zurück. In einem feierlichen Requiem am 25. Mai des Jahres nimmt die Gemeinde Abschied von ihrem Pfarrer. Die Urne wird im Sockel des großen Kreuzes auf dem Friedhof von Hoetmar eingelassen.

Quellen:
BAK, Außenstelle Berlin, Freienwalder Straße, RJM IIIg 16 434/38
BAM, Priesterkartei, Karteikarte August Wessing
BAM, Slg. NS-Verf., Akte August Wessing

Literatur:
Bendfeld, Bernhard: Vollkommen im Glauben und im Werk. Münster 1958
Boberach, Heinz: Berichte des SD und der Gestapo über Kirche und Kirchenvolk in Deutschland 1934–1944. Mainz 1971, S. 709

---

[4] Bendfeld, Bernhard: Vollkommen im Glauben und im Werk. Münster 1958, S. 57.
[5] Ebda., S. 62.

Die Verhaftungen am Gymnasium Canisianum in Lüdinghausen

BERNHARD HÜRFELD, JOSEF KLEINSORGE, WILHELM BROCKHOFF, JOHANNES GOEBELS, ANTON BORNEFELD

Die gemeinsame Verhaftung von fünf Lehrkräften (Priestern und Laien) am Gymnasium Canisianum in Lüdinghausen im Jahre 1943 und ihre folgende Inhaftierung in Dachau hat in den Auseinandersetzungen zwischen Kirche und nationalsozialistischem Regime im Bistum Münster keine Parallele. Die besonderen Umstände lassen es sinnvoll erscheinen, zunächst Vorgeschichte und Verlauf des Konfliktes zu schildern, um dann die Biographien der Betroffenen folgen zu lassen.

In den 20er Jahren gehörte die Höhere Landwirtschaftsschule zu den zentralen Bildungseinrichtungen der Stadt Lüdinghausen. Sie wurde von zahlreichen Bauernsöhnen aus Westfalen, Oldenburg und dem Rheinland besucht; die Mehrheit der Schüler stammte stets aus dem münsterländischen Raum. Wegen der z. T. großen Entfernung vom elterlichen Hof wohnte der größte Teil der Schüler während der Ausbildung in Lüdinghausen, wo sie bei Privatleuten Unterkunft und Logis erhielten.

Dr. Bernhard Hürfeld, am 25. August 1924 als Religionslehrer an die Landwirtschaftsschule in Lüdinghausen versetzt, entwickelt den Gedanken, ein Schülerheim zu gründen, das an die Landwirtschaftsschule angegliedert sein solle, da eine „sittliche und religiöse Erziehung"[1] der Schüler bei privater Unterbringung nicht immer gewährleistet sei. Sein Bischof Johannes Poggenburg unterstützt diesen Plan und rät Dr. Hürfeld, einen gemeinnützigen Verein zu gründen, dem finanzielle Gewinne untersagt sind. Am 10. April 1925 wird der ‚Internatsverein Lüdinghausen e.V.' gegründet, dessen Zweck laut Satzung „die Errichtung eines Internates für katholische Schüler der Landwirtschaftsschule und weiterhin die Unterhaltung dieses Internates"[2] sind. Unterzeichnet wird die Satzung von den sieben Gründungsmitgliedern: Landrat Graf von Westphalen (gleichzeitig Erster Vorsitzender des Vereins), Dr. Kleinsorge, Direktor der Landwirtschaftsschule, Graf Clemens Droste zu Vischering, Dr. Bernhard Hürfeld sowie den Herren Heinrich Topp, F. Wormstall und Johannes Schäfer.

Sehr schnell nehmen die geplanten Maßnahmen Gestalt an. Ein großes, im Bau befindliches Privathaus an der Münsterstraße 32 kann wegen Konkurses des Eigentümers nicht vollendet werden. Nachdem sich die Mutter von Bernhard Hürfeld bereiterklärt, das Anfangskapital von 60 000 Mark durch eine Sicherungshypothek auf ihr Haus in Münster bereitzustellen, wird dieses Haus erworben und umgebaut. Innerhalb weniger Monate entsteht ein Internat für 100 Schüler, so daß dieses Schülerheim bereits Ende des Jahres 1925 seine Pforten öffnen kann. Auch ein Namenspatron ist schnell gefunden: Im Mai 1925 war Petrus Canisius heilig gesprochen worden. Dieser hervorragende Jugenderzieher soll als Symbol für den Geist des Schülerheimes stehen.

[1] Sievert, Holger: Chronik Gymnasium Canisianum. Lüdinghausen 1989, S. 24.
[2] Ebda, S. 25.

Das Canisianum findet nicht auf allen Seiten Zustimmung. Ein Teil der Einwohner der Stadt wird durch dieses Heimangebot um beträchtliche Einkünfte gebracht. Doch die Nachfrage ist groß, denn bereits 1927 reicht das Platzangebot im Stammhaus nicht mehr aus. Am 23. April des Jahres kauft Dr. Hürfeld ein Haus in der Klosterstraße, das sich in der unmittelbaren Nachbarschaft des Stammhauses befindet. Der Bedarf an Internatsplätzen läßt sich an der Schülerstatistik der Landwirtschaftsschule ablesen: am 1. Februar 1927 besuchen 222 Schüler die Schule, von diesen stammen 204 nicht aus Lüdinghausen.

Zu Anfang der dreißiger Jahre schlägt sich die Weltwirtschaftskrise auch im agrarischen Bereich nieder, dementsprechend gehen die Schülerzahlen an der Höheren Landwirtschaftsschule und im Internatsbereich zurück. Mit Beginn des Schuljahres 1931 halbiert sich die Zahl der Internatsschüler. Um das Unternehmen nicht zwangsläufig in den Ruin treiben zu lassen, sollen andere Nutzungsmöglichkeiten gefunden werden. Dr. Hürfeld versucht dies zunächst durch die Aufnahme von Kindern, die in ihrem Lernverhalten zurückgeblieben sind und die für das Abitur oder – als Seiteneinsteiger – für höhere Klassen des Gymnasiums vorbereitet werden sollen. 1932 besuchen bereits 10 Schüler das von Dr. Hürfeld gegründete ‚Paedagogium Canisianum', das als Vorbereitungsanstalt ohne Abschlußberechtigung geführt wird. Bereits im nächsten Jahr läßt Bernhard Hürfeld das auf seinen Namen eingetragene Paedagogium vom Oberpräsidenten in Münster offiziell genehmigen. 75 Schüler besuchen nun die Anstalt. Da drei Schüler noch im selben Jahr vor einer staatlichen Prüfungskommission das Abitur ablegen und damit erste Erfolge nachgewiesen werden können, steigt die Zahl der Schüler 1934 auf 115 an, 1936 beträgt sie 260. Bald sind die räumlichen Voraussetzungen einem solch großen Institut nicht mehr angemessen, es werden das Schloß Westerholt und das Haus Schrey hinzugepachtet. Gleichzeitig pachtet Hürfeld den Marienhof, ein landwirtschaftliches Gut in Merfeld bei Dülmen, um die Ernährung der Internatsschüler zu gewährleisten. 1936 wird Dr. Hürfeld zum ersten Vorsitzenden des Vereins gewählt und gleichzeitig alleiniger Zeichnungsberechtigter.

Im selben Jahr hält es die NSDAP für an der Zeit, energischer in die Arbeit des Seelsorgers und des Internates einzugreifen. Gegen das Internat werden verwaltungsrechtliche Maßnahmen verhängt. So untersagt z. B. der Landrat Schülern aus Lüdinghausen und der näheren Umgebung den Besuch des Canisianums.

Die Konflikte zwischen dem nationalsozialistischen System und dem Geistlichen hatten ihren Ursprung in der Weimarer Republik: Bernhard Hürfeld hatte bei den Juli- und Novemberwahlen des Jahres 1932 als Redner für die Zentrumspartei Hitler einen „Volksbetrüger"[3] und „Schaumschläger"[4] genannt. Diese Äußerungen bringen ihm 1933 zunächst eine Rüge ein. In der Folgezeit wird die Lehrertätigkeit des Geistlichen eingeschränkt. Er darf zunächst nicht mehr Deutsch und Geschichte unterrichten, später wird selbst die Zahl seiner Stunden als Religionslehrer auf 10 begrenzt. Man begründet diese Maßnahme mit der Doppelfunktion Hürfelds: er könne seine Aufgaben als Studienrat nicht ausreichend wahrnehmen,

---

[3] BAM, Slg. NS-Verf., Akte Bernhard Hürfeld.
[4] Ebda.

wenn er nebenbei ein Internat leite. Von den Schulbehörden wird er deshalb seit 1935 aufgefordert, aus dem öffentlichen Schuldienst auszuscheiden.

Nachdem der Landrat in Lüdinghausen schließlich ein Dienststrafverfahren wegen seiner Doppeltätigkeit eingeleitet hat, folgt Hürfeld im Jahre 1936 diesem Ansinnen. „Da ich meine ganze Arbeitskraft dem von mir gegründeten Paedagogium in Lüdinghausen widmen möchte, bitte ich, mich mit Wirkung vom 1. April dieses Jahres aus dem öffentlichen höheren Schuldienst zu entlassen. Gleichzeitig erkläre ich, daß ich auf ein Ruhegehalt keinen Anspruch erhebe."[5]

Doch die Auseinandersetzungen zwischen Partei, Schulbehörde und christlichem Internat setzen sich fort. Am 22. Dezember 1938 ordnet der Oberpräsident in Münster den stufenweisen Abbau des Paedagogiums an. Er bezieht sich dabei auf einen fernmündlichen Erlaß des Reichsministers für Wissenschaft, Erziehung und Volksbildung. Im darauffolgenden Jahr werden die Pläne konkretisiert: das Canisianum soll zu Ostern 1941 geschlossen werden. Im Januar 1940 teilt der Reichserziehungsminister mit, daß die Schule bereits im selben Jahr geschlossen werden soll, aber aufgrund zahlreicher Eingaben von Eltern wird die Schließung wieder auf 1941 verlegt. Damit verbunden ist die Auflage, die Klassen 3 bis 9 der öffentlichen Schule in Lüdinghausen anzugliedern, alle anderen Klassen müssen aufgelöst werden, Neuaufnahmen sind nicht mehr zugelassen. Das Ausscheiden von Bernhard Hürfeld aus der Schulleitung des Paedagogiums ist damit beschlossen. Ihm obliegt nur noch die Lehrerbesoldung sowie die wirtschaftliche Betreuung des Internats. Im Juli 1942 schließlich wird das Paedagogium offiziell geschlossen.

Bernhard Hürfeld stellt sich nun auf den Standpunkt, daß zwar die Schule geschlossen sei, jedoch das Internat auf gleiche Weise fortgeführt werden könne wie zu seiner Gründungszeit. So bewohnen ca. 100 Jungen weiterhin die Internatsgebäude und besuchen Schulen in Münster, Dülmen und Lüdinghausen. Den nationalsozialistischen Interessenträgern ist es ein besonderer Dorn im Auge, daß die Schülerzahl trotz aller Beschränkungen noch immer weit höher liegt als diejenige der nationalsozialistischen Heimschule im St.-Antonius-Kloster. Um dem entgegenzuwirken, verbietet der Oberpräsident in Münster mit Datum vom 23. November 1942 jegliche ‚konfessionelle Note' im Heimbetrieb des Canisianums. Begründet wird der Erlaß damit, daß konfessionelle Angelegenheiten aus Heimbetrieben ausgegliedert sein müßten, da sie Sache der jeweiligen Kirchengemeinden seien.

Am 11. Juni 1943 folgt der nächste Schlag: Der Landrat berichtet dem Leiter des Canisianums in einem Schreiben, das mit dem Stempel ‚Geheim' versehen ist, daß „auf Antrag der Wehrmachtskommandantur in Münster Ihr gesamtes Institut für Zwecke der Wehrmacht"[6] in Anspruch genommen werde. Zwar stehe der Zeitpunkt hierfür noch nicht fest, doch müsse das Internat im Bedarfsfalle innerhalb von 12 Stunden geräumt werden können.

Am 15. September 1943 schließlich besetzen Angehörige der Gestapo das Haus an der Münsterstraße, das künftig als Gefolgschaftsheim der Firma Krupp dienen soll. Hier verhaftet man Dr. Hürfeld sowie den Präfekten des Internates, Johannes

---

[5] Akte Dr. Hürfeld in: Stadtarchiv Lüdinghausen, Akte 04231, S. 13f.
[6] Sievert, a.a.O., S. 52.

Goebels. Ein wahres Massenaufgebot an Polizei- und Parteikräften trifft in der ‚Oberschule für Jungen' ein, wie die Landwirtschaftsschule zu dieser Zeit offiziell heißt, die von den Schülern des Internats besucht wird. Der Kreisleiter der NSDAP mit dem Bannführer und dem Landrat treten in Begleitung von Gestapo, SA und SS auf, um die Lehrer aus dem Unterricht heraus zu verhaften. Es handelt sich um Dr. Kleinsorge, den Leiter der Schule, den Geschichtslehrer Dr. Brockhoff sowie den Kaplan und Religionslehrer Anton Bornefeld. Alle fünf werden in das Gefängnis in Recklinghausen eingeliefert. Obwohl es bis heute keine endgültige Klärung gibt, welche Ereignisse tatsächlich Anlaß für die Verhaftungen waren, ist als sicher anzunehmen, daß Lüdinghausener Hitlerjungen dabei eine wesentliche Rolle gespielt haben: Bernhard Hürfeld berichtet 1945, daß einige Schüler der Landwirtschaftsschule und des Canisianums anläßlich der Kapitulation Italiens ihre HJ-Abzeichen weggeworfen hätten. Bei seiner Verhaftung seien acht oder neun Gestapo-Leute in das Haus eingedrungen und hätten als Begründung angeführt: „Wir haben gesehen, daß Sie in Ihrem Haus viele Kreuze und Heiligenbilder haben, aber keine Bilder von Männern der Bewegung: das zeigt uns, daß Sie die Jugend im schlechten Geiste erzogen haben, und deshalb müssen wir Sie und Ihren Präfekten verhaften".[7]

Ein damaliger Schüler erinnert sich, daß bei einer Rangelei in einer Oberstufenklasse ein Hitlerbild von der Wand gefallen und zu Bruch gegangen sei. Ein anderer damaliger Oberstufenschüler berichtet von einem Tumult, der aus einer Diskussion über die Verhaftung Mussolinis entstanden sei. In diesem Zusammenhang sei auch über die gleichzeitige Terminierung von HJ-Versammlungen zur Zeit des Gottesdienstes gestritten und einem Schüler ein Zahn ausgeschlagen worden. Die Nationalsozialisten vor Ort scheinen also letztlich eine Streiterei unter Jugendlichen genutzt zu haben, um die ungeliebten katholischen Lehrer aus dem Wege zu räumen. In diese Richtung weist auch der Brief des Präfekten Johannes Goebels vom 11. Januar 1944 aus dem Recklinghausener Gefängnis: „Ihr wißt, daß ich nicht die leiseste Ahnung hatte von dem, was zwei Jungen, eigentlich nur einer, anstifteten, um den unbeliebten Bannführer zu ärgern. Dieser machte uns aber keine Mitteilung davon, so daß wir nicht einschreiten konnten, und bereitete still diesen Schlag gegen Schule und Internat vor."[8] Für seine Annahme, daß es sich um einen Jungenstreich gegen den Bannführer gehandelt habe, spricht auch, daß dieser bei der Verhaftungsaktion anwesend war. Daß dieser Schülerstreich es möglich machte, das Verhalten der Gefangenen zum ‚staatsfeindlichen Treiben' hochzustilisieren und sie letztlich in das Konzentrationslager Dachau brachte, zeigt ein weiterer Abschnitt aus dem oben zitierten Brief Johannes Goebels: „Da es (das Urteil, d. h. der Schutzhaftbefehl, Anm. d. Verf.) nur einmal verlesen wurde, kann ich den Wortlaut des Urteils nicht wiedergeben; der Sinn war ungefähr folgender: ‚Über den ... wird Schutzhaft verhängt, weil er durch pflichtwidriges Verhalten und grobe Vernachlässigung seiner Aufsichtspflicht als Lehrer bzw. Leiter der Anstalt

---

[7] Ebda., S. 56.
[8] Erinnerung an Johannes Goebels, in: 100 Jahre St. Michael in Meiderich, Duisburg 1985, o. S.

dem staatsfeindlichen Treiben der Schüler Vorschub leistete und zur Beunruhigung der Bevölkerung beitrug'".[9]

Wenn auch in dieser Arbeit die Schicksale von Priestern im Mittelpunkt stehen, soll dennoch an diesem Beispiel das Schicksal der betroffenen Laien ebenso Erwähnung finden.

DR. JOSEF KLEINSORGE, der damalige Leiter der Höheren Landwirtschaftsschule, wurde am 4. Dezember 1878 im Sauerland geboren. Sein Leben war ganz der preußischen Pflichterfüllung geweiht. Bernhard Hürfeld beschreibt ihn als einen Menschen mit „Redlichkeit und Rechtlichkeit in einer Person",[10] als einen „Charakter in einer so charakterlosen Zeit".[11] Aus Gewissensgründen lehnt er es ab, der NSDAP beizutreten. Josef Kleinsorge versteht nicht, warum man ihn im Gefängnis in Recklinghausen einsperrt. Zu sehr war er stets seiner Pflichterfüllung nachgekommen, als daß er selbst ein Vergehen erkennen kann. Mit den anderen Lüdinghausener Pädagogen wird er nach Dachau gebracht.

Über seine Unterbringung und seine Arbeitskommandos liegen keine Berichte vor, doch muß er in der Haft gesundheitlich stark angegriffen gewesen sein. Seine Frömmigkeit und das Bewußtsein, für die gute Sache zu leiden, halten ihn lange aufrecht. Zumindest zeitweise findet er Arbeit in der Pfeffermühle auf der Plantage. Am 12. Januar 1945 gegen 11 Uhr morgens stirbt der Pädagoge an den Folgen einer Furunkulose. Bernhard Hürfeld macht es möglich, wohl durch Bestechung, daß sein Leichnam einzeln verbrannt wird. Die Asche schmuggelt ein Priester aus dem Lager, aufbewahrt wird sie von dem Pfarrer von Dachau. Bernhard Hürfeld bringt die Asche des Verstorbenen mit in die Heimat, wo sie am 17. September 1945 feierlich beigesetzt wird.

Der zweite Laie in der Gemeinschaft der Verhafteten ist der am 13. Dezember 1878 in Geseke geborene Studienrat DR. WILHELM BROCKHOFF. Als ehemaliger Vorsitzender des Zentrums in Lüdinghausen muß er seinen nationalsozialistischen Widersachern als besonders unbelehrbarer Gegner erschienen sein. Wohl deshalb ist er in den Kreis der Verhafteten aufgenommen worden. Über die Erlebnisse und Erfahrungen des Geschichtslehrers in der Gefängnis- und Konzentrationslagerhaft ist nichts bekannt, ebensowenig darüber, ob Dr. Brockhoff an Folgeschäden zu leiden hatte. Wilhelm Brockhoff stirbt am 15. Februar 1958 in Lüdinghausen.

Der dritte Laie unter den Verhafteten war der Maristen-Schulbruder JOHANNES GOEBELS, geboren am 27. August 1896 als ältestes von neun Kindern in Duisburg-Meiderich. Bereits mit 16 Jahren tritt er in die Kongregation der Maristen-Schulbrüder ein. Im Auftrag seines Ordens leitet er schon in jungen Jahren Schulen und Schülerheime in Bayern und arbeitet danach als Lehrer in Österreich

---

[9] Ebda.
[10] Ebda.
[11] Ebda.

und der Schweiz. 1939 holt ihn Bernhard Hürfeld als Präfekten nach Lüdinghausen.

Im Gefängnis zieht sich Johannes Goebels eine Stirnhöhlenvereiterung zu, ein Magenleiden verschlimmert seinen Zustand. Nach der Überstellung in das Konzentrationslager Dachau wird Johannes Goebels dem Block 2 zugewiesen und erhält die Nummer 63118. Obwohl er Angehöriger eines Ordens ist, verwehrt man ihm die Aufnahme in den Priesterblock. Unter den herrschenden Umständen verschlimmert sich seine Krankheit, die bei ausreichender Ernährung und ärztlicher Betreuung relativ schnell hätte ausgeheilt werden können. Am 7. März 1944 wird Johannes Goebels in das Krankenrevier aufgenommen. Sein Zustand hat sich so verschlechtert, daß er am 15. März wegen einer Meningitis operiert werden muß. Die Krankheit ist jedoch zu weit fortgeschritten; der Präfekt stirbt am 17. März 1944. Eine spätere Obduktion ergibt eine völlige Vereiterung der Nebenhöhlen. Am 22. März 1944 hält Bernhard Hürfeld in der Kapelle des Blocks 26 den Trauergottesdienst für den beliebten Lehrer.

Anton Bornefeld

Nr. 63120

Geb. 20. Juli 1898 in Wadersloh. Beruf des Vaters: Landwirt. Gymnasium: Münster. Studium: Münster. Priesterweihe: 10. Juni 1922 in Münster.

Seine erste Stelle erhält Anton Bornefeld als Kaplan in der Pfarrei St. Josef in Bottrop. Hier wirkt er bis zum Jahr 1933. Die Hauptaufgabe des Geistlichen, der sich schon während seines Studiums die polnische Sprache angeeignet hatte, ist die Seelsorge für die polnische Bevölkerung, da auch hier zahlreiche Polen für den Bergbau geworben worden waren. 1923 wird ihm auch die Seelsorge für die Mähren übertragen. Um die tschechische Sprache zu erlernen, fährt der Kaplan im folgenden Jahr nach Hultschin in der Nähe von Ostrau an der Oder. In der Folge gehört zu seinen besonderen Leistungen die Einführung eines mährischen Gesangbuches in seiner Pfarrei. In den Jahren 1930, 1936 und 1937 reist er nach Polen, um dort im Schlesischen Seminar in Krakau und in Posen seine Sprachkenntnisse zu verbessern. 1933 wird Anton Bornefeld nach Duisburg-Hamborn, St. Johannes, versetzt, wo sich der Kaplan weiterhin besonders der Seelsorge der Polen und Mähren widmet. In den ersten Hamborner Jahren bleibt Kaplan Bornefeld in seinem Wirken von NSDAP und Gestapo ungestört, auch politisch scheint er nicht aufgetreten zu sein. Erst im Jahre 1938 wird er – im nationalsozialistischen Sinne – straffällig. In diesem Jahr findet vom 26. bis 29. Mai der 34. Eucharistische Weltkongreß in Budapest statt. Die Reichsregierung untersagt die Beteiligung deutscher Teilnehmer, damit die nationalen kirchlichen Auseinandersetzungen nicht international thematisiert werden können. Anton Bornefeld läßt sich von diesem Verbot nicht abschrecken. Unter dem Namen Franz Michálik reist er als mährischer Pfarrer nach Budapest. Was ihn zu diesem Schritt bewogen hat, wird für immer sein Geheimnis bleiben. Wie sehr ihn die Erlebnisse während dieser Reise beeindruckt haben müssen, geht aus seiner Äußerung hervor, es sei „wie ein Roman"[12] gewesen.

Nach seiner Rückkehr wird ihm die Tragweite seines Tuns bewußt und er fürchtet, daß die Angelegenheit an die Öffentlichkeit dringen könnte. Diese Angst wächst noch, als kurze Zeit später die Gestapo eine Hausdurchsuchung bei ihm vornimmt. Es werden jedoch nur Kirchenblätter und Kleinschriften beschlagnahmt sowie ein Bildband vom Eucharistischen Weltkongreß, den der Kaplan von einem deutschen Verlag bezogen hatte. Am 17. Januar 1939 wird die nächste Hausdurch-

---

[12] Lebenslauf in BAM, Slg. NS-Verf., Akte Anton Bornefeld.

suchung durchgeführt mit der Begründung, daß man Literatur des Vereins der katholischen Akademiker suche, der am 21. Dezember 1938 verboten und aufgelöst worden war. Man findet derartige Literatur nicht, da der Kaplan einige Hefte bei der ersten Durchsuchung den Beamten der Gestapo „zum nützlichen Studium"[13] mitgegeben hatte. Anton Bornefeld, der bei der Aktion nicht anwesend ist – sein Mitkaplan Franz Scheulen ist dort –, hat in diesem Falle „unerhörtes Glück"[14]. Die Gestapobeamten übersehen in seinem Schreibtisch ein Teilnehmerbuch vom Eucharistischen Weltkongreß.

Am 5. September 1939, kurz nach dem Überfall auf Polen, steht ein neuerlicher Gestapobesuch an. Kaplan Bornefeld wird rechtzeitig gewarnt und hält sich versteckt, da er mit seiner Verhaftung rechnet. Am folgenden Tag erscheint ein einzelner Gestapobeamter und erklärt die unter Leitung des Kaplans stehenden Polenvereine für aufgelöst. Außerdem beschlagnahmt er das Kassenbuch der polnischen Rosenkranzbruderschaft mit einem Nennbetrag von 0,92 Mark. Den eigentlichen Bestand hatte Anton Bornefeld vorher seinem Pfarrer übergeben, damit dieser ihn für bedürftige polnische Katholiken verwendete. Um seine Freiheit fürchtet der Geistliche noch einmal, als Mitte September die führenden Persönlichkeiten der polnischen Vereine festgenommen werden. Er zählt jedoch nicht zu den Opfern, und auch die Betroffenen werden nach mehrstündigem Verhör wieder auf freien Fuß gesetzt.

1940 wird der Kaplan nach Lüdinghausen versetzt. Ob er wegen der Überwachung durch die Gestapo um Versetzung gebeten hat oder vom Generalvikar zur Betreuung polnischer Zivilarbeiter dorthin geschickt wurde, läßt sich heute nicht mehr feststellen. Anton Bornefeld selbst meint: „Lüdinghausen schien ein sicherer Platz zu sein"[15], doch es stellt sich schnell heraus, daß die Zustände dort schlimmer sind als im Ruhrgebiet. Schon bei seiner polizeilichen Anmeldung fällt er auf, da er nicht mit ‚Heil Hitler' grüßt. Die Gestapo läßt ihn gleich bezüglich seiner politischen Einstellung verhören, um auszuschließen, daß er als Religionslehrer an der höheren Schule einen ‚verderblichen' Einfluß auf die Jugend nehmen könnte. Er bekommt jedoch seine Zulassung. Außerdem wird er durch Verfügung des bischöflichen Generalvikariats vom 10. November 1940 zum Wanderseelsorger für die polnischen Zivilarbeiter und -arbeiterinnen der Dekanate Lüdinghausen, Werne und Datteln ernannt.

Daß Anton Bornefeld selbst zu den Verhafteten im September 1943 gehört, geht auf eine Schulstunde aus dem August zurück. „Am 24. August 1943 hatte ich in einem kirchlichen Raum Religionsunterricht für Klasse 5 der Lüdinghauser Landwirtschafts- und Rektoratsschule, und zwar für Klasse 5 der Rektoratsschule. Ich nahm gemäß dem vom Bischof vorgeschriebenen Plan die Gottesbeweise durch und kam dabei auf das Bibelwort: ‚Nur der Tor spricht in seinem Herzen: Es gibt keinen Gott'. Auf die Frage ‚Was heißt ‚Tor'' antwortete einer: ‚ein Narr'. Darauf ich ‚Das ist doch zu stark, das kann man milder ausdrücken.' Da kam aus einer Ecke der Ruf: ‚Die Nazis'. Für einen Augenblick nur grinste ich etwas, aber da

[13] Ebda.
[14] Ebda.
[15] Ebda.

hörte ich schon einen etwas laut flüstern: ‚X (Familienname, Anm. d. Verf.).' Der saß schräg vor mir, war im Bannbüro der HJ tätig, seine Mutter war Kreisfrauenschaftsführerin und aus der Kirche ausgetreten, der Vater Rechtsanwalt. Sofort wurde ich völlig ernst und erklärte: ‚Das gibt's bei mir nicht. Ich sag es Euch, was das Wort heißt: ein Dummkopf.' Damit schien für mich alles erledigt. Aber der Rufer: ‚Die Nazis' war ein Schüler aus dem Konvikt von Dr. Hürfeld, gegen den man schon Material gesammelt hatte. Da kam dies ja wie gerufen. Der Junge, der ‚X' geflüstert hatte, (hatte) dazu gesagt: ‚aufschreiben!' Das hat X. auch besorgt."[16]

Über die weiteren Vorgänge berichtet er: „Am 16. September 1943 wurde ich nachmittags von Herrn Dehm, Gestapomann, 15.30 Uhr an der Haustür gebeten, zur Polizeiverwaltung zu kommen, man wolle mich etwas fragen. Da diese nur etwa 300 Meter entfernt lag, wollte ich sofort mitgehen ohne Hut und Mantel. Er sagte, ob ich nicht Hut aufsetzen und Mantel anziehen wolle. Ich erklärte, zur Polizeiwache könne ich ganz gut ohne Hut und Mantel gehen. Kaum war ich mit ihm auf die Straße gekommen, da stand dort schon ein Auto. Dehm erklärte: ‚Damit es schneller geht'. Da kam es mir zum Bewußtsein, daß man mich verhaften wollte. An der Polizeiwache wurden Herr Studiendirektor Kleinsorge und Herr Studienrat Brockhoff ebenfalls ins Auto – einen Volkswagen – hineingesetzt. Ab ging es nach Recklinghausen ins Polizeigefängnis. Am folgenden Tag erfuhren wir, daß auch Dr. Hürfeld und sein Präfekt Maristenbruder Johannes Goebels dort waren. Man hatte sie zwei Stunden vor uns weggebracht. ... Am 6. Februar Ankunft in Dachau. Zugangsblock 15/1 nahm uns auf. Gewiß hat mich Gottes Gnade gnädig geleitet, daß ich über alles verhältnismäßig leicht hinwegkam, gewiß haben die lieben Münsterschen und polnische und tschechische Bekannte mir vieles ertragen geholfen, wofür ihnen Dank ausgesprochen sei, es erwachte aber auch in mir ein gewisser aus meiner bürgerlichen Herkunft stammender Widerstand: ‚Sie sollen mich nicht kaputtkriegen!' Besonderes wüßte ich nicht über die KZ-Zeit zu sagen. Gott der Herr hat mir beigestanden; ich bin nie aufgefallen, weder bei der SS noch bei den Mitbrüdern, also in der Masse verschwunden."[17]

Wie aus dem Text zu entnehmen ist, freut den Geistlichen besonders das Wiedersehen mit den bekannten polnischen und tschechischen Mitbrüdern in Dachau. Diese begrüßen ihn mit den Worten: „Auf Dich haben wir schon lange gewartet, wir wunderten uns, daß Du noch nicht hier warst."[18]

Nach vier Wochen auf dem Zugangsblock wird Anton Bornefeld auf den Block 26/2 verlegt, wo er seinen Landsmann Hermann Stammschröer trifft. Vom 13. April bis Ende September ist der Geistliche dem Kommando ‚Gemüsebau' auf der Plantage zugeteilt. Während dieser Zeit erhält er die Mitteilung, daß seine Mutter verstorben ist. Die priesterlichen Mitgefangenen geben Anton Bornefeld die Möglichkeit, für seine tote Mutter eine heilige Messe zu feiern. Die Trauer über den schmerzhaften Verlust trägt er mit Würde, wie Hermann Stammschröer in einem Brief aus Dachau mitteilt.

[16] Ebda.
[17] Ebda.
[18] Ebda.

Ab dem 15. Oktober verhilft ihm sein Mitbruder, der Blockschreiber Georg Schelling, zu einer leichten Tätigkeit in der Häftlingskleiderkammer. Diese neue Aufgabe hat nur einen Nachteil: Anfang Januar wird er vom Priesterblock auf Block 14 verlegt. Somit ist er zwar räumlich relativ weit von der Kapelle entfernt, doch hat er stets Zugang und kann an den Messen teilnehmen. Aufgrund seines Arbeitskommandos bleibt Anton Bornefeld der Evakuierungsmarsch erspart. Er erlebt am 29. April die Befreiung durch die Amerikaner mit. Da von nun an den ehemaligen Häftlingen die Zivilkleidung zurückgegeben wird, bleibt der Geistliche noch bis zum 15. Mai in seinem ehemaligen Arbeitskommando tätig. Schließlich wird er von den Amerikanern am 29. Mai entlassen und trifft am 13. Juni wieder im heimatlichen Lüdinghausen ein. Gesundheitlich erholt sich der Kaplan nie wieder ganz von den Strapazen des Lagers.

Zurück in der Heimat wird Anton Bornefeld am 15. Januar 1949 zum Pfarrer in Oberhausen-Holten ernannt und wirkt dort bis zum Januar 1954. Seine nächste Pfarrei liegt in Havixbeck; diese Gemeinde betreut er bis zum 2. Mai 1961. Danach tritt er in den Ruhestand und zieht sich in die Pfarrei St. Joseph in Oelde zurück. Ab 1967 verbringt er seinen Lebensabend in Liesborn.

Untätig ist er in den folgenden Jahren nicht. Er ist weiterhin in der Seelsorge tätig und vertritt erkrankte oder beurlaubte Geistliche. Zudem erledigt er den Briefwechsel der Gemeinschaft ehemaliger Dachauer Priester in polnischer und tschechischer Sprache. Ihm verdanken wir auch die Übersetzung eines der wichtigsten Bücher über Dachau aus dem Tschechischen. Es ist das Werk von Friedrich Hoffmann mit dem deutschen Titel „Und wer euch tötet..., Priester in deutschen Konzentrationslagern", das bis heute in deutscher Sprache noch nicht veröffentlicht ist. Wegen seiner großen Verdienste um die Versöhnung zwischen Deutschen, Tschechen und Polen wird er zum Wirklichen erzbischöflichen Rat der Diözese Olmütz in der Tschechoslowakei und zum Canonicus honorarius der Diözese Köslin in Polen ernannt.

Am 14. März 1980 stirbt Anton Bornefeld im Alter von 81 Jahren in Liesborn.

Bernhard Hürfeld

Nr. 63117

Geb. 5. April 1891 in Münster. Beruf des Vaters: Schreiner. Gymnasium: Münster. Studium: Innsbruck, München und Münster. Priesterweihe: 29. Mai 1915 in Münster.

In den ersten Jahren nach seiner Priesterweihe wirkt Bernhard Hürfeld als Erzieher und Lehrer der Prinzen von Arenberg. Im Jahr 1920 läßt er sich beurlauben und promoviert in Innsbruck zum Doktor der Theologie. An der St.-Sebastian-Kirche zu Berlin wird er am 10. Februar 1921 zum Kaplan ernannt und baut in dieser Gemeinde in den Inflationsjahren ein weithin anerkanntes soziales Hilfswerk auf. Am 25. August 1924 wird er zum Religionslehrer in Lüdinghausen berufen und gründet den Internatsverein, dessen Geschichte und Entwicklung oben dargestellt sind.

Nach seiner Überstellung in das Konzentrationslager Dachau wird Bernhard Hürfeld in der Plantage zur Arbeit eingesetzt. Er gehört zum Kommando Pfeffermühle, dessen Aufgabe es ist, durch das Mahlen bestimmter verschiedener Pflanzen den sogenannten ‚Deutschen Pfeffer', eine Ersatzgewürzmischung, herzustellen. Insbesondere Pfarrer Sonnenschein bemüht sich darum, den Neuankömmling in das Lagerleben einzuweisen, doch der Pädagoge habe „von vornherein gemeint, er wisse alles besser"[19]. So schmuggelt Bernhard Hürfeld unter anderem einen nicht genehmigten Brief aus Dachau, in dem er über die Zustände im Lager berichtet. Dieser Brief wird abgefangen. Aus dem Inhalt läßt sich klar herauslesen, daß der Verfasser ein Geistlicher ist, daher müssen alle Priester auf der Lagerstraße stundenlang strafstehen. Ihr spärlicher Besitz wird durchsucht und aus den Baracken auf die Straße geworfen. Da dies aber keine Hinweise auf den Absender erbringt, und Bernhard Hürfeld den Brief mit der für bayrische Leser unbekannten Unterschrift ‚Natz' unterzeichnet hat, müssen zunächst alle Priester, die auf den Namen ‚Ignatz' hören, Schriftproben abgeben. Obwohl Bernhard Hürfeld nicht zu dieser Gruppe gehört, wird er dennoch als Verfasser ermittelt. So muß er schließlich mehrere Wochen Dunkelhaft und Stehbunker ertragen, wie Maurus Münch sich erinnert.

Am Ende seiner Konzentrationslagerhaft nimmt Bernhard Hürfeld am Evakuierungsmarsch aus Dachau teil. In einem Rückblick aus dem Jahre 1958 hält Bern-

---

[19] Interview mit Pfarrer Johannes Sonnenschein, a.a.O.

hard Hürfeld selbst fest, daß ihn der Gedanke an ein Wiedersehen mit seiner Schule in der Zeit der Haft aufrechterhalten habe.

Als er schließlich Ende Mai 1945, krank und geschwächt, aus Dachau nach Lüdinghausen zurückkehrt, setzt er sich sofort für eine Neueröffnung der Schule ein. Doch der Pädagoge muß miterleben, wie die alten Pavillons im Park von Schloß Westerholt bis auf die Grundmauern niederbrennen. Dennoch kann die Schule am 21. November 1945 feierlich wiedereröffnet werden; dabei wird die Form des Gymnasiums gewählt, unterrichtet werden rund 1000 Schüler. Im folgenden Jahr beginnt Bernhard Hürfeld, Kurse für Spätheimkehrer einzurichten, um diesen die Fortsetzung der unterbrochenen Schullaufbahn zu ermöglichen. 1951 pachtet Bernhard Hürfeld das Schloß Crassenstein bei Diestedde und richtet dort eine Internatsschule ein. Auf die Säulen Realschule und Gymnasium gestützt, werden beide Schulen in den folgenden Jahren in umfangreichem Maße aus- und umgebaut, was aufgrund der ständig steigenden Schülerzahlen dringend notwendig ist.

Am 29. Mai 1965 feiert Bernhard Hürfeld unter großer Anteilnahme seiner Schüler und der Lüdinghausener Bevölkerung sein goldenes Priesterjubiläum. Kurz darauf erkrankt er schwer und stirbt schließlich am 12. Oktober 1966 im Alter von 75 Jahren. Mehr als tausend Menschen geben ihm am 19. Oktober das letzte Geleit.

Quellen:
Stadtarchiv Lüdinghausen, Akte 04231
BAM, Priesterkartei, Karteikarte Anton Bornefeld
BAM, Priesterkartei, Karteikarte Bernhard Hürfeld
BAM, Nachlaß Hermann Stammschröer
BAM, Slg. NS-Verf., Akte Anton Bornefeld
BAM, Slg. NS-Verf., Akte Johannes Goebels
BAM, Slg. NS-Verf., Akte Bernhard Hürfeld
Lebenslauf Johannes Goebels, in: Archiv des Provinzialats der Maristen-Schulbrüder, Furth b. Landshut
Schwake, Theodor Gregor: Meine Dachauer Chronik. Unveröffentl. Manuskript, in: Archiv der Abtei Gerleve, Akte Gregor Schwake

Literatur:
Erinnerung an Johannes Goebels, in: 100 Jahre St. Michael in Meiderich, Duisburg 1985
Festschrift Gymnasium Canisianum, Lüdinghausen 1967
Münch, Maurus: Unter 2579 Priestern in Dachau. Zum Gedenken an den 25. Jahrestag der Befreiung in der Osterzeit 1945. 2. erw. Aufl., Trier 1972
Pautmeier, Ludger: Alltag im Nationalsozialismus. Unveröffentl. Manuskript, 1981, in: BAM, Slg. NS-Verf., Akte Anton Bornefeld
Sievert, Holger: Chronik Gymnasium Canisianum. Lüdinghausen 1989

7. Quellen- und Literaturverzeichnis

7.1. Quellenverzeichnis

Bundesarchiv Koblenz
  Bestand NS 3   SS-Wirtschaftsverwaltungshauptamt
  Bestand NS 19   Persönlicher Stab Reichführer SS
  R 58   Akten des Reichssicherheitshauptamtes
Bundesarchiv Koblenz, Außenstelle Potsdam
  RJM 9880   Reichsjustizministerium
  Bestand 51.01   Reichskirchenministerium
Bundesarchiv Koblenz, Außenstelle Berlin
  ZC   Personalbezogene Akten
  RJM   Personalbezogene Akten
Hauptstaatsarchiv Düsseldorf
  RW 58   Personalakten
Staatsarchiv Detmold
  M1IP Nw. 639, SD.
Staatsarchiv Münster
1. Akten der Regierung Münster (= Reg. MS)
   29694
2. Akten der Staatspolizeistelle für den Regierungsbezirk Münster in Recklinghausen (ab 1935 in Münster)
   Politische Polizei III. Reich 429 (Lagebericht Sept.1934)
   Politische Polizei III. Reich 430 (Lagebericht Okt. 1930)
   Politische Polizei III. Reich 432 (Lagebericht März 1935)
   Politische Polizei III. Reich 433 (Lagebericht April 1935)
   Politische Polizei III. Reich 434 (Lagebericht Mai 1935)
   Politische Polizei III. Reich 437 (Lagebericht Aug. 1935)
Archiv der Gedenkstätte Dachau
   Diverse Dokumente
Berlin Document Center
   SS-Führer-Personalakten
Archiv der Stadt Greven
   1-21-08   Akten der Polizeistelle Greven
Stadtarchiv Lüdinghausen
   04231   Akte Hürfeld
Bistumsarchiv Münster
1. Generalvikariat, Neues Archiv (GV NA)
   A 101 Materialsammlung Drittes Reich
2. Sammlungen, Sammlung NS-Verfolgte
3. Priesterkartei
4. Nachlässe
5. Fremde Provenienzen
6. Bilderkartei
Pfarrarchiv Gelmer, St. Josef
Pfarrarchiv Gronau, St. Antonius
Pfarrarchiv Molbergen, St. Johannes

213

Pfarrarchiv Nikolausdorf, Herz Jesu
Pfarrarchiv Peheim, St. Anna
Archiv der Benediktinerabtei Gerleve, Gerleve
Archiv der Hiltruper Missionare, Münster
Archiv des Internationalen Karl-Leisner-Kreises, Kleve
Archiv des Joseph-Teusch-Werkes e.V., Bad Neuenahr
Archiv des Provinzialats der Maristen-Schulbrüder, Furth b. Landshut
Archiv der Steyler Missionare, St. Augustin
Familienarchiv Averberg, Everswinkel
Familienarchiv Mertens, Cloppenburg
Familienarchiv Schmedding, Warendorf
Interview mit Frau Annemarie Goerdeler, Frankfurt, vom 18. September 1990, in: BAM, Tonbandaufzeichnung
Interview mit Pfarrer Heeke, Buldern, vom 4. April 1991, in: BAM, Tonbandaufzeichnung
Interview mit Herrn Kiwitz, Münster, vom 6. Oktober 1989, in: BAM, Tonbandaufzeichnung
Interview mit Pfarrer Dr. Ludwig Klockenbusch, Münster, vom 7. November 1989, in: BAM, Tonbandaufzeichnung
Interview mit Pfarrer Hermann Scheipers, Ochtrup, vom 22. und 23. Februar 1990, in: BAM, Tonbandaufzeichnung
Interview mit Pfarrer Johannes Sonnenschein, Dülmen-Merfeld, vom 5. und 7. Oktober 1989, in: BAM, Tonbandaufzeichnung

7.2. Literaturverzeichnis

Adam, Walter: Nacht über Deutschland. Erinnerungen an Dachau. Ein Beitrag zur Kulturgeschichte des Dritten Reiches. Wien 1947

Adolph, Walter: Sie sind nicht vergessen. Gestalten aus der jüngsten deutschen Kirchengeschichte. Berlin 1972

Adolph, Walter: Hirtenamt und Hitler-Diktatur. Berlin 1965

Adolph, Walter: Im Schatten des Galgens. Zum Gedächtnis der Blutzeugen in der nationalsozialistischen Kirchenverfolgung. 2. Aufl., Berlin 1953

Ahrens, F.: Widerstandsliteratur. Hamburg 1948

Akademie für Lehrerfortbildung, Dillingen (Hg.): KZ-Gedenkstätte Dachau: Unterrichtshilfen und Materialien zum Besuch mit Schulklassen (= Akademiebericht Nr. 62/1983) Dillingen 1983

Albrecht, Dieter: Der Notenwechsel zwischen dem Heiligen Stuhl und der deutschen Reichsregierung. Bd. 3: Der Notenwechsel und die Demarchen des Nuntius Orsenigo 1933–1945 (= Veröffentlichungen der Kommission für Zeitgeschichte, Reihe A: Quellen, Bd. 29). Mainz 1981

Albrecht, Dieter (Hg.): Katholische Kirche im Dritten Reich. Eine Aufsatzsammlung. Mainz 1976

Albrecht, Willy: Kurt Schumacher. Ein Leben für den demokratischen Sozialismus. Bonn 1985

Altermatt, Urs: Katholizismus und Moderne. Zur Sozial- und Mentalitätsgeschichte der Schweizer Katholiken im 19. und 20. Jahrhundert. Zürich 1989

Antelme, Robert: L'espèce humaine. Paris 1978

Antoni, Ernst: KZ - Von Dachau bis Auschwitz. Faschistische Konzentrationslager 1933-1945. Frankfurt/M. 1955

Arbeitsgruppe Regionalgeschichte (Hg.): Nationalsozialismus in Überlingen und Umgebung (= Geschichte am See 22), Friedrichshafen 1984

Aretin, Erwein von: Krone und Ketten. Erinnerungen eines bayerischen Edelmannes. München 1955

Aretin, Erwein von: Fritz Michael Gerlich. Lebensbild des Publizisten und christlichen Widerstandskämpfers. München 1983

Aretin, Erwein von: Die Wittelsbacher im KZ. München 1950

Arthofer, Leopold: Als Priester im KZ - Meine Erlebnisse in Dachau. Graz o.J.

Asgodom, Sabine (Hg.): „Halt's Maul, sonst kommst nach Dachau". Frauen und Männer aus der Arbeiterbewegung berichten über Widerstand und Verfolgung unter dem Nationalsozialismus. Köln 1983

Auf den Spuren von Vikar Klumpe. Bericht und Dokumentation der Arbeit einer Projektgruppe an der Owwering-Hauptschule Stadtlohn. Stadtlohn 1986

Baader, Gerhard, Ulrich Schultz (Hg.): Medizin und Nationalsozialismus. Tabuisierte Vergangenheit - Ungebrochene Tradition? (= Dokumentation des Gesundheitstages Berlin 1980, Bd. 1). Berlin 1980

Bajohr, Frank: Verdrängte Jahre. Gladbeck unter'm Hakenkreuz. Essen 1983

Bakels, Floris B.: Nacht und Nebel. Der Bericht eines holländischen Christen aus deutschen Gefängnissen und Konzentrationslagern. Frankfurt/M. 1979

Balling, Adalbert L.: Eine Spur der Liebe hinterlassen. Würzburg 1984

Balling, Adalbert L., Reinhard Abeln: Speichen am Rad der Zeit. Priester in Dachau. Freiburg/Br. 1985

Ballmann, Hanns: Im KZ. Ein Tatsachenbericht aus dem Konzentrationslager. Backnang/Württ. 1945

Baumjohann, Gerhard: Weltpriester des Erzbistums Paderborn in der Auseinandersetzung mit dem Nationalsozialismus. In: Paul-Werner Scheele (Hg.), Paderbornensis ecclesia. Beiträge zur Geschichte des Erzbistums Paderborn (Festschrift Lorenz Kardinal Jaeger). Paderborn/München/Wien 1972, 711-746

Beimler, Hans: Im Mörderlager Dachau. Vier Wochen in den Händen der braunen Banditen. Berlin 1976

Bendfeld, Bernhard: Vollkommen im Glauben und im Werk. August Wessing. Johann Bernard Wiesch. Münster 1958

Bentley, James: Martin Niemöller. Eine Biographie. München 1985

Berben, Paul: Dachau 1933-1945. The Official History. London 1975

Berger, Alexander: Kreuz hinter Stacheldraht. Der Leidensweg deutscher Pfarrer. Bayreuth 1963

Berger, Sam: Die unvergeßlichen sechseinhalb Jahre meines Lebens 1939-1945. Frankfurt/M. 1985

Bernadac, Christian: Les Médicins de l'Impossible. Paris 1968

Bernadac, Christian: Le Train de la Mort. Paris 1970

Bernadac, Christian: Les Sorciers du Ciel. Paris 1969

Bernadac, Christian: Les Médicins Maudits. Les expériences médicales humaines dans les camps de concentrations. Paris 1967

Bernard, Jean: Pfarrerblock Dachau 1941/1942. Ein Bericht. Hg. von Charles Reinert und Gebhard Stillfried. 3. Aufl., München 1984

Bernard, Jean: Pfarrerblock 25487. Ein Bericht. München 1962

Best, S. Payne: The Venlo Incident. London/New York 1951

Bettelheim, Bruno: Aufstand gegen die Masse. Die Chance des Individuums in der modernen Gesellschaft. München 1964

Bettelheim, Bruno: Erziehung zum Überleben. Zur Psychologie der Extremsituation. Stuttgart 1980

Biographisches Handbuch der deutschsprachigen Emigration nach 1933. Bd. I: Politik, Wirtschaft, Öffentliches Leben, bearb. von W. Röder und H. A. Strauss. München/New York/Paris 1980

Bludau, Kuno: Gestapo – geheim! Widerstand und Verfolgung in Duisburg 1933–1945 (= Schriftenreihe des Forschungsinstituts der Friedrich-Ebert-Stiftung, Bd. 98). Bonn-Bad Godesberg 1973

Blumberg-Ebel, Anna: Sondergerichtsbarkeit und „politischer Katholizismus" im Dritten Reich (= Veröffentlichungen der Kommission für Zeitgeschichte, Reihe B: Forschungen, Bd. 55). Mainz 1990

Blutzeuge der Wahrheit. Ein Gedenkheft für . . . Dr. Bernhard Wensch. Berlin 1948

Boberach, Heinz: Berichte des SD und der Gestapo über Kirchen und Kirchenvolk in Deutschland 1934–1944 (= Veröffentlichungen der Kommission für Zeitgeschichte, Reihe A: Quellen, Bd. 12). Mainz 1971

Böckenförde, Ernst-Wolfgang: Der deutsche Katholizismus im Jahre 1933. In: Hochland 53 (1960/61) 215–293

Bonifas, Aimé: Häftling 20801. Berlin 1968

Boulanger, Jacob: Eine Ziffer über dem Herzen. Erlebnisbericht aus zwölf Jahren Haft von Jacob Boulanger, aufgezeichnet von Michael Tschesnohell. Berlin 1960

Bracher, Karl Dietrich, Gerhard Schulz, Wolfgang Sauer (Hg.): Die nationalsozialistische Machtergreifung. Studien zur Errichtung des totalitären Herrschaftssystems in Deutschland 1933/34. 3 Bde., Frankfurt a.M./Berlin/Wien 1962

Brinkmann, Elisabeth: Der letzte Gang. Ein Priesterleben im Dienste Todgeweihter. Münster 1950

Brodski, J.A.: Im Kampf gegen den Faschismus. Sowjetische Widerstandskämpfer in Hitlerdeutschland 1941–1945. Berlin 1975

Brodski, J.A.: Die Lebenden kämpfen. Die illegale Organisation brüderlicher Zusammenarbeit der Kriegsgefangenen (BSW). Berlin 1968

Broszat, Martin: Zur Sozialgeschichte des deutschen Widerstands. In: Vierteljahreshefte für Zeitgeschichte 34 (1986) 293–309

Broszat, Martin u. a. (Hg.): Bayern in der NS-Zeit. Soziale Lage und politisches Verhalten der Bevölkerung im Spiegel vertraulicher Berichte. Bd. I–VI, München/Wien 1977–1983

Broszat, Martin, E. Fröhlich: Alltag und Widerstand. Bayern im Nationalsozialismus. München 1987

Büchel, Regine: Der deutsche Widerstand im Spiegel von Fachliteratur und Publizistik seit 1945. München 1975

Buchheim, Hans, Martin Broszat, Hans-Adolf Jacobsen, Helmut Krausnick (Hg.): Anatomie des SS-Staates. 2 Bde. 4. Aufl., München 1984

Burkhard, Hugo: Tanz mal Jude! Von Dachau bis Shanghai. Meine Erlebnisse in den Konzentrationslagern Dachau, Buchenwald, Getto Shanghai 1933–1948. Nürnberg 1966

Carls, Hans: Dachau. Erinnerungen eines katholischen Geistlichen aus der Zeit seiner Gefangenschaft 1941–1945. Köln 1946

Comité International de Dachau (Hg.): Konzentrationslager Dachau 1933–45. München 1978

Comité International de Dachau (Hg.): Konzentrationslager Dachau. Bruxelles 1970

Comité International de Dachau (Hg.): Konzentrationslager Dachau 1933–1945. Katalog zu der in der KZ-Gedenkstätte gezeigten Dokumentation. Bruxelles 1978

Conzemius, Viktor: Katholische und evangelische Kirchenkampfgeschichtsschreibung im Vergleich: Phasen, Schwerpunkte, Defizite. In: Conzemius, Viktor u.a. (Hg.), Die Zeit nach 1945 als Thema kirchlicher Zeitgeschichte. Göttingen 1988, 35–57

Dachau. Ein Tatsachenbericht in Bildern. München o.J.

Dachau 1945–1985. Gedenkschrift von und über holländische Dachau-Häftlinge zum 40. Jahrestag der Befreiung. Oldenzaal 1985

Dachauer Hefte. Studien und Dokumente der nationalsozialistischen Konzentrationslager. Hg. von Wolfgang Benz und Barbara Distel. 1. Jg. 1985 – 7. Jg. 1992, Dachau 1985ff.

Damberg, Wilhelm: Der Kampf um die Schulen in Westfalen 1933–1945 (= Veröffentlichungen der Kommission für Zeitgeschichte, Reihe B: Forschungen, Bd. 43). Mainz 1986

Das aufgebrochene Tor. Predigten und Andachten gefangener Pfarrer im Konzentrationslager Dachau. München o.J.

Denzler, Georg: Widerstand oder Anpassung? Katholische Kirche und Drittes Reich. München/Zürich 1984

Der tägliche Faschismus. Dokumente zur Heimatgeschichte im Kreis Weißenburg-Gunzenhausen 1933–1938. Göttingen 1980

Der Widerstand von Kirchen und Christen gegen den Nationalsozialismus. Themenheft in: Kirchliche Zeitgeschichte 1 (1988)

Die Priester der Diözese Münster. Weihealter und Anstellungen nach dem Stande vom 15. April 1939. Münster 1939

Die Toten von Dachau – Deutsche und Oesterreicher. Gedenk- und Nachschlagewerk. München 1947

Dietmar, Udo: Häftling X in der Hölle auf Erden. Weimar 1946

Distel, Barbara: Konzentrationslager Dachau. Das erste KZ in Deutschland: Das Leben im Konzentrationslager, Medizinische Versuche, Transporte, Exekutionen, Befreiung der Häftlinge. Bruxelles 1972

Dreßler, Detlef, Hans Galen, Christoph Spieker: Greven 1918–1950. Republik – NS-Diktatur und ihre Folgen. 2 Bde., Greven 1991

Drobisch, Klaus: Die Schule der Gewalt. München 1983

Drobisch, Klaus, Gerhard Fischer (Hg.): Widerstand aus Glauben. Christen in der Auseinandersetzung mit dem Hitlerfaschismus. Berlin 1985

Drobisch, Klaus: Zeitgenössische Berichte über Nazikonzentrationslager 1933–1939. In: Jahrbuch für Geschichte 26 (1982), 103–133

Edinger, Lewis J.: Kurt Schumacher. Persönlichkeit und politisches Verhalten. Köln/Opladen 1967

Eiber, Ludwig (Hg.): Verfolgung – Ausbeutung – Vernichtung. Hannover 1985

Emig, E.: Jahre des Terrors. Oberhausen 1967

Engfer, Hermann: Das Bistum Hildesheim 1933 – 1945 (= Die Diözese Hildesheim in Vergangenheit und Gegenwart 37/38). Hildesheim 1971

Erinnerung an Johannes Goebels. In: 100 Jahre St. Michael in Meiderich, Duisburg 1985

Evangelische und katholische Pfarrgemeinden in Gronau (Hg.): 800 Jahre Kirchengeschichte im Raum Gronau/Epe. Gronau 1987/88

Färber, Otto: Gott, der Scherbenflicker. Erkenntnisse und Bekenntnisse. Leutkirch 1983

Fato profugi. Vom Schicksal ermländischer Priester 1939 – 1945 – 1965. Kiel o.J.

Fattinger, Josef: Kirche in Ketten. Die Predigt des Blutes und der Tränen. Zeitgemäße Beispielsammlung aus den Jahren 1938–1945. Innsbruck 1949

Festschrift Gymnasium Canisianum. Lüdinghausen 1967

Feuerbach, Walter: 55 Monate Dachau. Ein Tatsachenbericht. Luzern 1945
Frankl, Viktor E.: „... trotzdem Ja zum Leben sagen". Ein Psychologe erlebt das Konzentrationslager. 5. Aufl., München 1981
Frei, Norbert: Der Führerstaat. Nationalsozialistische Herrschaft 1933–1945 (= Deutsche Geschichte der neuesten Zeit, Bd. 17). München 1987
Fryd, Norbert: Kartei der Lebenden. Berlin 1961
50 Jahre St. Elisabeth Walsum-Vierlinden 1928–1978 (Festschrift). Walsum-Vierlinden 1978
Fußenegger, Jakob: KZ-Lagerdekan Georg Schelling. 200 Briefe aus dem KZ. Dornbirn 1991
Geigenmüller, Otto: Die politische Schutzhaft im nationalsozialistischen Deutschland (Diss.). Würzburg 1937
Georg, Enno: Die wirtschaftlichen Unternehmungen der SS. Stuttgart 1963
Geschonneck, Erwin: Meine unruhigen Jahre. Berlin 1984
Goldschmitt, Francois: Elsässer und Lothringer in Dachau. Nr. 1: Ab nach Dachau. Metz/Bitche o.J.
Goldschmitt, Francois: Elsässer und Lothringer in Dachau. Nr. 2: Im Zugangsblock. Metz 1945
Goldschmitt, Francois: Elsässer und Lothringer in Dachau. Nr. 3: Arbeitssklave. Metz 1946
Goldschmitt, Francois: Elsässer und Lothringer in Dachau. Nr. 4: Der Herrgott im K.-Z. Metz 1946
Goldschmitt, Francois: Elsässer und Lothringer in Dachau. Nr. 5: Die letzten Tage von Dachau. Sarreguemines 1947
Goldschmitt, Francois: Zeugen des Abendlandes. Saarlouis 1947
Gollnik, Rüdiger: Vom Winde nicht verweht. Gerhard Storm – Prophet und Rebell. Bad Honnef 1988
Gostner, Erwin: 1000 Tage im KZ. Erlebnisbericht aus den Konzentrationslagern Dachau, Mauthausen und Gusen. Innsbruck 1945
Gotto, Klaus, Konrad Repgen (Hg.): Die Katholiken und das Dritte Reich. 2. Aufl., Mainz 1983
Gottschalk, Josef (Hg.): Schlesische Priesterbilder. Bd.5. Aalen/Württ. 1967
Gottschalk, Josef: Breslauer Diözesanpriester im Konzentrationslager Dachau 1940–1945. In: Archiv für Schlesische Kirchengeschichte XXV (1967) 298–305
Graml, Hermann (Hg.): Widerstand im Dritten Reich. Probleme, Ereignisse, Gestalten. Frankfurt/M. 1984
Grand, Anselm: Turm A ohne Neuigkeit. Erleben und Erkenntnis eines Österreichers. Ein Komponist, Maler und Schriftsteller schildert das KZ. Wien/Leipzig 1946
Gross, Karl A.: Fünf Minuten vor 12. München o.J.
Gross, Karl A.: Zweitausend Tage Dachau. Erlebnisse eines Christenmenschen unter Herrenmenschen und Herdenmenschen. Berichte und Tagebücher des Häftlings Nr. 16921. München o. J.
Grüber, Heinrich: Werner Sylten. Ein Diener seines Herrn und Zeuge seiner Kirche. Selbstverlag der Ev. Hilfsstelle f. ehem. Rasseverfolgte. o.O., o.J.
Gruchmann, Lothar: Justiz im Dritten Reich 1933–1940. Anpassung und Unterwerfung in der Ära Gürtner. München 1988
Grund- und Hauptschule Hambrücken (Hg.): Pfarrer Max Graf, * 8.11.1884 – † 25.4.1945. Hambrücken 1982
Haag, Pauline: Eine Hand voll Staub. Halle/Saale 1948

Haas, Wilhelm (Hg.): „Christus meine Leidenschaft". Karl Leisner, sein Leben in Bildern und Dokumenten. 3. überarb. u. erg. Aufl., Kevelaer 1985

Hasenöhrl, Adolf: Kampf, Widerstand, Verfolgung der sudetendeutschen Sozialdemokraten. Stuttgart 1983

Haulot, Arthur: Mauthausen – Dachau. Bruxelles 1985

Hehl, Ulrich von: Kirche und Nationalsozialismus. Ein Forschungsbericht. In: Rottenburger Jahrbuch für Kirchengeschichte 2 (1983) 11–29

Hehl, Ulrich von: Priester unter Hitlers Terror. Eine biographische und statistische Erhebung im Auftrag der Deutschen Bischofskonferenz unter Mitwirkung der Diözesanarchive (= Veröffentlichungen der Kommission für Zeitgeschichte, Reihe A: Quellen, Bd. 12). Mainz 1984

Hellfaier, Detlev (Hg.): Widerstand 1933–1945 (= Lippische Landesbibliothek Detmold Heft 19). Detmold 1984

Herbermann, Nanda: In memoriam P. Friedrich Muckermann S.J. Celle 1948

Herlin, Hans: Freunde. München/Zürich 1974

Hertog, Willem-Eicke den: Und Gott lacht ... Predigt eines holländischen Pfarrers, gehalten am Ostermorgen 1944 im Konzentrationslager Dachau. München o. J.

Hess, Sales O.S.B.: Dachau – eine Welt ohne Gott. Nürnberg 1946

Hey, Bernd: Zur Geschichte der westfälischen Staatspolizeistellen und der Gestapo. In: Westfälische Forschungen 37 (1987), 58–90

Hitzer, Friedrich: Vom Ende und vom Anfang des Zweiten Weltkrieges. Endsieg, Todesmarsch, Widerstand, Hitler-Stalin-Pakt. Wolfratshausen 1985

Hockerts, Hans Günter: Die Sittlichkeitsprozesse gegen katholische Ordensangehörige und Priester 1936/37. Eine Studie zur nationalsozialistischen Herrschaftstechnik und zum Kirchenkampf (= Veröffentlichungen der Kommission für Zeitgeschichte, Reihe B: Forschungen, Bd. 6). Mainz 1971

Hockerts, Hans Günter: Die Goebbels-Tagebücher 1932–1941. Eine neue Hauptquelle zur Erforschung der nationalsozialistischen Kirchenpolitik. In: Internationale katholische Zeitschrift 13 (1984) 539–566

Hockerts, Hans Günter: Die Goebbels-Tagebücher 1932–1941. In: R. Morsey u. a. (Hg.), Politik und Konfession. Festschrift für K. Repgen. Berlin 1983, 359–392

Hoffmann, Friedrich: Und wer euch tötet ... Leben und Leiden der Priester in den Konzentrationslagern. Prerau 1946. Aus dem Tschechischen übersetzt von Anton Bornefeld. Maschinenschriftl. Manuskript

Hoffmann, Peter: Widerstand – Staatsstreich – Attentat. Der Kampf der Opposition gegen Hitler. 4. neubearb. Ausg., Zürich 1985

Hofmann, Konrad (Hg.): Zeugnis und Kampf des deutschen Episkopats. Gemeinsame Hirtenbriefe und Denkschriften (= Das christliche Deutschland 1933–1945. Katholische Reihe, Heft 2). Freiburg i. Br. 1946

Höllen, Martin: Heinrich Wienken. Der ‚unpolitische' Kirchenpolitiker (= Veröffentlichungen der Kommission für Zeitgeschichte, Reihe B: Forschungen, Bd. 33). Mainz 1981

Holt, Eduard von: Weltfahrt ins Herz. Köln 1946 o. 47

Hornung, Walter: Dachau. Eine Chronik. Zürich 1936

Höss, Rudolf: Kommandant in Auschwitz. Autobiographische Aufzeichnungen, hg. von Martin Broszat. 4. Aufl., Stuttgart 1978

Hunger, Roland, Johannes Paustenbach (Hg.): Paus Dieroff (1928–1944). Gerstester Weg 101, Hamburg-Niendorf. Hamburg 1986

Huppert, Hugo: Der Heiland in Dachau. Sonderheft „Wiener Revue", Wien 1945

Hürten, Heinz: Zeugnis und Widerstand der Kirche im NS-Staat. Überlegungen zu Begriff und Sache. In: Stimmen der Zeit 201 (1983) 363–373

Hüttenberger, Peter: Heimtückefälle vor dem Sondergericht München. In: Broszat, M. u. a. (Hg.), Bayern in der NS-Zeit, Bd. IV: Herrschaft und Gesellschaft im Konflikt, München/Wien 1981, 435–526

Hüttenberger, Peter: Vorüberlegungen zum „Widerstandsbegriff". In: Kocka, J. (Hg.), Theorien in der Praxis des Historikers. Göttingen 1977, 117–139

Inferno. Dachauer Häftlinge erzählen. Wien o.J.

International Information Office of the former concentration camp Dachau (Hg.): Dachau-Album. o. O., o. J.

Iskrina, M.G.: Stärker als der Tod. Erinnerungen, Briefe und Dokumente. Moskau 1963

Joos, Joseph: Leben auf Widerruf. Begegnungen und Beobachtungen im KZ Dachau 1941–1945. Olten/Schweiz 1946

Kalmar, Rudolf: Zeit ohne Gnade. Wien 1946

Kasberger, Erich (Hg.): Die nationalsozialistische Gewaltherrschaft in München-Berg am Laim, ihr Ende und ihre Folgen. Eine Dokumentation. München-Berg am Laim 1985

Kaspar, Fritz: Die Schicksale der Gruppe ‚G'. Nach Aufzeichnungen und Briefen. Berlin 1960

Kast, Augustin: Die badischen Märtyrerpriester. Karlsruhe 1947

Kater, Michael: Das Ahnenerbe. Die Forschungs- und Lehrgemeinschaft in der SS. Heidelberg 1966

Kaufbeuren – Kommando de Dachau 1944–1945. Mémorial, edité par les anciens de Kaufbeuren. Paris 1985

Kautsky, B.: Teufel und Verdammte. Zürich 1946

Kayser, N.: Paris – Dachau. P. Stoffels, R. Wampach, Leiter der Mission France-Luxembourg – Ihr Leidensweg 1940–1942. Luxembourg 1964

Kimmel, Günther: Das Konzentrationslager Dachau. Eine Studie zu den nationalsozialistischen Gewaltverbrechen. In: M. Broszat u. a. (Hg.), Bayern in der NS-Zeit, Bd. II, München/Wien 1979, 349–413

Kirchhoff, Rosel: Am Lagertor. München 1972

Klemperer, Klemens von: Glaube, Religion, Kirche und der deutsche Widerstand gegen den Nationalsozialismus. In: Vierteljahreshefte für Zeitgeschichte 3 (1980) 293–309

Klessmann, Christoph, Falk Pingel (Hg.): Gegner des Nationalsozialismus. Wissenschaftler und Widerstandskämpfer auf der Suche nach der historischen Wirklichkeit. Frankfurt/M./New York 1980

Kloidt, Franz: KZ-Häftling Nr. 32281. Blutzeuge Gerhard Storm. Xanten 1966

Knab, Otto M.: Der Märtyrer von Böhmenkirch. Pfarrer Bernhard Heinzmann. Böhmenkirch 1975

Knoop, Hermann: Een Theater in Dachau. Goes, o.J.

Kocka, Jürgen (Hg.): Theorien in der Praxis des Historikers. Forschungsbeispiele und ihre Diskussion (= Geschichte und Gesellschaft, Zeitschrift für Historische Sozialwissenschaft, Sonderheft 3). Göttingen 1977

Köckert, Louis: Dachau ..., und das Gras wächst. Dachau 1976

Kogon, Eugen, Hermann Langbein, Adalbert Rückerl (Hg.): Nationalsozialistische Massentötungen durch Giftgas. Eine Dokumentation. Frankfurt/M. 1983

Kogon, Eugen: Der SS-Staat. Das System der deutschen Konzentrationslager. 23. Aufl., München 1991

Köhler, Bruno: Gotha – Berlin – Dachau. Werner Sylten – Stationen seines Widerstandes im Dritten Reich. Stuttgart 1980

Köhler, Bruno: Werner Sylten. „Die Welt braucht viel, viel Liebe". Eisenach 1978
Konzentrationslager. Ein Appell an das Gewissen der Welt. Karlsbad 1934
Kopp, Guido: Ich habe aber leben müssen. Die Passion eines Menschen des 20. Jahrhunderts. Salzburg 1946
Kösters, Christoph: Katholische Verbände im Dritten Reich. Eine Regionalstudie am Beispiel des Westmünsterlandes unter besonderer Berücksichtigung der Jugendorganisationen. Unveröffentl. Examensarbeit, Münster 1986
Kosthorst, Erich: Die Lager im Emsland unter dem NS-Regime 1933–1945. Aufgabe und Sinn geschichtlicher Erinnerung. In: Geschichte in Wissenschaft und Unterricht 35 (1984) 365–379
Kubasch, Maria: Alois Andritzki. Einsatz für eine bessere Welt (aus der Reihe ‚Christ in der Welt'). Berlin (Ost) 1973
Kuby, Erich (Hg.): Das Ende des Schreckens. Dokumente des Untergangs Januar bis Mai 1945. München 1957
Kulturamt der Stadt Essen (Hg.): Widerstand und Verfolgung in Essen 1933–45. Dokumentation zur Ausstellung. Essen 1981
Kühn, Heinz: Blutzeugen des Bistums Berlin. Berlin 1952
Kühnrich, Heinz: Der KZ-Staat. Berlin 1980
Kunter, Erich: Weltreise nach Dachau. Ein Tatsachenroman nach den Erlebnissen und Berichten des Weltreisenden und ehemaligen politischen Häftlings Max Wittmann. Bad Wildbach 1947
Kupfer-Koberwitz, Edgar: Die Mächtigen und die Hilflosen. Als Häftling in Dachau, Bd. I: Wie es begann. Stuttgart 1957
Kupfer-Koberwitz, Edgar: Die Mächtigen und die Hilflosen. Als Häftling in Dachau, Bd. II: Wie es endete. Stuttgart 1960
Kuropka, Joachim (Hg.): Zur Sache – Das Kreuz! Untersuchungen zur Geschichte des Konflikts um Kreuz und Lutherbild in den Schulen Oldenburgs, zur Wirkungsgeschichte eines Massenprotests und zum Problem nationalsozialistischer Herrschaft in einer agrarisch-katholischen Region. Vechta 1986
Langbein, Hermann: Wir haben es getan. Selbstportraits in Tagebüchern und Briefen von 1939–1945. Wien 1964
Langbein, Hermann: . . . nicht wie die Schafe zur Schlachtbank. Widerstand in den nationalsozialistischen Konzentrationslagern. Frankfurt/M. 1980
Laudowicz, Edith: „Ich war in Dachau". Lebensskizze des Bremer Seemanns Willy Müller (Zum 40. Jahrestag der Befreiung). Bremen 1985
Leisner, Karl: Mit Christus leben. Gedanken für jeden Tag, ausgewählt und herausgegeben von Wilhelm Haas. Kevelaer 1979
Lejeune, René: Wie Gold geläutert im Feuer. Karl Leisner (1915–1945). Hauteville 1991
Lenz, Johann Maria: Christus in Dachau oder Christus der Sieger. Ein kirchengeschichtliches Zeugnis. Wien 1960
Leon-Jouhaux, Augusta: Prison pour Hommes d'Etat. Paris 1973
Les Atrocites de l'enfers de Dachau. Récit d'un Rescapé. Liège o. J.
Lilje, Hanns: Im finstern Tal. Nürnberg 1947
Litten, Irmgard: Eine Mutter kämpft gegen Hitler. Frankfurt/M. 1984
Löffler, Peter (Hg.): Bischof Clemens August Graf von Galen. Akten, Briefe und Predigten 1933–1946. 2 Bde. (= Veröffentlichungen der Kommission für Zeitgeschichte, Reihe A: Quellen, Bd. 42). Mainz 1988
Losch, Hans-Joachim: Die KZ-Opfer des Nationalsozialismus in Schramberg. Eine Dokumentation. Schramberg 1982

Löwenthal, Richard, Patrick von zur Mühlen (Hg.): Widerstand und Verweigerung in Deutschland 1933-1945. Berlin 1982

Mack, Maria I.: Warum ich Azaleen liebe: Erinnerungen an meine Fahrten zur Plantage des Konzentrationslagers Dachau von Mai 1944 bis April 1945. 4. Aufl., St. Ottilien 1989

Maring, Albert: Deutsches Volk und christliches Sittengesetz (= Die Kirche in der Zeit 3) Köln 1934

Mammach, Klaus: Widerstand 1933-1939. Berlin (Ost) 1984

Matejka, Viktor: Katholik und Kommunist, amtsführender Stadtrat für Kultur und Volksbildung. Wien 1945

Matejka, Viktor: Widerstand ist alles. Notizen eines Unorthodoxen. Wien 1984

Menkes, G., R. Herrmann, A. Miege: Cobayes humains. Enquête de trois médicins suisses dans les bagnes nazis. Genf/Paris 1946

Michaelis, Herbert, Ernst Schraepler (Hg.): Ursachen und Folgen. Vom deutschen Zusammenbruch 1918 und 1945 bis zur staatlichen Neuordnung Deutschlands in der Gegenwart. Eine Urkunden- und Dokumentensammlung zur Zeitgeschichte. Bd. XI: Das Dritte Reich. Innere Gleichschaltung. Der Staat und die Kirchen. Antikominternpakt. Achse Berlin – Rom. Der Weg ins Großdeutsche Reich. Berlin o.J.

Michelet, Edmond: Die Freiheitsstraße. Dachau 1943-1945. Stuttgart 1960

Mirkes, Adolf (Hg.): Josef Simon, Schuhmacher, Gewerkschafter, Sozialist mit Ecken und Kanten. Köln 1985

Mitscherlich, Alexander, Fred Mielke (Hg.): Medizin ohne Menschlichkeit. Dokumente des Nürnberger Ärzte-Prozesses. Frankfurt/M. 1978

Mitscherlich, Alexander, Fred Mielke (Hg.): Wissenschaft ohne Menschlichkeit. Medizinische Irrwege unter Diktatur, Bürokratie und Krieg. Heidelberg 1949

Mommsen, Hans: Die Geschichte des deutschen Widerstandes im Lichte der neueren Forschung. In: Aus Politik und Zeitgeschichte 50 (1986) 3-18

Mommsen, Hans: Der Widerstand gegen Hitler und die deutsche Gesellschaft. In: Historische Zeitschrift 241 (1985) 81-104

Monnerjahn, Engelbert: Häftling Nr. 29392. Der Gründer des Schönstattwerkes als Gefangener der Gestapo 1941-1945. Schönstatt 1972

Morcinek, Gustaw: Das Mädchen von den Champs-Elysées. Erzählungen aus Dachau und Auschwitz. Berlin 1965

Mozdzan, Jan J.: Der Postverkehr mit Konzentrations- und Gefangenenlagern im II. Weltkrieg. Ein Beitrag zur Lagergeschichte. Ingolstadt 1982

Muckermann, Friedrich: Im Kampf zwischen zwei Epochen. Lebenserinnerungen, bearb. und eingeleitet von Nikolaus Junk (= Veröffentlichungen der Kommission für Zeigeschichte, Reihe A: Quellen, Bd. 15). Mainz 1973

Müller, Gerhard: Für Vaterland und Republik: Monographie des Nürnberger Schriftstellers Karl Bröger. Pfaffenweiler 1986

Müller, Oskar: Ein Priesterleben in und für Christus. Leben, Wirken, Leiden und Opfertod des Pfarrers Joseph Müller, Groß-Düngen. Hildesheim 1948

Münch, Maurus: Unter 2579 Priestern in Dachau. Zum Gedenken an den 25. Jahrestag der Befreiung in der Osterzeit 1945 (= Kreuzring-Bücherei Bd. 59). 2. erw. Auflage, Trier 1972

Mund, Ottokar: Blumen auf den Trümmern. Blutzeugen der NS-Zeit. Kilian Kirchhoff OFM, Elpidius Markötter OFM, Wolfgang Rosenbaum OFM. Eine Bildbiographie. Paderborn 1989

Nationalpolitischer Lehrgang der Wehrmacht vom 15. bis 23. Januar 1937. Berlin 1937

Neuhäusler, Johann: Kreuz und Hakenkreuz. Der Kampf des Nationalsozialismus gegen die katholische Kirche und der kirchliche Widerstand. München 1946

Neuhäusler, Johann: Zeugen der Wahrheit. München 1947

Neuhäusler, Johann: Saat des Bösen. Kirchenkampf im Dritten Reich. München 1964

Neuhäusler, Johann: Wie war das im KZ Dachau? Ein Versuch, der Wahrheit näher zu kommen. 10. Aufl., Dillingen/Donau 1980

Niemöller, Martin: „... zu verkündigen ein gnädiges Jahr des Herrn!" Sechs Predigten. München 1946

Norden, Günther van (Hg.): Kirchenkampf im Rheinland. Die Entstehung der Bekennenden Kirche und die Theologische Erklärung von Barmen 1934 (= Schriftenreihe des Vereins für Rheinische Kirchengeschichte Bd. 76). Köln 1984

Oenning, Mechthild: Borken und die katholische Kirche zur Zeit des Nationalsozialismus (= Aus der Geschichte unserer Stadt, Heft 3). Borken 1988

Opfermann, Bernhard: Gestalten des Eichsfeldes. Religiöse Lebensbilder. Heiligenstadt 1968

Opfermann, Bernhard: Das Bistum Fulda im Dritten Reich. Erfurt 1968

Ott, Hugo (Hg.): Erlebnisbericht und Dokumentation von KZ-Priestern der Erzdiözese Freiburg. In: Freiburger Diözesan Archiv 90 (1970) 5–315

Otzisk, Reinhold: Kaplan Bernhard Poether (1. 1. 1906 – 5. 8. 1942). Eine biographische Skizze. Bottrop 1979

Otzisk, Reinhold: Für die Menschen bestellt. Biographische Skizzen Bottroper Priester. Bottrop 1983

Overduin, Jacobus: Hel en hemel van Dachau. Kampen o.J.

Paehel, Karl O. (Hg.): Deutsche innere Emigration (= Dokumente des anderen Deutschland 4). New York 1946

Pautmeier, Ludger: Alltag im Nationalsozialismus. Unveröffentl. Manuskript, 1981

Peukert, Detlev: Volksgenossen und Gemeinschaftsfremde. Anpassung, Ausmerze und Aufbegehren unter dem Nationalsozialismus. Köln 1982

Pfarrgemeinderat Heilig-Geist Münster (Hg.): Geist in Gold. Münster 1979

Pies, Otto: Geweihte Hände in Fesseln. Priesterweihe im KZ. Kevelaer 1958

Pies, Otto: Stephanus heute. Karl Leisner, Priester und Opfer. Kevelaer 1951

Pingel, Falk: Häftlinge unter SS-Herrschaft. Widerstand, Selbstbehauptung und Vernichtung im Konzentrationslager. Hamburg 1978

Pisar, Samuel: Das Blut der Hoffnung. Reinbek b. Hamburg 1979

Pottier, Joel: Christen im Widerstand gegen das Dritte Reich. Sachsenheim 1988

Preuss, Erich: Bilanz des SS-Konzerns. Ein dokumentarischer Tatsachenbericht. München 1951

Preuss, Erich: Remember that! Denket daran! Pensez-y! Führer durch die Gedächtnisstätten des ehemaligen KZ Dachau. München o. J.

Prolingheuer, Hans: Ausgetan aus dem Land der Lebendigen. Neukirchen 1983

Pungartnik, M. S.: Leichenträger ans Tor. Graz 1946

Puntschart, Adam: Die Heimat ist weit ... Erlebnisse im Spanischen Bürgerkrieg, im KZ, auf der Flucht. Weingarten 1983

Raem, Heinz-Albert: Es geschah in Opladen. NS-Verfolgung und Kirchenkampf in der Pfarrei St. Remigius-Opladen. Leverkusen-Opladen/Bonn 1983

Raem, Heinz-Albert: Pius XI. und der Nationalsozialismus. Die Enzyklika „Mit brennender Sorge" vom 14. März 1937. Paderborn/München/Wien/Zürich 1979

Rauscher, Anton (Hg.): Der soziale und politische Katholizismus. Entwicklungslinien in Deutschland 1803–1963. Bd. 1, München/Wien 1981

Reck-Malleczewen, Friedrich Percyval: Tagebuch eines Verzweifelten. Zeugnis einer inneren Emigration. Stuttgart 1966

Reifferscheid, Gerhard: Das Bistum Ermland und das Dritte Reich (= Bonner Beiträge zur Kirchengeschichte, Bd. 7). Köln/Wien 1975

Reitor, Georg: Glaubenszeuge im KZ. Pater Richard Henkes – Martyrer der Nächstenliebe. 2. Aufl., Leutesdorf 1988

Richardi, Hans Günther: Dachau. Führer durch die Altstadt, die Künstlerkolonie und die KZ-Gedenkstätte. Passau 1979

Richardi, Hans Günther: Schule der Gewalt. Die Anfänge des Konzentrationslagers Dachau 1933–1934. Ein dokumentarischer Bericht. München 1983

Richardi, Hans Günther: Von der Roten Armee zum Schwarzen Korps. Dachaus Weg ins Dritte Reich. München 1983

Riebartsch, Erich: Als die braune Diktatur „Recht" sprach – Prozesse gegen Diözesanpriester. In: H. Engfer (Hg.), Das Bistum Hildesheim 1933–1945. Hildesheim 1971, 530–572

Riemer, Hermann: Sturz ins Dunkel. München 1947

Riesenbeck, Karl-Heinz (Hg.): Orden im Bistum Münster. Münster 1979

Riesterer, Albert: Auf der Waage Gottes. Berichte eines Priesters über seine Erlebnisse in der Gefangenschaft 1941–1945 vom 1. 7. 1945. o. O., o.J.

Robertson, Edwin H.: Christen gegen Hitler. Gütersloh 1964

Röder, Karl: Nachtwache. 10 Jahre KZ Dachau und Flossenbürg. Wien 1985

Römer, Gernot: Für die Vergessenen. KZ-Außenlager in Schwaben – Schwaben in Konzentrationslagern. Berichte, Dokumente, Zahlen und Bilder. Augsburg 1984

Römer, Heinz (Hg.): Stimmen von Dachau. o. O., o. J.

Roon, Ger van (Hg.): Europäischer Widerstand im Vergleich. Berlin 1985

Roon, Ger van: Widerstand im Dritten Reich. Ein Überblick. 4., neu bearb. Aufl. München 1987

Rost, Nico: Goethe in Dachau. Vorwort von Anna Seghers, Nachwort von Ernst Antoni. Hamburg 1981

Rost, Nico: Konzentrationslager Dachau. Brüssel o. J.

Rost, Nico: Ich war wieder in Dachau. Frankfurt/M. 1956

Rothfels, Hans: Deutsche Opposition gegen Hitler. Eine Würdigung. Neue, erweiterte Auflage, Frankfurt/M. 1977

Rovan, Joseph: Geschichten aus Dachau. Stuttgart 1989

Schabrod, Karl: Widerstand an Rhein und Ruhr 33–45. Düsseldorf 1969

Schaeder, Hildegard: Ostern im KZ. 3. erw. Aufl., Berlin/Stuttgart 1960

Schäfer, Josef: Wo seine Zeugen sterben, ist sein Reich. Hamburg 1946

Schätzle, Julius: Wir klagen an! Ein Bericht über den Kampf, das Leiden und das Sterben in deutschen Konzentrationslagern. Stuttgart 1946

Scheipers, Hermann: Meine Erlebnisse im KZ Dachau. o.O., o.J.

Scheipers, Hermann: Dionysianer als Opfer der Nationalsozialistischen Gewaltherrschaft. Unveröffentl. Manuskript

Scheurig, Bodo (Hg.): Deutscher Widerstand 1938–1944. Fortschritt oder Reaktion? Dokumente. München 1984

Schlotterbeck, Friedrich: Je dunkler die Nacht, desto heller die Sterne. Erinnerungen eines deutschen Arbeiters 1933–1945. Berlin 1948

Schmiedl, Joachim: Ein Gang durch Dachau. Mit Pater Kentenich im Konzentrationslager Dachau. Vallendar/Schönstatt 1984

Schmitthenner, Walter, Hans Buchheim (Hg.): Der deutsche Widerstand gegen Hitler. Vier historisch-kritische Studien von Hermann Graml, Hans Mommsen, Hans-Joachim Reichhardt und Ernst Wolf. Köln/Berlin 1966

Schnabel, Reimund: Macht ohne Moral. Eine Dokumentation über die SS. Frankfurt/M. 1957
Schnabel, Reimund: Die Frommen in der Hölle. Geistliche in Dachau. Frankfurt/M. 1966
Scholder, Klaus: Die Kirchen und das Dritte Reich. 2 Bde. Frankfurt/M. 1977 und 1985
Schueler, Hermann (Hg.): Auf der Flucht erschossen. Felix Fechenbach 1894–1933 – Eine Biographie. Köln 1981
Schulte-Umberg, Thomas: Klerus und totaler Staat. Eine Annäherung an die kollektive Biographie des Klerus am Beispiel des Bistums Münster. Unveröffentl. Diplomarbeit, Münster 1991
Schwaiger, Georg (Hg.): Das Erzbistum München und Freising in der Zeit der nationalsozialistischen Herrschaft. 2 Bde., München/Zürich 1984
Schwake, Theodor Gregor: Meine Dachauer Chronik. Unveröffentl. Manuskript, Abtei Gerleve
Schwark, Bruno: Ihr Name lebt. Ermländische Priester in Leben, Leid und Tod (= Veröffentlichungen der Bischof-Maximilian-Kaller-Stiftung, Reihe II: Heimat und Geschichte). Osnabrück 1958
Schwarz, Hans: Dachau-Manuskript. Hamburg 1946
Segev, Tom: The commanders of Nazi concentration camps (Diss.). Boston 1977
Selhorst, Heinrich (Hg.): Priesterschicksale im Dritten Reich aus dem Bistum Aachen. Zeugnis der Lebenden. Aachen 1972
Siebert, Heinz: Das Eichsfeld unterm Hakenkreuz. Paderborn 1982
Siegelberg, Mark: Schutzhaftjude Nr. 13877. Shanghai o. J.
Sievert, Holger: Chronik Gymnasium Canisianum. Lüdinghausen 1989
Smelser, Ronald, Rainer Zitelmann: Die braune Elite. 22 biographische Skizzen. Darmstadt 1989
Smith, Marcus J.: The Harrowing of Hell Dachau. A US-Army doctor describes the fight to save 32.000 survivors of that infamous concentration camp. Albuquerque 1972
Smith, Z. L.: Buchenwald, Dachau, Belsen. Ghent 1946
Spieker, Josef: Mein Kampf gegen Unrecht in Staat und Gesellschaft. Erinnerungen eines Kölner Jesuiten. Köln 1971
Spurensicherung. Dachauer und Darmstädter Jugendliche erkunden das Leben in einer Stadt. Darmstadt 1986
SS im Einsatz. Dokumentation. Berlin 1957
St. Otger Stadtlohn. Zeugnis des Glaubens. Festschrift der Pfarrgemeinde St. Otger Stadtlohn zur Altarweihe nach Abschluß der Renovierung. Stadtlohn 1984
Stadler, A. L.: Denn sie wissen nicht was sie tun. Erinnerungen eines Antifaschisten. Bd. I–III, München o.J.
Stegemann, Wolf (Hg.): Dorsten unterm Hakenkreuz. Bd. 3: Der gleichgeschaltete Alltag. Dorsten 1985
Steinbach, Peter (Hg.): Widerstand. Ein Problem zwischen Theorie und Geschichte. Köln 1987
Steinbock, J.: Das Ende von Dachau. Salzburg 1948
Steinert, Marlies G.: Hitlers Krieg und die Deutschen. Stimmung und Haltung in der deutschen Bevölkerung im Zweiten Weltkrieg. Düsseldorf/Wien 1970
Steinwender, L.: Christus im Konzentrationslager. Salzburg 1946
Straub, Theodor: Ein Leben für Demokratie und Sozialismus. Josef Strobel 1887–1965. Ingolstadt 1987
Streim, Alfred: Die Behandlung sowjetischer Kriegsgefangener im „Fall Barbarossa". Eine Dokumentation. Heidelberg/Karlsruhe 1982
Streim, Alfred: Sowjetische Gefangene in Hitlers Vernichtungskrieg. Berichte und Dokumente 1941–1945. Heidelberg/Karlsruhe 1982

Tenbrock, J.: Die Kriegsentwicklung und die ersten Nachkriegsjahre. Düsseldorf 1985

Tenfelde, Klaus: Proletarische Provinz. Radikalisierung und Widerstand in Penzberg/Oberbayern 1900–1945. München/Wien 1982

Teuber, Werner: Als gute Unterthanen und Bürger ... geduldet, verfolgt, vertrieben, ermordet: jüdische Schicksale 1350–1945. Vechta 1988

Thamer, Hans Ulrich: Verführung und Gewalt. Deutschland 1933–1944. (= Die Deutschen und ihre Nation Bd. 6). Berlin 1986

Theek, Bruno: Keller, Kanzel und Kaschott. Berlin 1961

Theek, Bruno: K.Z. Dachau. Ludwigslust 1945

Tinz, Albert: Pater Gregor Schwake OSB. Ein Leben für den Volkschoral In: Henricus P. M. Litjens / Gabriel M. Steinschulte (Hg.), Divini Cultus Splendori. Festschrift für Joseph Lennards, Rom 1980

Todeslager Sachsenhausen. Berlin 1948

Tscholl, Helmut: Pfarrer Otto Neururer. Priester und Blutzeuge. Innsbruck 1963

Tuchel, Johannes: Konzentrationslager. Organisationsgeschichte und Funktion der „Inspektion der Konzentrationslager" 1934–1938 (= Schriften des Bundesarchivs 39). Boppard am Rhein 1991

Tytgat, Jean: Achtung Mützen ab! Gent 1945

Vaneck, Ludo: Zo was het in Dachau. Stromneek 1970

Vermehren, Isa: Reise durch den letzten Akt. Ravensbrück, Buchenwald, Dachau: Eine Frau berichtet. Reinbek b. Hamburg 1979

Vogel, Hubert: Über die katholische Pfarrseelsorge bei Häftlingen des Konzentrationslagers Dachau. In: Beiträge zur altbayer. Kirchengeschichte 36 (1985) 61–92

Volgger, Friedl: Mit Südtirol am Scheideweg. Erlebte Geschichte. Innsbruck 1984

Volk, Ludwig: Der Widerstand der katholischen Kirche. In: Ch. Kleßmann, F. Pingel (Hg.), Gegner des Nationalsozialismus. Wissenschaftler und Widerstandskämpfer auf der Suche nach historischer Wirklichkeit. Frankfurt/New York 1980, 126–139

Volkmann, Klaus J.: Die Rechtsprechung staatlicher Gerichte in Kirchensachen 1933–1945 (= Veröffentlichungen der Kommission für Zeitgeschichte, Reihe B: Forschungen Bd. 24). Mainz 1978

Wagner, Karl: Ich schlage nicht. Widerstand 1943 im KZ-Außenlager Dachau-Allach. Karlsruhe 1980

Wandel, Fritz: Ein Weg durch die Hölle ... – Dachau wie es wirklich war. o. O., o. J.

Weiler, Eugen: Die Geistlichen in Dachau sowie in anderen Konzentrationslagern und in Gefängnissen. Nachlaß von Pfarrer Emil Thoma. 2 Bde., Bd. 1: Mödling b. Wien 1971, Bd. 2: Lahr 1982

Weinstock, Rolf: Das wahre Gesicht Hitlerdeutschlands. Häftling Nr. 59000 erzählt von dem Schicksal der 10 000 Juden aus Baden, aus der Pfalz und dem Saargebiet. Singen 1948

Weinzierl-Fischer, Erika: Kirche und NS. Ein Literaturbericht. In: Wort und Wahrheit 22 (1967) 378–386

Weiß-Rüthel, Arnold: Nacht und Nebel. Berlin/Potsdam 1949

Wenke, Bettina: Interviews mit Überlebenden. Verfolgung und Widerstand in Südwestdeutschland. Stuttgart 1980

Wessels, Heinz-Günther, Jürgen Runte: Die Rheder Juden. Versuch einer Darstellung ihrer Geschichte (= Schriftenreihe des Heimatvereins Rhede, Bd. 8). Rhede 1989

Wilm, Ernst: Dachau. Bericht auf der Gemeindeversammlung, Sonntag, den 28.10.1948 in der evangelischen Kirche zu Mennighüffen. Dortmund 1948

Windisch, Josef: Widerstand und Verfolgung in der NS-Zeit 1938–1945. Leoben/Österr. 1985

Winter, Helmut (Hg.): Zwischen Kanzel und Kerker. München 1982
Witetschek, Helmut: Der gefälschte und der echte Möldersbrief. In: Vierteljahreshefte für Zeitgeschichte 16 (1968) 60–65
Wittschier, J. Bernd: Worin bestand 1933–1945 das Widerstehen der Kirche? Hg. vom Joseph-Teusch-Werk, 2. durchges. Aufl., Bad Neuenahr-Ahrweiler 1985
Wolf, Ernst: Zum Verhältnis der politischen und moralischen Motive in der deutschen Widerstandsbewegung. In: Schmitthenner/Buchheim (Hg.), Der deutsche Widerstand gegen Hitler. Köln/Berlin 1966, 215–255
Wolff, Martin: Stationen eines Lebensweges. 12 Jahre Nacht. Siegen 1983
Wollasch, Hans-Josef: Heinrich Auer (1884–1951), Bibliotheksdirektor beim Deutschen Caritasverband als politischer Schutzhäftling Nr. 50241 im Konzentrationslager Dachau. In: Zeitschrift für die Geschichte des Oberrheins 31 (1983) 383–429
Wolter, Karl Kurt: Die Postzensur. Handbuch und Katalog, Geschichte, Typen der Stempel und Briefverschlüsse mit ihrer Bewertung. Bd. II: Neuzeit (1939–1965). München 1966
Wuttke-Groneberg, Walter: Medizin im Nationalsozialismus. Ein Arbeitsbuch. Tübingen 1980
Zeugnisse der Bekennenden Kirche I: Wir aber sind nicht von denen, die da weichen (Hebr. 10,39). Der Kampf um die Kirche (= Das christliche Deutschland 1933 bis 1945, Dokumente und Zeugnisse, Evangelische Reihe H. 1). Tübingen/Stuttgart 1946
Zeugnisse der Bekennenden Kirche IV: Ich bin der Weg, die Wahrheit und das Leben, niemand kommt zum Vater denn durch mich (Johannes 14,6). Der Kampf der bekennenden Kirche wider das Neuheidentum (= Das christliche Deutschland 1933 bis 1945, Dokumente und Zeugnisse, Evangelische Reihe H. 4). Tübingen 1947
Zeugnisse der Bekennenden Kirche V: Suchet der Stadt Bestes! (Jeremias 29,7). Worte an den Staat (= Das christliche Deutschland 1933 bis 1945, Dokumente und Zeugnisse, Evangelische Reihe H. 5). Tübingen 1948
Zum Beispiel Dachau e.V. (Hg.): „Das Vergangene ist nie tot, es ist nicht einmal vergangen". Begleitheft zur Gedenkfeier zum 40. Jahrestag der Befreiung des Konzentrationslagers Dachau. Dachau 1985
Zum Beispiel Dachau e.V. (Hg.): Die Stadt und das Lager – Nationalsozialismus und Widerstand in Dachau. Katalog zur Ausstellung 20. 3.–24. 4.1983 in Dachau. Dachau 1983

7.3. Verzeichnis der benutzten Zeitungen und Periodika

Die Glocke vom 22. Februar 1965
Die Glocke vom 2. August 1973
Gaesdoncker Blätter 37, 1984
Gaesdoncker Blätter 38, 1985
Gedenkblätter der Kölner Ordensprovinz der Redemptoristen, Bd. 2, Heft 14, Oktober 1981
Hiltruper Monatshefte Nr. 7, Münster 1974
Mitteilungsblatt für die Gemeinde Wachtendonck vom 18. Dezember 1967
Münchner Illustrierte Presse, Beilage 28, Juli 1933
Münchner Neueste Nachrichten vom 21. März 1933
Münsterländische Tageszeitung vom 24. Januar 1967
Oldenburgische Volkszeitung vom 24. März 1986
Schola Paulina Nr. 49, Münster, Januar 1991
Singt dem Herrn, Beilage zur Zeitschrift für Kirchenmusik, Jg. 74, 1954
Singt dem Herrn, Beilage zur Zeitschrift für Kirchenmusik, Jg. 75, 1955

Stimmen von Dachau Nr. 14, April 1962
Stimmen von Dachau Nr. 15, Juli 1962
Stimmen von Dachau Nr. 8, Frühjahr/Sommer 1967
Stimmen von Dachau, Rundbrief 9, Winter 1967/68
Stimmen von Dachau, Rundbrief 126, Sommer 1974
Vita Seraphica, Anregungen und Mitteilungen aus der Sächsischen Franziskanerprovinz vom Hl. Kreuz. 48, Werl 1967
Westfälische Nachrichten vom 11. Juni 1952
Westfälische Nachrichten vom 3. August 1964